新世纪高等学校教材
教育技术基础课系列教材

JiaoYu XinXi ChuLi

教育信息处理

傅德荣　刘清堂　章慧敏 ◎主编

图书在版编目(CIP)数据

教育信息处理/傅德荣，刘清堂，章慧敏主编．—北京：北京师范大学出版社，2021.8

新世纪高等学校教材 教育技术学专业主干课程系列教材

ISBN 978-7-303-27093-4

Ⅰ.①教… Ⅱ.①傅… ②刘… ③章… Ⅲ.①教育技术学—高等学校—教材 Ⅳ.①G40-057

中国版本图书馆 CIP 数据核字(2021)第 129321 号

营 销 中 心 电 话 010-58802135 010-58802786
北师大出版社教师教育分社微信公众号 京师教师教育

JIAOYU XINXI CHULI

出版发行：北京师范大学出版社 www.bnup.com
北京市西城区新街口外大街 12-3 号
邮政编码：100088

印 刷：天津中印联印务有限公司
经 销：全国新华书店
开 本：787 mm × 1092 mm 1/16
印 张：26
字 数：509 千字
版 次：2021 年 8 月第 1 版
印 次：2021 年 8 月第 1 次印刷
定 价：68.00 元

策划编辑：郭兴举 王剑虹 责任编辑：王玲玲
美术编辑：焦 丽 装帧设计：焦 丽
责任校对：康 悦 责任印制：马 洁

前　言

1993 年，教育部高等学校教育技术学专业教学指导委员会根据信息社会的发展，提出要在教育技术学专业内开设“教育信息处理”课程。1998 年，作者受何克抗教授邀请参加教育部“教育技术学专业课程改革的研究与实践”项目的研究工作，并负责“教育信息处理”教材的编写。历经三年，完成了“教育信息处理”教材的编写任务，教材也通过了教育部组织的评审、验收。教材经由北京师范大学出版社出版(2001 年 9 月第 1 版)。本教材是在教育部的指导和关怀下完成的。编写过程中，课题组多次邀请国内有关专家进行指导和评价，本教材包含了全体专家的集体智慧。

本教材出版后受到各方面的关注，作者曾到北京大学、清华大学、北京师范大学等高校与有关的教师进行交流，并在北京的两所高校讲授教育信息处理课程。通过实践，作者也认识到了教材中的一些问题，其中最主要的是多元分析的讨论没有联系教育实际，而且讨论过于简单。借申报教育部普通高校“十一五”国家级规划教材的机会，我们对教材进行了修改，2011 年 2 月推出了第 2 版。与第 1 版相比，第 2 版注重联系教育实际，并以通俗易读的方式来讨论多元分析的有关算法。作者在本校多次讲授多元分析，教学过程中也要求学生将相关内容结合起来进行学习，联系教育实际，从而完成对某项教育课题的研究。在国外，多元分析用于教学的研究也受到了人们的关注，相关论文越来越多。第 2 版的内容虽有所加强，但仍不能满足实践的需要。为此我们编写了第 3 版。与第 1 版、第 2 版相比，第 3 版从实践的需要出发，加强了对各种分析方法的原理和理论的讨论，对各种分析算法进行了深入的讲解，为学习者独立地利用多元分析的方法分析问题、解决问题打下了基础。在第 3 版的编写过程中，我们对原教材进行了全面审阅，对一些不足和不妥之处进行了修改和完善。

本教材曾被列为面向 21 世纪课程教材、新世纪高等学校教材、普通高等教育“十一五”国家级规划教材。

一、学习、落实习近平新时代中国特色社会主义思想

这是编写教材的指导思想。编写教材的过程中，我们学习了习近平新时代中国特色社会主义思想和有关教育、文化方面的论著、文件、报告和讲话。这为我们编写教材指明了方向，帮助我们明确了指导思想，不仅如此，对于编写中的具体工作，也为我们指明了解决问题的思路和方法。

在编写教材中，我们坚持了：

1. 国际化大视野

根据习近平新时代中国特色社会主义思想，在编写教材时，我们以国际化大视野来处理教材编写过程中的各种事务和有关问题。从编写教材的目标分析、教材内容的遴选、体系结构的确立到教材的体例和装帧设计，再到出版，我们都以国际化的大视野进行分析和处理。

2. 坚持改革开放，学习和借鉴国外先进科学和技术

我国有关教育信息处理的教学和研究的发展水平与国外相比，在许多方面有一定的差距。在教材编写过程中，为了缩小这种差距，我们基于我国的实情，学习和借鉴国外先进的科学和技术，努力使编写的教材的水平与国外的发展水平处在同一高度上。教材的内容基本上反映了当今本专业在国内外的发展水平。

3. 在编写教材的过程中结合相关的编写内容开展科学研究，力争编写的教材具有自己的特点，有所创新

用国际化的大视野指导教材的编写，是一种认识，是一种需要，更是一种责任和担当。

二、教材的体系结构

教材的体系结构是一种层级型网络结构。一般而言，教材的体系结构主要由作者的教材观所决定，它也与作者的思想方法、认知能力、认知特点、价值观、教学经验、教学理念等有关。教材的体系结构在很大程度上也受作者的个人意志影响，具有一定的主观性。教材的体系结构是以教材的知识结构为基础的。为了科学地决定教材的体系结构，我们对教材的知识结构进行了分析，并基于相关规则进行了排序，由此确定了教材的知识结构。在此基础上，根据教学的需要和编写目标的要求对知识结构的形式做了相应的调整，最终确定了本教材的体系结构。本教材的体系结构如下。绪论为“教育信息技术纲要”；第一章为“教育信息概述”；第二章至第七章是对传统教育的介绍；第八章至第十四章是对多元分析的介绍；第十五章至第十六章是对相关发展的介绍。

三、教材特点

本教材具有以下特点。

1. 理论的指导与引领

教育信息处理是一门实践性很强的课程，在学习过程中，有的人只注重工具软件的具体操作，忽视了对有关理论的学习。理论是对实践的指导和引领，它是课程学习过程中很重要的一环。理论的学习对理解算法、认识处理过程、解释处理结果、评价

处理技术而言都具有重要的作用。没有理论上的理解，对算法、算法处理过程、算法处理结果就不能有深刻的理解和判定，对结果也很难有有效的解释和评价。

本教材在编写过程中十分注重对算法的原理和理论的分析，并将其作为学习算法的引领。教材中对于每一种分析，首先讨论该分析的原理，进而讨论有关的理论，在此基础上再讨论算法及其操作。理论的学习是算法的引领，是理解算法、实施算法的处理、评价结果的根据，没有理论指导的实践是盲目的实践。

2. 注重处理过程的学习

在教育信息处理课程的学习中，有些学习者认为，这门课程很容易，只需要知道如何将数据输入处理系统，能得到处理的结果就行了。持有这种认识的人，在处理过程中关注的是处理的结果。教育信息处理的过程包括信息的前处理、信息处理和信息处理后的输出，对具体数据的处理过程包含了本课程有关算法学习的全部内容。因此，我们可以把每一次对有关数据的信息处理看作是一个基于实例的信息处理的学习过程。它是一个处理过程和解决问题的过程，也可以是一个有关处理的学习过程。

为了做到在处理过程中学习，教材中以流程图的方式来讨论处理过程，在流程图的每一处推理框中都标明了以怎样的操作来对信息做怎样的处理。教材中不仅给出了基于操作的流程图，在有些讨论中，还给出了基于数据流的流程图，并对这两种流程图进行了比较。

对流程图的学习，不仅可以加深学习者对信息处理过程的学习和认识，还有利于学习者对处理结果进行解释和评价。

3. 教材的适用性和使用性

教材的适用性是指教材对学生的适用程度，即教材在多大的程度上适用于学生的学习。

为了确保教材对学生有良好的适用性，需要对使用本教材的学生的学习特性进行分析，并将分析结果作为编写教材的依据。我们对使用教材的教育技术学的学生的学习经历和生活经历进行了分析。在“教育信息处理”的课程学习中，学生要大量地使用数学知识，特别是在多元分析的学习中，会大量地使用矩阵，但使用教材的学生的数学基础较薄弱。在编写教材时，我们充分考虑了学生的特性，对于学生欠缺的知识采取“缺什么，补什么；在什么地方缺，就在什么地方补”的原则，将学习中学生欠缺的知识补充好。除了将欠缺的补上，另外在知识的呈现上也采取细分化、删繁就简的原则来编写教材，以此提高教材的适用性。

教材的使用性是指编写的教材应便于教师教学使用。为了提高教材的使用性，首先要了解教师使用教材进行教学的实际情况，并以此为依据来进行教材的编写。目前，使用本教材进行教学的主要有三种情况：

(1)按照教材的内容进行讲授；

(2)有选择地对教材的内容进行讲授；

(3)对有关的章节，主要是多元分析的有关章节进行介绍。

为了满足这些使用要求，在教材编写过程中，我们尽量使各章内容保持独立、完整，各章的相互关联尽量少一些，以便于教师有选择性地讲授。为了满足一些教师对某些章节进行简要介绍的需求，对多元分析的有关章节，在概述的基础上我们进行了适当的内容加强，以满足教师的需求，由此提高教材的使用性。

四、致谢

在编写的过程中，我们得到了何克抗教授及课题组各位专家、教授的支持和帮助，在此表示谢意。编写时参考了一些相关的著作和论文，谨向有关的作者表示谢意。

本教材前两版出版后，受到了许多专家、读者的关注，我们与之进行了讨论，听取了他们的意见，受到了很好的启发，在此表示谢意。

“教育信息处理”在我国教育技术专业中还是一门新课，加之作者水平有限，书中或有挂一漏万，或有不妥，敬请各位专家和读者批评指正。

在编写教材的过程中，我们得到了华中师范大学教育信息技术学院硕士研究生郝怡雪、翟慧清、张倩、罗磊、刘梦凡等同学的大力支持，他们在录入文字、绘制图形、版面设计和校对、勘误等方面做了大量的工作，在此表示谢意。

在教材出版的过程中，得到了北京师范大学出版社郭兴举编辑、王玲玲编辑的大力支持。他们为本书的编写提供了不少有益的意见和建议，在此表示感谢。

傅德荣

2021 年 2 月

目　录

绪　论

教育信息技术纲要

教育信息技术是一门新兴的学科，随着信息技术的迅速发展，教育信息化的深入开展，教育学科和教育技术专业的改革，人们需要对教育信息技术有一个明确的认识和界定。

教育信息技术是一个处于发展中的学科，目前还没有一个被各方认可的定义，我们只能从某些方面来认识和界定它。由于处于发展阶段，有些认识、界定也可能有所发展和变化。现就目前国内外对教育信息技术的研究和应用来认识、界定教育信息技术。

教育信息技术涉及多个学科，为了便于不同学科之间相互交流，下面对所涉及的内容适当地予以说明。

教育信息处理是教育信息技术的一个分支，通过对教育信息技术的讨论，期望学习者能对教育信息处理有全面深入的认识。

一、概述

1. 教育信息技术的兴起

20 世纪中期，人们发明了计算机。该机器具有计算、存储和判断的功能，它是一种具有认知功能的机器。

教育是一种高水平的认知活动，计算机的认知功能可以支持人类的教育活动。教育信息系统(Educational Information System，EIS)是利用计算机的认知功能，支持教育活动的系统。它是一种基于计算机实现教育信息化的信息机器。认知科学和计算机结合是这种信息机器开发的基石。计算机辅助教学(Computer Assisted Instruction，CAI)是 EIS 发展的先驱。

EIS 可用于包括教学设计、教学实施、教学评价的整个教学过程中。

可以利用 EIS 支持教育，实现教育信息化，提高教育的质量和效率，为此，在开发 EIS 时，应研究什么是教育，教师的作用是什么，学习者是怎样进行学习的等问题，并以信息技术的思想与方法、理论与技术去认识、解释教育。

2. EIS 的发展

EIS 是一种认知系统，它具有一定的认知功能，早期的 CAI 是一种具有认知功能的学习系统。它是教育信息技术发展的开端。教学中使用的影视教学系统，虽然也可用于支持教学，但它不具备认知功能，所以不能称它是教育信息系统。

EIS 的发展过程如图 0-1 所示。

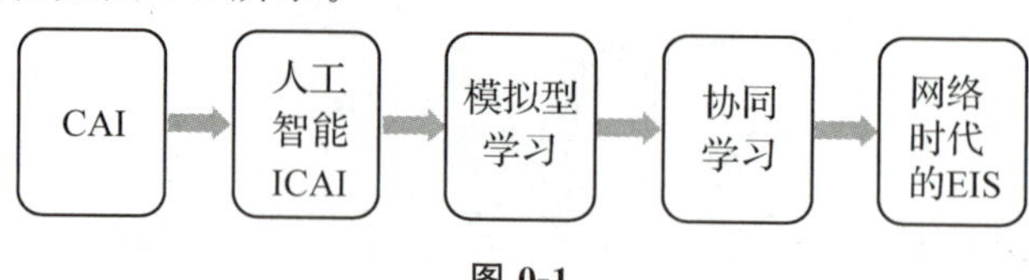

图 0-1

(1)CAI：人们利用计算机的认知功能开发出 CAI 学习系统，实现了个别化学习，打破了传统的班级教学模式。

(2)ICAI(智能计算机辅助教学)：19 世纪 70 年代，人们引入人工智能技术开发出了智能导师系统(IntellIgent Tutor System，ITS)，它是有关学科内容和教学方法的专家系统，它能根据学生的学习情况，对不同特点的学生给出不同的学习内容。

(3)模拟型学习：将学生置于现实系统的模拟环境中进行学习。利用计算机创建一种模拟环境，让学习者实现对指定内容的发现学习，它具有较好的学习效果。

(4)协同学习：多名学习者在一起学习共同的课题，通过讨论来实现信息共享，从而进行学习。利用计算机网络支持这种学习的 CSCL(Computer Supported Collaborative Learning)的研究得到了很好的开展。

(5)网络时代的 EIS：互联网与教育的结合使利用网络进行学习的方式得到了很好的发展，人们称这种学习为 E-learning。

二、什么是教育信息技术

教育信息技术是一门正在发展中的新兴学科，它所涉及的内容在不断地变化和发展。我们不能给出一个明确的、科学的定义，但我们可以从以下三个方面来认识、界定教育信息技术。

(1)教育信息技术是信息技术与教育的整合。

学科整合是当前各学科发展中的一个主要特点。例如，生物化学、计算机物理、数学物理方法等学科，都是通过学科整合而产生的。随着信息技术的高速发展，很多学科与信息技术整合构成一个新的学科，是当前学科整合的一个热点。

在教育信息化的过程中，各种层次的网络学校等都将信息技术整合到了教育中，打破了传统的以教师为主的学校教育模式，这也形成了一种利用信息技术以学生为主体的学习模式，人们开发出了适应各级各类学校的网络课程，满足了教育发展的需求。

这种整合可以深入学科知识层面。熵是信息技术中的一个重要物理量。教学过程是一个信息系统，将熵的概念和有关的理论用到教学中，可用来描述教学过程、评价教学。将熵的概念整合到教学过程中，构成了一个整合点，其又可称作连接点。该点是教育信息技术中的一个点，教育信息技术是许多个这样的点的集合。

(2)教育信息技术以信息技术的理论和技术、思想和方法来认识、理解、解释教育，完善教育，为教育科学的发展提供新的思想和方法、理论和技术。

在传统教学中，备课、写教案是其重要的一环。备课通常是授课教师来完成的，它由该教师的教学风格、认知特点、业务水平、对教材的理解所决定。备课、写教案，主要由授课教师的个人意志所决定，具有认知的主观性。

在系统科学中，系统设计是基于目标分析进行的设计，并以评价来完善设计。系统科学认为教学是一个系统，将系统科学的系统设计方法用于备课，从而构建了用于备课、写教案的新的教学设计的方法。教学设计是一种基于目标、目标分析来设计教学过程，并以评价来完善设计的方法，它为备课、写教案提供了一种科学的方法。

又如，ISM 法是复杂系统分析的一种方法，教学是一个复杂系统。将 ISM 法用于教材分析，为教材分析提供了一种科学的方法，促进了教育学科、教育技术学科的发展。

(3)借助教育信息化的发展和取得的成果来认识教育信息技术。

教育信息化是信息社会发展的要求，教育信息技术是教育信息化的技术支持。我们可以借助教育信息化的发展及其成果来认识教育信息技术的研究内容和方法。

在教育信息化进程中，人们利用教育信息技术开发出了大量的网络课程、课件和学习资源，它们是用于各级、各类学校学生学习的学习系统。将各种学习系统用于各级、各类学校的教学中是教育信息技术研究和开发的主流，这些开发打破了传统学校教学的模式，为我国教育事业的发展、教育信息化的发展做出了重要贡献，促进了优质教学资源的共享和教育的公平化。

在开发各种学习资源的过程中，人们也开发出了许多教学支持系统、教学管理系统、用于学习系统开发的写作工具，还开发出了许多资源库、教材库等各种数据库，这些系统为各种基于教育信息技术的学习系统的开发、运行，提供了条件，它们不仅提高了人们开发学习系统的能力，还大大地提高了人们的开发水平。这也是教育信息技术的重要内容。

各种学习系统的开发，以及学习支持系统和写作工具的开发，都是建立在一定的基础上的。这些基础包括理论基础、技术基础等，它们是教育信息技术的学科基础。

为了实现教育信息化、社会信息化，人的信息化是关键。通过在学校中开设信息技术课提高学生的信息素养，通过各种培训班、企业的在职教育提高全体国民信息素养，信息化的发展得到了促进，这也是教育信息技术的一项重要工作。

基于上述三个方面的介绍，我们对教育信息技术的内涵有了一定的理解，下面基于当前教育信息技术的研究及其进展，以及教育信息技术所关注的方向对教育信息技术的具体内容进行讨论。

三、教育信息技术的学科基础

教育信息技术的学科基础包括多个方面，除信息技术外，还包括数理科学、计算机科学、信息科学等自然科学，教育学、心理学、学习科学、哲学等人文社会科学，还包括国家信息化、教育信息化的规划和组织机构等。此外，它与整合的具体学科也有很大的关系。例如，我们拟定开发物理学的学习系统，需要将信息技术与物理学整合，物理学应作为学科基础。

下面，我们仅对以下三方面的理论和技术基础进行讨论。

1. 人工智能技术

人工智能技术是教育信息技术的理论基础，也是教育信息技术的技术基础。

人工智能的研究领域非常广泛，除了人工智能的基本方法和技术外，还包括这些方法和技术在诸多领域的应用，如模式识别、自然语言理解、机器人、自动定理证明、博弈等。除了对人工智能的技术、方法进行深入的研究外，研究者还注重对人们的认知过程、学习规律和问题求解过程进行研究。

教育信息技术中作为学科基础的人工智能技术的应用主要有：

(1)搜索：问题求解中的搜索、状态空间图、搜索算法的基本形式、搜索算法。

(2)知识表示：知识表示概述、知识表示方法。

(3)推理：向前推理和向后推理、演绎推理和归纳推理、定量推理和定性推理。

(4)知识库系统：知识库系统的构成及特点、知识库系统的要素、知识库系统的实例。

(5)代理技术。

2. 认知科学

认知科学主要是对有关知识的获取与利用、问题解决、推理、语言理解等认知过程进行研究的科学。教育信息系统关心的是与学习、教育有关的内容，它主要包含：

(1)认知与理解：什么是认知，从认知研究到教与学的研究，有关理解的研究成果。

(2)指导教育信息技术系统开发的学习理论：行为主义，建构主义，学习的信息处理模型，学习参与，分布认知。

(3)分布认知：什么是分布认知，分布认知的实例，分布与协调过程的认知，代理技术。

(4)遗传算法：什么是遗传算法，组合的最佳化，遗传算法的基本形式。

(5)神经网络：什么是神经网络，层级型神经网络，引入型学习网络，教育系统的应用。

(6)学习及其支持技术：什么是学习，学习的支持技术。

3. 数据分析

当今社会已进入大数据时代，大数据教育应用中包括数据的获取、预处理、数据分析、处理结果呈现，在这个过程中数据分析是十分重要的。我们通过数据分析从大数据中获取重要的信息。教育信息技术关注的主要有：

(1)数据与数据分析：什么是数据，数据的尺度，数据的类别。

(2)传统教育中的数据分析：教材分析，教学分析，教学测试及其分析。

(3)教育数据的多元分析：相关分析，回归分析，方差分析，主成分分析，因子分析，聚类分析，判别分析。

(4)学习分析：测量、收集、分析和报告有关学生的学习行为以及学习环境的数据，用以理解和优化学习。学习分析包括对学习数据的收集和分析、对分析结果的解释和应用。

(5)数据挖掘：知识发现的处理，数据挖掘系统，数据挖掘的算法，预处理的数据变换，从数据挖掘到知识的评价。

四、学习系统的开发

利用信息技术开发学习系统时主要研究的内容包括基于信息技术的未来学习是怎样的学习，学习的各种学习形态，各种学习模式的学习系统。这是教育信息技术的基本内容。

下面，我们对教育信息技术支持下的学习系统及其学习模式做一个简要的说明。

1. 面向信息社会的学习

为了有效地展开信息技术的教育应用，我们应该研究未来的学习是怎样的学习。

随着信息技术的迅速发展，人类社会已从工业化社会进入高度信息化社会。在这种变革中，人们的学习方式也有了很大的变化。

传统的学习是以教师为主的。在课堂上教师讲，学生听，有时教师也会使用一些信息技术，这只不过是教师讲授内容的补充。未来的学习是一种基于网络的学习者自主进行的学习，这种学习不受时间、空间和方法的限制，学习者可以在任何时间、任何地点，以任何形态，用任何教材进行自主学习。这种学习可由多个教育机构提供教材和服务。教育管理机构对提供的服务以一定的标准进行检查、评价和管理。

如图 0-2 所示，未来的学习是由以学习过程、学习支持技术为基础的研究和开发构成的。学习过程是由学习者与学习资源相互作用而展开的。学习资源包括指导教师的学习指导和各种教学媒体的教学资源。

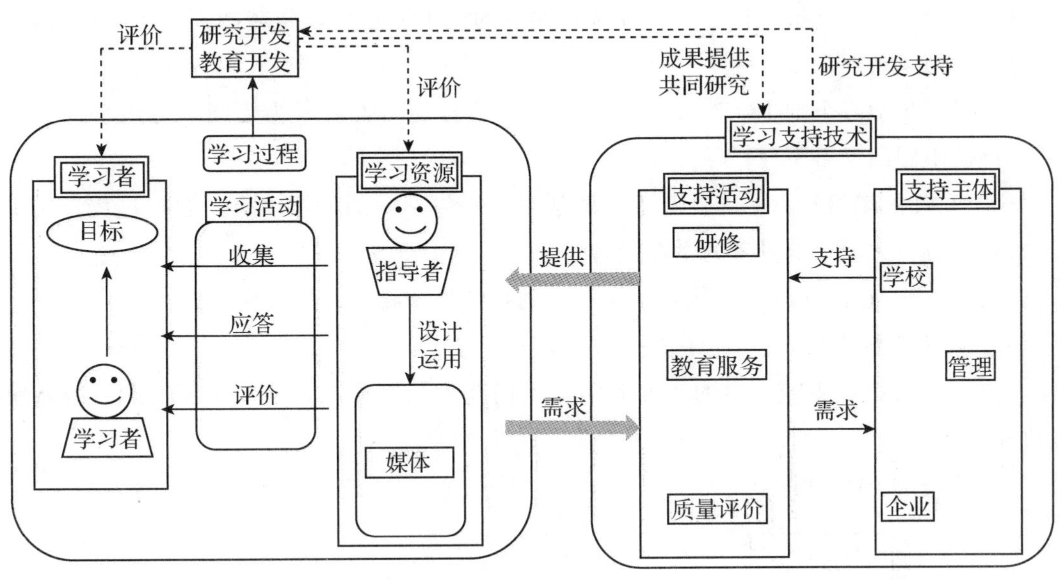

图 0-2

2. CAI

可以认为 CAI 是一种利用计算机来实现教学的程序教学机器。

(1)CAI 的学习过程如图 0-3 所示。

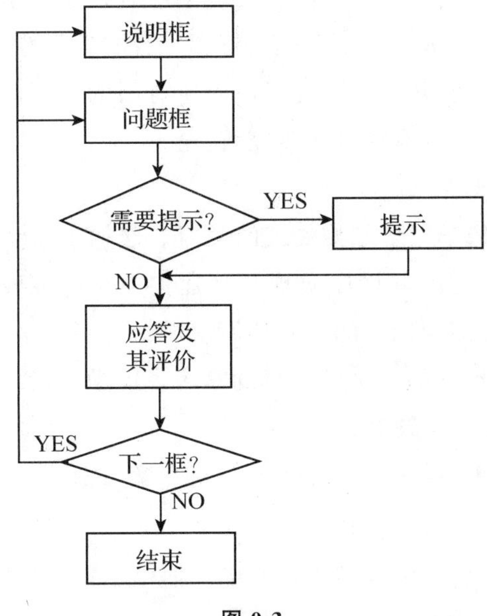

图 0-3

在 CAI 学习过程中，计算机呈现学习内容(说明框)并提示有关问题(问题框)后，若学习者不能回答有关问题，计算机予以提示。学习者对于提示的问题若能给予应答，计算机则对应答的结果进行评价，并基于评价的结果来选择，是转向下一问题的学习，还是学习结束。

为了实现学习个别化，课件中往往采用学习分支的方法，为不同学习水平的学习者，提供不同的学习序列。

(2)CAI 的学习特点：能针对不同的学习者提供不同的学习内容、学习过程，实现个别化学习；可记录学习者的学习过程。

(3)CAI 存在的问题：不能基于学习者的特性提示相应的学习内容。

3. 智能导师系统

为了克服 CAI 系统存在的各种问题，人们基于认知理论，开发出了智能导师系统(ITS)。

(1)ITS 的构成如图 0-4 所示。

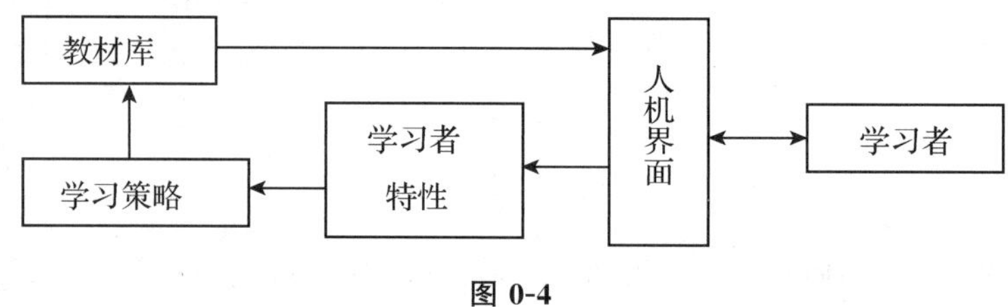

图 0-4

(2)ITS 的特点：通过学习者特性模块理解学习者；能对学习者产生错误的原因进行判定；能对学习者的学习进行预测；能根据学习者的学习特性提供相应的学习内容。

(3)ITS 存在的问题：已开发的系统只适用于有限的学习内容和学习形态；对学习者产生错误的原因的判断技术有待进一步完善。

4. 探究学习与微型世界

以 CAI 和 ITS 实现的学习多是接受式的学习。建构主义认为知识应是学习者自主地建构，应是学习者在一定的环境中实现意义建构。在这种理论指导下，人们利用信息技术开发出了用于实现知识探究的学习环境。

(1)探究学习：指以探究的方法所进行的学习，即学习者通过自主地收集信息，并基于所收集的信息，自主地构建知识。

(2)探究学习的虚拟环境——微型世界：探究学习总是在某种虚拟的环境中进行的。微型世界(microworld)是一种在计算机上创设的微小世界，它是现实世界的抽象和虚拟。学习者可以在这种虚拟的微小世界中，通过人机交互作用，实现探究学习。

5. 发现学习与 ILE 系统

随着多媒体技术的不断发展，人们开发出了一种支持发现学习的学习环境——操作型学习环境(Interactive Learning Environment，ILE)。

(1)发现学习：通过人们发现知识的过程来进行学习。人们对知识的发现过程如图0-5所示。

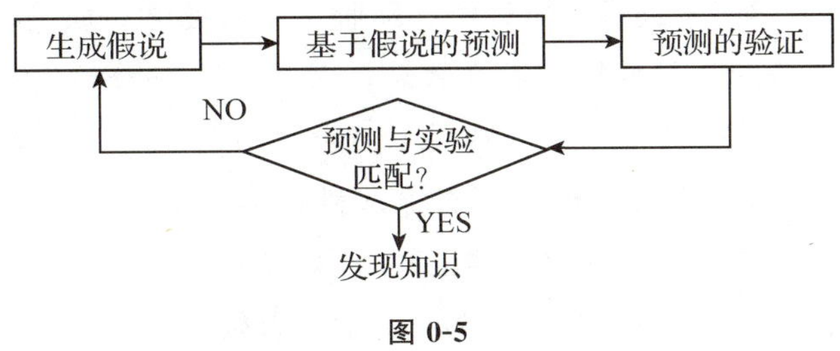

图 0-5

在发现学习过程中，学习者应基于自己已有的基础和所收集到的信息，提出一定的假说或模型，并在发现学习的环境中，基于假说进行预测，同时对预测的结果进行验证。当预测结果与实验结果不一致时，则应调整假说，直至预测结果与实验结果一致，这时则说明所提出的假说是正确的，由此，实现对知识和规律的发现。

(2)ILE系统的实现：ILE系统是一种支持发现学习的学习环境。实现这种学习环境的基本技术是媒体技术、超媒体技术和虚拟现实技术。这些技术是实现ILE的要素技术。使用这些技术，可为学习者提供一定的实验环境，学习者在这种环境中可获取相应的实验结果，实现发现学习。

6. E-learning

(1)什么是E-learning：E-learning是一种学习者基于通信网络，以信息技术的方法所实现的自主性学习。在这种学习过程中，基于一定学习目标的学习资源和学习者与资源的提供者之间会进行互动。

(2)E-learning的学习特点：时空开放的分布式学习；自主性的学习；基于资源的学习；学习中的互动；提供平等的学习机会；学习过程的管理。

(3)E-learning存在的问题：需要一定的设备和环境；学习过程的支持服务；对学习者的学习能力有一定的要求；学习中的孤独感和紧张感。

五、教育支持系统

信息系统包含信息处理、信息传递、信息管理等多项功能，它作为人们生活中的工具，在信息化时代是必不可少的。同样，教育领域也需要信息系统为学校教育、终身教育、企业内部教育提供各种服务，我们称其为教育支持系统。

教育支持系统是由信息处理、信息传递、信息管理系统通过有机连接而架构成的。它是一个具有多种教育支持功能的综合系统。

1. 功能

教育支持系统的主要功能如下。

(1)面向教师：向学习者提供学习资源；接收学习者的学习应答；对学习者的应答予以评价；记录学习者的学习过程、学习数据；对学习进行分析；利用写作工具制作教育资源进行评价。

(2)面向学习者：向学习者呈现学习资源；利用 Web 网页、电子邮件和各种工具收集信息、编辑信息、传送信息构建一种良好的学习环境；对学习问题进行应答。

(3)面向管理者：教育支持系统应提供用于学习者管理的学习平台；利用学习平台记录学习者的学习过程和学习数据，对学习者的学习数据进行学习分析；利用学习平台进行学籍管理，对学习过程进行监控和管理；对学习系统进行运营和维护。

2. 构成

教育支持系统由硬件、软件和用于教学资源开发的写作工具构成。

3. 利用形态

教育支持系统应能根据不同的学习形态的要求提供不同的利用形态。利用形态主要有学科学习、调查学习、信息收集、信息编辑、信息交换、教材提示等。不同的利用形态由不同的功能模块构成。

4. 评价

教育支持系统可以从开发费用、经营管理、使用的便利性、教学效果、历史资源的继承性等诸方面来评价。

教育支持系统作为一个信息系统，拥有信息处理、通信、信息管理、学习资源制作和提供等功能，作为一个教育系统，它可为学习提供支持。

六、协同学习与 CSCL(Computer Supported Collaborative Learning)

协同学习是多名学习者对于某个共同的课题，为了求得结果，彼此齐心协力通过信息交流，实现信息共享所进行的学习。其主要涉及的内容如下。

(1)协同学习的认知理论。

(2)协同学习的理论与实践。

什么是协同学习；为什么要协同学习；CSCL 的学习环境；支持协同学习的工具。

(3)CSCL 计算机支持协同学习。

(4)CSCW 计算机支持的协同工作。

什么是协同工作；协同工作的工作机制；协同工作与通信；CSCW 的实现技术。

(5)小组学习的支持环境。

学习形态；小组学习的构成；小组学习的支持环境。

七、远程教育学习形态

远程教育经历了借助信函、物流而展开的函授教学，借助广播电视而展开的广播电视教学和借助网络通信系统而展开的网络教学三个阶段。目前主要涉及以下内容。

(1)通信系统与教育。

卫星通信与教育；广播电视教育系统。

(2)学校的远程教育。

网络教育系统；远程、会议系统。

(3)企业内部的远程教育。

八、信息技术与教育

相关研究者主要研究信息技术的教育特性，这是教育信息技术的一个重要研究内容。信息技术与教育整合应根据信息技术的教育特性与教育系统的特性进行整合。主要涉及以下内容。

1. 网络与教育

(1)WWW的教育应用：用WWW呈现学习；利用WWW上的资料进行学习。

(2)信息检索：WWW上的检索服务；信息检索系统的检索技术；全文检索。

(3)互联网上的教育系统：双向性；教育资料的流通和标准化。

2. 多媒体与教育

(1)多媒体的教育特性：复合媒体；数字化；交互性；利用教育形态。

(2)超媒体对学习的支持：超媒体教材；超媒体的学习；对学习的支持。

(3)互联网与虚拟现实。

3. 大数据与教育

(1)大数据的概述：什么是大数据；大数据的特性。

(2)大数据技术：大数据采集、预处理、存储、分析、可视化。

(3)数据挖掘。

(4)大数据教育应用。

九、信息技术教育

人类社会已进入高速发展的信息社会，信息技术是进入信息社会的通行证，每一个信息社会的信息人，都应接受信息技术的学习。在教育信息化中，人的信息素养是至关重要的。涉及的主要内容如下。

(1)信息处理教育与信息素养。算法语言与编程教育；算法语言的应用；信息素养。

(2)计算机素养教育。什么是计算机素养；用于计算机教育的学习环境和学习形态。

(3)网络素养。什么是网络素养；关于网络应用的教育；网络社会存在的问题(如个人隐私、肖像权、著作权等)；有关信息安全和信息伦理的教育。

(4)媒体素养。什么是媒体素养；应用媒体的教育。

(5)数据素养。主要指研究人员在科学数据的采集、组织和整理、处理和分析、共享与协同创新等方面的能力，以及研究者在数据的生产、整理和发布过程中的道德行为规范。可以认为，数据素养是信息素养的一个子集。

(6)信息教育。小学信息教育；中学信息教育；高中信息技术教材的编写与实施。

十、面向信息社会的教育理念

教育信息技术应基于一定的教育理念去展开，这些理念是教育信息技术的指导思想和灵魂。没有正确的教育理念作为指导，教育信息技术将走向歧途。

一定的教育为一定的社会服务，它也反映了一定的社会需求，一定的社会原则、观念和理念。

面向工业社会的教育和教育理念，反映了工业社会的基本原则、观念和理念。工业社会的基本原则、观念和理念是规格化、分工化、同时化、集中化、极大化的。面向信息社会的教育，应反映信息社会的基本原则、观念和理念。与工业社会相比，信息社会则强调多样化、综合化、非同时化、分散化、最佳化。面向信息社会是教育信息技术应用基本理念的依据和要求。从面向工业社会到面向信息社会，教育理念的根本变革主要表现在：

1. 从均质化、集团化到个性化、个别化

两块相同的面包的价值是其中一块面包的价值的两倍。这是工业社会的一种基本原则和观念，为此，工业化社会追求产品的数量，并以均质化、集团化的方式组织生产，进行管理。在信息社会中，对于某一位信息的接收者而言，两条相同的信息的价值等于其中一条信息的价值。这是信息社会的基本原则和观念。信息社会关注多样化、个性化，并以这种多样化、个性化来满足不同人群个性化的需求。

面向信息社会的教育应关注学习者的个性发展。开发个别化学习、个性化学习的教学系统是教育信息技术应用的基本内容。

2. 从基于需要的学习到基于兴趣的学习

在工业社会，人们为了取得一定的生活保障，为了今后的生存，需要接受教育。这是一种基于需要的教育。在信息社会，人们的需求从物质需求转向文化、精神需求。这时的学习，是基于文化需求所进行的学习，这是一种基于个人兴趣的学习。

在基于教育信息技术的教学系统开发过程中，应关注培养学习者的学习兴趣，注重制造学习动机，让学习者在一定的现实环境中实现有意义的学习。

3. 从时空封闭到时空开放

在工业社会中，为了极大地提高生产效率，教育一般是一种基于班级教育的封闭式的学校教育。它有利于大批量的培养工业化大生产所需要的劳动者。但封闭式的学校教育不利于人才的培养，不利于人的个性化发展。高度信息化的社会，是一种学习型的社会，人们的学习不只限于在学校中进行。面向信息社会的教育是一种开放式的教育，是一种不受时空限制的开放教育，学习者的学习不受时空限制，学习者根据自己的需求，可以在自己选定的时间和空间内进行学习。

基于教育信息技术的远程教育打破了传统学校的封闭式的教学形式，使封闭式的教育转变为开放式的教育。它不只是传统的学校教育的补充，更是以后的发展需求，它是面向信息社会的学校教育的重要发展方向。

4. 从专业学习到综合学习

在工业社会中，为了实现有效生产，为了获得生产的极大化，人们对产品及其生产进行了精细的分类。与之对应，人们对有关的学科、专业也进行了精细的划分。在这种背景下，学生的学习更关注专业化的学习。

现代科学的发展十分关注学科间的渗透和整合。任何一项有实际意义的问题，往往是一项复杂的综合性问题，为了解决这类问题，需要对多个学科进行综合，需要人们具有综合解决问题的能力。

面向信息社会的教育应从关注专业学习转向关注综合学习；应从面向学科知识的学习转向面向任务、面向课题的综合性学习；应从关注专业知识的掌握，转向关注综合的解决实际问题能力的培养。这是利用教育信息技术开发各种教学系统的基本指导思想。

5. 从刚性组织到柔性组织

面向工业社会的各种组织及其结构形式是非常严密的。它是实现工业化大生产、提高效率，实现效率最大化的组织保证。基于工业社会的这种原则和理念，面向工业社会的学校教育，其组织形式也是相对严格的。信息社会追求个性化的发展，尊重每个人的兴趣和个性化需求。人们可以根据自己的兴趣和个性化发展的需要，参加多个学习组织，可以自由地从一个学习组织转移到另一个学习组织中。通过互联网的应用，人们在时空上的自由度更大。基于互联网的学习组织往往是一种十分具有弹性的虚拟的学习社团。网上虚拟社团是新一代远程学习的重要发展方向。

人类社会从工业社会向着信息社会在不断地发展，与之相适应的教育理念，在学习方法、学习动机、学习环境、学习对象、学习组织等诸方面都产生了变化。在教育信息技术应用的各种学习系统的开发中，应以这种新的理念为指导思想。这在教育信息技术应用中是十分重要的。

第一章

教育信息概述

教育过程是一种信息过程，它包括信息的产生、信息的呈现、信息的传递、信息的分析和处理等。在对教育过程进行分析时，应针对教育过程中各种信息的特点和表现形式，采用适当的方法进行处理，并由此得到用于分析、评价、控制教育过程的有效信息。

教育信息处理的对象是教育信息。教育信息处理应根据教育信息的特点和处理的目的来展开。因此，在讨论教育信息处理的理论和方法之前，首先应对教育信息及其特点进行研究。

本章在对信息概念进行一般性讨论的基础上，重点讨论了教育信息的特点和基于这些特点应采取怎样的方法进行处理。

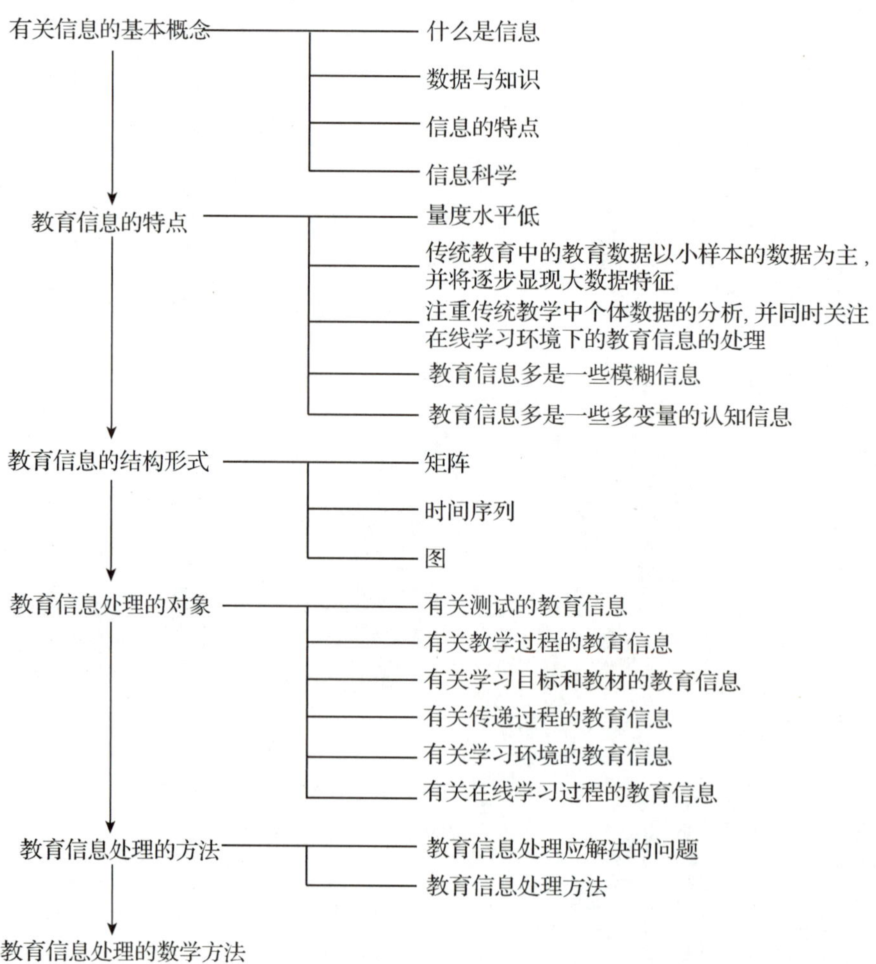

第一节　有关信息的基本概念

人类社会正从工业化社会向着信息化社会不断发展。工业化社会的基本要素是物质和能源。在这个社会中，人们利用各种能源进行加工，生产出所需的各种物质。信息化社会的基本要素除物质和能源外，还有更重要的要素——信息。信息化社会是一种以信息产生和信息处理为中心的社会形态。信息借助于物质和能源产生一定的价值。

一、什么是信息

信息不是像物质那样的实体，具体地讨论什么是信息往往是十分困难的。现在，人们对信息并没有一个完全统一的认识。

简单地讲，信息，可以告诉我们某件事情，可以使我们增加一定的知识。我们称报纸、广播、电视是信息源就是这个道理。英语中，信息是“information”，由“in”和“formation”组成。“in”具有接受的意识，“formation”表示一定的形成物，“information”表示信息可以让接受者产生某种形式的变化，这种变化可以让接受者从认识上的不完全、不理解和不确定变为完全、理解和确定。信息论的重要奠基者香农(C. E. Shannon)将信息定义为熵的减少，即信息可以消除人们对事物认识的不确定性，并将消除不确定性程度的多少作为信息量的量度。

信息可以告诉我们，那些我们不曾了解的事情。因此，对于有些我们已经知道的知识，虽多次听到，但它不能给予我们任何新的信息，其信息量为零。所谓有用的信息，因人而异。例如，“某公司开发出了一种新的超大规模集成电路”这样的信息，对计算机专业的人员来说是有用的信息，但对从事其他工作的人员来说可能就没有意义。因此，是否是信息，信息量的多少，不是由传递者来决定的，而是由接受者来决定的。在信息的传递中，接受者的目的意识、问题意识是非常重要的。

二、数据与知识

数据是信息的素材。数据是在各种现象和事件中收集的。当我们根据一定的利用目的，采取相应的形式对数据进行处理后，就可得到新的信息(制作出新的信息)。数据处理是一种对数据的有意义的操作。数据处理的操作过程如图 1.1 所示。从现实的世界中，我们收集到A、B两所学校的测试结果(数据)，为了了解这两所学校办学的差异(目的)，对数据进行了某种处理(作测试结果的分布曲线)，从其结果可知A校的成绩优于B校(新的信息，在第九章我们将对教育数据及其处理进行专门的讨论)。

知识是一种信息。知识是在理解了数据、信息的基础上，以某种可利用的形式，高度组织化后的可记忆的信息。欧姆定律是一种信息，它是在对大量的数据进行分析、处理的基础上，高度组织化后的可记忆的信息，人们可利用它求解各种电路问题。

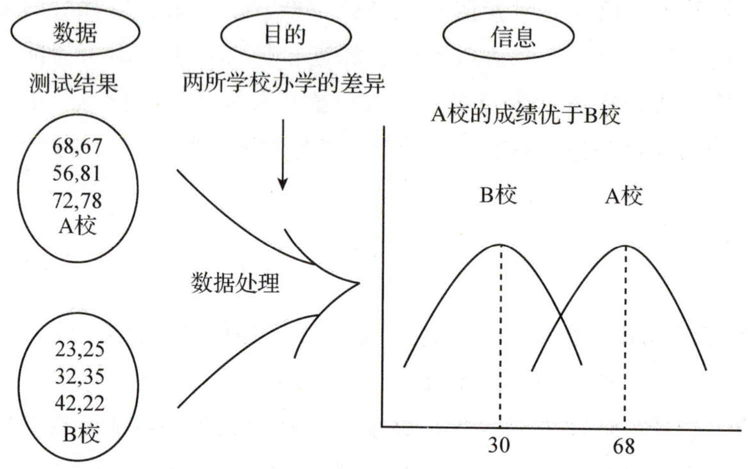

图1.1　数据处理的操作过程

有人曾这样形象地对数据、信息和知识进行说明，数据以“How much，How many，Which，Yes/No”来表现，信息以“What，When，Where，Who”来表示，知识则以“How，Why”的形式来记忆。

三、信息的特点

物质是具有一定大小和质量的实体。信息与物质不同，在处理信息时，信息具有以下特点。

1. 没有大小

物质具有一定的大小，因此，在保存、移动时它们会占据一定的空间。由于信息不会表现为具体的物体形态，不具有大小。空间无论大小，都可存放大量的信息，无论怎样狭窄的通道，也都能高速地传递大量的信息。信息的这一特点告诉我们，计算机可以不断地小型化，人的头脑可以存储大量的信息。信息产业是一种省空间、省能源的产业。

2. 没有质量

一般物体不仅具有大小，而且具有质量，因此，在处理时，需要消耗一定的能量。

人对信息的感知来源于接受者的认知，因此信息没有质量。信息产业是一种省能源的产业。

3. 容易复制

信息一旦产生，很容易复制，它可以大量生产。

四、信息科学

信息论是一种研究信息过程的一般规律的科学。信息论有狭义和广义两种划分。狭义的信息论是应用统计学的方法，研究通信系统中信息传递和信息处理过程的科学。广义的信息论则是应用数学和其他相关科学的方法，研究一切现实系统中存在的信息传递和信息处理过程的科学。

美国数学家香农 1948 年发表的《通信的数学理论》一文被认为是信息论正式诞生的标志。香农第一次从理论上阐明了通信的基本问题，提出了通信系统的数学模型，给出了定量描述信息的计算方法，这为信息的定量描述提供了理论依据。

同一时期，美国的维纳(Norbert Wiener)提出了维纳滤波理论和预测理论，他为控制理论的发展做出了重要贡献。维纳的理论对于研究机器和生物中信息的传递、变换、处理和控制具有重要意义。

信息系统、控制系统往往是十分复杂的系统。对这些系统进行分析、设计需要系统理论的指导。系统理论是一种研究系统化和最佳化的科学。所谓系统化是指为了达到一定的目的，将构成系统的各种要素进行最佳的连接，以求得到最大的效果。系统中各种要素的连接是通过信息来实现的。信息的有效处理，对于系统化是十分重要的。

信息论主要研究信息的量度方法和信息传递的理论。控制论主要研究用信息进行控制的原理和方法。系统论主要研究如何用信息对各种要素进行连接，构成最佳系统。

信息科学是指以信息为主要研究对象，以信息的运动规律和应用方法为主要研究内容，以计算机等技术为主要研究工具，以扩展人类的信息功能为主要目标的一门新兴的综合性学科。

第二节　教育信息的特点

教育系统是一种包含人，并以人为主导的系统。教育系统主要研究人的内部，或人与人之间所生成和传递的信息。教育系统的这些特点，为教育系统的分析，为教育系统中的信息处理带来了很大的困难，它也决定了教育信息的基本特点。教育信息的基本特点如下。

一、量度水平低

教育信息大多是一些量度水平较低的信息。

教育过程中的某些信息，如学习成绩，测试分数，学生的身高、体重等都是一些量度水平较高的信息，对这些数据进行处理也较为容易。

然而，教育过程中的大部分信息，如学习课程、学习方法、学习特性、学习者风格、学习环境、教材内容、教学策略等，是一些量度水平较低的信息，对这些信息进行处理较为困难。

此外，还有一些教育信息，如学生对问题的反应、对问题的选择，学习的偏好等，多是一些反映个人的思想、意志、认知的信息，它与个人的思维模式、思维特点、认知水平有关，对于这些信息进行描述、处理也十分困难。

二、传统教育中的教育数据以小样本的数据为主，并将逐步显现大数据特征

随着信息技术教育应用的发展，教育数据逐渐从小样本向大数据发展。实际的教学过程往往涉及一个班，人数一般为 30～50 人。由于样本数较少，数据量较少，人们很难根据个体样本得出具有普遍性的结论。

教育数据，有些涉及的范围略大，如一个年级、一个学校、一个地区，其数据量较大，样本数较多。对于这些数据，我们可利用数理统计的方法有效地进行处理。尤其是一些大规模开放在线课程(Massive Open Online Course，MOOC)的学习数据，它们呈现出海量特性。有关教育大数据，我们在第七章将做进一步的讨论。

三、注重传统教学中个体数据的分析，并同时关注在线学习环境下的教育信息的处理

在教育过程中，我们除注重对一所学校、一个年级、一个班级的数据进行分析外，往往还要注重对某些学生个体进行分析，分析某位学生的个体特性，分析某位学生个体在集团教学中的位置。

在教育改革中，我们特别强调学生的个性化学习。对学生个体数据的分析，可为个性化学习提供重要的信息，从而实现有效的个别指导。

随着信息化社会的深入发展，基于网络的在线学习得到了广泛的应用，在线学习中产生的大规模的群体数据及个人的电子档案数据的深度分析和挖掘，为教育规律的发现，为教育的预测性、教育的可重复性和教育科学的发展等提供了新的手段和方法。本教材将对传统教学和在线学习中的教育信息进行处理，并对基于网络的某些处理方法进行讨论。

四、教育信息多是一些模糊信息

以教学测试时学生的应答为例，学生的错误应答，可能存在多种情况，有近似正确的误答，有完全的误答，也有完全不能理解问题的误答。对于各种误答，要设置一个误答的标准是十分困难的。教育信息的这种模糊性与教育系统是一种包含人在内的复杂系统是密切相关的。

又如学生对知识的理解，设某一学生能计算 $a \times b$，若将 $a \times b$ 进行某种变换，如变成包含 $a \times b$ 在内的组合问题，该学生可能就不一定能计算了。学生对于指定知识的理解和应用，简单地设置像(0，1)这样的标准进行判断是十分困难的，在这种情况下，应进行模糊处理。

在教学过程中，教师对学生的理解、对学生掌握知识的判断也是十分模糊的。在教学过程中，对于教师的提问，学生的反应、学生的应答多是一些模糊信息。基于这些信息，教师通过个人意志进行某种判断，在此基础上决定教学过程的展开形式，这不仅是一种极为复杂的过程，也是一种模糊的过程。

五、教育信息多是一些多变量的认知信息

教育过程是一种认知过程，教育信息多是一些认知信息。学习过程中影响学生学习的因素是多方面的，学生的学习特性、学生的学习爱好也是多方面的。教学过程中的信息是多变量的信息，多元分析为提升信息处理水平提供了一种认知平台。多元分析在教育信息处理中越来越受人们的重视。

在教育信息处理的过程中，我们不仅应很好地注意教育信息的各种特点，更重要的是应根据教育信息的这些特点，创造性地研究对这些信息进行处理的方法，实现对教育信息的有效处理，为教与学提供支持，为教育干预提供手段。

第三节　教育信息的结构形式

基于教育系统的基本特点，教育信息的结构形式主要有以下几种类型。

一、矩阵

设某班有 n 名学生，经过了 m 门课程的测试，其测试成绩见表 1.1。

表 1.1　学生测试成绩表

姓名	语文	数学	外语	……
张兵	91	70	82	……
刘洪	62	68	70	……
李荣	75	80	78	……
……	……	……	……	……

表 1.1 中的成绩可以用下面的矩阵表示。

$$X=(x_{ij})=\begin{pmatrix} x_{11} & x_{12} & \cdots & x_{1m} \\ x_{21} & x_{22} & \cdots & x_{2m} \\ x_{31} & x_{32} & \cdots & x_{3m} \\ \vdots & \vdots & & \vdots \\ x_{n1} & x_{n2} & \cdots & x_{nm} \end{pmatrix}=\begin{pmatrix} 91 & 70 & 82 & \cdots \\ 62 & 68 & 70 & \cdots \\ 75 & 80 & 78 & \cdots \\ & \cdots\cdots\cdots & & \end{pmatrix} \tag{1-1}$$

式中，x_{ij} 表示第 i 名学生第 j 门课程的测试成绩。我们称这样的矩阵为得分矩阵。显然，在矩阵中，第 i 行各元素之和为第 i 名学生的各科成绩之和，第 j 列各元素之和为第 j 门课程全班学生的得分之和。

若表 1.1 中给定的不是测试成绩，而是 n 名学生的 m 个体检指标，由此可得体检结果的身体状况矩阵。同样，可以有应答矩阵、问卷矩阵。矩阵是表示教育信息结构的一种基本形式。

二、时间序列

教学过程是一种在时间轴上展开的过程，它是一种时间序列(也可简称为时序列)。

为了研究这一过程，我们往往从时序列入手来进行研究。

对于某个教学过程，可以用

$$\{x_i, t_i\} \quad i=1, 2, \cdots, n \tag{1-2}$$

这样的概率模型来表示。式中：

x_i 表示第 i 个行为状态的类型；

t_i 表示产生第 i 个行为状态的时间；

n 表示教学过程中所出现的行为状态的总数。

为了进行时序列分析，我们首先应对教学过程中的行为进行分类。分类时，应对教师的行为、学生的行为分别进行分类。

对于式(1-2)给出的数据，可以用列表的方式或图形的方式来表示。

三、图

所谓图是指由一些点和连接这些点的线所构成的总体。以数学的语言表示，图是一个有序对(V，E)，其中 $V=(V_1, V_2, \cdots)$是一些点的集合，$E=(E_1, E_2, \cdots)$是弧(又称边)的集合。图又分为无向图和有向图。在无向图中，E 是 V 上的无序关系，即 E_k 由无序对(V_i，V_j)所定义。在有向图中，E_k 由有序对所定义。在教育信息中，图多为有向图，即连接点的边是有序(有方向)的。

对于结构化的各种教育信息，如教材的结构化关系、学生认知的结构化关系等都是以有向图来表示的。

对于给定的某个图，可以通过一定的矩阵来表示。图与矩阵相互对应。利用矩阵的变换可实现图的变换，从而达到信息处理的效果。

设某一教学系统包含六种信息要素，各要素间具有以下结构关系（图 1.2）。基于这种结构关系，可作出图 1.3 这样的结构图。通过一定的变换，可将结构图变换成图 1.4 这样的层级图。

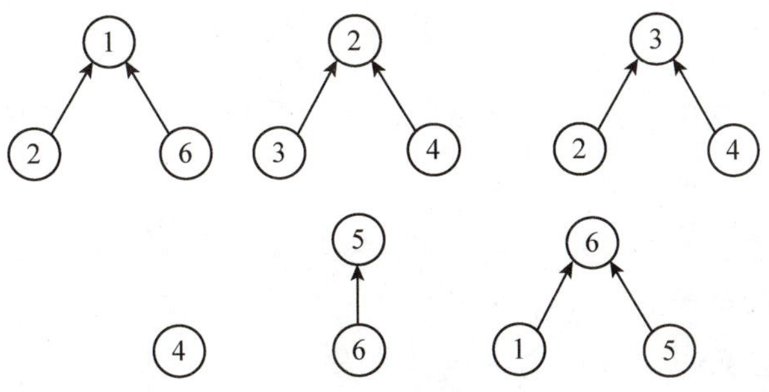

图 1.2 要素间的结构关系

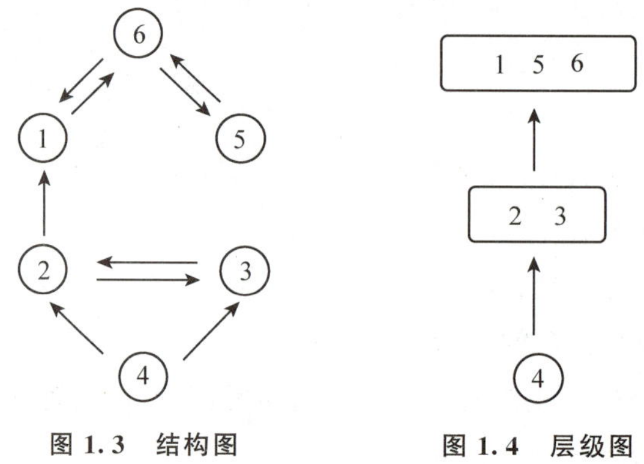

图 1.3　结构图　　图 1.4　层级图

第四节　教育信息处理的对象

教育信息包括的范围十分广泛。教学活动是学校教育中最重要、最基本的活动。教育信息处理所讨论的对象仅涉及教学活动中的有关信息。

教学活动的基本周期中主要包含设计、实施与评价三部分，如图 1.5 所示。

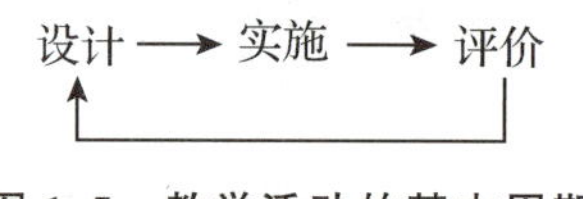

图 1.5　教学活动的基本周期

教学活动中的有关信息主要是指这种教学过程中的有关信息。教育信息处理的对象主要包括如下几方面的教育信息。

一、有关测试的教育信息

测试往往与评价联系在一起，对测试结果的分析和处理是各种评价的依据。可以认为测试是评价的一个重要组成部分。

测试可用于对学习结果进行评价，测试也可用于对学习过程进行完善，测试在教学过程中占有重要的位置。

测试结果除包括尺度水平较高的测试得分外，还包括尺度水平较低的应答信息。测试得分可利用一般的统计方法进行处理。多重选择问题的应答信息的尺度水平很低，我们可采用 S-P(Students-Problem 学生—问题)表分析、IRS(Item Relational Structure，项目关联结构）分析的方法进行处理。S-P 表分析、IRS 分析是基于教育信息的特点开发出的信息处理方法。我们可以认为，它们是以不同的观点、不同的思想对传统测试理论的发展。

二、有关教学过程的教育信息

教学是一种教师与学生间的信息交流。教学过程中的各种信息是教育信息中的一个重要类别。以教学过程中各种信息及其交流为研究对象的分析方法叫作教学分析。

教学分析将教师的行为、学生的行为进行分类，通过对这些行为类型的迁移和行为内容的分析实现对教学过程的分析。

三、有关学习目标和教材的教育信息

学习目标既是教学设计的起点，又是教学评价的根据，它在教学中占有重要的位置。学习目标的制定和分析是教学过程设计中的重要内容。

学习目标可分为行为目标、达到目标，也可根据某种分类体系予以制定。对学习目标，我们可根据高级目标与低级目标间的形成关系进行分析。

教材是一种信息源，对教材进行分析主要是对教材的结构进行分析，通常有逻辑分析法和 ISM 分析法（Interpretive Structural Modeling Method，也称为解释结构模型法）。

教材的结构化分析往往与教师的教材观、教师的认知特性有关，特别是对于那些逻辑关系不太明显的教材内容来说，教师的教材观、教师的认知特点，在对教材的分析过程中起着重要的作用。

四、有关传递过程的教育信息

教学过程不仅要考虑教学内容，更要考虑这些内容是以怎样的过程传递给学生的。在这个过程中，构成教学系统的各要素间所进行的信息传递、信息交流和相互作用是十分重要的。

为了有效地实现各种信息的传递，我们应对教学过程中传递的各种信息进行分析和处理，以实现对教学过程的有效控制。教学分析、GSR（Galvanic Skin Response，皮肤电反应）分析是分析这类信息的重要方法。

五、有关学习环境的教育信息

在教学过程中，人们需要使用包括黑板、电子书包、电视、计算机等在内的各种媒体，并以各种媒体来呈现、传递各种教育信息。各种媒体是教学的重要环境和资源，对这些环境、资源及其传递的信息进行分析、处理，可帮助我们获得最佳的教学效果。

六、有关在线学习过程的教育信息

随着信息技术教育的发展，我们可以十分便利地记录学生学习过程中的多种数据，这些数据具有大数据的特点。

第五节　教育信息处理的方法

教育系统是一种包括人在内的复杂系统。这种系统具有复杂性、多样性和模糊性，人们期待着用一些较好的方法论，对这样的系统和系统中的信息进行有效的分析和处理。

一、教育信息处理应解决的问题

对教育信息进行分析和处理时应解决以下基本问题。

1. 教育信息的表示

教育信息处理是以教育信息为处理对象的。教育系统的特点决定了教育信息的复杂性、多样性和模糊性。对于这样的信息如何去表示，如何去编码，是对教育信息进行分析和处理时应解决的第一个问题。

2. 教育信息的处理方法

处理方法应与教育信息的特点和要求相适应。所谓处理，是指对给定的信息进行某种运算、变换和逻辑分析。在信息上施加的各种运算、变换和分析，不应与教育现象产生任何矛盾。

3. 有效性

处理是基于某种目的对信息所实施的操作。处理的有效性是指经过处理后得到的信息在多大的程度上达到了处理的目的要求。

处理的结果不仅要能有效地达到预期的目的，而且它与处理前的信息也不应产生任何矛盾。对于处理前的原始信息所说明的教育现象，处理后的信息不仅应能更清楚地表明该现象中的某些实质性的内容，并且和原始信息所说明的现象不应产生任何矛盾。经过处理后的信息能为教育教学现象的解释提供强有力支持。

二、教育信息处理方法

为了达到教育信息处理的要求，我们应寻求各种有效的处理方法。寻求教育信息的处理方法时应该关注以下几点。

1. 加强与其他学科的交流

教育信息处理是一个综合性学科领域。它涉及教育学、心理学、认知科学、信息科学等多门学科的研究。教育信息处理应努力与这些学科进行交流，学习它们的思想、方法，学习它们的理论、技术，努力地完善自己，在实践的基础上，确立自己的理论和方法。

2. 从行为向认知转换

教育系统是一种以人为主体的复杂系统。在进行教育信息处理时，不仅要注重教学过程中的各种行为，更要注意产生这种行为的思想和产生这种行为的认知过程。教育信息处理的方法，应将对行为表现的分析、处理，逐渐转换为对人们内在认知特点、认知过程的分析、处理，即使对象从行为向认知转换。在教学过程的设计、教材的组织构成、教学模式的确定过程中，相关教师的教育思想、教学观点和认知特点起着重要的作用。在对有关的教育信息进行分析和处理时，我们应从认知的角度出发进行分析和处理。

3. 从集团向个体转换

教育的发展，不仅要求我们要注重集团(班级)教育，更要注重学生的个性发展。教育信息处理不仅要注重集团，如学校、年级、班级等有关信息的处理，更应注重学生个体信息的处理。例如，对某个学生学习过程的分析、对学生个体与班级关系的研究等。这种转换有利于对个性化学习进行研究。

4. 从数量化向结构化转换

对于信息处理，人们往往只注重数量化程度较高的信息处理(当然，这种信息处理较为容易)，而忽视了数量化程度较低的信息处理。教育信息中更多的是数量化程度较低的信息，这种信息往往具有较明显的结构化特点。在教育信息处理中，我们应根据教育信息的特点，将注重数量化的处理转换为注重结构化的处理。

第六节　教育信息处理的数学方法

在信息处理的过程中，人们广泛地使用着各种数学方法。教育信息处理应根据教育信息的特点和处理的目的，选择合适的数学方法，从而实现对教育信息的有效处理。

教育系统是一个多变量系统，为了研究和评价这种系统，我们一般使用单变量法，即对一个一个变量单独地进行分析，处理存在的问题，同时我们也需要对多个变量综合地进行分析和处理。教育信息的多变量分析——多元分析在教育信息处理中占有十分重要的位置，得到了多方面的应用，并越来越多地受到人们的重视。

教学过程是一种信息过程，以信息理论来研究教学过程是教育信息处理的重要内容。以信息理论为指导，通过对信息量的计算，可实现对教学过程的有效研究。

在很多情况下，教学系统是一种定性系统，我们可利用系统科学中有关定性系统的分析方法，以图为工具，对这种系统的结构进行分析。

教育信息往往是一种模糊信息，利用模糊教学的方法可对这种信息进行处理。

在教学实践中，人们更多地使用数理统计的方法对教育信息进行处理。例如，当一次测试结束后，要计算得分的平均值、偏差，要计算各门课程的相关系数，要得出得分的分布。数理统计是教育信息处理中使用最为广泛的一种数学方法。

为了说明教育信息处理中各种数学方法的应用情况及其发展趋势，有人对《日本教育工学》杂志自 1976 年创刊到 1996 年共 20 年间发表的论文中使用的各种数学方法进行了统计分析，并以累计表(表 1.2)的形式式来进行说明。

为了说明的方便，表 1.2 中的数据按前 10 年(1976—1986 年)、后 10 年（1986—1996 年)两段进行统计。由统计的结果可以看出，使用多元分析的论文居于首位，第一个 10 年为 27 篇，约占总数的 30.7%。第二个 10 年为 33 篇，约占总数的 34.4%。从使用的情况看，呈上升趋势。

表 1.2　《日本教育工学》杂志论文中使用的数学方法的累计表

数学方法	1976—1986 年	1986—1996 年
多元分析	27	33
相关分析	7	3
因子分析	7	12
聚类分析	4	2

续表

数学方法	1976—1986 年	1986—1996 年
判别分析	2	0
数量化Ⅲ类	2	1
主成分分析	2	1
多元回归	1	2
数量化Ⅰ类	1	2
数量化Ⅱ类	1	3
分散分析	0	7
统计检验	24	18
t 检验	12	10
χ^2 检验	8	4
F 检验	3	4
k-s 检验	1	0
图论	12	20
时序列分析	12	6
分析的应用	4	3
回归分析	3	2
非线性最小二乘法	1	1
信息理论	5	3
熵函数	3	2
熵模型	1	0
AIC	1	1
模糊理论	2	7
贝叶斯统计	2	1
项目反应理论	0	4
神经元计算机	0	1
总数	88	96

由于教育信息的结构化和模糊性，使用图论和模糊理论对教育信息进行分析和处理受到了人们的高度重视。教育技术的各种论文中，图论、模糊理论得到了广泛的应用，二者之和，在第一个 10 年为 14 篇，约占总数的 16%。在第二个 10 年有了很大程度的增加，猛增到 27 篇，约占总数的 28%。

随着信息技术、计算机技术的不断发展，项目反应理论的应用，神经系统、神经元计算机的研究开始受到人们的重视，有了一定的应用。表 1.3 是 2010—2018 年代表性在线教育论文的研究方法抽样统计结果。

表 1.3　2010—2018 年代表性在线教育论文的研究方法抽样统计结果

统计方法	研究论文数量	所占比重
机器学习	13	0.34
描述分析	9	0.24
相关分析	7	0.18
回归分析	7	0.18
卡方分析	7	0.18
方差分析(MANOVA/ANOVA)	6	0.16
生存分析	5	0.13
线性混合模型	3	0.08
其他	5	0.13

[注：方差分析(analysis of variance，ANOVA)；多元方差分析(multivariate analysis of variance，MANOVA)]

思考与练习

1. 试举例说明什么是信息，什么是数据和知识，它们彼此间有什么关系。

2. 试从信息的特点说明信息产业与其他产业相比较，有什么特点。

3. 说明教育信息数量化的特点和方法。

4. 信息论的奠基者香农将信息熵定义为____________________。

5. 教育信息表现的结构形式：__________、时间序列、__________。

6. 从教育信息、教育信息处理的对象和教育信息的结构化特点出发，说明用于教育信息处理的方法。

第二章

教育信息熵

教育是一种信息系统。教学过程是一种信息的传递和处理过程。有关教育系统的研究，其实质是关于教育系统中的信息、信息传递和信息处理的研究。

在信息理论中，信息熵是一个十分重要的核心概念。同样，在教育系统中，信息量的计算、信息熵的计算，对教育系统的分析和评价有着重要的意义。教育信息熵是教育信息科学、教育信息处理中的一个十分重要的概念。

本章在对信息熵与熵技术进行全面介绍的基础上，讨论了信息熵在教学中的应用。通过一些信息熵在教学中的应用实例，我们相信大家将对如何利用熵技术处理教育信息、分析教育过程有进一步的理解。

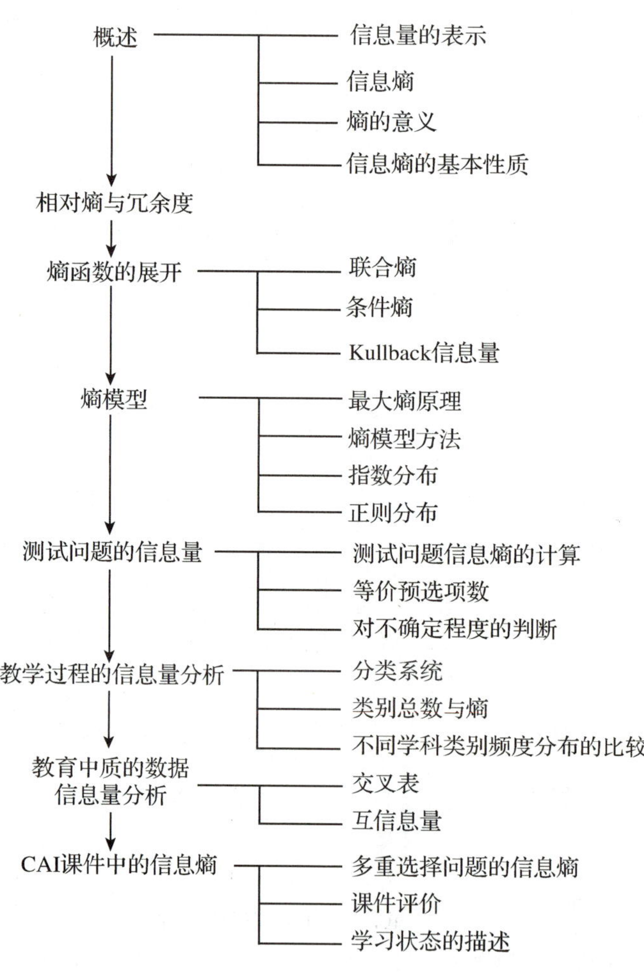

第一节 概述

熵是1865年作为热力学的一个重要概念引入的。信息理论中的熵是依据不同的观点引入的，二者间虽有相同的数学形式，但它们并没有什么直接的联系。

一、信息量的表示

为了说明人们是如何接收信息的，我们讨论教育中的一个典型事例。

现有A，B，C，D，E五名学生，以他们为候选人，需从中选出一名学生作为学生代表。这是一个五选一的问题。在教育中，类似的问题很多，如学生对多重选择问题的回答，学生对课程的选择等。

对于这种五选一的系统，设定每一名学生被选中的可能性是一样的，被选中的概率都是1/5。在选拔结果公布以前，我们对这种五选一系统所具有的认识只是每个人被选中的概率都是1/5，究竟谁会最后被选中，我们并不清楚。这是对五选一系统的一种不完全的认识，也是一种不确定的认识。

选拔的结果是A被选中。当我们得到了A被选中的消息后，我们对五选一系统的认识从不完全变为完全，从不确定变为确定。这表明“A当选”的消息使我们的知识量增加了，即它具有一定的信息量。

我们讨论的系统是五选一的系统。若讨论的系统是n选1的系统，显然，n越大，选拔前的不确定性就越大，选拔结果公布后，它给予人们的知识量就越多，即人们从公布结果中所得到的信息量就越大。这种信息量的多少与不确定性的大小成比例地增加。为此，我们以

$$H=\log_2 n \tag{2-1}$$

来定义信息量。这是一种以2为底的对数，其单位为字位(bit)。若对数是以e或10为底，H的单位为mit或dit。

以上的讨论中，我们是以得到消息后，消息在多大程度上丰富了我们的知识，消除了认识上的不确定性来定义信息量的，而且设定，在五选一的系统中，每一名学生被选中的概率是相等的。若五名学生中，每一名学生被选中的概率不同，显然，结果公布后，它给予人们的信息量就不一样了。例如，选拔前，已知A当选的概率是90%。A被选中的结果公布后，所给予人们的信息量较少，因为在选拔前，人们已经

有了较为完全的认识。作为一个极端，设选拔前，已明确 A 一定会当选，即 A 被选中的概率为 1。选拔结果公布后，它并没有向人们提供什么新的知识，即它给予人们的信息量为零。为此，我们应以概率来定义信息量。

设某一系统中包含 n 个事件，每一个事件产生的概率都是 $\overline{p}=1/n$，此时的信息量为

$$H=\log_2 n=\log_2 \frac{1}{\overline{p}}$$

这是一种等概率事件的系统。对该式予以扩展，设某一事件产生的概率为 p，则信息量由下式定义：

$$H=\log_2 \frac{1}{p}=-\log_2 p \tag{2-2}$$

式(2-2)中的负号是由 $1/p$ 产生的，它使 H 的计算结果为正数。

二、信息熵

设概率系统中有 n 个事件，每一个事件产生的概率为

$$p_i \quad i=1，2，\cdots，n$$

当事件 i 产生后，给予我们的信息量为

$$H_i=-\log_2 p_i$$

对于由 n 个事件构成的概率系统而言，每一个事件产生的平均信息量为

$$H=-\sum_{i=1}^{n} p_i \log_2 p_i \tag{2-3}$$

我们称之为信息熵，简称为熵(entropy)。

设某一系统具有四种状态(或四种事件)A_1，A_2，A_3，A_4，其产生的概率分别为

$$p_1=\frac{1}{2}，p_2=\frac{1}{4}，p_3=\frac{1}{8}，p_4=\frac{1}{8}$$

该系统中任一状态产生时所给予的平均信息量为

$$\begin{aligned} H &= -\sum_{i=1}^{4} p_i \log_2 p_i \\ &= -\frac{1}{2}\log_2 \frac{1}{2}-\frac{1}{4}\log_2 \frac{1}{4}-\frac{1}{8}\log_2 \frac{1}{8}-\frac{1}{8}\log_2 \frac{1}{8} \\ &= \frac{1}{2}\log_2 2+\frac{1}{4}\log_2 4+\frac{1}{8}\log_2 8+\frac{1}{8}\log_2 8 \\ &= \frac{1}{2}+\frac{1}{4}\times 2+2\times\frac{1}{8}\times 3 \\ &= 1.75(\text{bit}) \end{aligned}$$

若概率系统为连续系统，其概率分布为 $p(x)$，该系统的熵由

$$H=\int_{x_0}^{x_1}[-p(x)\cdot\log_2 p(x)]\mathrm{d}x \tag{2-4}$$

来表示。

三、熵的意义

熵的大小可用于表示概率系统的不确定程度。

设在某一概率系统中，事件产生的概率分布为

$$(1,\ 0,\ \cdots,\ 0)$$

它表示，该系统中某一事件产生的概率为 1，其他事件产生的概率为 0，这是一个确定系统，不确定度为 0。计算该系统的信息熵，有 $H=0$。

设在某一概率系统中，其概率分布是均匀的，它表示系统中每一个事件产生的概率相等。对于这样的系统，我们很难预测某一事件是否会产生，这种系统的不确定性最大。该系统的信息熵具有最大值(在相同事件数的情况下)。

以上讨论的是两种极端的情况，我们来考察两个中间状态。设概率系统 A 和 B 的分布为

$$p_A=(0.5,\ 0.5,\ 0,\ 0,\ 0)$$

$$p_B=(0.5,\ 0.125,\ 0.125,\ 0.125,\ 0.125)$$

试比较它们哪一个系统的不确定程度大。

为了进行这种比较，我们计算它们的信息熵，并以计算出的信息熵，对它们的不确定程度进行定量的比较。通过对两个系统信息熵的计算，我们有

$$H(P_A)=1(\text{bit}),$$

$$H(P_B)=2(\text{bit})。$$

由此可以判定系统 B 的不确定程度是系统 A 的 2 倍。

四、信息熵的基本性质

信息熵具有以下一些基本性质。

1. 单峰性

我们考察由两个事件构成的简单概率系统。

设某一系统包含两个事件 A 和 B，其产生的概率分别为 p 和 $1-p$。该系统的熵为

$$H=-[p\log_2 p+(1-p)\log_2(1-p)]$$

随着 p 的变化，其 H-P 图如图 2.1 所示。该图具有单峰性的特点。

由图 2.1 可知，当 p 为 0 时，$H=0$。这是一种 A 产生的概率为 0，B 产生的概率为 1 的确定系统。同样，若 p 为 1，则 $H=0$。这是一种 A 产生的概率为 1，B 产生的概率为 0 的确定系统。若 $p=1/2$，则 $1-p=1/2$，它表示 A，B 两事件产生的概率相同，H 具有极大值，这是一种不可预测的不确定系统。

对这样的系统予以扩张，设系统中具有 n 个事件，其中某一事件产生的概率为 1，其他事件产生的概率为 0，该系统的熵 $H=0$。若系统中每一个事件产生的概率相同，均为 $1/n$，则这种系统的 H 有极大值。

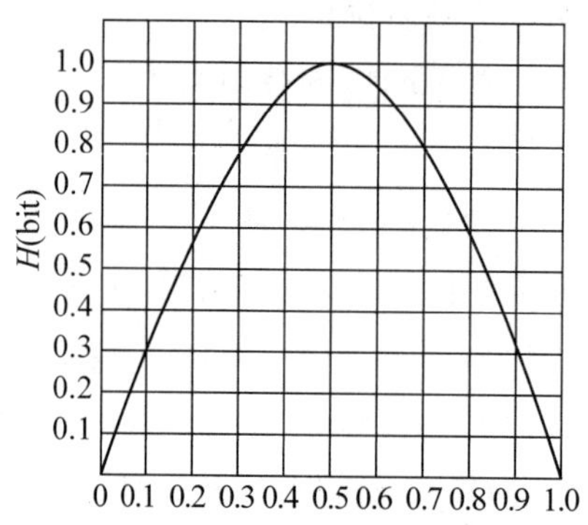

图 2.1　两个事件的 *H-P* 图

2. 对称性

某系统中 n 个事件的概率分布为

$$(p_1, p_2, \cdots, p_n)$$

当我们对事件的顺序进行任意置换后，得到新的概率分布为

$$(p'_1, p'_2, \cdots, p'_n)$$

此时，有以下关系成立：

$$H(p_1, p_2, \cdots, p_n)=H(p'_1, p'_2, \cdots, p'_n) \tag{2-5}$$

它表示，在系统中，事件的顺序虽不同，但只要总的概率分布相同，系统的熵 H 是不变的，即系统的熵与事件的顺序无关。

3. 渐化性

设概率为 $p_n(q+r)$ 的事件可分解为概率分别为 q 和 r 的两个事件，则有

$$\begin{aligned}H(p_1, \cdots, p_{n-1}, q, r)=H(p_1, \cdots, p_{n-1}, q+r)+\\(q+r)H[q/(q+r), r/(q+r)]\end{aligned} \tag{2-6}$$

4. 展开性

设某一系统的概率分布为

$$(p_1, p_2, \cdots, p_n)$$

该系统的信息熵具有

$$H(p_1, p_2, \cdots, p_n)=H(p_1, p_2, \cdots, p_n, 0) \tag{2-7}$$

这样的展开性质。在此基础上，进一步展开，有

$$H(p_1, p_2, \cdots, p_n) = H(p_1, p_2, \cdots, p_n, 0, \cdots 0)$$

5. 确定性

在概率系统中，任一事件产生的概率为 1，则其他事件产生的概率为 0，这是一种确定的系统。对于这样的系统，有

$$\begin{cases} H(1, 0) = H(0, 1) = 0 \\ H(1, 0, \cdots, 0) = H(0, \cdots, 0, 1, 0, \cdots, 0) = H(0, \cdots, 0, 1) = 0 \end{cases} \tag{2-8}$$

由上述的讨论可以看出，熵所描述的不是一个一个的事件，而是表现有关概率系统整体概率分布状态的统计特征量。系统的熵是通过实测数据进行计算的，我们往往将它作为一种统计量来使用。

第二节　相对熵与冗余度

在英语这样的语言中，包括空格在内，总共使用了 27 种字符。若每个字符出现的概率相同，且都是 1/27，则这样的英语系统具有最大熵，其熵值为

$$H_{\max} = \log_2 27(\text{bit})$$

在实际的英语系统中，字符并不是相互独立地、等概率地随机排列的，字符的使用受各种规则和条件制约。在这种英语系统中，每一种字符出现的概率是不同的，某些字符出现的频度高，如空格和 E；某些字符出现的频度低，如 Q 和 Z。在实际中，各种字符出现的频度如表 2.1 所示。

每种字符出现的概率不同，使得实际使用的英语系统的熵 H 减小，即 $H < H_{\max}$。为了表示这种减小的程度，我们以相对信息熵 h 来表示。

$$h = \frac{H}{H_{\max}} \tag{2-9}$$

信息熵的计算与系统中事件数的多少有关，它不利于我们对不同系统的熵进行比较。相对信息熵的计算有利于我们对不同系统的信息熵进行比较。

表 2.1　英语中字符的频度分布

顺序位	字符	频度	顺序位	字符	频度	顺序位	字符	频度
1	空格	0. 181 70	10	H	0. 043 05	19	P	0. 016 23
2	E	0. 107 30	11	D	0. 031 00	20	W	0. 012 60

续表

顺序位	字符	频度	顺序位	字符	频度	顺序位	字符	频度
3	T	0.085 60	12	L	0.027 75	21	B	0.011 79
4	A	0.066 80	13	F	0.023 95	22	V	0.007 52
5	O	0.065 40	14	C	0.022 60	23	K	0.003 44
6	N	0.058 10	15	M	0.020 75	24	X	0.001 36
7	R	0.055 90	16	U	0.020 10	25	J	0.001 08
8	i	0.051 90	17	G	0.016 33	26	Q	0.000 99
9	S	0.049 90	18	Y	0.016 23	27	Z	0.000 63

基于相对信息熵，我们称

$$r=1-h=1-\frac{H}{H_{max}} \tag{2-10}$$

为冗余度。冗余度表示了由于每种字符出现的概率不同而使信息熵减小的程度。显然，由于信息熵的减小，为了表示同样的内容，相同的信息量，文章的字符数要多一些，这就是文章的冗余性。

设以英语的 N 个字符书写文章时，其平均信息量为 H，总的信息量为 NH。若以 27 个字符均匀出现的字符序列来表述同样的内容，相同的信息量，由于此时的平均信息量为 H_{max}，所需的字符数一定少于 N，令其为 N_{min}，则有

$$N_{min}H_{max}=NH$$

$$N_{min}=\frac{H}{H_{max}}\cdot N \tag{2-11}$$

$$=hN$$

它表示，以具有 H_{max} 的 27 种字符书写文章，只需要 $N_{min}=hN$ 个字符。由式(2-10)和式(2-11)可知，冗余度为

$$r=1-\frac{H}{H_{max}}\frac{N-N_{min}}{N} \tag{2-12}$$

式(2-12)表明，以使用效率更高的代码来表述指定的内容，与实际使用的英语相比较，其字符总数可减少 $r\%$。

冗余度表示了传递信息时不必要的冗长部分的比例，现在英语中的冗余度为 14.5%。信息传递过程中的冗余度使得信息传递的效率降低，但这种冗余度也并非是无意义的。有效利用冗余度，对信息的预测、信息的纠错而言是十分有意义的。利用信息中的冗余性，可对信息进行估计，可修正信息传递中产生的误码。

第三节　熵函数的展开

前面我们讨论了一个概率系统的信息熵，现在，我们将这种讨论扩展到多个概率系统中，并重点讨论两个概率系统的熵函数。

一、联合熵

设有两道多重选择问题 X 和 Y。问题 X 有 r 个预选答案，问题 Y 有 c 个预选答案。通过测试，学生对问题 X 选中第 s 个预选答案，对问题 Y 选中第 t 个预选答案的概率为 P_{st}。这是一种同时的选择概率。我们称对一个项目选择 s，对另一个项目选择 t 的概率分布为联合概率分布。联合概率分布可以用以下方式来描述。

设两个概率系统为 X，Y，其联合概率分布为 $X \cdot Y$。联合概率矩阵为

$$P(p_{st})_{rc}=\begin{bmatrix} p_{11} & & \cdots & & p_{1c} \\ & \ddots & & & \\ \cdots & & p_{st} & & \cdots \\ & & & \ddots & \\ p_{r1} & & \cdots & & p_{rc} \end{bmatrix} \tag{2-13}$$

式中，p_{st} 表示在 X 中选择 s，在 Y 中选择 t 的联合概率。

在联合概率矩阵中，第 s 行各元素之和为

$$p_{s.}=\sum_{t=1}^{c} p_{st} \tag{2-14}$$

第 t 行各元素之和为

$$p_{.t}=\sum_{s=1}^{r} p_{st} \tag{2-15}$$

显然，$(p_{1.},\ p_{2.},\ \cdots,\ p_{r.})$为概率系统 X 的概率分布，$(p_{.1},\ p_{.2},\ \cdots,\ p_{.c})$为概率系统 Y 的概率分布，且有

$$\sum_{s=1}^{r} p_{s.}=\sum_{t=1}^{c} p_{.t}=\sum_{s=1}^{r}\sum_{t=1}^{c} p_{st}=1$$

我们称基于两个概率系统联合概率分布的熵为联合熵。以 $H(X,\ Y)$表示 X，Y 的联合

熵，有

$$H(X, Y)=-\sum_{s=1}^{r}\sum_{t=1}^{c}p_{st}\log_2 p_{st} \tag{2-16}$$

举一联合概率的实例，我们看以下教育数据的实测值：

$$(n_{st})_{rc}=\begin{bmatrix} n_{11} & & \cdots & & n_{1c} \\ & \ddots & & & \\ \cdots & & n_{st} & & \cdots \\ & & & \ddots & \\ n_{r1} & & \cdots & & n_{rc} \end{bmatrix}$$

在这一组数据中，它表示了某校大学三年级的学生分属 r 个班级，到四年级时，他们分别分到 c 个研究室做毕业论文的联合分布。n_{st} 为三年级时，分属于第 s 班，四年级时被分到第 t 研究室的学生数。同样的数据，也可理解为两个多重选择测试问题的联合选择分布。n_{st} 表示对一个问题选择 s，对另一问题选择 t 的学生数。前者所示的两个概率系统间存在顺序关系，而后者的两个概率系统间是完全对等的，不存在顺序性。

二、条件熵

在事件 s 产生的情况下，另一种事件 t 产生的概率用条件概率 $p_{st}/p_{s.}$ 来表示。由此，可引入条件熵 $H(Y \mid X)$，且有

$$H(Y \mid X)=\sum_{s=1}^{r}p_{s.}H(p_{s1}/p_{s.}, \cdots, p_{sc}/p_{s.}) \tag{2-17}$$

我们称 $H(Y \mid X)$是在给定 X 的情况下有关 Y 的条件熵。

条件熵与联合熵具有以下关系：

$$H(X, Y)=H(X)+H(Y \mid X) \tag{2-18}$$

即 X，Y 的联合熵为 X 的熵加上在给定 X 的情况下 Y 的条件熵 $H(Y \mid X)$。同样有

$$H(X, Y)=H(Y)+H(X \mid Y) \tag{2-19}$$

式(2-19)中，$H(X \mid Y)$是在给定 Y 的情况下 X 的条件熵。

基于联合熵和条件熵，我们可定义互信息量 $I(X, Y)$。X，Y 的互信息量 $I(X, Y)$为

$$I(X, Y)=H(X)+H(Y)-H(X, Y) \tag{2-20}$$

基于式(2-18)、式(2-19)我们可以得到

$$H(X)=H(X, Y)-H(Y \mid X)$$

$$H(Y)=H(X, Y)-H(X \mid Y)$$

将它们代入式(2-20)中，有

$$I(X, Y)=H(X, Y)-H(X \mid Y)-H(Y \mid X) \tag{2-21}$$

三、Kullback 信息量

有关熵函数的标准化已有多种不同的提案，Kullback 信息量是其中非常重要的一种，它在统计和数据分析中十分有效。

设两个概率现象为：

$$P(p_1, \cdots, p_m), \quad \sum_{i=1}^{m} p_i = 1, \ p_i \geqslant 0, \ i=1, 2, \cdots, m$$

$$Q(q_1, \cdots, q_m), \quad \sum_{i=1}^{m} q_i = 1, \ q_i \geqslant 0, \ i=1, 2, \cdots, m$$

Kullback 信息量定义为：

$$K(P, Q)=\sum_{i=1}^{m} p_i \log_2 (p_i / q_i) \tag{2-22}$$

在以 2 为底或以 e 为底的对数情况下，其单位与熵的单位相同。

$K(P, Q)$具有以下基本性质。

(1)$K(P, Q) \geqslant 0$，其中，仅在 $p_i=q_i$，$i=1, 2, \cdots, m$ 的情况下，$K=0$。

(2)若 $q_i=1/m$，$i=1, 2, \cdots, m$，则 $K(P, Q)=H_{\max}-H(P)$。这里，$H(P)$为$(p_1, p_2, \cdots, p_m)$的信息熵

$$H(P)=-\sum_{i=1}^{m} p_i \log_2 p_i$$

$H_{\max}$ 为其最大值，即

$$H_{\max}(1/m, \cdots, 1/m)=\log_2 m$$

图 2.2 给出了 $K(P, Q)$与信息熵的关系。在 $Q=(l/m, \cdots, 1/m)$的情况下，$K(P, Q)$等于 $H_{\max}$ 与 $H(P)$之差。

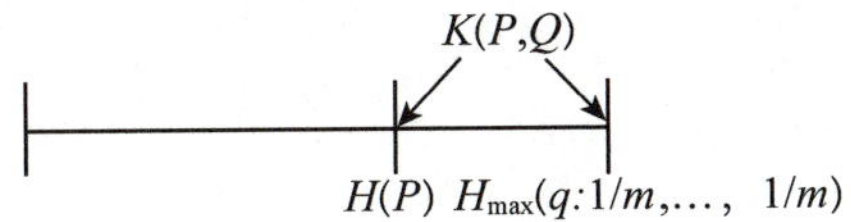

图 2.2 Kullback 信息量与熵

(3)数学中的距离量度(metric)定理是：

①若 $d(x, x)=0$，$d(x, y)=1$，则 $x=y$；

②$d(x, y)=d(y, x)$；

③$d(x, z) \leqslant d(x, y)+d(y, z)$。

$K(P, Q)$满足距离量度定理中的①，不满足其中的②(对称性)和③(三角不等式)。

(4)对于给定的$(q_1, \cdots, q_m)$，K 在

$$q_k = \min(q_1, \cdots, q_m)$$

$$p_i \begin{cases} 1, & i=k \\ 0, & i \neq k \end{cases}$$

的情况下取最大值，且最大值为

$$K_{\max} = -\ln q_k$$

作为熵的一种扩展形式，$K(P, Q)$可用于考察两个概率分布 P、Q 的偏离程度。例如，以概率现象 P 为原因，以概率现象 Q 为结果，为了考察二者的关系，可计算 $K(P, Q)$。若 K 较小，则 P、Q 间的偏离较小，即 Q 受到 P 的强烈影响。反之，若 K 较大，表示 P、Q 间的偏离较大，P、Q 间并无多大的关系。又如，Q 为理论分布，P 为实测分布，为了考察二者间的关系，可计算 $K(P, Q)$，并以之为理论分布与实测分布差异的测度。

Kullback 信息量也被称为判别信息量或 K-L(S. Kullback，R. A. Leibler)信息量。当我们改变 K 的符号，且令其为

$$B(P, Q) = \sum_{i=1}^{m} p_i \log_2(q_i / p_i) \tag{2-23}$$

时，则称 B 为负熵。在以熵最大(或称最大熵)原理进行统计估计时，我们往往使用 $K(P, Q)$或 $B(P, Q)$作为熵模型。

K-L 信息量可用来度量两个分布的相似度。其物理意义表现为：在相同事件空间里，概率分布 $P(x)$的事件空间，若用概率分布 $Q(x)$编码时，平均每个基本事件编码长度增加了多少比特。或理解为：已知 Q 的分布，用 Q 分布近似估计 P，P 的不确定度减少了多少。

第四节　熵模型

熵模型是一种以最大熵原理求解系统概率分布的模型。在很多情况下，用于求解系统的信息较少，求解问题的方法也不多，此时，以熵模型解决问题是一种十分有效的方法。

一、最大熵原理

在统计力学中，熵表示了系统运动的不规则程度，并是这种不规则程度的量度。在一定的约束条件下，系统的熵总是不断增加的，直至系统的熵为最大时，系统才处于稳定状态。基于这种最大熵的思想对系统进行分析，可以为我们认识系统提供许多有益的观点。我们称这样的思想方法为最大熵原理。

最大熵原理不仅适用于物理系统，对包括人类活动在内的社会系统也是适用的。同样，一定的社会系统(社会现象)，其系统熵总朝着不断增加的方向发展，直至熵最大时，系统才处于稳定状态。

基于某些不完全的部分信息，以最大熵的原理，可求出系统的概率分布。我们称在一定的约束条件下，以最大熵原理构成概率模型的方法为熵模型方法。

二、熵模型方法

在许多情况下，概率系统是一种连续系统。在教育系统中，如学生对问题的应答，往往表现为一种连续系统，其概率分布为连续的分布。这里，仅就连续系统的熵模型方法进行一些讨论，有关的方法和思想对离散系统也是适用的。熵模型方法的基本流程如图 2.3 所示。

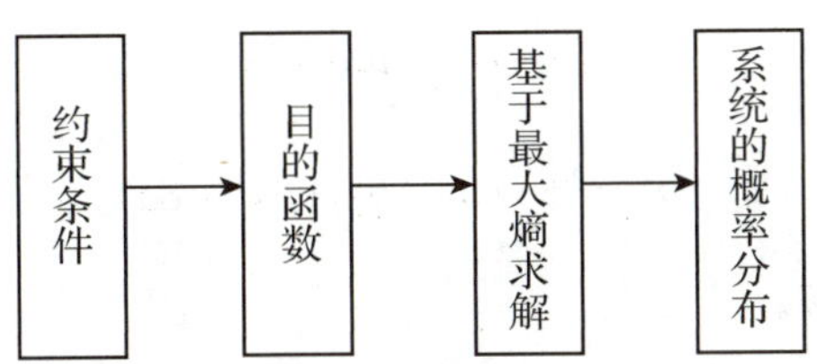

图 2.3　熵模型方法的基本流程

1. 约束条件

给定的 $m+1$ 个约束条件是

$$G_r=\int_{x_0}^{x_1} g_r(x)p(x)\mathrm{d}x \tag{2-24}$$

$$r=0,1,\cdots,m\ ,\ g_0(x)=l$$

2. 目的函数

目的函数为

$$H[p(x)]=\int_{x_0}^{x_1}[-p(x)\log_2 p(x)]\mathrm{d}x \tag{2-25}$$

式中，$[x_0, x_1]$为 $p(x)$的定义域，它可以是一种有限的区间，也可以是一种无限的区间。

3. 基于最大熵原理求解

我们应根据给定的约束条件，求目的函数为最大值时概率密度函数 $p(x)$的具体形式。

这是一种满足等周条件的变分问题，是一种在给定条件下的泛函极值问题。

用于求极值的泛函为

$$L[p(x)]=\int_{x_0}^{x_1} g[-p(x)\log_2 p(x)+\sum_{r=0}^{m}\lambda_r g_r(x)p(x)]\mathrm{d}x \tag{2-26}$$

式中，λ_0，λ_1，…，λ_m 为待定的拉格朗日函数因子。

根据最大熵原理，可通过欧拉方程组求解。

4. 系统的概率分布

求得的系统概率密度函数为

$$p(x)=\exp[-1+\sum_{r=0}^{m}\lambda_r g_r(x)]$$

$$x_0 \leqslant x \leqslant x_1 \tag{2-27}$$

式中，$m+1$ 个待定的因子由约束条件决定。

若约束条件为某些特定的约束条件，系统的概率分布具有较为简单的形式。

当约束条件为

$$1=\int_{-\infty}^{\infty} p(x)\mathrm{d}x$$

$$\mu=\int_{-\infty}^{\infty} xp(x)\mathrm{d}x$$

$$\sigma^2=\int_{-\infty}^{\infty}(x-\mu)^2 p(x)\mathrm{d}x$$

时，概率分布为正则分布。

当约束条件为

$$1=\int_{0}^{\infty} p(x)\mathrm{d}x$$

$$\mu=\int_{0}^{\infty} xp(x)\mathrm{d}x$$

$$\rho=\int_{0}^{\infty} p(x)\lg x\,\mathrm{d}x$$

时，概率分布为 P 分布。

当约束条件为

$$1=\int_{0}^{1} p(x)\mathrm{d}x$$

$$\alpha=\int_{0}^{\infty}p(x)\lg x\mathrm{d}x$$

$$\beta=\int_{0}^{\infty}p(x)\lg(1-x)\mathrm{d}x$$

时，概率分布为 B 分布。

三、指数分布

设 $p(x)$ 的约束条件为归一化条件和平均值条件：

$$\int_{x_0}^{x_1}p(x)\mathrm{d}x=1$$

$$\int_{x_0}^{x_1}xp(x)\mathrm{d}x=\mu$$

这里，μ 为实测的平均值，$[x_0, x_1]$为解的有限区间。

在给定的约束条件下，解的形式为

$$p(x)=A\mathrm{e}^{\lambda x}$$

$$x_0\leqslant x\leqslant x_1$$

若 $x_1\to\infty$，解的形式为

$$p(x)=\frac{1}{\tau}\mathrm{e}^{-x/\tau}$$

这是一种指数分布的形式。它是进行单一内容的单纯课题学习时，集团学习应答曲线的理论曲线。在这种学习过程中，仅给出学习者集团的平均学习时间，随后学习者自由地、随机地(熵最大)进行应答。对于内容较为复杂的课题，其分布应为多个指数分布的累积。通过这种累积的计算得到的结果与实测数据能吻合得很好。计算结果与实测数据的比较如图 2.4 所示。

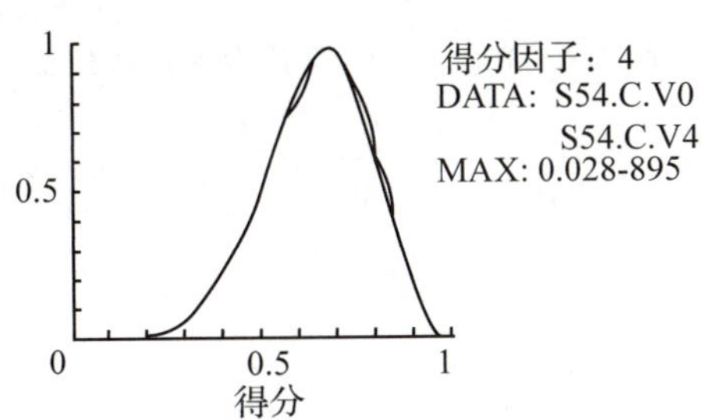

图 2.4　指数分布与实测数据的比较

指数分布适用于表现讨论时的发言时间分布。图 2.5 给出了某大学研究室学生在一些讨论、交谈时的发言时间分布，基于熵模型的设定，对讨论的内容和发言的时间不做任何规定。

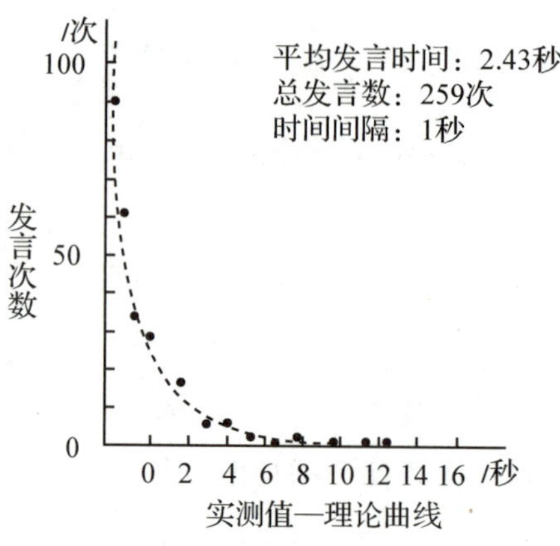

图 2.5　讨论时的发言时间分布

四、正则分布

约束条件，除归一化条件、平均值条件外，有的还增加了方差条件

$$\int_{x_0}^{x_1} x^2 p(x)\mathrm{d}x = \sigma^2 + \mu^2$$

此时的分布为在$[x_0,\ x_1]$区间内的正则分布(图 2.6)。正则分布的各种参数由约束条件给出。这种分布可用于得分数据的正则化。

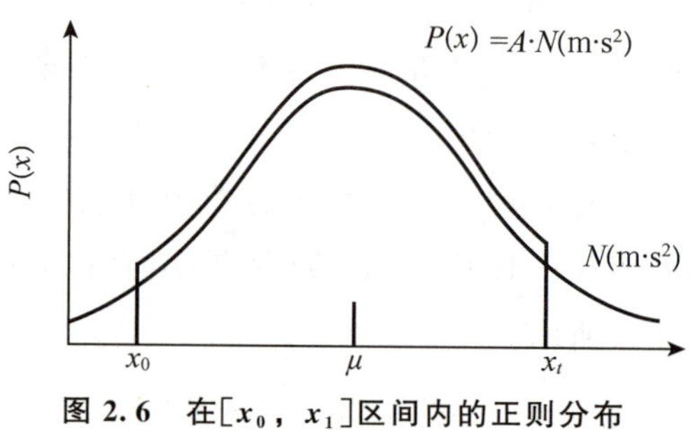

图 2.6　在$[x_0,\ x_1]$区间内的正则分布

第五节　测试问题的信息量

在教学过程中，测试问题具有十分重要的位置，它既可用于学习的内容中，又可用于各种评价中，还可用于各种调查、研究中，进行数据的收集。

一、测试问题信息熵的计算

多重选择问题是各种测试中使用最为广泛的一种测试问题。这种测试问题不仅客观性强，而且易于学习者操作，数据的处理也十分方便。很多情况下，其他类型的测试问题也可通过一定的变形，采用多重选择问题的方式让人们进行应答。在各种 CAI 课件中，人们大量地使用这种变形的方式进行测试问题的应答设计。图 2.7 给出了一个多重选择问题。

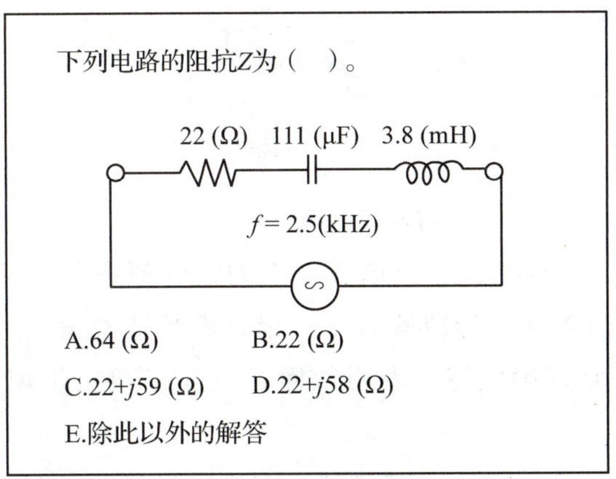

图 2.7　多重选择问题

学习者对多重选择问题的应答概率分布可能有多种不同的情况。

(1) (1，0，0，0，0)。

计算相应的应答信息熵：

$$\begin{aligned}H &= -\sum_{i=1}^{5} p_i \log_2 p_i \\ &= -(1 \cdot \log_2 1 + 0 + 0 + 0 + 0) \\ &= 0(\text{bit})\end{aligned}$$

(2)(0.5，0.125，0.125，0.125，0.125)。

计算相应的应答信息熵：

$$\begin{aligned}H &= -\sum_{i=1}^{5} p_i \log_2 p_i \\ &= -\frac{1}{2} \cdot \log_2 \frac{1}{2} - \frac{1}{8} \cdot \log_2 \frac{1}{8} - \frac{1}{8} \cdot \log_2 \frac{1}{8} - \frac{1}{8} \cdot \log_2 \frac{1}{8} - \frac{1}{8} \cdot \log_2 \frac{1}{8} \\ &= \frac{1}{2} + \frac{1}{8} \cdot 3 + \frac{1}{8} \cdot 3 + \frac{1}{8} \cdot 3 + \frac{1}{8} \cdot 3 \\ &= 2(\text{bit})\end{aligned}$$

(3)(0. 5，0. 5，0，0，0)。

计算相应的应答信息熵：

$$\begin{aligned}H&=-\sum_{i=1}^{5}p_i\log_2 p_i\\&=-\frac{1}{2}\cdot\log_2\frac{1}{2}-\frac{1}{2}\cdot\log_2\frac{1}{2}\\&=1(\text{bit})\end{aligned}$$

(4)(0.2，0. 2，0. 2，0. 2，0. 2)。

计算相应的应答信息熵：

$$\begin{aligned}H&=-\sum_{i=1}^{5}p_i\log_2 p_i\\&=-5\cdot\frac{1}{5}\cdot\log_2\frac{1}{5}\\&=\log_2 5(\text{bit})\end{aligned}$$

对于应答情况(1)，学习者对预选答案 1 的选择概率为 1，对其他预选答案的选择概率为 0，表示学习者在选择应答时，一定是选预选答案 1，这是一种完全确定的选择应答。若该选择是正确应答，表明该问题过于简单，学习者可以毫不费劲地正确应答。

对于应答情况(4)，学习者的应答选择分布是等概率的，它表明这种问题的应答选择是不确定的。学习者在应答时，不能很容易地进行判断、选择，这是一种较难的问题。

一般的问题应介于这两种情况之间。显然，问题的信息熵表示了学习者应答选择的不确定程度，同时它也能在一定程度上判断该问题的困难程度。测试问题的信息熵，在某些方面可用于测试问题的评价，或作为相应的指标。

二、等价预选项数

多重选择问题往往要设置多个预选答案(又称预选项)，让学习者从这多个预选项中选择应答。

对于设置有多个预选项的问题，经测试，若某个预选项，学习者选择的概率为 0，则这样的预选项可认为是无效的。为了有效地判定多重选择问题中预选项的有效性，我们引入等价预选项数。

现有三个多重选择问题，每一个问题都有五个预选项，经测试，学习者对每一个预选项选择应答的频度分布如图 2.8 所示。图 2.8 中横轴表示预选项，纵轴表示频度。

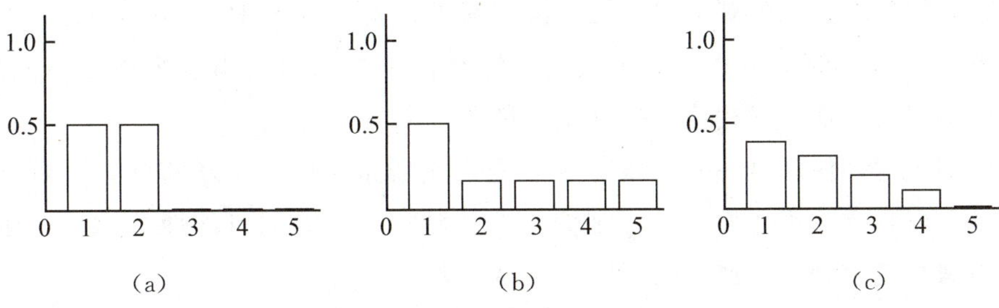

图 2.8　等价预选项的数据

图 2.8(a)的概率分布为(0.5，0.5，0，0，0)，它表示学习者的应答集中在两个预选项上，且各为 50%。这样的问题，虽有五个预选项，实际上可认为五个预选项等价于两个预选项。同样，对于图 2.8(b)(c)的概率分布(0.5，0.125，0.125，0.125，0.125)和(0.4，0.3，0.2，0.1，0.0)也可引入等价预选项的概念，对预选项的有效性进行评价。

等价预选项数是指将实测的应答分布换算成与其熵相等的均匀分布的预选项数。设某一多重选择问题的应答分布实测值为(p_1，…，p_c)，该分布具有的熵为 H，与之等价的预选项数为 k，根据等价预选项数的定义有

$$H(p_1, \cdots, p_c) = -\sum_{i=1}^{k} \frac{1}{k}\log_2 \frac{1}{k} \quad (2\text{-}28)$$

$$= \log_2 k$$

$$k = 2^H$$

将 H 代入式(2-28)中，则有

$$k = 2^{-\sum_{i=1}^{c} p_i \log_2 p_i}$$

$$= \prod_{i=1}^{c} p_i^{-p_i} \quad (2\text{-}29)$$

式(2-28)是基于 H 求 k 的，而式(2-29)则可直接利用实测的 p_i($i=1$，2，…，c)求 k。

利用式(2-28)，图 2.8(a)所示分布的熵为 1，对应的等价预选项数 $k=2$。图 2.8(b)所示分布的熵为 2，对应的等价预选项数为 4。同样可计算出图 2.8(c)所对应的等价预选项数为 3.6。

三、对不确定程度的判断

信息熵表示了像多重选择问题这类测试问题，学习者应答的不确定程度。不仅如此，它还可作为以下问题的一种解题方法。这种解题方法是基于信息量的计算实现问题求解的。

给定的问题是：从外观上看，12 个小球完全相同，在这 12 个小球中，仅有一个小球的质量与其他小球不一样。使用天平，能否在三次以内找出这个质量不同的小球，并指明该小球与其他小球相比，是重还是轻？

分析与求解：任取出一个小球 ，它恰是那个质量不同的小球的可能性是 1/12，如果小球是轻或是重的可能性相等，则恰是轻的(或是重的)的可能性是 1/24。因此，找到这个小球并指出轻重所消除的不确定性为

$$\log_2 24 = 4.585(\text{bit})$$

通过左边轻、右边轻或平衡的判断，每使用一次天平，不确定程度减少 $\log_2 3 = 1.585(\text{bit})$。由此，使用两次天平，所得到的信息量为

$$2\log_2 3 = 3.170(\text{bit})$$

该信息量小于 4·585(bit)。它表示，使用两次天平，不能完全消除不确定程度。

然而，使用三次天平，所得到的信息量为

$$3\log_2 3 = 4.755\ (\text{bit})$$

该信息量大于 4.585(bit)。它表示，如果使用三次天平，可完全消除不确定程度，即通过使用三次天平，可找出不同的小球，但要确定这个小球是比其他小球轻还是重，还得再使用一次天平。因此，最少使用四次天平才可以完全解决这个问题。

第六节　教学过程的信息量分析

计算机技术、通信技术的不断发展，促使计算机辅助教育、多媒体的教育应用、远距离教学在学校中得到了广泛的推广，它们对学校教学手段、教学方法和教学环境的完善产生了很大的影响，促进了传统学校的教学过程的变革。

为了有效地表述教学过程、研究教学过程，并给予有效地评价，我们应对教学过程进行客观的、定量的记述。针对教学过程的客观、定量的记述方法，主要有相互作用分析法和分类分析法。

一、分类系统

教学过程是一种教师与学生间以语言进行信息传递的过程，教学过程可以通过教师与学生语言序列的记录来表述。我们可以对教学过程中教师与学生的语言行为进行适当的分类，并以这种分类对教学过程进行客观评价。若这种分类表述着眼于分析的

目的，我们则称它为相互作用分析；若这种分类表述着眼于记述方法，我们则称它为分类分析。

对教师与学生的语言行为进行分类，有多种不同的方法，到目前为止，共有一百多种，比较有影响力的分类系统有弗兰德斯(Flanders)分类系统(1968 年)和言语互动分类系统(Verbal interaction Category System，VICS)等。

例如，我们可以使用一定的分类系统，来记录微格教学过程中的有关方法及其数据。

用于分析教学过程的分类系统见表 2.2，这是一种基于 VICS，并进行了适当修改的分类系统。

表 2.2 分类系统

类别	内容	类别	内容
1	教师的提示	2	教师的指示
3	教师的狭义提问	4	教师的广义提问
5	教师的接受	6	教师的拒否
7	学生向教师的应答	8	学生向其他学生的反应
9	学生向教师的发言	10	学生向其他学生的发言

在教学过程中，我们按照一定的时间间隔，根据分类系统，对该时刻的行为予以记录，由此可实现对整个教学过程行为的有效记录。

以这种分类系统记录的微格教学分类数据序列如图 2.9 所示。

1	4	4	2	7	5	1	4	3	1	2	9
7	5	1	1	1	4	2	3	2	7	4	9
1	9	5	7	5	2	4	2	7	5	1	3
1	1	4	2	7	1	1	1	4	2	4	7
5	4	8	5	1	2	4	7	5	2	8	2
8	6	2	9	5	7	1	1	4	9	6	4
1	4	7	5	6	1	3	7	5	1	3	2
7	5	1	2	7	3	7	3	2	7	5	1
1	4	9	5	9	9	5	1	3	3	2	7
5	1										

(注：图中展示的数据是第一组的数据，其信息熵为 2.939，是数据中最大的一个)

图 2.9 分类数据序列

从分类数据序列中，我们可以看出整个教学过程中行为的迁移过程、行为的分布和变化过程。在此基础上，可给出各类行为的频度分布，并计算出教学过程的信息熵。图 2.9 给定的数据序列的信息熵 $H=2.939(\text{bit})$。

二、类别总数与熵

我们通过 49 个学生微格教学的有关数据，说明如何进行教学过程中信息量的分析。在这些数据中，有 2 例为指导教师的教学数据，其他 47 例为实习生的教学数据。

表 2.3 给出了有关分类数据系列的概要。数据共分六组，每一组包括课程、指导教师、学时数等多个栏目。表 2.3 中，类别总数是指一次教学所记录的类别数。一次课的教学时间不是固定的，有长有短，长的为 45 分钟，短的为 15 分钟。显然，类别总数与教学时间是成比例的。

由于分类系统是基于教师与学生的语言行为分类的，所以第二组体育教学的平均类别数少于其他各组的类别总数。

利用教学中测得的分类数据序列，经统计可得到各种类别数据的频度分布，即教学过程中各类行为产生的频度分布，由此可计算出每一次课的信息熵。表 2.3 的熵栏目所列的熵的平均值，不是每一次课的熵的平均，而是按照合计的类别频度分布进行计算而得到的。

表 2.3　数据概要

课程	指导教师	上课次数	类别总数				熵			
			合计	平均	最小	最大	平均	最小	最大	合并
一、社会学	A	7	614	87.7	60	110	2.612	2.311	2.939	2.787
二、体育	B	10	458	46.0	28	68	1.668	1.178	2.214	1.884
三、语文	C	10	*214	220.4	116	334	2.490	2.170	2.721	2.671
四、社会学	C	7	970	138.6	73	226	2.454	2.147	2.720	2.581
五、数学	C	5	600	126.3	95	186	2.457	2.287	2.611	2.514
六、理科	C	10	1706	170.9	76	315	2.461	2.146	2.779	2.669

（注：*该内容源于繁樑算男编著的《教育情报的分析》）

各组的类别总数与熵的关系如图 2.10 所示。

图 2.10 中各种数据的标识是这样设计的。数据所属的组别用相应的组别序号来表示。数据的分布范围由组别号(1)，(2)，…，(6)所指定的椭圆来圈定。各组数据基本位于该组数据的椭圆内。

综观图 2.10，可以看出类别总数与熵具有一定的相关性。从图 2.10 也可看出，类别总数多的教学，不一定它的熵就大(或者小)。考虑到观察教学的情况，以及进行分类的观察者的差异，所以，记录的类别总数对熵不产生影响。

当我们考察每个数据在对应的椭圆中的分布情况时，可以清楚地看出第二组的体育数据分布与其他课程的数据分布完全不同。

除第五组外，各组数据表明类别总数与熵基本上具有正相关的关系，但第五组数学的数据表明它们是负相关的。

第一组社会学和第四组社会学的教学，由于指导教师不同，数据及其分布具有很大的差异。第一组的熵值较大，类别总数较少。与之对应，第四组的类别总数较大，且分散，这表明教学指导较为灵活，自由度较大。

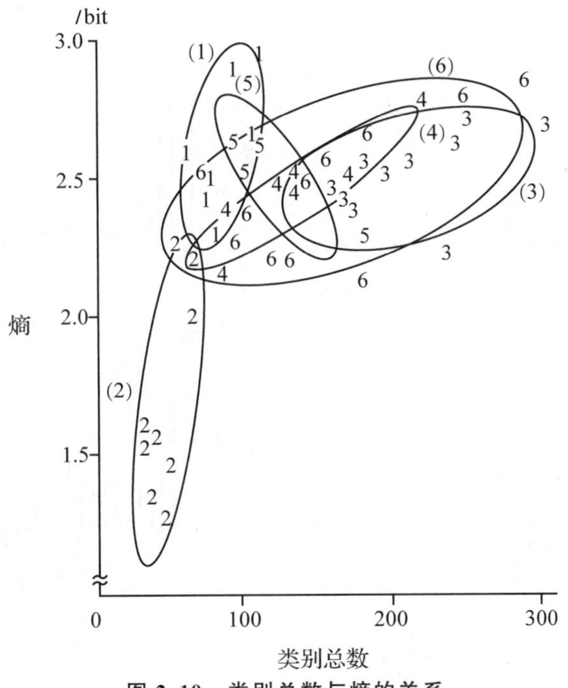

图 2.10　类别总数与熵的关系

第六组理科教学的数据分布很广，其中，右上方的数据是指导教师教学的数据。该数据表明，教学的类别总数较大，这与授课时间的长短有关。此外，一个重要特点是熵较大。这是由指导教师教学中类别的多样性所致的。

三、不同学科类别频度分布的比较

图 2.10 给出的熵值是一种表示类别数据频度分布状态的统计量，但它并不能给出在教学过程中，哪些类别的行为使用得较多，哪些类别的行为使用得较少。为了分析不同教学过程中各类行为的使用状况，我们需要作出类别相对频度分布图。图 2.11 给出了六组数据的类别相对频度图，并在各组类别数据的基础上，给出了全部数据的相对频度图。从全部数据看，类别“1 教师的提示”最多，占 28.2％，其次是类别“7 学生向教师的应答”和类别“2 教师的指示”，分别占 18.7％和 17.3％。

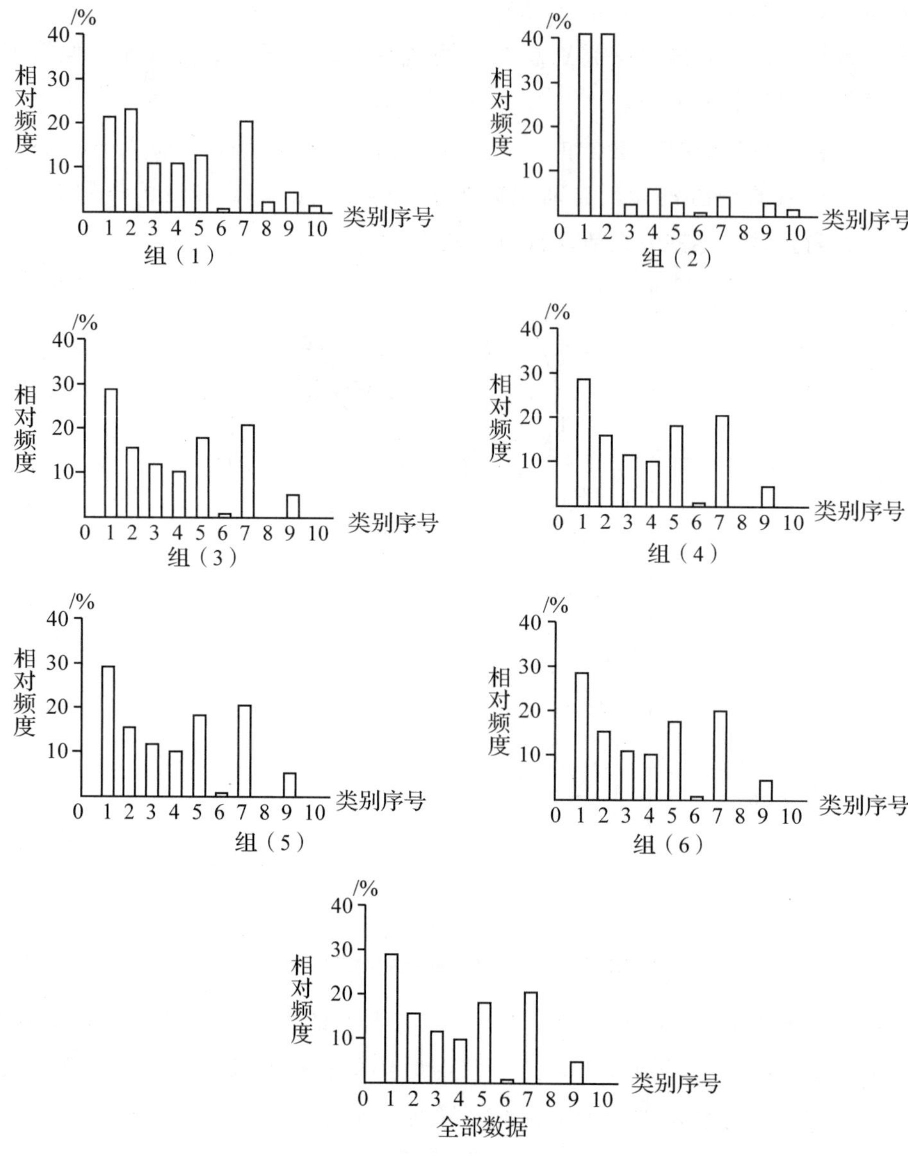

图 2.11　类别数据相对频度分布

教师行为，按“1 教师的提示”“5 教师的接受”“2 教师的指示”“4 教师的广义提问”“3 教师的狭义提问”“6 教师的拒否”这样的顺序排列。除“6 教师的拒否”仅占 0.51％外，其他各种行为均有一定的频度。“4 教师的广义提问”在各组数据中，其频度的大小几乎都是一样的。

学生的行为，几乎都是“7 学生向教师的应答”。“9 向教师的发言”“8 向其他学生的反应”等行为频度很小，这是因为本数据为微格教学的数据，实习教师都是一些没有教学经验的学生。

在各种类别的频度中，“6 教师的拒否”“8 学生向其他学生的反应”“10 学生向其他学生的发言”等行为频度都不满 1%。类别 8、类别 10 的频度是由于微格教学的特点所造成的。

我们比较各组的数据，发现组(2)(体育)与其他各组数据的频度分布不同，其频度几乎都集中在教师的提示和指示的行为上。正如前面所提到的那样，本分类系统是基于语言行为的分类系统，体育教学中的某些行为没有被列入其中。

除组(2)的频度分布外，其他各组的频度分布形状大体相似。所需注意的是，组(1)中，类别 1，2 的频度分布与其他各组正好相反，即教师的提示少于教师的指示，这是由指导教师造成的，课程与之相同的组(4)就不是这样的频度分布。

从提问来看，与组(5)的算术教学相比较，组(1)、组(4)的社会学教学中，狭义的提问较少，这种倾向与课程的性质有关。

基于以上的分析，我们可以看出，课程的性质不同，如体育与其他课程的性质不同，类别的频度分布类别总数与熵的关系也不同。同一种性质的课程，指导教师不同，如组(1)、组(4)，其频度分布、类别总数与熵的关系也不同。

从数据的整体看，类别总数与熵之间并不一定是相关的，也有某些组表现出一定的相关性。从各种行为类别看，类别 6、8、10 几乎没有出现，这是因为我们分析的数据是微格教学的数据。

第七节　教育中质的数据信息量分析

在教育过程中，许多数据并不是能够进行定量分析的量的数据，而是只能实现定性分析的质的数据。现在，我们讨论如何对这些表示质的数据进行信息量分析。

一、交叉表

在教育信息中，对于许多质的数据，人们往往以交叉表的形式来表示，并通过这种交叉表将质的数据量化。在交叉表中，每一元素的数值表示了某种类别行为出现的次数。

我们以交叉表来分析两个变量间的关系。表示变量 1、变量 2 的交叉表如图 2.12 所示。这是交叉表的一种基本形式。

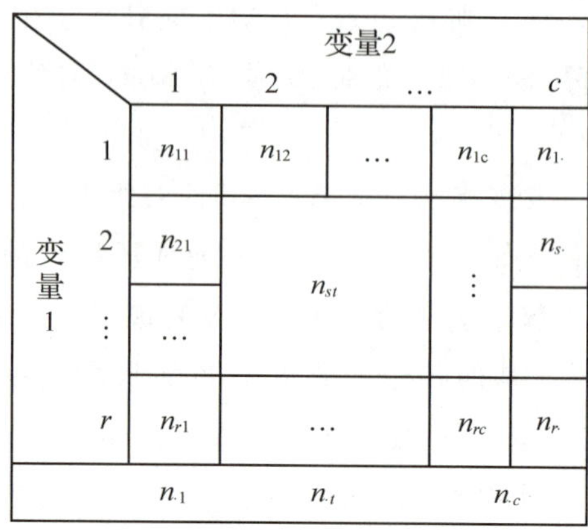

变量2
1
2
…
c
变量1
1
2
⋮
r
n_{11}
n_{12}
…
n_{1c}
$n_{1\cdot}$
n_{21}
n_{st}
⋮
$n_{s\cdot}$
…
n_{r1}
…
n_{rc}
$n_{r\cdot}$
$n_{\cdot 1}$
$n_{\cdot t}$
$n_{\cdot c}$

图 2.12　交叉表

交叉表中，r，c 表示了构成交叉表的两个变量的类别数。n_{st} 表示第一个变量为 s 类，第二个变量为 t 类的数量。$n_{s.}$ 表示第一个变量为 s，第二个变量为 1，2，…，c 的各类数量的总和。$n_{.t}$ 表示第一个变量为 1，2，…，r，第二个变量为 t 的各类数量的总和。

以学生的考试得分为例，用交叉表表示学生得分，第一个变量表示学生，第二个变量表示各门课程的得分。n_{st} 表示第 s 名学生、第 t 门课程的得分。$n_{s.}$ 表示第 s 名学生各门课程得分的总和。$n_{.t}$ 表示第 t 门课程全体学生的得分之和。

以问卷调查为例，为了调查学生的课外活动对学习的影响，我们以变量 1 表示学生的课外活动，变量 2 表示学生的学习情况，并将学生的课外活动分为 r 类，学习情况分为 c 类。以基于这种分类设计的问卷表进行问卷调查，并将问卷调查的结果统计后填入交叉表中。交叉表中，n_{st} 表示参加 s 类活动、学习情况为 t 类的学生数。$n_{s.}$ 表示参加 s 类活动的学生总数，$n_{.t}$ 表示学习情况为 t 类的学生总数。

质的数据在交叉表中通过类别的统计实现了数据的数量化。

图 2.12 的交叉表也可以使用矩阵

$$\boldsymbol{X}=(x_{ij})_{r\times c}=\begin{pmatrix} x_{11} & \cdots & x_{1c} \\ \cdots & x_{st} & \cdots \\ x_{r1} & \cdots & x_{rc} \end{pmatrix}$$

的形式来表示。x_{st} 表示了参加 s 类活动、学习情况为 t 类的学生数。

二、互信息量

我们下面讨论如何表示质的数据间的相关状态。

作为量的数据，通常是以两个变量间的相关系数来表示变量间的相关性的。对于质的数据，如何用与表示量的数据的相关性类似的方法，来定量地表示质的数据间的相关程度，现在已有各种不同的提案和方法。这里，我们讨论如何以熵的计算来表示质的数据的相关性。

设有变量 j(类别数为 r)和变量 j'(类别数为 c)，其学习者集团反应的概率分布如下。

$$\text{变量 } j：(p_1, p_2, \cdots, p_r)$$

$$\text{变量 } j'：(p'_1, p'_2, \cdots, p'_c)$$

对变量 j 和 j' 的概率分布求对应的熵，且有

$$H_j = -\sum_{s=1}^{r} p_s \ln p_s$$

$$H_{j'} = -\sum_{t'=1}^{c} p_{t'} \ln p_{t'}$$

式中，以自然对数计算 H。

如本章第三节所讨论的那样，设两个变量间的联合概率为 p_{st}，j 与 j' 的联合熵为：

$$H_{jj'} = -\sum\sum p_{st} \ln p_{st}$$

$$I_{jj'} = H_j + H_{j'} - H_{jj'}$$

$$= \sum\sum p_{st} \ln[p_{st}/(p_s \cdot p'_t)]$$

信息熵与互信息量间的关系如图 2.13 所示。互信息量 $I_{jj'}$ 表示两个变量 j 和 j'间的关联程度。与用相关系数矩阵表示量的数据相关性一样，互信息量矩阵可用于表示质的数据的相关性。相关系数是一种在[−1，1]范围内规范化了的数据，它有利于对各种变量间相关程度进行比较。与之相比较，互信息量的数值也应规范化，用于互信息量规范化的标准有赤池信息量准则(Akaike Information Criterion，AIC)和最小描述长度(Minimum Description Length，MDL)。

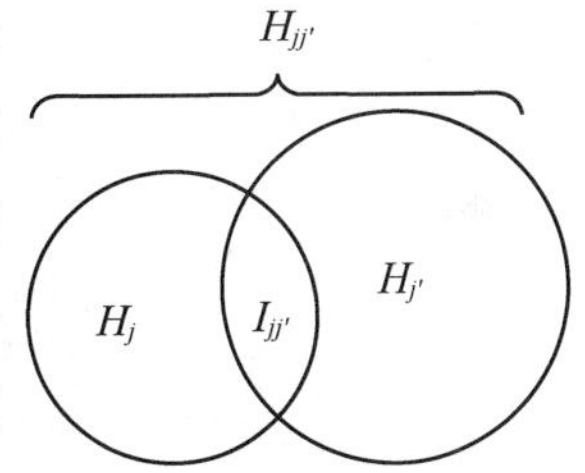

图 2.13　两变量间信息量的关系

现有电工学基础的测试题共 30 题，每一道题的预选项数均为 5。参加测试的学生数 $N=97$。通过测试数据计算各测试题间的互信息量，其互信息量矩阵如图 2.14 所示。

图 2.14 中的数值放大了 100 倍，小数点后的数字四舍五入。图中的下横线为 $I_{jj'}>0.377\,2$(基于 MDL 规范化)，圆圈内的数据为 $I_{jj'}>0.164\,9$(基于 AIC 规范化)，三角内的数据为出题者认定的相关项目群，虚线内的项目为预计具有相关性的项目群。

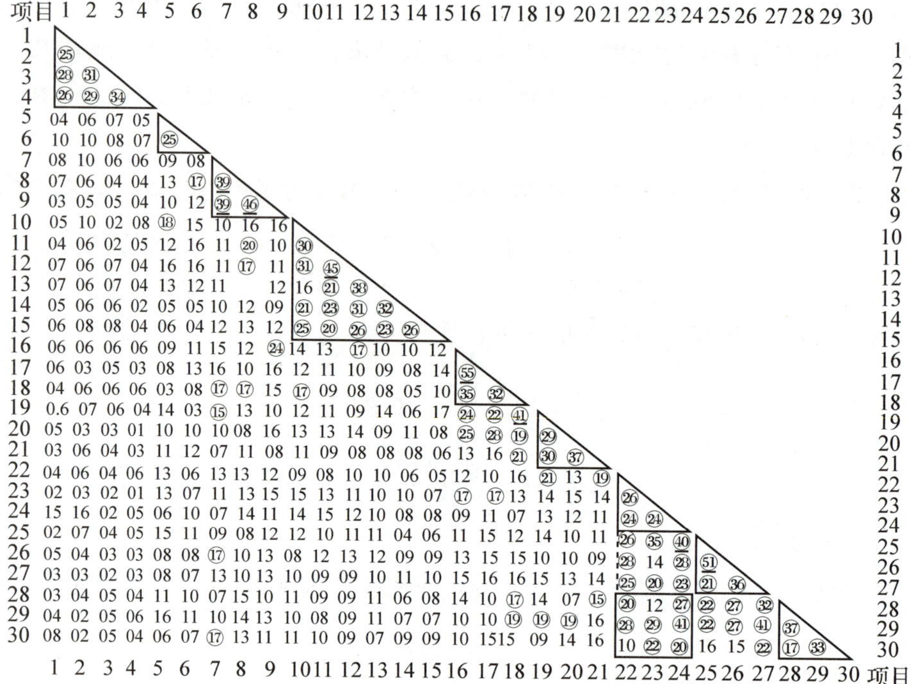

项目	1	2	3	4	5	6	7	8	9	10	11	12	13	14	15	16	17	18	19	20	21	22	23	24	25	26	27	28	29	30
1																														
2	(25)																													
3	(28)	(31)																												
4	(26)	(29)	(34)																											
5	04	06	07	05																										
6	10	10	08	07	(25)																									
7	08	10	06	06	09	08																								
8	07	06	04	04	13	(17)	(39)																							
9	03	05	05	04	10	12	(39)	(46)																						
10	05	10	02	08	(18)	15	10	16	16																					
11	04	06	02	05	12	16	11	(20)	10	(30)																				
12	07	06	07	04	16	16	11	(17)	11	(31)	(45)																			
13	07	06	07	04	13	12	11		12	16	(21)	(38)																		
14	05	06	06	02	05	05	10	12	09	(21)	(23)	(31)	(32)																	
15	06	08	08	04	06	04	12	13	12	(25)	(20)	(26)	(23)	(26)																
16	06	06	06	06	09	11	15	12	(24)	14	13	(17)	10	10	12															
17	06	03	05	03	08	13	16	10	16	12	11	10	09	08	14	(55)														
18	04	06	06	06	03	08	(17)	(17)	15	(17)	09	08	08	05	10	(35)	(32)													
19	0.6	07	06	04	14	03	(15)	13	10	12	11	09	14	06	17	(24)	(22)	(41)												
20	05	03	03	01	10	10	10	08	16	13	13	14	09	11	08	(25)	(28)	(19)	(29)											
21	03	06	04	03	11	12	07	11	08	11	09	08	08	08	06	13	16	(21)	(30)	(37)										
22	04	06	04	06	13	06	13	13	12	09	08	10	10	06	05	12	10	16	(21)	13	(19)									
23	02	03	02	01	13	07	11	13	15	15	13	11	10	10	07	(17)	(17)	13	14	15	14	(26)								
24	15	16	02	05	06	10	07	14	11	14	15	12	10	08	08	09	11	07	13	12	11	(24)	(24)							
25	02	07	04	05	15	11	09	08	12	12	10	11	11	04	06	11	15	12	14	10	11	(26)	(35)	(40)						
26	05	04	03	03	08	08	(17)	10	13	08	12	13	12	09	09	13	15	15	10	10	09	(28)	14	(28)	(51)					
27	03	03	02	03	08	07	13	10	13	10	09	09	10	11	10	15	16	16	15	13	14	(25)	(20)	(23)	(21)	(36)				
28	03	04	05	04	11	10	07	15	10	11	09	09	11	06	08	14	10	(17)	14	07	(15)	(20)	12	(27)	(22)	(27)	(32)			
29	04	02	05	06	16	11	10	14	13	10	08	09	11	07	07	10	10	(19)	(19)	(19)	16	(28)	(29)	(41)	(22)	(27)	(41)	(37)		
30	08	02	05	04	06	07	(17)	13	11	11	10	09	07	09	09	10	15	15	09	14	16	10	(22)	(20)	16	15	(22)	(17)	(33)	

图 2.14　多重选择问题 30 题的互信息量矩阵

第八节　CAI 课件中的信息熵

CAI 课件是一种信息的集合，课件与课件运行过程中的信息熵，对课件的设计、课件的评价、课件的完善具有重要的意义。

一、多重选择问题的信息熵

我们主张 CAI 课件应是一种面向问题型的 CAI 课件，而不应是一种课堂搬家、书本搬家，基于知识呈现的 CAI 课件。面向问题型的 CAI 课件充分反映了 CAI 的特点，有利于 CAI 学习的展开，有利于提高 CAI 的学习效果。

课件中的问题，不仅可用于形成评价和结果评价中，还可用于知识的呈现与传递过程中。学习者对问题的应答是实现利用课件理解学习者的特性、控制学习过程的重要内容。

课件中的问题具有多种呈现和应答形式，多重选择问题是其中使用范围最广的一种形式，许多其他形式的问题，如填空题、匹配题，往往也是通过对多重选择问题进行变形来呈现的。

多重选择问题信息熵的计算在课件及其评价中占有重要的地位。

我们对以下几种学习者对多重选择问题的应答分布的信息熵进行计算。

(1)设学习者对具有两种预选项问题的应答分布为

$$\left(\frac{1}{2},\ \frac{1}{2}\right)$$

其信息熵为

$$\begin{aligned}H &= -\frac{1}{2}\log_2\frac{1}{2}-\frac{1}{2}\log_2\frac{1}{2}\\ &=\log_2 2\\ &=1(\text{bit})\end{aligned}$$

(2)设学习者对具有三种预选项问题的应答分布为

$$\left(\frac{1}{2},\ \frac{1}{4},\ \frac{1}{4}\right)$$

其信息熵为

$$\begin{aligned}H &=\frac{1}{2}\log_2 2+\frac{1}{4}\log_2 4+\frac{1}{4}\log_2 4\\ &=1.5(\text{bit})\end{aligned}$$

(3)设学习者对具有四种预选项问题的应答分布为

$$\left(\frac{1}{2},\ \frac{1}{4},\ \frac{1}{8},\ \frac{1}{8}\right)$$

其信息熵为

$$\begin{aligned}H &=\frac{1}{2}\log_2 2+\frac{1}{4}\log_2 4+\frac{1}{8}\log_2 8+\frac{1}{8}\log_2 8\\ &=1.75(\text{bit})\end{aligned}$$

(4)设学习者对具有四种预选项问题的应答分布为

$$\left(\frac{1}{4},\ \frac{1}{4},\ \frac{1}{4},\ \frac{1}{4}\right)$$

其信息熵为

$$\begin{aligned}H &=\frac{1}{4}\log_2 4+\frac{1}{4}\log_2 4+\frac{1}{4}\log_2 4+\frac{1}{4}\log_2 4\\ &=4\times\frac{1}{4}\log_2 4=\log_2 4\\ &=2(\text{bit})\end{aligned}$$

(5)设学习者对具有五种预选项问题的应答分布为

$$\left(\frac{2}{5},\ \frac{1}{5},\ \frac{1}{5},\ \frac{1}{10},\ \frac{1}{10}\right)$$

其信息熵为 $H=2.12(\text{bit})$。

通过以上的计算可以看出：

· 均匀分布的 H 最大[如(1)(4)所示]，但这是在有相同预选项数的情况下的比较。

· H 的大小不仅与应答分布有关，还与预选项数有关。预选项数越多，信息熵越大。

为了有效地比较不同问题的信息熵，避开预选项数对 H 的影响，我们应对信息熵进行标准化。信息熵采用相对熵进行标准化。如本章第二节所讨论的那样，相对信息熵定义为

$$h=H/H_{\max}$$

设系统的状态数(预选项数)为 N，概率分布为

$$(p_1,\ p_2,\ \cdots,\ p_N)$$

相对信息熵为

$$h=-\sum_{i=1}^{N}p_i\log_2 p_i/\log_2 N$$

相对信息熵使得熵的计算归一化在标准的范围 0～1 内，它可使得不同系统的信息熵易于比较。根据相对信息熵的定义，我们对上述不同问题的相对信息熵进行计算后，可以实现有效比较。

二、课件评价

在课件中，问题的设计十分重要，特别是对于面向问题型的课件来说。问题所具有的信息量，对问题的评价、对课件的评价具有重要的意义。

从问题、课件所具有的学习功能来看，问题的信息量越大，表示学习者应答分布的分散性越大的；问题的信息量越小，表示学习者应答分布越集中。

设对某一问题，学习者的应答分布为

$$\left(\frac{1}{5},\ \frac{1}{5},\ \frac{1}{5},\ \frac{1}{5},\ \frac{1}{5}\right)$$

这种分布具有最大信息熵。它表示学习者的应答选择十分分散。这样的问题具有较大的“迷惑性”，学习者在选择应答时，需要进行认真的思考。这样的问题可以促使学习者进行深入的思考。对课件而言，这是一个很好的问题。

若某一问题的学习者的应答分布为

$$(1, 0, 0, 0, 0)$$

这种概率分布的熵为 0。它表明学习者的应答全部集中在第一个预选项上。显然，这样的问题，学习者在应答时，可以不需做更多的思考，非常轻松地进行应答。从学习者的学习考虑，这种问题不是很好的问题。

基于这样的分析，我们可以使用信息熵来评价课件中所设置的问题。从促进学习者认真思考、产生较好的学习效果来看，信息熵高的问题优于信息熵低的问题。

课件中包含许多问题，这些问题的相对信息熵的平均值，可用于课件的评价。课件的平均相对熵可定义为

$$\bar{h} = h_T / N = \frac{1}{N} \sum_{i=1}^{N} h_i$$

式中，h_T 为对每个问题相对信息熵的累加；N 为课件中的问题数；h_i 为第 i 个问题的相对信息熵。

课件的平均相对熵为课件评价的量化提供了一种很好的量度标准和量度方法。

三、学习状态的描述

对学生学习状态的有效描述和判断，对改善教学过程、提高教学效果是极为重要的。特别在 CAI 学习过程中，对学习的控制不是由教师根据对学生的观察结果来掌控的，而是由计算机自动地进行控制的，学生的学习状态如何描述、怎样判断，对学习过程的展开具有重要意义。

在教学过程的开始阶段，由于学生刚进入一个全新的领域，需要对学习内容有一个了解、适应的阶段，这时，学生的学习处于一种不稳定状态。在这种状态下，学习内容的变换不宜过大，学习的速度应适当，学习的提示要仔细些。经过一段时间的学习后，学生的学习状态趋于稳定，学习内容、学习速度、提示方法应做相应的调整。教学过程应根据教学目标的要求、学生学习状态的变化予以有效地展开。

在学习过程中，对学生学习状态进行描述和判断，应依据学生在学习过程中的各种应答信息的收集、处理情况。在学习过程中，学生的应答情况可以作为一个子系统来处理，利用该子系统信息熵的变化情况，可以有效地判断学生学习状态的变化。

设用于某一单元学习的 CAI 课件包含 N 个问题。根据 CAI 课件的安排，整个学习过程分为 K 个阶段，第 i 阶段的学习问题共有 M 个。学生在对第 i 阶段的 M 个问题的学习中，给出正确、错误应答的概率分别为 p_i 和 q_i，则在第 i 阶段回答问题时所具有的信息熵为

$$H_i = p_i \log_2 1/p_i + q_i \log_2 1/q_i \tag{2-30}$$

以同样的方法可以求出学生在 CAI 学习过程中每一阶段的信息熵。将每一个阶段的信息熵用图形来表示，可以得到类似于图 2.15 这样的图形。

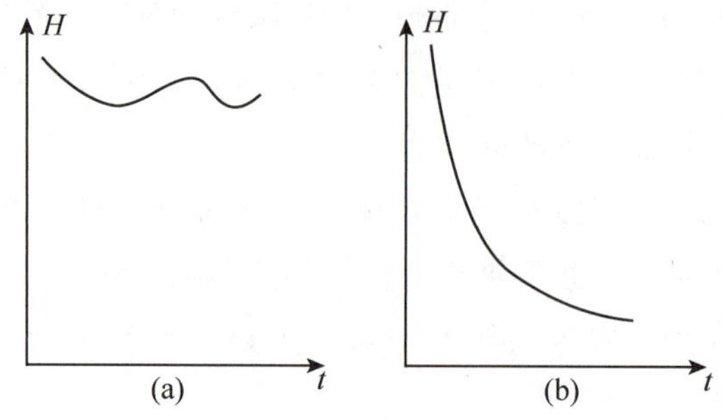

图 2.15　学习过程中信息熵的变化

信息熵表示了学习者学习的稳定性。在 CAI 课件的程序控制中，应基于学习者的学习状态，对课件中的学习过程进行有效的控制。

思考与练习

1. 试结合某一实际的教学系统，说明该系统中信息熵的意义。

2. 信息论的奠基者香农将信息熵定义为____________________。

3. 某一系统具有四种状态，A_1，A_2，A_3，A_4，A_5，其产生的概率分别为 1/4，1/4，1/4，1/8，1/8，则该系统中任意一个状态产生时所给予的平均信息量为________ bit。

4. 信息熵具有以下基本性质：单峰性、对称性、________、________、________。

5. 一般而言，高考学生成绩的分布符合________型分布。这是因为____________________。

6. 用英语来传输信息，使用 26 个字母。这样的系统，其最大信息熵为________。

7. 请写出两个事件 X，Y 的信息熵 $H(X)$，$H(Y)$，条件信息熵 $H(X/Y)$，$H(Y/X)$，以及它们与互信息量 $I(X, Y)$之间的关系。

8. 16 个外观相同的小球，仅有一个质量不同(可能轻、重)，请使用天平，最少在几次以内可找出该质量不同的球？($\log_2 3=1.585$)

9. 试结合某一教学系统说明联合熵、条件熵的意义。

10. 试说明基于最大熵原理的熵模型的方法及其应用。

11. 某五选一的多重选择问题，假设正确选项的答对率为 p；当 p 分别取 0，1/4，1/2，1 时，试求等价预选项数的变化范围，并绘制答对率与等价预

选项之间的关系曲线。(已知 lg 2=0.301，lg 3=0.477，lg 5=0.698)

12. 根据一定的分类系统，就一节课的教学进行教学过程的信息量分析。

13. 试说明互信息量在教育中有关质的数据分析中的意义。

14. 通过实例，计算 CAI 课件中多重选择问题的信息熵，并以此对 CAI 课件进行评价。

15. 通过某一课件的运行，计算学习者在课件运行中的各学习阶段的信息熵的变化，以此分析学习者的学习状况。

第三章

教材分析

学习要点

教材是一种包含人们思想、观点、意志在内的定性系统。对教材进行分析不可能像对许多物理系统那样进行定量分析，要求对教材系统进行定量的描述和分析是不适宜的。教材分析往往采用逻辑分析方法、层级分析方法。近年来，系统科学有了很大的发展，将系统科学的方法用于教材分析中受到了人们高度的重视。

本章在介绍教材分析的基本思想和方法分类的基础上，系统地介绍了用于教材分析的主要方法，在最后，重点地介绍了基于图论的 ISM 法及其应用的实例。以 ISM 法分析教材需要进行许多复杂的计算，它给具体的操作和应用带来了许多不便。因此，在 ISM 法基本原理的基础上，我们介绍了一种仅以简单的手工操作就能实现教材分析的目标矩阵法。这种方法简单易行，可用于一般教师的日常教学。

内容结构

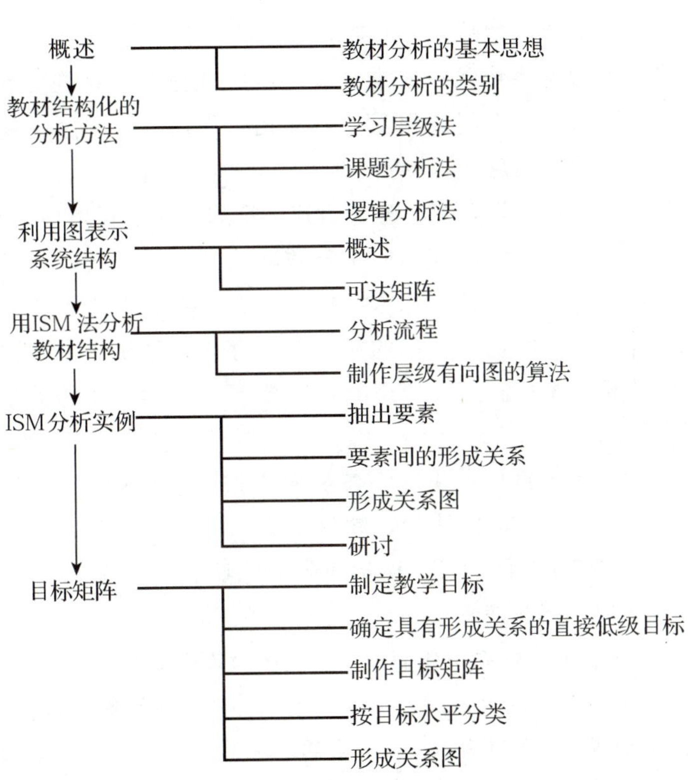

第一节　概述

教材和教学在很大程度上涉及人们的认知活动，以科学的方法对这样的活动进行分析和研究是一项十分困难的课题。随着教育技术、教育信息科学的不断发展，对于教材的分析，也引入、开发了许多科学的方法，使得教材分析的理论和实践有了很大的发展。

一、教材分析的基本思想

用于教材分析的基本思想如下。

1. 教材是一种系统

在教材分析中，系统思想是一种最基本的思想。

教学过程是一种教学系统，在这个系统中，应充分重视系统要素，即学生活动和教师活动，还应充分重视要素间的相互关系和相互作用。教学过程是一种在教师与学生之间进行的信息传递和信息处理过程。

同样，教材也是一种教学系统。为了达到一定的教学目标，该系统包含各种要素，且各要素间具有一定的关系。例如，用于分数除法学习的教材，为了达到教学目标的要求，教材中除包括分数、除法、除数、被除数、倒数、乘法等各种要素外，由于这些要素不是孤立存在的，而是以一定的相互关系存在于系统中的，因此，教材中还应包括这些要素间的相互关系。只有把握好这些要素及其相互间的关系，教学才能达到教学目标的要求。

为了达到一定的教学目标，我们将各种要素按照它们间的相互关系进行系统化，而系统化的产物便是教材。可以认为，教材是为了实现一定的教学目标，将构成教材的各种要素，根据它们相互间的关系所构成的一种系统，我们也称之为教材系统。

2. 教材中要素间的逻辑关系

在为实现教材中各要素的系统化而构成教材的过程中，要素间的逻辑关系甚为重要。

在教材系统中，各要素间具有一种上、下级的关系，我们称之为学习的层级关系，也可称之为要素间的形成关系。它表示一种要素的学习是以另一种要素的学习为前提、为基础的。要素间的层级关系决定了教材结构的层级结构。例如，分数除法的学习要求学生必须具备分数、倒数、乘法的基础，且分数的除法与这些基础间具有一定的层级关系。

对于设定的教学目标，学习要素的数量有一个最小的限度。将这些要素系统化、结构化，就构成了教材系统。反之，对于给定的教材，教师在教学中，应通过对教材内容的分析，找出教材的结构，即找出构成教材的要素及其相互间的层级关系(形成关系)，我们称这样的操作为教材分析。

3. 决定教材分析的教材观

理科教材，由于内容的逻辑结构十分清楚，对教材的结构化分析，其结果不会存在很大的差异。对于一些社会学科，教材的逻辑结构不是十分清楚，在进行教材分析时，不同的教师，分析的结果可能会存在很大的差异。这些差异与教师的经验、价值观、思考方法、认知特点有很大的关系。例如，同样的一份教材，不同的教师，对教材中的要素及其相互间的关系，对教材内容的结构，可能有许多不同的认识和理解。

教材分析，往往反映了每位教师的经验和主观判断，反映了每位教师的思想方法、思维特点，所有这些，决定了教师分析教材的根本观念和根本思想，我们称之为教材观。同样，在构成教材时，教材观也会产生很大的影响。教材观的不同，教材中各种要素的配置，要素间相互关系的处理都会有很大的不同。在教材分析、教材开发过程中，经验较少的教师，往往会产生一些错误的判断和错误的分析。教材观、教材的分析在很大程度上与教师的经验、能力有关。

教材分析的目的不是无论是谁都能得到相同的分析结果。相反，教材分析的目的是，以一定的方法，基于教师的教材观，通过分析，向教师传递一定的信息，对教师的教学活动实现有效地支援。

教材是一种教学系统，它包含有许多要素，且要素间具有一定的层级关系。每一位教师总是基于自己的教材观对教材进行分析的，教材分析与分析的目的具有密切的关系。教材分析，可以为教师达到一定的教学目标提供必要的信息支持。

二、教材分析的类别

教材分析可以按不同的观点进行分类。

总的来看，教材分析可划分为基于教育目标分类体系的目标分析和基于教材内容的教材分析两大类。

根据教材分析所采取的方法，可分为以内容结构化为目的的方法和以序列化为目的的方法。

根据教材分析所采用的表现手段，可分为基于矩阵的表现方法和基于图形的表现方法。

根据教材分析所采取的途径，可分为基于教师的主观认识和教材内容的演绎的分析方法和基于学习者数据的归纳的分析方法。

布鲁姆的教育目标分类体系将教育目标分为三个不同的领域——认知领域 、运动领域、情感领域。在每个领域中，又进行了进一步的细化。在很多情况下，教材分析可根据教育目标分类体系来进行。

教育目标分类体系是基于教学内容的分类体系。教学目标还有以学习者达成目标的水平和学习者可观测的学习行为等为主体的不同的目标体系，它们从不同的角度对教学目标进行了描述。

矩阵表现法将教材内容分成多种要素，通过对要素间关联程度的辨别，对教材的内容以矩阵的形式进行结构化分析。

ISM 法(Interpretive Structural Modeling Method)是 Warfield(沃菲尔德)将图论用于研究社会系统中复杂要素间关联结构的一种方法。该方法用于教学系统分析具有很好的效果。ISM 法是教材分析的一种重要方法，这种方法的重要特点是，在教材分析中，最大限度地纳入了人们的经验和主观认识，并将教材结构以易于理解的、可视化的图形来呈现。在分析过程中，教师可以不断地读取图形，进行分析、修改。这种方法可以被认为是一种思考工具，它将人们对教材结构的思考、分析，以可视化图形的方式具体化，这种思考具体化的概念图如图 3.1 所示。

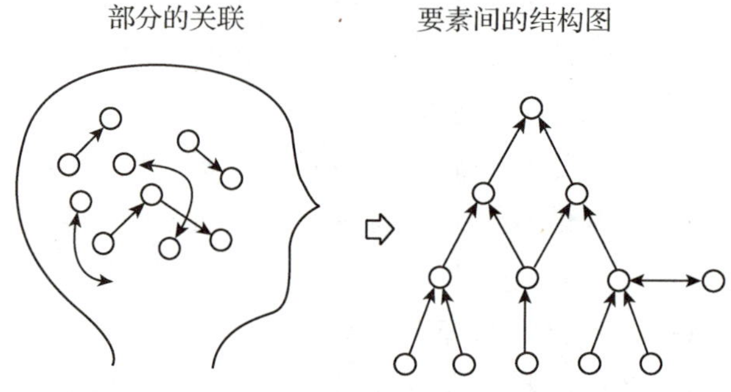

图 3.1　ISM 教材分析的概念图

在教材分析中，人们较多地采用基于教材内容的演绎的分析方法。与之相反，有人提出根据学习者的反应模式，确定教学项目的方法。这是一种通过计算学习者应答正答率来确定教学项目主序列的教材分析法。

在进行教材分析时，教师占有重要的位置。由于教材内容的特点，我们很难用某种定量的数学模型来描述它。在各种教材分析的方法中，以直观的、易于理解的图论的方法进行教材分析是十分有效的。

第二节　教材结构化的分析方法

如何分析教材的层级结构，如何基于教材的层级结构将教学内容序列化是教材分析的基本内容。用于教材结构化分析的方法主要有如下几种。

一、学习层级法

学习层级(Learning Hierarchy)是加涅所使用的一种提法。

在知识的学习课题中，为了使这种课题的学习成立，学习者必须掌握一定的前提知识和原理。为了获取这些知识和原理，学习者还应学习低位的学习课题。学习课题应分为不同的层级。这样的累积学习模型在理科学习中十分重要，这是进行教材结构化和序列化的基本思想方法。

为了说明学习层级法的分析方法，我们来进行“长方体体积比较”这种学习课题的层级分析。

“长方体体积比较”学习课题的学习层级如图 3.2 所示。

设某长方体的高为 h，底面的长为 W，宽为 I。为了能比较长方体的体积大小，应具备计算长方体体积($V=I\times W\times h$)的前提知识。为了获取这样的知识，应学习较为低位的课题，它包括在 I，W，h 中固定一个参数，体积随另外两个参数而变化；固定两个参数，体积随另一个参数变化。如此分析下去，可得到用于“长方体体积比较”学习课题的层级结构。

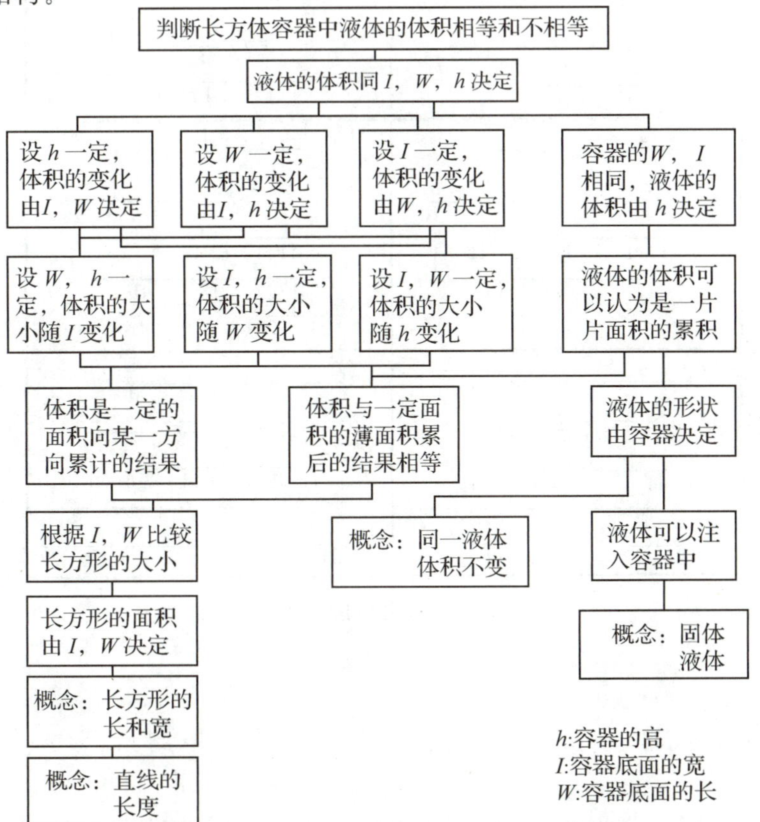

图 3.2　“长方体体积比较”学习课题的学习层级

二、课题分析法

在职业培训中，人们开发了一种叫作课题分析的方法，这种方法也可用于教材分析，它是教材分析的一种有效方法。

为了学习某一课题，人们必须学习若干个作为前提知识的前提课题。为了学习这些前提课题，还应学习若干个基础课题。如此下去，我们可对复杂课题进行分解，求出教材的结构，并使教材内容序列化。

以课题分析法，对教材进行结构化、序列化的概念图如图 3.3 所示。

如图 3.3 所示的那样，为了学习课题 1，应学习前提课题 2，3，4，如图 3.3 中的(1)。为了学习课题 3 和 4 应学习基础课题 5，6，7，8，9，10，如图 3.3 中的(2)(3)，如此下去，可得到图 3.3 中(9)所示的教材层级化结构。

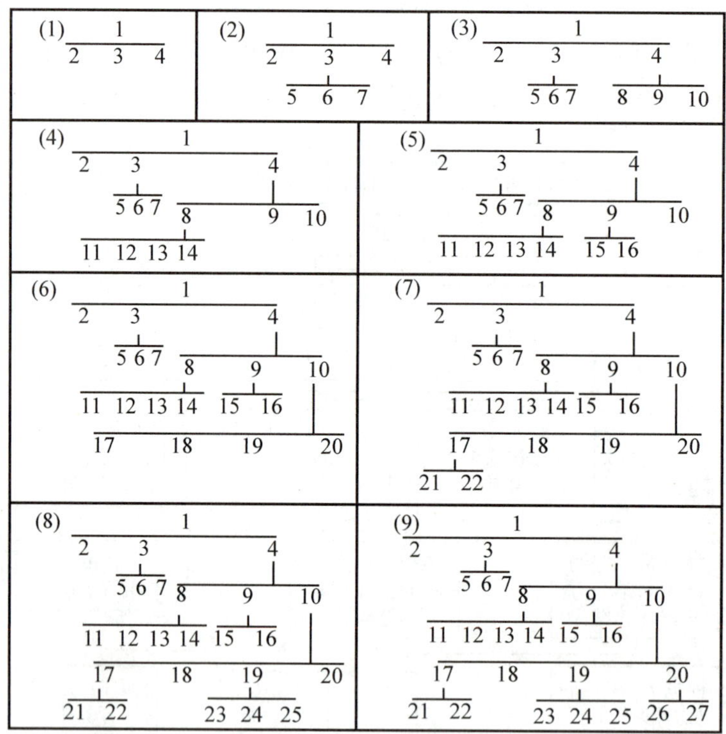

图 3.3　课题分析法的概念图

三、逻辑分析法

逻辑分析法是基于教材内容间形成关系的逻辑分析而展开的一种教材分析方法。

1. 教学目标的形成关系

在教材中，对一定内容的学习，一定目标行为的形成往往需要一定的学习基础，需要若干种基础行为的形成作为其前提条件。不具备这些前提条件，这些目标行为是不可能形成的。

如图 3.4 所示，设目标行为 A 的形成需要的基础行为是目标行为 B 和目标行为 C。目标行为 A 的形成是建立在目标行为 B 和目标行为 C 的基础上的。在目标行为 B 和目标行为 C 形成之前，目标行为 A 是不可能形成的。因此称目标行为 A 是目标行为 B 和目标行为 C 的高级目标，目标行为 B 和目标行为 C 是目标行为 A 的低级目标，目标行为 A 与目标行为 B、目标行为 C 之间具有形成关系。

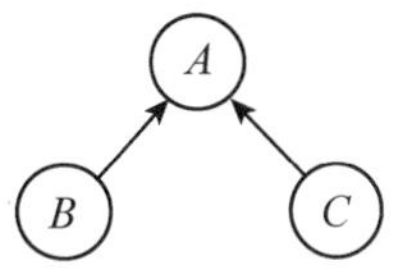

图 3.4　逻辑分析法的概念图

在目标的形成关系中，往往会出现图 3.5 这样的情况。D 是 E 的高级目标，E 是 F 的高级目标。反之，E 是 D 的低级目标，F 是 E 的低级目标。同样 E，D 也是 F 的高级目标，F 也是 D 的低级目标。为了区别这两种不同的情况，我们称 D 是 E 的直接高级目标，E 是 D 的直接低级目标。D 与 E 之间的形成关系为直接形成关系。D 与 F 之间虽具有形成关系，但不是直接形成关系。

当我们对教材中的各级目标和各级目标间的形成关系确定后，就可将这种关系以图 3.6 这样的形成关系图来表示。形成关系图是一种以图示的方法表示教材中各级目标及其相互层级关系的教材结构图。

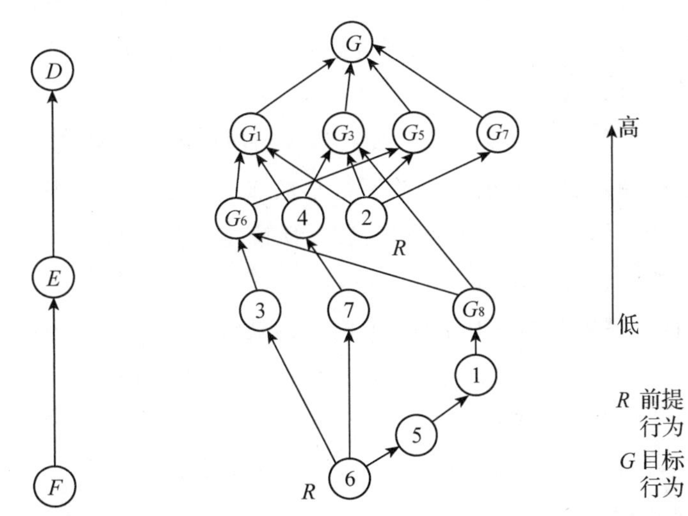

图 3.5　直接形成关系　　**图 3.6　形成关系图**

2. 逻辑分析法

对于给定的教学内容，以逻辑分析的方法，可以确定教材中各级目标和各级目标间的形成关系，并以形成关系图的形式描述教材中各级目标的层级结构。这种方法叫作目标的逻辑分析法。

逻辑分析法的基本步骤如图 3.7 所示。

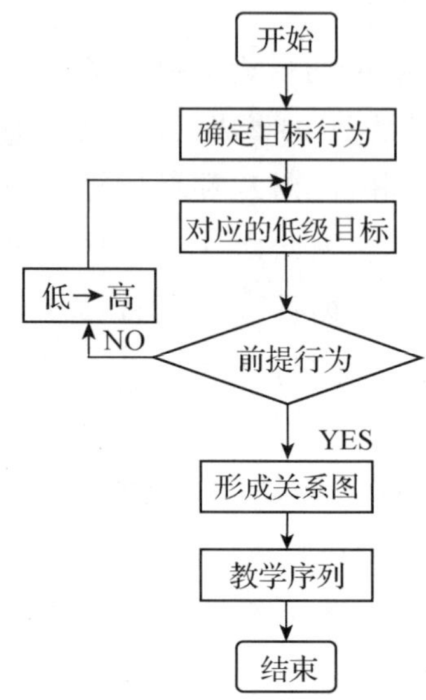

图 3.7　逻辑分析法的流程图

(1)确定目标行为。对于给定的教材，确定教材内容的目标行为。所确定的目标行为应该是明确而妥当的。明确是指目标行为的确定性，妥当是指目标行为既是必需的，又是可能的。目标行为的明确性和妥当性为目标行为的逻辑分析创造了条件。

(2)列出目标行为的具体项目和内容。对于所确定的目标行为，应列出形成该目标行为的具体项目和内容。

例如，目标行为是加法运算。加法运算的项目和内容包括一位数或多位数的加法、进位和不进位的加法、带小数点和不带小数点的加法等。应根据教学的具体要求，确定该目标行为具体应包括的项目和内容。所确定的这些项目和内容可以认为是目标行为的低级目标。

(3)目标的逻辑分析。对于(2)中确定的低级目标，以它为高级目标，通过逻辑分析的方法，确定与之具有形成关系的低级目标，再将这种低级目标作为高级目标，确定与之具有形成关系的低级目标。如此反复，直至分析到学习的前提行为。

根据分析的结果，作出与图 3.6 类似的形成关系图。

3. *确定教学序列*

教材分析的最终目的不是作出形成关系图，而是得到可以达到给定目标的教学序列。教学序列的确定对教学过程的设计具有重要的意义。

教学序列是教学项目在时间轴上展开的一维序列。由目标分析确定的形成关系图是一种二维图形。通过以下原则可以将二维的形成关系图变换为一维的教学序列。

(1)选择教学路径和教学序列时，应优先选择那些易于教学的路径和序列作为实际的教学序列。

(2)在形成关系中，若某一目标对应着多个低级目标，则优先安排那些目标水平较低的低级目标；若低级目标的水平相同，则应优先安排那些应用性较大的低级目标。

(3)对于应用性相同的目标，优先安排基础性的目标。

(4)若低级目标的基础性也相同，可由教师根据经验确定教学项目的优先次序。

(5)利用这些原则，可以将图 3.6 所示的形成关系图变换成图 3.8 所示的教学序列。

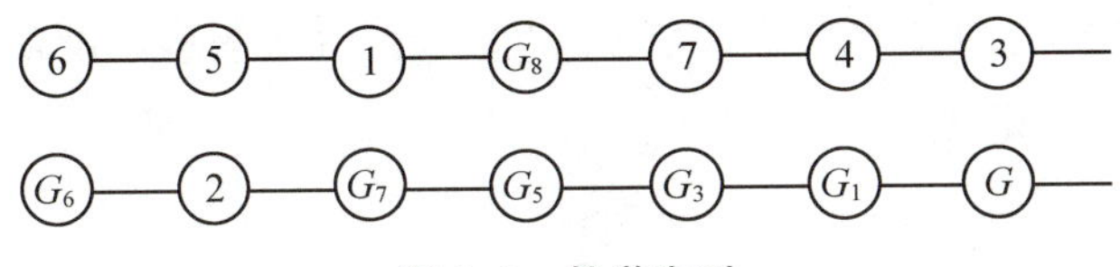

图 3.8 教学序列

逻辑分析法对于数学、物理等逻辑结构十分明显的学科是非常有效的。这种方法的实质是通过对目标行为或教材的分析，寻找各种要素、项目或内容间的逻辑层级关系，并根据这些关系使教学内容实现序列化。这种分析方法是以学科内容或教材的逻辑结构为依据进行分析的。这种方法的主要缺点是，在逻辑分析中，人们往往容易忽视教学对象——学习者的心理活动过程。

第三节 利用图表示系统结构

在以 ISM 法进行教材结构分析前，作为基础知识，我们先讨论如何以图论的思想和方法表示和分析系统的结构。

一、概述

为了说明如何以图来表示一定内容的结构，我们来看以下短文。

“学生 A 与学生 B 是好朋友，学生 A 喜欢学生 C，学生 C 并不怎么喜欢学生 A，学生 D 喜欢学生 B，但谁也不喜欢学生 D。”

短文中出现了四名学生，A，B，C，D，且相互间具有一定的关系，由于出现的学生数较少，人们很容易理解、分析这种关系。若作为系统要素的学生数增加到 20 多名，这些学生间的关系就比较复杂了，让人们在头脑中描述这种关系、分析这种关系就显得十分困难。心理学的研究表明，人们一般能处理的要素数量为 7±2 个。在系统要素较多的情况下，利用图来表示这样的系统及其结构，可使得这种系统及其结构十分清晰、明了地展现出来，它有利于我们对这种系统的分析。

我们将 x 和 y 的喜欢关系以 $(x)\rightarrow(y)$ 来表示，它表示，x 喜欢 y。基于这样的设定，短文中的喜欢关系可用图 3.9 表示。

图 3.9 中，A，B，C，D 表示四名学生，叫作顶点。四名学生间的喜欢关系用带箭头的线条表示，称作边，这种边是以箭头为指向的有向边。如第一章第五节所讨论的那样，我们称由顶点和边构成的集合(图 3.9)为图。以数学的方法表示，设顶点的集合为 V、边的集合为 E，图为 G，则有

$$G=\{V, E\} \tag{3-1}$$

图是顶点 V 和边 E 的集合。我们称图 3.9 这样的图为有向图。

我们利用图来表示短文的内容，这四名学生间的喜欢关系就易于理解、一目了然了。同样，当我们以这种方法表示教材中各要素、各知识点间的相互关系时，教材的结构就十分清晰了。以图来表现、分析教材的结构为我们带来了极大的方便。

图 3.9　用图表示喜欢关系

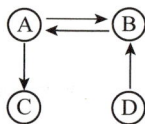

上述的短文也可以用以下矩阵来表示。

$$\begin{array}{c} \\ A \\ B \\ C \\ D \end{array}\begin{array}{c} \begin{array}{cccc} A & B & C & D \end{array} \\ \begin{pmatrix} 0 & 1 & 1 & 0 \\ 1 & 0 & 0 & 0 \\ 0 & 0 & 0 & 0 \\ 0 & 1 & 0 & 0 \end{pmatrix} \end{array} \tag{3-2}$$

这是一种二值矩阵，矩阵中的每个元素只能是 0 或 1。0 则表示该元素对应的两个顶点间不存在边，1 则表示该元素对应的两个顶点间存在边。我们称式(3-2) 这种由 0，1 构成的矩阵为邻接矩阵。显然，图 3.9 与式(3-2)相互对应，即式(3-1)表示的图与邻接矩阵一一对应。作为系统结构的表示方法，我们可以选取其中的任意一种。

二、可达矩阵

为了方便讨论，我们讨论仅由三个要素构成的系统，并以图论的方法表现和分析这种系统的结构。

包含三个要素 A，B，C 的系统，结构如图 3.10 所示。它表示了三个要素及其相互间的关系。

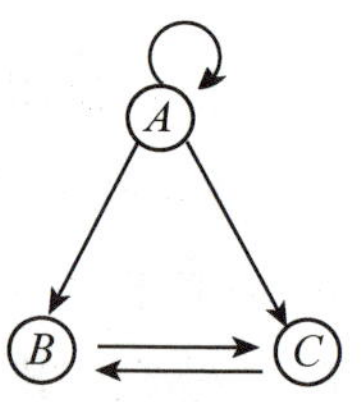

图 3.10　结构图

对于这样的图，我们也可用邻接矩阵来表示。对于式(3-3)这样的邻接矩阵 $\boldsymbol{X}$，可计算出 $\boldsymbol{X}^2$ 和 $\boldsymbol{X}^3$。

$$\boldsymbol{X}=\begin{pmatrix}1 & 1 & 1\\0 & 0 & 1\\0 & 1 & 0\end{pmatrix} \tag{3-3}$$

$$\boldsymbol{X}^2=\begin{pmatrix}1 & 2 & 2\\0 & 1 & 0\\0 & 0 & 1\end{pmatrix} \tag{3-4}$$

$$\boldsymbol{X}^3=\begin{pmatrix}1 & 3 & 3\\0 & 0 & 1\\0 & 1 & 0\end{pmatrix} \tag{3-5}$$

式(3-4)、式(3-5)中某些元素的数值比 1 大。

我们来说明这些数值的意义。

式(3-4)的 $x_{12}=2$，它表示从 A 到 B 具有长度为 2 的路径。所谓长度为 2 的路径是指从 A 到 B 有两种不同的路径。在本例中，这两种路径是

$$A\rightarrow C\rightarrow B$$

$$A\rightarrow A\rightarrow B$$

式(3-5)的 $x_{12}=3$，它表示从 A 到 B 具有长度为 3 的路径，即从 A 到 B 具有三种不同的路径，它们是

$$A\rightarrow A\rightarrow A\rightarrow B$$

$$A\rightarrow A\rightarrow C\rightarrow B$$

$$A\rightarrow B\rightarrow C\rightarrow B$$

一般，邻接矩阵 $\boldsymbol{X}$，经 k 次方后得到新的矩阵 $\boldsymbol{X}^k$，其第 i 行、第 j 列的元素为 $\boldsymbol{X}_{ij}^k$。$\boldsymbol{X}_{ij}^k$ 的数值k 表示了路径的长度。它表示与该元素对应的要素间连接的路径数，即这两个要素间可以有 k 条路径连接。

对于某一系统，我们只考虑系统要素间是否具有连接的路径(只考虑要素间是否具有一定的关系)，而不考虑其路径的数目，这时，诸如式(3-4)、式(3-5)所示矩阵的元素值只需以 0，1 来表示。如果是 0，表示不存在连接的路径，如果是 1，表示存在一定的连接路径。基于这种要求，我们可对式(3-4)、式(3-5)进行布尔运算。

$$\begin{cases}x+y=\max(x,\ y)\\x\cdot y=\min(x,\ y)\end{cases} \tag{3-6}$$

其结果是

$$\boldsymbol{X}^2=\begin{pmatrix}1 & 1 & 1\\0 & 1 & 0\\0 & 0 & 1\end{pmatrix}$$

$$\boldsymbol{X}^3=\begin{pmatrix}1&1&1\\0&0&1\\0&1&0\end{pmatrix}$$

同样，我们也可对 $\boldsymbol{X}+\boldsymbol{X}^2+\boldsymbol{X}^3$ 进行运算，得到

$$\boldsymbol{X}+\boldsymbol{X}^2+\boldsymbol{X}^3=\begin{pmatrix}1&1&1\\0&1&1\\0&1&1\end{pmatrix}\tag{3-7}$$

从式(3-7)可以看出，由 B 到 A 和由 C 到 A 的路径是不存在的。

从图 3.10 可知，该系统中，$B\rightarrow A$，$C\rightarrow A$ 的路径是不存在的。这表示，不论式(3-7)做多少次自乘，其 x_{21}，x_{31} 总为 0，自乘的结果仍如式(3-7)所示。我们称式(3-7)这样的矩阵为可达矩阵。通过它我们可以知道系统要素间是否存在连接的路径。

可达矩阵可按下列方法求得。

我们称仅对角线元素为 1，其他各个元素均为 0，即

$$x_{ij}=\begin{cases}1, & i=j\\0, & i\neq j\end{cases}$$

$$\boldsymbol{X}=\{X_{ij}\}$$

这样的矩阵为单位矩阵，并以 $\boldsymbol{I}$ 来表示。可以证明

$$(\boldsymbol{X}+\boldsymbol{I})^k=\boldsymbol{I}+\boldsymbol{X}+\boldsymbol{X}^2+\cdots+\boldsymbol{X}^k\tag{3-8}$$

若存在

$$(\boldsymbol{X}+\boldsymbol{I})\neq(\boldsymbol{X}+\boldsymbol{I})^2\neq\cdots\neq(\boldsymbol{X}+\boldsymbol{I})^{k-1}=(\boldsymbol{X}+\boldsymbol{I})^k\tag{3-9}$$

则可达矩阵 $\boldsymbol{M}$ 为

$$\boldsymbol{M}=(\boldsymbol{X}+\boldsymbol{I})^k\tag{3-10}$$

由可达矩阵可知一个要素与另一要素间是否存在连接的路径。

我们看图 3.10，B 和 C 之间是相互连接的，从 B 到 C、从 C 到 B 是相互可到达的。在考察要素间是否存在连接关系时，路径的长度并不十分重要。

第四节　用 ISM 法分析教材结构

我们可以认为教材是一种定性系统，而且是一种复杂的定性系统。对这样的系统，我们以 ISM 法进行分析，可有效地实现教材的结构化和序列化。

一、分析流程

以 ISM 法分析教材的基本流程如图 3.11 所示。

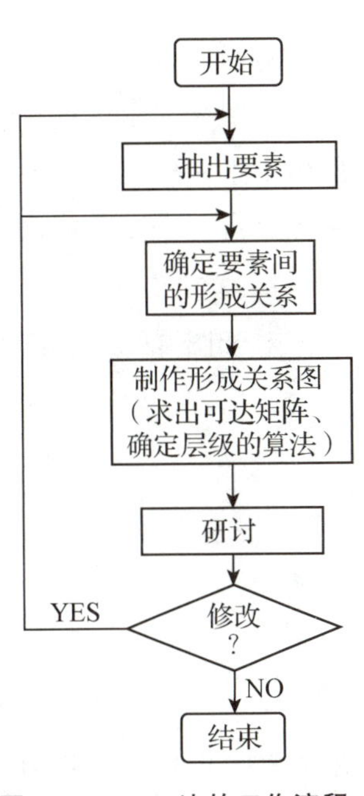

图 3.11　ISM 法的工作流程

1. 抽出要素

根据教师对教材的分析，可抽出该教材的基本学习要素，这种要素通常叫作知识点。举一个实例，设教材的要素是 S_1，S_2，S_3，S_4，S_5。

2. 确定要素间的形成关系

对于抽出的要素，根据它们之间的逻辑的、上下的，前后的各种关系，确定要素间的形成关系。本例中，五个要素 S_1，S_2，…，S_5 间的形成关系如图 3.12 所示。

要素的抽出、要素间形成关系的确定不仅与教材中的知识内容有关，也与教师的教材观、教学经验等有关。

3. 制作形成关系图

形成关系图是一种表示系统各要素间形成关系的有向层级图。为了得到形成关系图，应将系统中的要素及其相互间的形成关系以矩阵的形式表示出来，并求出可达矩阵。在此基础上，以一定的层级排列算法，确定每一要素所在的层级，由此作出形成关系图。

以某种层级排列算法确定每一要素所在的层级时，需要进行复杂的运算，这种运算往往借助计算机来完成。

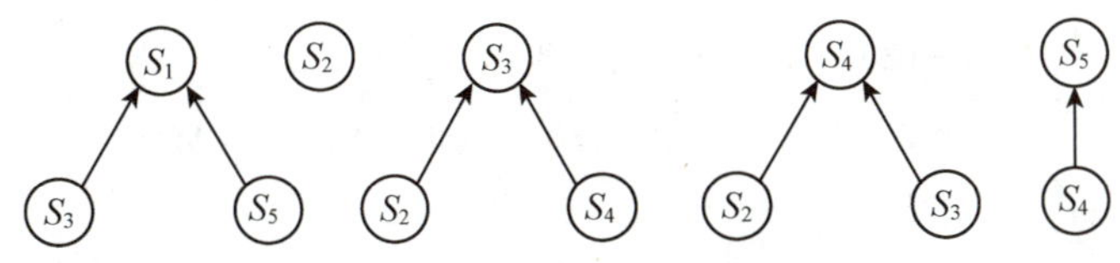

图 3.12　五个要素间的形成关系

4. 研讨

对于制作出的形成关系图，教师可在此基础上进行研讨。基于教材的内容、学生的学习情况和教师的教学观、教材观，人们可对形成关系图中的要素是否需要变更和增删，要素间的形成关系是否需要进行修正等问题进行研讨。若需要修改，则应返回相应的操作过程中。经过多次研讨、修改，直至对所得的形成关系图基本满意后，教材分析才算告一段落。

根据需要，还应在形成关系图的基础上作出教学序列。

二、制作层级有向图的算法

对于图 3.12 所示的五个要素间的形成关系，可用图 3.13 这样的有向图来表示。这种图虽给出了要素间的形成关系，但并没有给出各要素间的层级关系。对于图 3.13 这样的有向图，可利用以下算法确定每一个要素的层级。

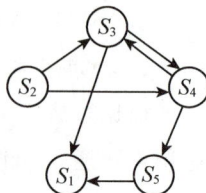

图 3.13　有向图

1. 求可达矩阵

对于图 3.13 这样的网状有向图，可利用邻接矩阵

$$\boldsymbol{A}=\begin{array}{c} \\ S_1 \\ S_2 \\ S_3 \\ S_4 \\ S_5 \end{array}\begin{array}{c} \begin{array}{ccccc} S_1 & S_2 & S_3 & S_4 & S_5 \end{array} \\ \begin{bmatrix} 0 & 0 & 0 & 0 & 0 \\ 0 & 0 & 1 & 1 & 0 \\ 1 & 0 & 0 & 1 & 0 \\ 0 & 0 & 1 & 0 & 1 \\ 1 & 0 & 0 & 0 & 0 \end{bmatrix} \end{array} \tag{3-11}$$

来表示，设单位矩阵为

$$\boldsymbol{I}=\begin{bmatrix} 1 & 0 & 0 & 0 & 0 \\ 0 & 1 & 0 & 0 & 0 \\ 0 & 0 & 1 & 0 & 0 \\ 0 & 0 & 0 & 1 & 0 \\ 0 & 0 & 0 & 0 & 1 \end{bmatrix} \tag{3-12}$$

根据式(3-11)、式(3-12)，进行布尔运算。

$$(\boldsymbol{A}+\boldsymbol{I})^{k-1} \neq (\boldsymbol{A}+\boldsymbol{I})^{k}=(\boldsymbol{A}+\boldsymbol{I})^{k+1}=\boldsymbol{M} \tag{3-13}$$

可求得可达矩阵 $\boldsymbol{M}$。

对于式(3-11)所示的邻接矩阵，按式(3-13)的方法求得的可达矩阵为

$$\boldsymbol{M}=(\boldsymbol{A}+\boldsymbol{I})^{3}=(\boldsymbol{A}+\boldsymbol{I})^{4}=\begin{bmatrix} 1 & 0 & 0 & 0 & 0 \\ 1^{*} & 1 & 1 & 1 & 1^{*} \\ 1 & 0 & 1 & 1 & 1^{*} \\ 1^{*} & 0 & 1 & 1 & 1 \\ 1 & 0 & 0 & 0 & 1 \end{bmatrix} \tag{3-14}$$

与矩阵($\boldsymbol{A}+\boldsymbol{I}$)相比较，式(3-14)的可达矩阵中，标有“＊”号的元素 1，在($\boldsymbol{A}+\boldsymbol{I}$)矩阵中，对应位置上该元素为 0。它表示，在邻接矩阵中，所表示的形成关系是一种直接形成关系，而可达矩阵中所表示的是一种间接的关系。

2. 基于 $\boldsymbol{M}$ 求层级有向图

为了依据可达矩阵作出层级有向图，我们定义两个集合 $R(S_i)$、$A(S_i)$。

$R(S_i)$：从 S_i 出发，可能达到的全部要素集合，叫作可达集合。

$A(S_i)$：所有可能达到 S_i 的要素集合，叫作先行集合。

根据 $R(S_i)$，$A(S_i)$求出 $R(S_i) \cap A(S_i)$的集合。

$R(S_i) \cap A(S_i)$是从要素 S_i 出发可能达到的，而且又是能够达到 S_i 的全部要素集合。在图论中，这是一种强连接要素，或是在图中能形成环状的要素。

根据式(3-14)给出的可达矩阵，其 $R(S_i)$，$A(S_i)$和 $R(S_i) \cap A(S_i)$如表 3.1 所示。

表 3.1　可达矩阵的 $R(S_i)$，$A(S_i)$与 $R(S_i) \cap A(S_i)$

要素 s_i	$R(S_i)$	$A(S_i)$	$R(S_i) \cap A(S_i)$
1	1	1，2，$\overline{3，4}$，5	1
2	1，2，$\overline{3，4}$，5	2	2
3	1，$\overline{3，4}$，5	2，$\overline{3，4}$	$\overline{3，4}$
4	1，$\overline{3，4}$，5	2，$\overline{3，4}$	$\overline{3，4}$
5	1　5	2，$\overline{3，4}$，5	5

（表 3.1 中的 $\overline{3，4}$ 表示 S_3 和 S_4 是强连接）

表 3.1 中，强连接的要素可作为一个要素来处理。本例中，S_3，S_4 可认为是一个要素，可将它记为 $\overline{S_3S_4}$。这时，要素的集合 $S=\{S_1, S_2, S_3, S_4, S_5\}$可表示为 $S=\{S_1, S_2, \overline{S_3S_4}, S_5\}$。

利用表 3.1，可求出满足

$$R(S_i) \cap A(S_i)=R(S_i) \tag{3-15}$$

的 S_i 的集合。这个集合中的要素，不可能达到本集合外的任一要素，显然，这个集合中的要素是全部要素中的最高层级要素。本例中，S_i 满足式(3-15)的条件，它是有向图中的最高层级。

当我们确定了有向图中的最高层级后，可将它从可达矩阵中取出（从表 3.1 中取出）。对于剩下的诸要素，根据式(3-15)，可求出其中的最高层级，此时的最高层级为 S_5。它是可达矩阵表示的系统中的第二个层级。

以这样的操作，可逐次地确定系统构成要素的不同层级。这种层级的排列如表 3.2 所示。根据这种层级排列和式(3-11)的邻接矩阵所表示的直接形成关系，可作出系统的层级有向图（图 3.14）。这种层级有向图即教材系统的层级结构图——形成关系图。

表 3.2　要素的层级

层级	要素
1	S_1
2	S_5
3	S_3，S_4
4	S_2

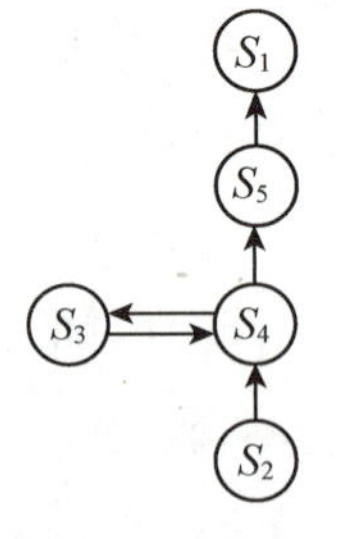

图 3.14　形成关系

为了说明时简单一些，这里给出的系统仅含五个要素。若教材中的要素较多，ISM 分析的运算量则较大。在实际分析中，人们往往借助计算机来完成上述的各项操作。

第五节　ISM 分析实例

这里，我们通过物理学中运动学的一个实例，来说明 ISM 法在教材分析中的具体应用。根据 ISM 法的基本流程(图 3.11)，其教材的分析过程如下。

一、抽出要素

根据对运动学教材内容的分析，抽出 7 个重要概念作为要素(图 3.15)，对教材进行 ISM 分析。

图 3.15　要素的抽出

本例中仅给出了 7 个要素，相应的结构图较为简单，但在层级化算法的说明上，对要素的个数没有什么限制。

二、要素间的形成关系

两个要素间的形成关系应根据教材的内容、学习者的特性来确定。在很大的程度上，它反映了分析者对问题的理解、认识和相关经验。例如，①(平均速度)是一种速度，它应在理解了⑤(时间)和⑥(坐标)的前提下进行学习。又如，②(瞬时速度)可由 x-t 图的斜率求得。同时，它也是一种变化的速度，应在理解⑤⑥的前提下进行学习。分析者根据相关的认识和判断，可以确定各要素间的形成关系（图 3.16）。

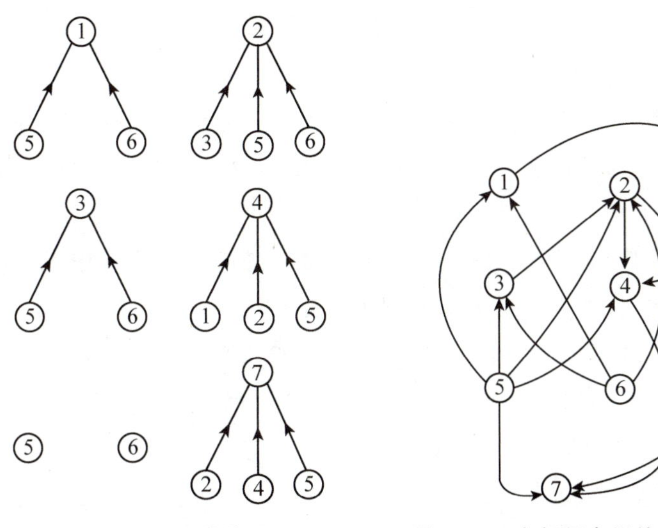

图 3.16　形成关系　　**图 3.17　全部要素间的形成关系**

三、形成关系图

根据图 3.16 给出的形成关系进行连接，可得到图 3.17。这样的图形虽给出了要素间的形成关系，但没给出要素间的层级结构，作为表现教材结构的方法，人们在使用时不太方便。我们应将它变换成具有一定层级结构的形成关系图。

将图 3.17 变换成具有层级结构的形成关系图，其算法及过程如图 3.18 所示。

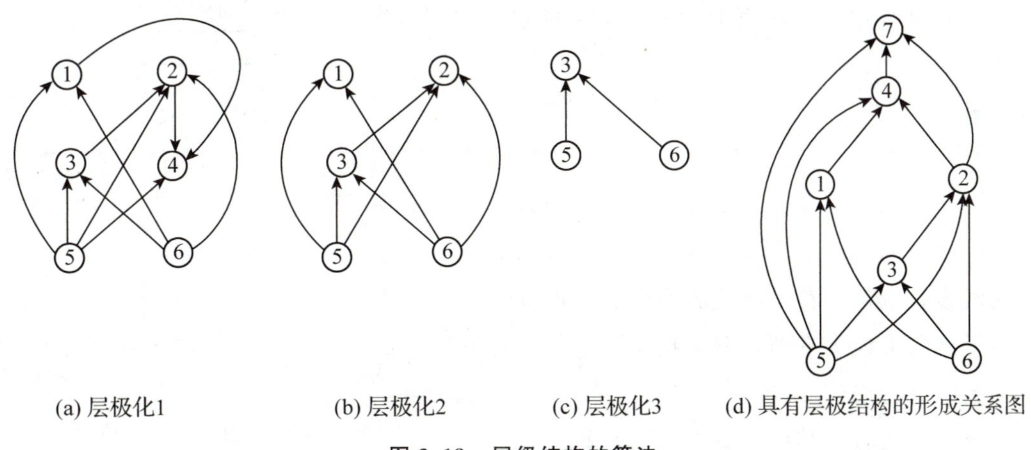

(a) 层极化1　(b) 层极化2　(c) 层极化3　(d) 具有层极结构的形成关系图

图 3.18　层级结构的算法

如图 3.17，它包含 7 个要素，在 7 个要素中，如要素①，它既具有先行要素⑤和⑥，又具有可达要素④。但对于要素⑦，它仅具有先行要素②④⑤，而没有可达要素，其可达要素的集合 R_T，为空集。根据图 3.16，我们可逐个地计算每个要素的可达要素集合 R_i 和先行要素集合 A_i。例如，

$$R_i=\{4\}$$

$$A_i=\{5，6\}$$

$R_i=\varnothing$(空集)的要素 i，表示该要素没有可达要素，它应是最高层级。由图 3.17 所示，R_T 为空集，要素⑦为最高级别。将要素⑦从图 3.17 中取出，可得到图 3.18(a)层级化 1。

对层级化 1 的图，找出 $R_i=\varnothing$的 i，此时 $i=4$，它表示要素④为该图的最高层级。将要素 ④从层级化 1 中取出，得到图 3.18(b)层级化 2。

在图 3.18(b)中，满足 $R_i=\varnothing$的要素为 $i=1，2$。要素①②为层级化 2 的最高层级。如此分析下去，可求出属于不同层级的要素，其层级的分布如表 3.3 所示。

根据层级分布，可将图 3.17 变换为图 3.18(d)具有层级结构的形成关系图。它是一种表示教材结构的形成关系图。

比较图 3.17 和图 3.18(d)，图 3.18(d)更有助于人们对教材内容进行分析和判断，更易于读取和使用。

在本例中，我们没有像第四节所介绍的那样，通过 $R(S_i)\cap A(S_i)=R(S_i)$ 的计算来确定要素 i 的层级级别，而是以可达集合 R_i 为空集的条件来确定要素的层级，二者具有相同的意义和效果，但本节应用实例中的方法更为便利，更易理解。

表 3.3　要素的层级分布

层级	要素
1	⑦
2	④
3	①②
4	③
5	⑤⑥

四、研讨

对所得到的形成关系图应进行深入的研讨。

在研讨的过程中，应注意要素的符号和所代表的内容，应基于符号所代表的内容来理解、研讨所得到的形成关系图，并根据实际情况，对形成关系图进行修改。

修改后的教材结构如图 3.19 所示。

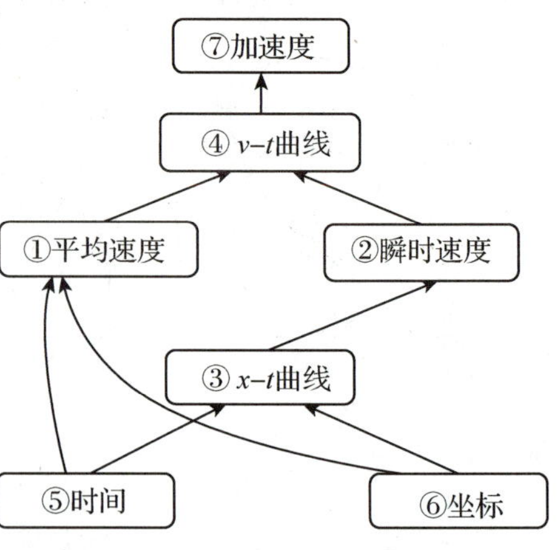

图 3.19　修改后的教材结构

第六节　目标矩阵

在以 ISM 法分析教材时，为了确定要素间的层级关系，需要进行复杂的计算，当教材中的要素较多时，其计算量相当庞大，这给 ISM 法的应用带来了很大的困难。

这里，我们介绍一种目标矩阵的方法，它与 ISM 法具有相同的原理，但避免了许多复杂的计算，仅以一些简单的操作就能达到 ISM 法的效果。这种方法在学校教学中具有很好的使用效果。

下面，我们以二次函数为例，说明如何以目标矩阵的方法来进行教材分析。

一、制定教学目标

二次函数的教学目标(G)是：理解二次函数的意义，并能写出二次函数的表达式。达到教学目标的目标行为是：能利用二次函数式表示具有二次函数特点的各种现象。

理解二次函数式，除了能说明 $y=ax^2$ 的意义外，还应能根据二次函数式进行计算。设二次函数式为 $y=ax^2$，由 x 能求出 y；由 x，y 能求出 a。

学习二次函数的前提知识是，学习者应能理解一次函数 $y=ax+b$ 的意义和计算方法，能求正方形的面积。

利用课题分析法，基于给定的教学目标，考虑到学习的前提知识和学习课题的引入方法，与给定目标具有形成关系的低级目标如下。

1. 前提知识

R_1：能利用一次函数式 $y=ax+b$ 表示各种现象。

R_2：已知正方形的边长为 x，能求其面积。

R_3：对 $y=ax$ 的函数，能指出 y 正比于 x。

R_4：根据函数式 $y=ax$，能依据 x 求出相应的 y。

2. 低级目标

(1)能指出沿斜面滚动的小球，其滚动的距离与时间的关系不能用所学过的简单的正比关系来表示。

(2)能指出沿斜面滚动的小球，其滚动的距离与时间的关系不能用一次函数来表示。

(3)能指出沿斜面滚动的小球，其滚动的距离与时间的关系不能用目前已学过的任何函数式来表示。

(4)能计算边长为 x 的立方体的表面积。

(5)已知 $y=6x^2$，若令 $x=x^2$，能将 x^2 用 x 置换。

(6)能指出算式 $y=6x^2$ 中，y 与 x 的平方成正比。

(7)能指出 $y=ax^2$ 的函数式中，y 与 x 的平方成正比。

(8)能指出 $y=ax^2$ 中的 a 为比例常数。

(9)能由 $y=6x^2$ 的算式导出 y 与 x 的平方成正比的一般式。

(10)已知 y 与 x 平方成正比的函数式，能将该函数式变换为二次函数的标准形式 $y=ax^2$。

(11)根据 $y=ax^2$，在 x，y 已知的情况下，能求出 a。

(12)已知 y 与 x^2 成正比，能指出为了以算式表示这种函数关系，需要求比例常数 a。

(13)已知 y 与 x 的平方成正比，能用 $y=ax^2$ 来表示这种函数关系。

二、确定具有形成关系的直接低级目标

课题分析不仅可以给出指定教学目标的低级目标，而且也可以给出各目标间的直接形成关系，即各目标的直接低级目标。以这种方法求得的“二次函数”课题中各目标的直接低级目标见表 3.4。

表 3.4　直接低级目标

低级目标	直接低级目标	低级目标	直接低级目标
R_1		(6)	(5)
R_2		(7)	(9)
R_3		(8)	(7)(13)
R_4		(9)	(6)
(1)	R_3	(10)	(3)(12)
(2)	R_1	(11)	R_4，(12)
(3)	(1)(2)	(12)	(8)
(4)	R_2	(13)	(9)
(5)	(4)	G	(10)(11)

三、制作目标矩阵

目标矩阵是基于直接低级目标(表 3.4)作出的。将各种水平的低级目标在横轴与纵

轴上进行排列，排列的顺序没有特殊的要求。

位于横轴上的目标为高级目标，若位于纵轴上的某一目标是横轴上某目标的直接低级目标，则在二者交点的位置处标 1。例如，位于横轴上的低级目标 4 是以 R_2 为直接低级目标的，因此在这两个目标的交点位置处标 1。依此法，对应于横轴上的各高级目标，按照表 3.4 给出的直接低级目标，分别在相应的交点位置处标 1。由此可得到图 3.20 这样的目标矩阵。

R_i	R_1	R_2	R_3	R_4	(1)	(2)	(3)	(4)	(5)	(6)	(7)	(8)	(9)	(10)	(11)	(12)	(13)	G
R_1						1												
R_2								1										
R_3					1													
R_4															1			
(1)							1											
(2)							1											
(3)														1				
(4)									1									
(5)										1								
(6)													1					
(7)												1						
(8)																1		
(9)											1						1	
(10)																		1
(11)																		1
(12)														1	1			
(13)												1						
G																		

图 3.20　目标矩阵(Ⅰ)

四、按目标水平分类

由于目标的水平不同，因此可对目标进行分类。目标分类可通过对目标矩阵的一定操作而实现。这种操作可按从低向高的方向进行。

首先，观察目标矩阵(Ⅰ)的横轴。R_1，R_2，R_3，R_4 四个低级目标所在的列均无

“1”出现，这表示 R_1—R_4 这些低级目标不存在直接低级目标，所以它们是目标层次结构中的底层。实际上这些目标是作为课题学习的前提知识而呈现的，因此，它们作为目标体系的底层是容易理解的。位于底层的低级目标是一种水平最低的低级目标，根据实际的目标分类情况，我们称之为第 10 类目标。

观察目标矩阵的纵轴，将第 10 类目标 R_1—R_4 所在行上的“1”全部置为空白，由此构成图 3.21。观察图 3.21 横轴上各低级目标所在的列，除第 10 类目标 R_1—R_4 对应的列外，目标(1)、目标(2)和目标(4)所在的列全部为空白(不存在“1”)。这类目标被列为第 9 类目标(参阅表 3.5)。

同样，将纵轴上目标(1)、目标(2)、目标(4)所在行上的“1”全部置为空白，由此得到图 3.22。

图 3.22 中，除第 10 类目标和第 9 类目标所在列全部为空白外，目标(3)、目标(5)所在的列也全部是空白，目标(3)和目标(5)被列为第 8 类目标。

R_i	R_1	R_2	R_3	R_4	(1)	(2)	(3)	(4)	(5)	(6)	(7)	(8)	(9)	(10)	(11)	(12)	(13)	G
R_1																		
R_2																		
R_3																		
R_4																		
(1)							1											
(2)							1											
(3)														1				
(4)									1									
(5)										1								
(6)													1					
(7)												1						
(8)																1		
(9)											1						1	
(10)																		1
(11)																		1
(12)														1	1			
(13)												1						
G																		

图 3.21　目标矩阵(Ⅱ)

R_i	R_1	R_2	R_3	R_4	(1)	(2)	(3)	(4)	(5)	(6)	(7)	(8)	(9)	(10)	(11)	(12)	(13)	G
R_1																		
R_2																		
R_3																		
R_4																		
(1)																		
(2)																		
(3)														1				
(4)																		
(5)										1								
(6)													1					
(7)												1						
(8)																1		
(9)											1						1	
(10)																		1
(11)																		1
(12)														1	1			
(13)												1						
G																		

图 3.22　目标矩阵(Ⅲ)

如此下去，可得到低级目标按不同水平排列的分类表(表 3.5)。

表 3.5　目标分类

类别	低级目标	类别	低级目标
1	G	6	(9)
2	(10)(11)	7	(6)
3	(12)	8	(3)(5)
4	(8)	9	(1)(2)(4)
5	(7)(13)	10	R_1，R_2，R_3，R_4

基于上述的实际分类情况，各级目标的水平随分类号的数值增加而下降，第 1 类目标为给定的教学目标，是目标体系中级别最高的教学目标。

五、形成关系图

根据目标的水平，将同一水平的目标排在同一水平线上，第 10 类低级目标位于最底层，第 1 类目标位于最高层，并将各低级目标间的形成关系用箭头来表示，由此得到图 3.23 形成关系图。

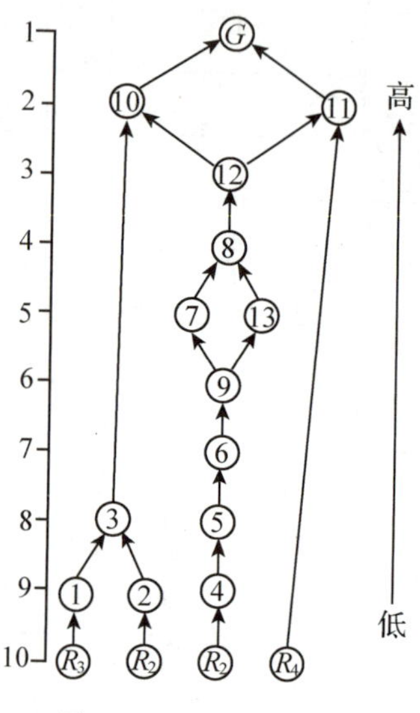

图 3.23　形成关系图

思考与练习

1. 什么是教材分析？教材分析的目的是什么？应基于怎样的基本思想对教材进行分析？

2. 试对 10 分钟左右的教学内容所对应的教材进行层级分析、课题分析。

3. 试说明逻辑分析法的基本流程，并以这样的方法对包含 5～10 个低级目标的教材内容进行逻辑分析。

4. 什么是 ISM 法？如何以图的方法来表示教材内容？以怎样的算法作出教材的层级有向图？

5. 选择包含 5 个低级目标的教材内容，其给定的 5 个目标之间的基本关系：①←②，③←④，⑤←③，④←①。试对它用 ISM 法进行分析。

6. 试对本章第五节介绍的物理学中运动学的教材内容目标关系，以目标矩阵的方法对它进行教材分析。

7. 如图 3.24、图 3.25 所示，这是五个要素间的形成关系的有向图，以及用 ISM 法对要素进行关系分析后得到的关系图。试简述 ISM 法基本过程，并分析图 3.24 和图 3.25 的异同。

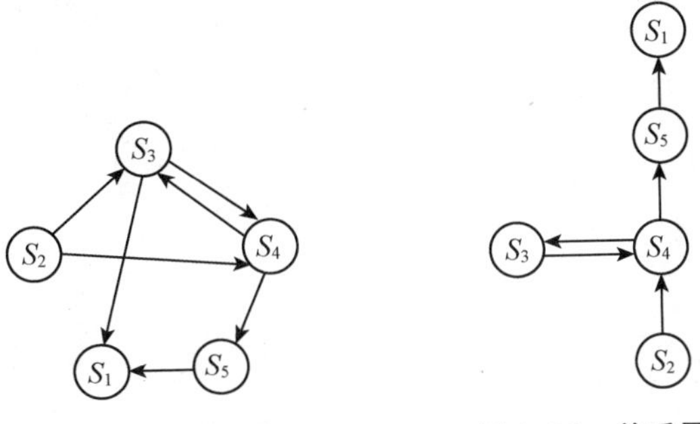

图 3.24　有向图　　　图 3.25　关系图

8. 假设某系统 3 个要素之间的关系如图 3.26 所示。请写出该系统的邻接矩阵 $\boldsymbol{X}$，并计算矩阵 $\boldsymbol{X}^3$ 的值，说明 $\boldsymbol{X}^3$ 中 X_{13} 的含义。

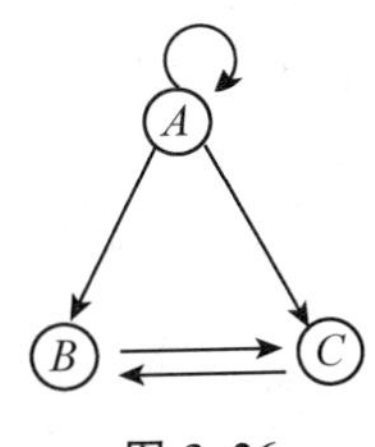

图 3.26

第四章

教学分析

学习要点

为了有效地记录、分析、研究教学过程，并实现教学过程的评价和完善，我们应对教学过程的分析方法进行深入的讨论。

教学过程是一种教师与学生间的信息传递过程。它是一种在时间轴上展开和变化的过程。教学分析方法应基于教学过程的这种特点，有效地记录教学过程中的各种数据，通过对这些数据的分析、处理，得到一定的信息，并将这种信息用于评价教学过程、完善教学过程。

本章在对教学分析进行一般性介绍后，全面讨论了教学分析的各种方法，最后详细介绍了 S-T(Student-Teacher，学生—教师)分析。S-T 分析不仅具有客观性、可视性的特点，而且易于实施、易于推广。

内容结构

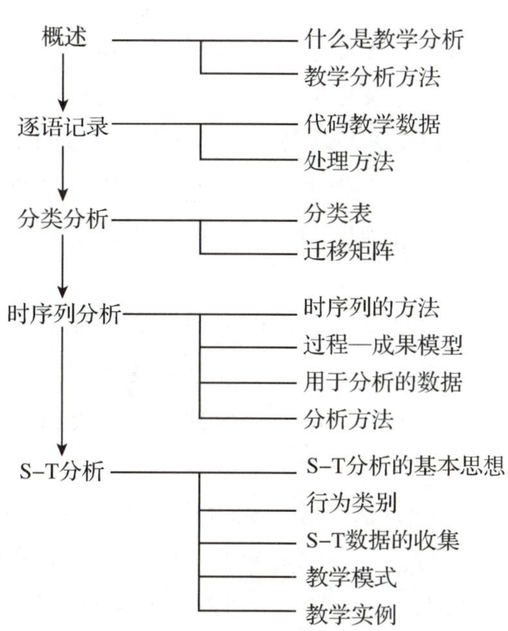

第一节 概述

在讨论各种教学分析方法之前，我们对教学分析做一个简要的说明。

一、什么是教学分析

所谓分析是通过对某一事物系统的分解，明确构成该事物系统的成分、要素或侧面。教学分析则是通过对教学(教学过程)的分解，明确构成教学，或使教学成立的各种成分、要素、侧面，以对教学系统有一个明确的认识、理解和评价。

教学不同于一般的物体，它不是一般的物理系统，我们不可能像进行化学分析那样，精确地找到构成系统的各种成分。教学是一种包含人类活动(含思维活动)的复杂的社会系统，对于这种系统的认识、分析，目前还不可能达到化学分析的水平。

开展教学分析时，首先应明确教学分析的目的，明确为什么要进行教学分析。

培养教师需要进行大量的教学实习、教学实践，需要请有经验的教师、教育专家进行点评，在此基础上，教师还应不断地反思、自我评价。只有在这样的过程中，教师才能不断地提高自己的能力，提高自己的水平，逐渐地成为一名优秀的教师。

在对教学进行点评、评价和反思的过程中，我们希望所依据的信息是具体的、客观的，所得到的点评、评价和反思的结果也是具体的、客观的。所谓具体的、客观的，是指这些信息不是想法、认识，不带主观性，容易得到大家的认可，不论是谁，都可获得相同的结果，只有这样，对教学的点评、评价才有意义。只有这样，才能找到改善教学的具体方针和实际方法。

为此，在教学分析中，应将教学过程作为一种信息过程进行处理，应以一定的方法，对教学过程进行记录。记录的数据，不仅是质的数据，更应是一种量的数据。只有通过对这些数据的处理，才能得到用于评价教学、完善教学的具体信息。这是进行教学分析的实质要求和基本目的。

教学分析是一种以一定的方法，寻求教学中的诸要素，明确要素间的各种关系，明确教学的整体结构形式和特点，在此基础上，通过一定的分析，得到某种知识和信息，并通过这种知识和信息来完善教学、完善教材开发的活动。

二、教学分析方法

为了分析教学、评价教学，首先应对教学进行测试，这里的测试主要是指对教学的记录。教学过程应基于教学是一种教师与学生间的信息传递，是一种时序列的特点来进行记录。

信息技术的发展为教学过程的记录提供了十分有利的条件。我们可以很方便地利用录音机、摄像机、微型计算机对教学中的各种信息进行记录。这种记录虽然十分详尽，但要直接对存于磁盘上的声音和图像进行处理，并用于教学过程分析是十分困难的。我们应基于教学分析的目的，将存于磁盘上的有关信息，进行某种变换，使之成为便于教学分析的有关数据，并予以记录。

将教学过程中教师、学生的有关信息变换为教学分析有关数据的方法不同，教学分析方法主要有如下几种。

1. 逐语记录法

这是一种将教师、学生的发言，按品词进行分类，并基于这种分类进行数据的记录和处理的教学分析方法。

2. 分类分析法

这是一种按照预先制定的行为分类标准，对教学过程中的教师行为和学生行为进行分类，并通过分类数据对教学进行记录和处理的教学分析方法。

3. 时序列分析法

教学过程中的教师行为和学生行为都是一种时序列。时序列分析是基于时序列对教学过程进行记录和处理的教学分析方法。

第二节　逐语记录

逐语记录是一种针对以语言的方式进行教学而使用的教学分析方法。这种方法将教学中的语言记录变换成代码教学数据，并在此基础上实现对教学过程中的数据处理。

一、代码教学数据

在进行逐语记录时，首先应对教师和学生发言中的各种品词进行分类。分类的方法视分析的目标和要求而定。

现举一个实例，设教学中品词的分类见表 4.1。对于每一类品词，以一定的代码予以表示。

对于记录在磁盘上的教师和学生的发言，首先将其变换为相应的文本记录，并在每一品词前，冠以表示该品词的代码，由此将教师和学生的发言变换为代码教学信息。具体的变换方法如下所示。

表 4.1　品词分类

代码	品词类别
M	名词
D	动词
K	形容词、形动词
H	副词
X	感叹词
	其他

例如，文本记录为：

“检索单词的前面冠以表示单词类别的代码，单词后面用斜线区分。”

基于表 4.1 的分类，变换后的代码教学数据为：

D 检索/M 单词/H 前面/D 冠以/D 表示/M 单词/M 类别/M 代码/M 单词/H 后面/D 用/M 斜杠/D 区分/。

在代码教学信息中，为区别教师和学生的发言，应在教师发言前冠以 T，在学生发言前冠以学生名，并以括号学生名[如(李洪)]表示。

基于代码教学信息可以得到各种品词出现的频度 $P(i)$，i 为该品词出现的顺序位。

代码教学数据完成后，应以文件的形式保存。根据需要，以一定的方法进行处理。

二、处理方法

对所得到的代码教学数据可进行以下处理，这些处理是逐语记录方法的重要特点。用于逐语记录的处理方法如下。

1. 品词出现频度图

根据代码教学数据可作出品词出现频度图，如图 4.1 所示。在品词类别排列时，为了易于识别教学的特点，频度应按从大到小的序位排列。由图 4.1 可知，按语言的功能来看，高位的品词属于认知性的品词，低位的品词属于情感性的品词。品词出现频度图告诉我们，这是一种用于知识的传授，具有认知倾向的教学过程。

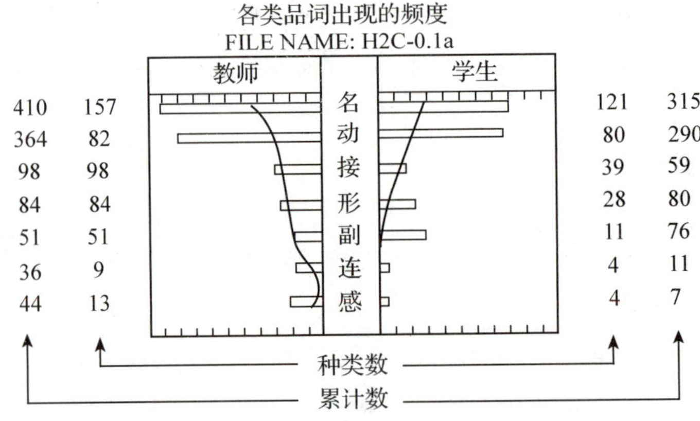

图 4.1 品词出现频度图

2. 熵的计算

根据对单词出现的顺序位 i 及其频度 $p(i)$的计算，可得到对应教学过程的信息熵 H。

$$H=-\sum_{i=1}^{N}p(i)\log_2 p(i)$$

式中，N 为品词总的类别，i 为顺序位。

3. 求频度分布

设单词使用频度的顺序位为 n，相应的频度为 $f(n)$，其间具有

$$f(n)=b/(n+c)^a$$

这样的关系式中，a，b，c 为常数，令 $c=0$，

两边取对数有

$\log f(n)=\log b-a\log(n)$

令 $LF=\log f(n)$

$LB=\log b$

$A=-a$

$LN=\log(n)$

则有 $LF=LB+ALN$。

对该式进行线性回归，求得 A 和 LB，在此基础上可求得 a，b。（参考第十章回归分析）

利用最小二乘法（见回归分析方法）可求出 $-a=A$，$-\log b=B$。

第三节　分类分析

在各种分类分析中，弗兰德斯分类系统是一种影响面最广，最具代表性的分类系统。在此基础上，发展出了多种具有不同特点的分类方法。

一、分类表

分类分析的一个重要特点是，对教师和学生的行为进行分类，并根据这种分类，将教学过程划分为一系列的单元行为。分类分析方法把教学过程简化为图 4.2 所示的这种单纯化的行为模型。

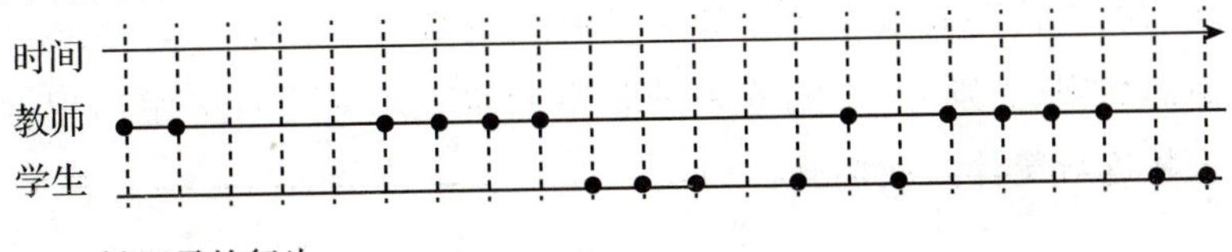

图 4.2　分类分析的数据结构

教学过程中的单元行为根据行为者的不同可分为两类：教师行为和学生行为。这些单元行为由行为分类表设定。Flanders 的行为分类表见表 4.2。表 4.2 中，教师的行为分为两类，一类是对学生间接产生影响的行为；另一类是对学生直接产生影响的行为。教学过程中的行为记录是按一定的时间间隔，如 3 秒或 4 秒，进行采样的。通过采样，可得到教学过程的分类行为数据序列。这种数据序列实际上是将教学过程以一定的编码方式转换而成的代码序列。这种编码方式由分类表决定。在数据序列中，以⑩表示数据的开始与结束。⑩是用于表示开始与结束的标志符。

表 4.2　分类表

<table>
<tr><td rowspan="2">教师发言</td><td>间接影响</td><td>①制造动机
②表扬
③理念
④提问</td></tr>
<tr><td>直接影响</td><td>⑤讲授
⑥指示
⑦批评</td></tr>
<tr><td>学生发言</td><td></td><td>⑧学生的应答
⑨学生自发的发言</td></tr>
<tr><td colspan="2"></td><td>⑩沉默</td></tr>
</table>

下面举一个实例，设经过这种处理后的分类行为数据序列为：

⑩—⑥—⑥—⑥—⑥—⑤—⑤—⑤—⑤—④—⑧—⑧—⑧—…—⑩

为了考察单元行为间的迁移，我们将两个相邻的行为分为一组，从教学的开始，一直到结束，顺序地进行这样的划分，由此得到以下的单元行为组：

⑩—⑥，⑥—⑥，⑥—⑥，⑥—⑥，⑥—⑤，⑤—⑤，⑤—⑤，⑤—⑤，⑤—④，④—⑧，⑧—⑧，⑧—⑧，…—⑩

二、迁移矩阵

分类分析法将分类行为数据通过图 4.3 这样的迁移矩阵来进行处理和分析。

迁移矩阵的纵向代码表示单元行为组中前面的数字(类别号)，横向代码表示单元行为组中后面的数字(类别号)。矩阵中的各个元素表示对应行为组出现的次数。对行为组出现的次数进行统计，我们有

⑩—⑥　　　出现一次

⑥—⑥　　　出现三次

⑥—⑤　　　出现一次

⑤—⑤　　　出现三次

⑤—④　　　出现一次

④—⑧　　　出现一次

⑧—⑧　　　出现二次

……　　　……

将这些统计数据填入迁移矩阵中，可以得到图 4.3 所示结果。

类别		教师							学生			合计
		①	②	③	④	⑤	⑥	⑦	⑧	⑨	⑩	
教师	①											
	②											
	③											
	④								1			1
	⑤				1	3						4
	⑥					1	3					4
	⑦											
学生	⑧								2			2
	⑨											
	⑩						1					1
合计					1	4	4		3			

图 4.3　迁移矩阵

在迁移矩阵的基础上，我们可进行比例分析、领域分析、相关分析等。读者可参阅有关的专著。

第四节　时序列分析

分类分析法仅考虑了两个相邻行为(项目)间的迁移关系，没有考虑多个项目、多个项目组成的序列间的相互关系。在分类分析中，有关多个项目的这部分信息全部没有被考虑到，全部丢失。这是分类分析的一个重要问题。为此，人们提出了时序列的分析方法。

一、时序列的方法

教学过程中，分类行为的时序列表示如图 4.4 所示。这是一种以时间轴为横轴，行为类别为纵轴的图形。

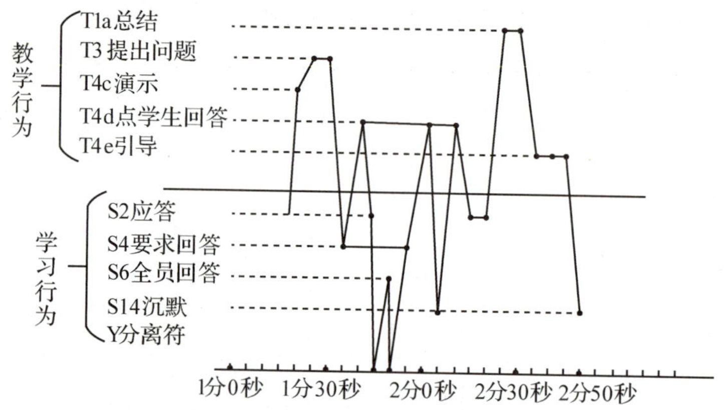

图 4.4　分类行为的时序列表示

如图 4.4 所示，这是时间列中随机采集的一段，采样的起点是 1 分 20 秒，采样间隔为 5 秒，终点为 2 分 50 秒，采样为等间距采样。

以时间轴为横轴的时序列表示也存在着一定的局限性。

在这个图形中，横轴表示时间的量度，纵轴表示行为的类别，但没有表示类别的量度。为了解决这样的问题，可将教学过程以若干个时序列或时序列的组合来表示。可以将若干个时序列的组合作为教学过程中的一种新的要素来考虑。教学分析时，还可在这种部分组合序列的基础上构建分析序列，由此实现对复杂教学系统的教学分析。

二、过程—成果模型

教学分析与教学设计具有密切的关系。教学分析应充分考虑教学设计的思想和要求。

时序列分析是基于教学的过程—成果模型对教学过程进行记述和分析的。教学的过程—成果模型如图 4.5 所示。它展示了教学过程中教师与学生间的相互关系，图 4.5 中的各个变量的意义见表 4.3。

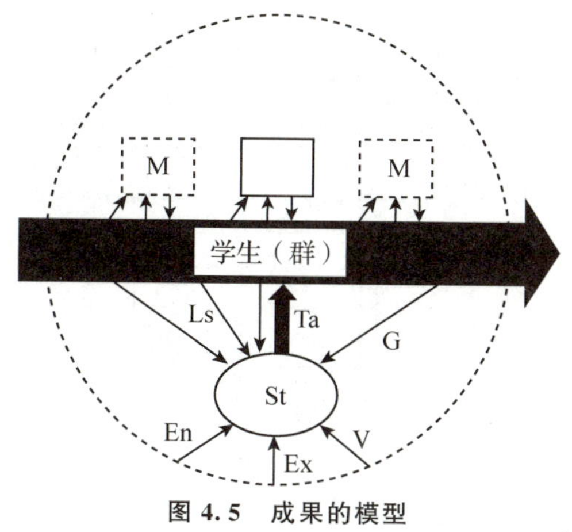

图 4.5　成果的模型

表 4.3　教学过程中的变量

变量名	意义
St	策略
Ta	方法
M	使用媒体的资料化教材
V	教师的教育价值观
G	设定的教学目标
Ls	教师所认识的学习者特性
En	学习环境
Ex	教师的教学经验

教学流程是根据教学策略而决定的。教学的基本流程应在进行教学设计时决定。教师的个人意志对这种流程的设计具有十分重要的作用，教学分析时应对此予以充分地注意。

三、用于分析的数据

时序列分析的资料主要来源于录像设备录制的内容。近年来，录像设备、摄像设备的小型化、低价格化为教师获取教学过程中的各种资料带来了极大的便利。教师不仅可以利用这些设备记录别人的教学，用于教学分析，还可以记录自己的教学过程，用于分析自己的教学。录像设备可以详细地记录教师的行为，也可详细地记录学生的行为。所记录的内容，可以是声音，也可以是图像，它为教学分析提供了十分详尽的资料。

在教学过程中，行为数据的记录方法和数据结构如图 4.6 所示。采样点的选择可以是非定时的[图 4.6(a)]，也可以是定时的[图 4.6(b)]。定时的是一种等时间间隔的采样。作为采样的数据，应包括采样的时刻、行为者和行为的类别。

基于采样的数据，我们可以得出各种行为的时序列数据，它可以是每一位行为者的行为时序列，也可以是某一种行为的时序列，还可以是教学过程中各种行为的总时序列。

为了便于数据的收集和处理，人们往往利用计算机来构建教学分析系统。图 4.7 给出了这种系统的一个实例。

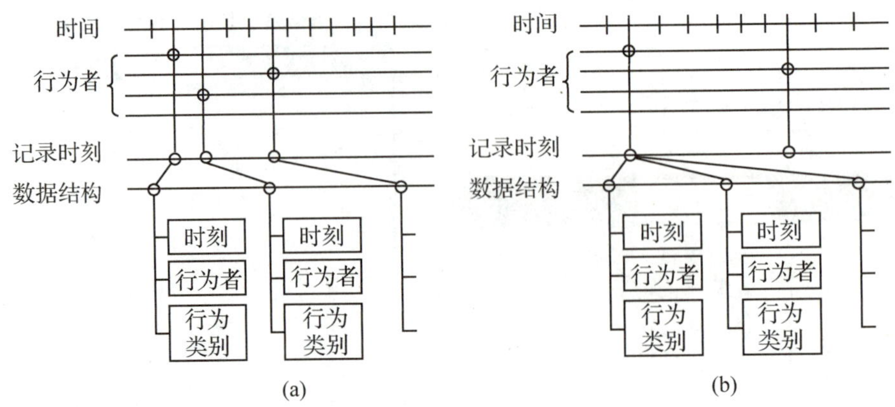

图 4.6　行为的记录

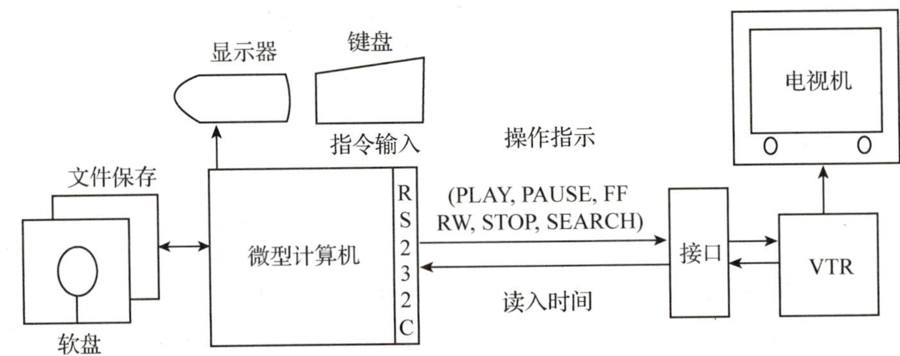

图 4.7　教学分析系统的构成

该系统中，由于 VTR 与计算机相连接，人们可以一边看图像，一边制作相应的数据。利用图像制作数据需要花费大量的时间，为了解决这个问题，应在计算机的应用上进行深入的开发。

基于图像制作的数据以一定的文件形式来进行存储，文件的存储形式应有利于各种时序列的制作。

四、分析方法

利用所得到的采样数据，可采用各种观点建构各种时序列，对教学系统进行分析。用作教学分析的分析方法主要有如下几种。

(1)对行为类别体系的分析。

(2)在各种行为类别的时序列中，找出其中的公共部分，并将它定为部分序列进行分析。

(3)将若干个部分时序列定义为分析序列，对教学系统进行分析。

第五节 S-T 分析

为了更形象、更直观地研究教学的特点，我们介绍一种以图形的方法表示教学风格(类型)的 S-T 分析法。

S-T 分析法的重要特点是：

(1)将教学中的行为仅分为学生(S)行为和教师(T)行为两类，减少了教学过程中行为分类的模糊性，增加了客观性。

(2)由于将计划教学与实施教学的结果以图形来表示，人们可采用可视化的方法研究教学。

(3)不需要复杂的计算，有利于推广、实施。

一、S-T 分析的基本思想

教学研究的最终目的是追求完善的教学。教学是一种复杂的过程，我们很难仅从一个方面，以一维的方式进行研究。教学受多种因素影响，如教师的特性、教材的特性、学科的特点、学生的学习特性、学习环境等。一种好的教学往往与一定的价值观紧密地联系在一起。

我们在参观教学、评价教学时，认为这一节课上得很好，那一节课上得不怎么样，往往有很多主观的感觉因素在发生作用。人们总是以各种观点对教学进行评价，这样的评价对完善教学而言仅能提供一些感想性的意见，不能起到实质性的作用。

要得到定量的、具有指导性的结论，往往是比较困难的。但只有这种定量的、客观性的指导性意见，才能使教学人员发现完善教学的具体方法。在教学研究中，重要的是让参加研讨的所有成员都能得到具有共识性的、客观的信息。S-T 分析为获取这样的具有共识性的、客观的信息提供了一种有效的方法。

S-T 分析可用于对教学过程进行分析，可以进行定量的处理、定量的评价，这是把握教学、完善教学的重要一步。

S-T 分析中的行为类别仅有 S 行为和 T 行为两类，它大大减少了教学过程中行为分类记述的模糊性，大大提高了分类的客观性和可靠性。不论是谁，以这种分类方法对给定的教学过程进行记述时，都会得到相同的结果。在分类分析中，由于有近 10 个类别，往往出现不同的人对同一个教学过程有不同的记述结果，这样，大大增加了分析的主观性并融入了过多的个人意志。S-T 分析不仅以较少的类别，大大提高了分析的客观性，同时也大大简化了操作，使用起来十分方便。

二、行为类别

表 4.4 给出了 S-T 分析中行为类别的定义，S-T 分析中的行为仅有 S 行为和 T 行为两类。

表 4.4 行为类别

类别	定义
T 行为	教师视觉的、听觉的信息传递行为
S 行为	T 行为以外的所有行为

教学过程中，T 行为主要有：

(1)教师的讲话行为(听觉的)。

(2)教师的板书、演示等行为(视觉的)。

教学过程中，这些行为具体表现为：

(1)解说。对具体事物、概念、法则、实验、现象的解说和说明。在教学中，这是大量出现的教师行为。

(2)示范。它包括教师的实验、发言、操作等行为。

(3)板书。这种行为多伴随解说同时发生。

(4)利用投影仪等各种媒体进行提示。这是一种与板书具有相同效果的教学行为。随着信息技术的不断发展，近年来，在学校中人们广泛地使用多媒体、互联网进行教学。

(5)提问与点名。为了进行形成评价，了解学生的理解情况，教学中，教师往往会提出问题，指名让某一学生回答。

(6)评价、反馈。这是对学生发言的评价、修正。

S 行为包括 T 行为以外的所有行为。在 T 行为没有产生的情况下，S 行为也会出现。

S 行为多发生在以下场合：

(1)学生发言。

(2)学生思考、计算。

(3)学生记笔记。

(4)学生做实验或完成作业。

(5)沉默。

三、S-T 数据的收集

对教学过程进行实际观察或观看录像资料，以一定的时间间隔，对观察的内容进行采样，并根据样本点的行为类别，以相应的符号 S 或 T 记录，这些数据便构成了 S-T 时序列数据，或简称为 S-T 数据。

例如，我们可以用手工的方式制作 S-T 数据，并将观察的结果填入图 4.8 所示的 S-T 数据记录卡片中。设定采样的间隔为 30 秒。在观察的过程中，每隔 30 秒选取一个样本。若该时刻为教师行为，则在表中记入 T，否则记入 S。对于 50 分钟的教学，应有 100 个样本，记录卡片中应有 100 个 S 或 T 符号，并且这些符号构成一个 S-T 数据序列。图 4.9 给出了一个 S-T 数据实例。

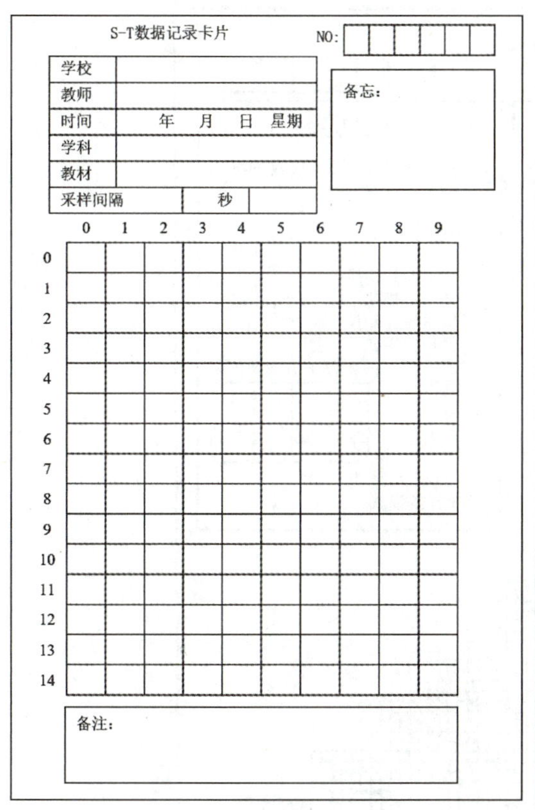

S-T数据记录卡片　NO:

学校	
教师	
时间	年　月　日　星期
学科	
教材	
采样间隔	秒

备忘：

	0	1	2	3	4	5	6	7	8	9
0										
1										
2										
3										
4										
5										
6										
7										
8										
9										
10										
11										
12										
13										
14										

备注：

图 4.8　S-T 数据记录卡片

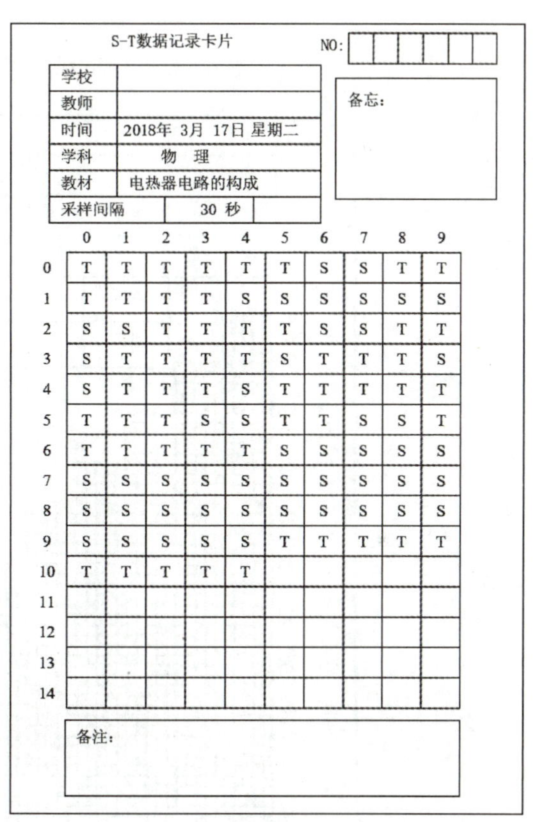

S-T数据记录卡片　NO:

学校	
教师	
时间	2018年 3月 17日 星期二
学科	物　理
教材	电热器电路的构成
采样间隔	30 秒

备忘：

	0	1	2	3	4	5	6	7	8	9
0	T	T	T	T	T	T	S	S	T	T
1	T	T	T	T	S	S	S	S	S	S
2	S	S	T	T	T	T	S	S	T	T
3	S	T	T	T	T	S	T	T	T	S
4	S	T	T	T	S	T	T	T	T	T
5	T	T	T	S	S	T	T	S	S	T
6	T	T	T	T	T	S	S	S	S	S
7	S	S	S	S	S	S	S	S	S	S
8	S	S	S	S	S	S	S	S	S	S
9	S	S	S	S	S	T	T	T	T	T
10	T	T	T	T	T					
11										
12										
13										
14										

备注：

图 4.9　S-T 数据实例

四、教学模式

基于 S-T 分析，指定教学的教学模式可以用两种不同的方法来表示：一种是以 S 行为、T 行为随时间变化的 S-T 图来表示；另一种是以表现教学风格(类型)的 *Rt-Ch* 图来表示。下面，我们对这两种方法进行说明。

1. S-T 图

S-T 图有两种不同的类型：一种是描述教学设计结果的 S-T 图，叫作计划 S-T 图；

另一种是描述实际教学过程的 S-T 图，叫作实测 S-T 图。

(1)计划 S-T 图的描绘方法。

计划 S-T 图是一种在教学实施前，参考有关教学设计的资料和教材所描绘的 S-T 图。教学展开的策略可以用教学过程中说明(T)、对话(D)和练习(S)随时间的推移来表示。

S-T 图应在 S-T 教学分析记录卡片上描绘。图 4.10 给出了一种实际中用于描绘 S-T 图的记录卡片。下面，我们利用这样的记录卡片，说明描绘 S-T 图的顺序和方法，并给出描绘的实例(图 4.11)。图 4.11 中的细线表示计划 S-T 曲线。

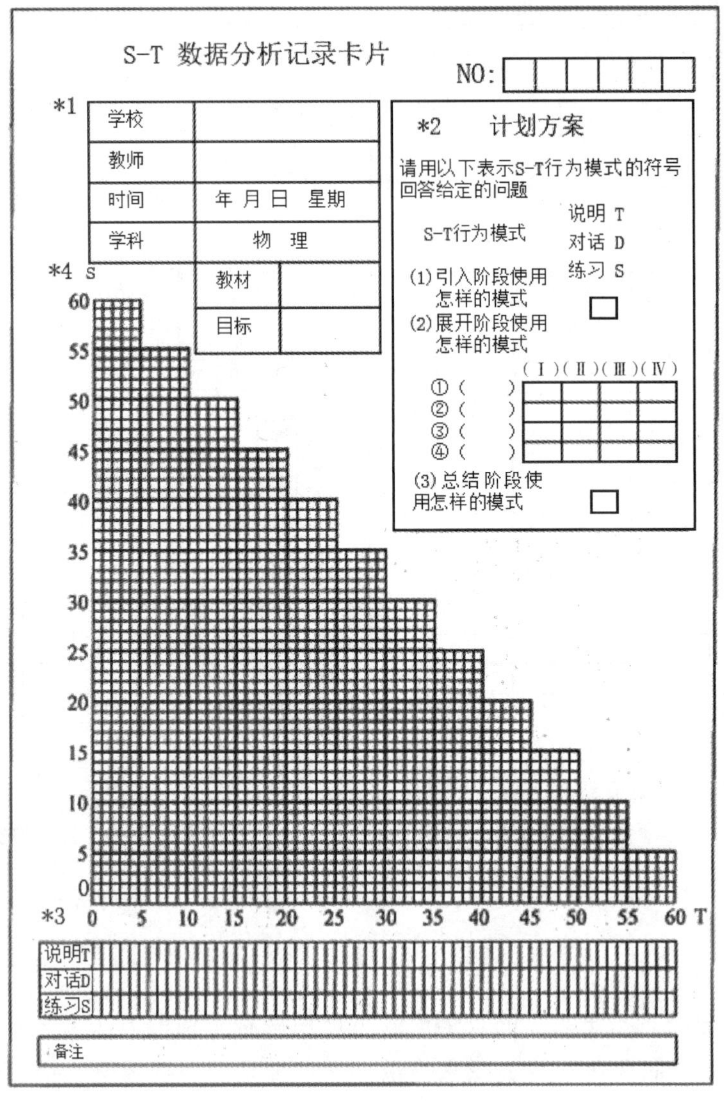
S-T 数据分析记录卡片
NO:
*1
学校
教师
时间 年 月 日 星期
学科 物 理
教材
目标
*2 计划方案
请用以下表示S-T行为模式的符号回答给定的问题
S-T行为模式 说明 T 对话 D 练习 S
(1)引入阶段使用怎样的模式
(2)展开阶段使用怎样的模式
(Ⅰ)(Ⅱ)(Ⅲ)(Ⅳ)
①( )
②( )
③( )
④( )
(3)总结阶段使用怎样的模式
*4 S
60 55 50 45 40 35 30 25 20 15 10 5 0
*3 0 5 10 15 20 25 30 35 40 45 50 55 60 T
说明T
对话D
练习S
备注

图 4.10　S-T 教学分析记录卡片

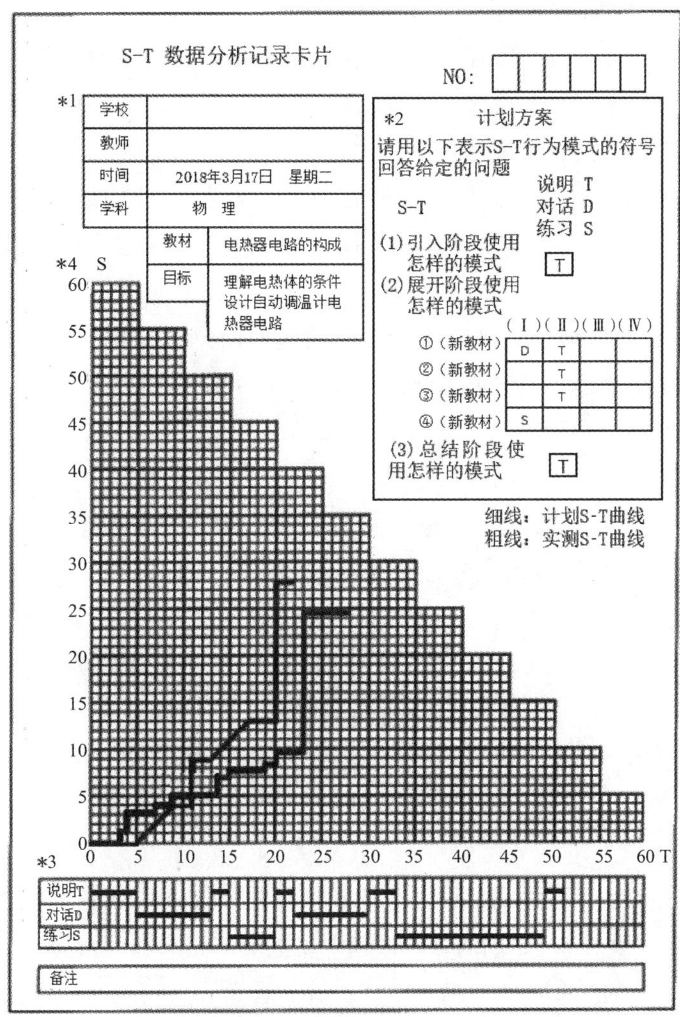

图 4.11　S-T 图的实例

计划 S-T 曲线描绘的方法是：①按照记录卡片的要求，填入＊1 部分的内容。②＊2 中的计划方案是用说明(T)、对话(D)和练习(S)三种符号来表示教学设计的结果的。□中填入 T，D，S 符号，括号(　)内简单地记入有关的内容。③＊3 为迁移表。参考＊2 的有关内容，对 T，D，S 的部分，根据时间的长短，用连线来表示。在迁移表中，横轴为时间轴，以 0～60 来标示刻度，单位为分。④＊4 为专用的绘图用纸。纵轴为 S，横轴为 T，分别表示 S 行为和 T 行为的时间。各轴的长度均为 60 分钟，每 5 分钟处标有相应的数字。教学的起点为原点。它与＊3 记入的时间相互对应。说明(T)和练习(S)分别根据时间的长短在 T 轴和 S 轴上引线。对话(D)是一种具有 45°倾角的引线。需要注意的是 D 线的长度。D 线在 T 轴、S 轴上的投影应与对话过程中 T 行为和 S 行为的时间相对应。

(2)实测 S-T 图的描绘方法。

实测 S-T 图与计划 S-T 图应描在同一张记录卡片上，以便对它们进行比较、分析。为了区别实测 S-T 图和计划 S-T 图，应将这两个曲线用不同的颜色或不同类型的线条，如实线、虚线、粗线、细线，来表示。

实测 S-T 图的描绘方法与计划 S-T 图的描绘方法相同，只是数据的来源不同。计划 S-T 图的数据源于教学设计，实测 S-T 图的数据源于教学实施的结果，它是教学过程中的实际数据。

在图 4.11 的绘图区域中，其原点为教学的起始时刻。将实测的 S-T 数据，顺序地在 S 轴、T 轴上予以表示，直至教学结束。图 4.11 中，粗线表示实测 S-T 曲线，细线表示计划 S-T 曲线。

2. *Rt* 和 *Ch*

Rt 和 *Ch* 分别表示教学过程中的 T 行为占有率和行为转换率，它对教学模式的描述、教学过程的分析具有重要的意义。

(1)T 行为占有率 *Rt*。T 行为占有率 *Rt* 表示教学过程中 T 行为所占的比例。设教学过程中，行为的采样数为 N，其中 T 行为数为 N_{T}，S 行为数为 N_{S}，则有

$$N=N_{\mathrm{T}}+N_{\mathrm{S}}$$

T 行为占有率 *Rt* 为

$$\begin{aligned}Rt&=N_{\mathrm{T}}/N=(N-N_{\mathrm{S}})/N\\&=1-(N_{\mathrm{S}}/N)\end{aligned}$$

同样我们可以定义 S 行为占有率 *Rs*，它是教学过程中 S 行为所占的比例，即 N_{S}/N。

显然，*Rt* 与 *Rs* 之和为 1，因为教学过程中仅包括 T 行为和 S 行为这两种不同的行为。

在教学过程中，*Rt* 的取值范围为 0～1。*Rt* 越大，T 行为所占的比例越多。用 *Rt* 乘 100％可得到 T 行为在教学行为中所占的百分比。

Rt 的具体计算实例如下所示。

为了简单起见，设教学过程中的采样总数 $N=10$，采样间隔为 30 秒。经采样得到的样本数据序列为：

T，T，S，S，T，S，S，T，T，T

通过对 S-T 数据进行统计处理，有

$$N=10,\ N_T=6,\ N_S=4$$

T 行为占有率 *Rt* 为

$$Rt=\frac{N_T}{N}=\frac{6}{10}=0.6=60\%$$

(2)行为转换率 Ch。行为转换率 Ch 表示教学过程中，T 行为与 S 行为间的相互转换次数与总的行为采样数之比。

我们称相同行为的连续为连。设 S-T 数据为：

T，T，S，S，T，S，S，T，T，T

该数据中具有 5 个连。

T　T	S　S	T	S　S	T　T　T
1	2	3	4	5

以 g 表示数据中的连数，则有 $g=5$。教学过程中，行为转换率 Ch 为

$$Ch=(g-1)/N$$

上例中，$N=10$，$g=5$，则有

$$Ch=\frac{g-1}{N}=\frac{5-1}{10}=0.4$$

若以百分数表示，则 $Ch=40\%$。

(3)Rt-Ch 图。

将计算出的 Rt 和 Ch 数据描绘在横轴为 Rt、纵轴为 Ch 的平面上，可得到 Rt-Ch 图。显然，一节课的教学，在 Rt-Ch 图中对应 1 个点。图 4.12 给出了一个 Rt-Ch 图。图 4.12 中的阴影部分为(Rt，Ch)点存在的逻辑范围，即一般教学过程的(Rt，Ch)应落在阴影的范围内。

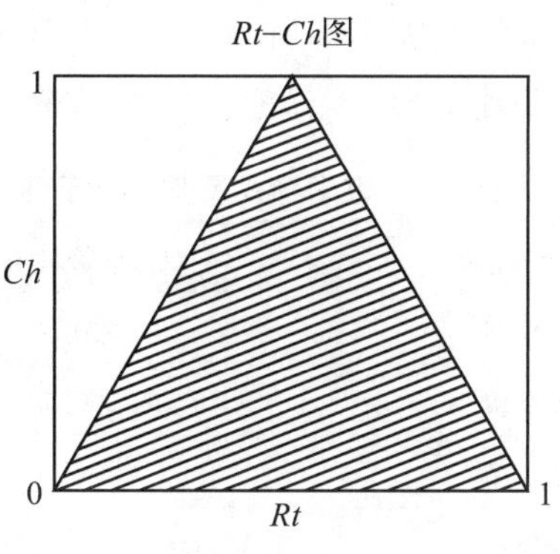

图 4.12　*Rt-Ch* 图

为了比较多个教学，可计算每个教学的 Rt、Ch 并将它描在 Rt-Ch 图上，由此可对这多个教学的教学模式进行比较。

我们可利用 Rt-Ch 图进行教学分析：

①与以往的教学进行比较(对某一位教师)；

②与其他教师的教学进行比较(对多位教师)；

③对多个学科的教学进行比较；

④将实习教师与有经验的教师进行比较。这些比较，对实习教师和青年教师进行教学研究、完善教学是十分有帮助的。

(4)教学模式。在 Rt-Ch 图中，横轴 Rt 表示教师的讲授和演示，纵轴 Ch 表示教学中的对话性，当我们考察了这两个轴间的关联后，可将教学分为四种不同的教学模式：练习型、讲授型、对话型、混合型。图 4.13 给出了这四种不同的教学模式在 Rt-Ch 图中所对应的位置。根据 Rt 和 Ch 的定义不难理解这种划分。

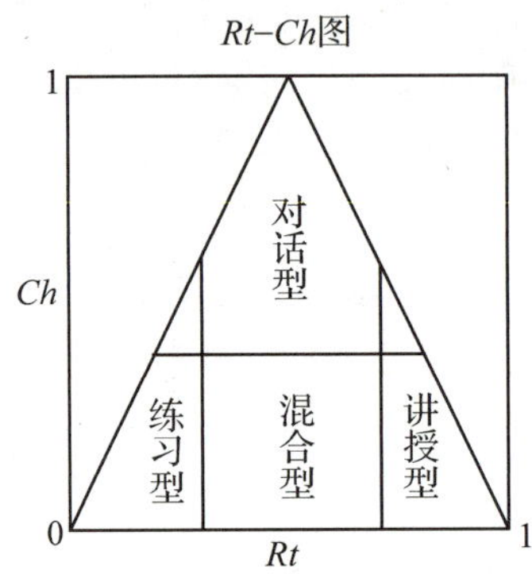

图 4.13 *Rt*-*Ch* 图与教学模式

基于 Rt-Ch 图划分教学模式可以作为描述教学风格的一种方法，这种方法对于界定教学模式是十分有效的。在界定教学模式时，应设置一定的标准，作为一种经验的标准，不同教学模式的标准条件如表 4.5 所示。

表 4.5 中的标准条件是在教学为 50 分钟，采样间隔为 30 秒的情况下设置的。

表 4.5 教学模式及其标准条件

教学模式	标准条件
练习型	$Rt \leqslant 0.3$
讲授型	$Rt \geqslant 0.7$
对话型	$Ch \geqslant 0.4$
混合型	$0.3 < Rt < 0.7$，$Ch < 0.4$

五、教学实例

下面，我们通过学校常用的几个典型的教学模式的 S-T 分析实例来说明 S-T 分析的应用。

1. 练习型(教学Ⅰ)

学科：美术。

内容：绘画。

相应的 S-T 分析结果如图 4.14 所示，其中，(a)为实测 S-T 图，(b)为 Rt-Ch 图。

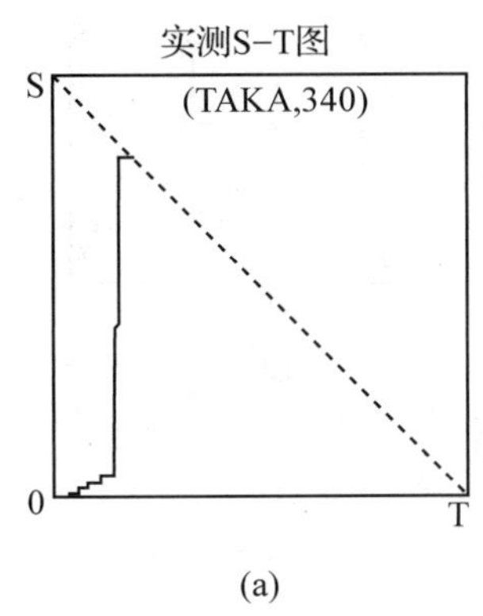

(a)

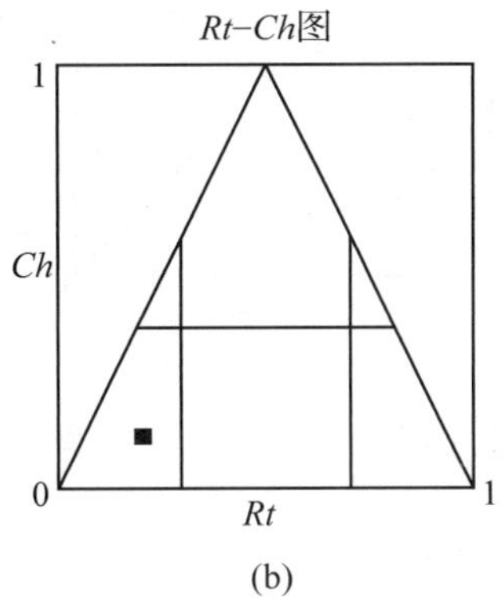

(b)

图 4.14　练习型

2. 讲授型(教学Ⅱ)

学科：数学。

内容：频度分布。

相应的 S-T 分析结果如图 4.15 所示，其中(a)为实测 S-T 图，(b)为 Rt-Ch 图。

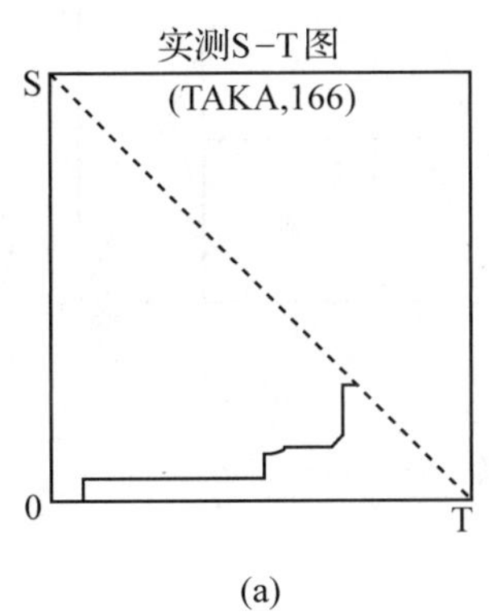

(a)

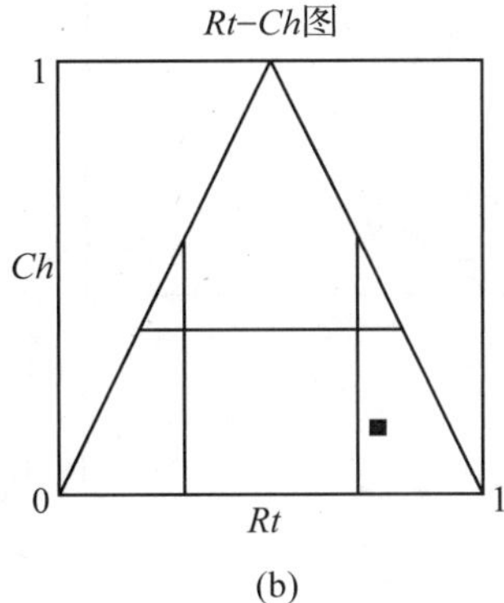

(b)

图 4.15　讲授型

3. 对话型(教学Ⅲ)

学科：社会学。

内容：家政。

相应的 S-T 分析结果如图 4.16 所示，其中(a)为实测 S-T 图，(b)为 *Rt-Ch* 图。

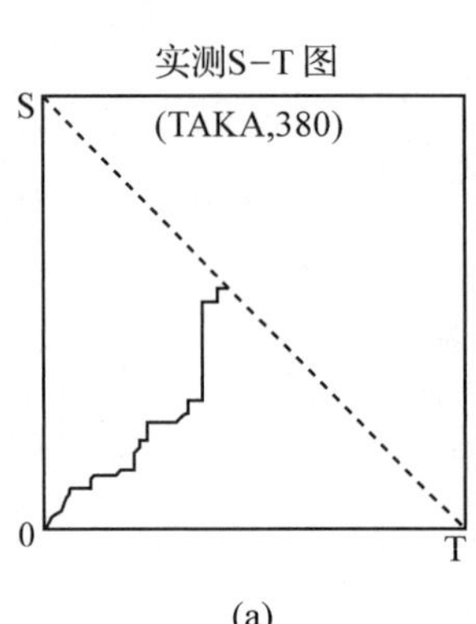

(a)

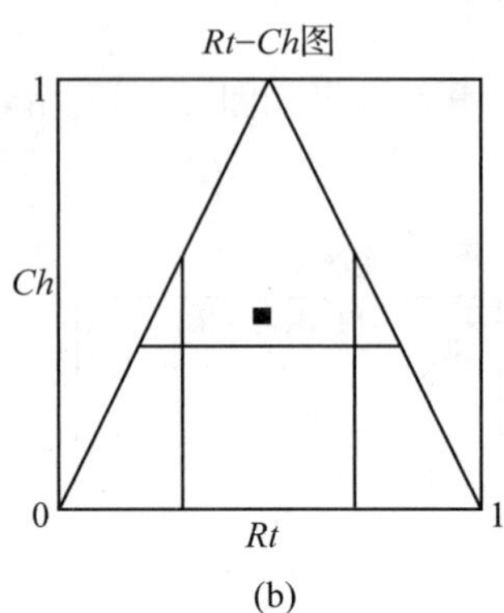

(b)

图 4.16　对话型

4. 混合型(教学Ⅳ)

学科：物理。

内容：电热器的安装。

相应的 S-T 分析结果如图 4.17 所示，其中(a)为实测 S-T 图，(b)为 *Rt-Ch* 图。

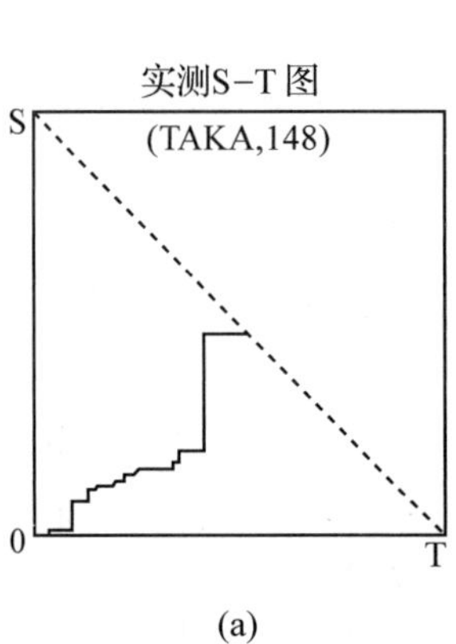

(a)

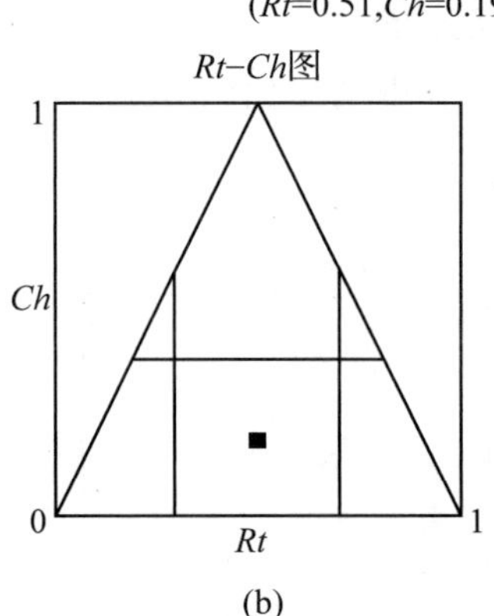

(b)

图 4.17　混合型

5. 教学实习(教学Ⅴ)

让 5 名实习生讲授同一学科内容，但在不同的班级讲授，其中计划 S-T 图和第 1 名至第 5 名实习生教学的实测 S-T 图如图 4.18 所示，相应的 *Rt-Ch* 图如图 4.19 所示。

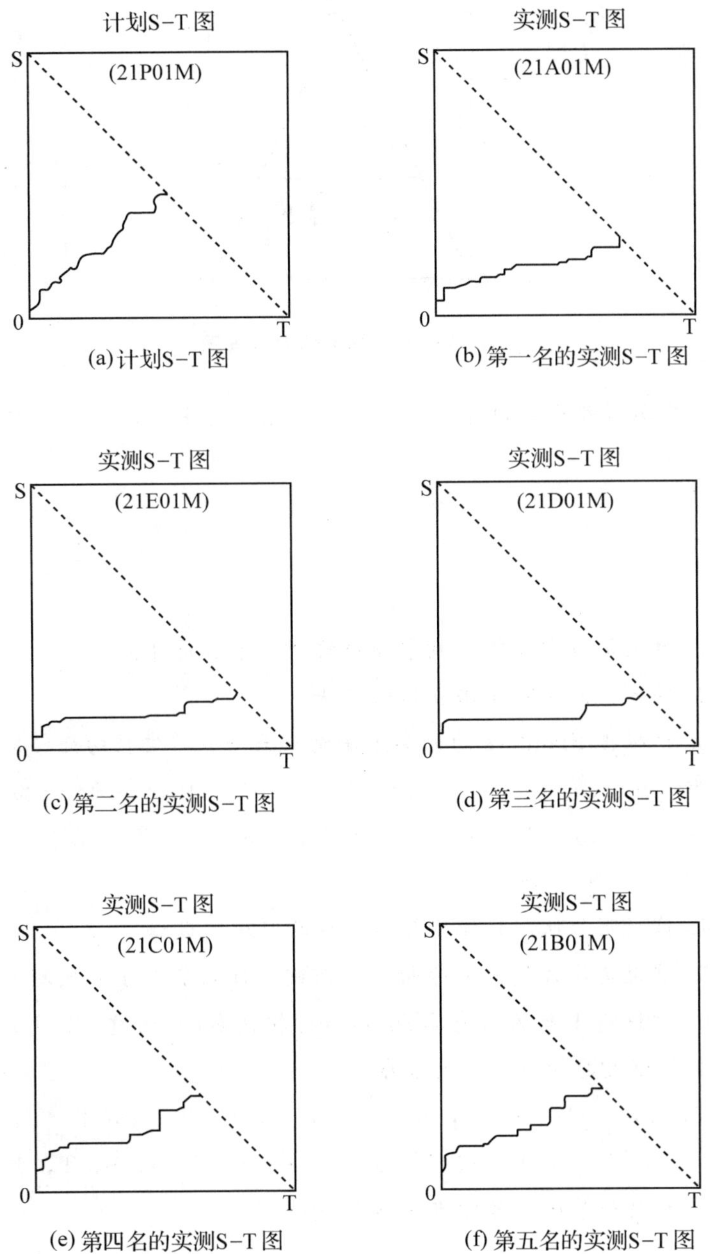

(a) 计划S-T图

(b) 第一名的实测S-T图

(c) 第二名的实测S-T图

(d) 第三名的实测S-T图

(e) 第四名的实测S-T图

(f) 第五名的实测S-T图

图 4.18　教学Ⅴ的 S-T 图

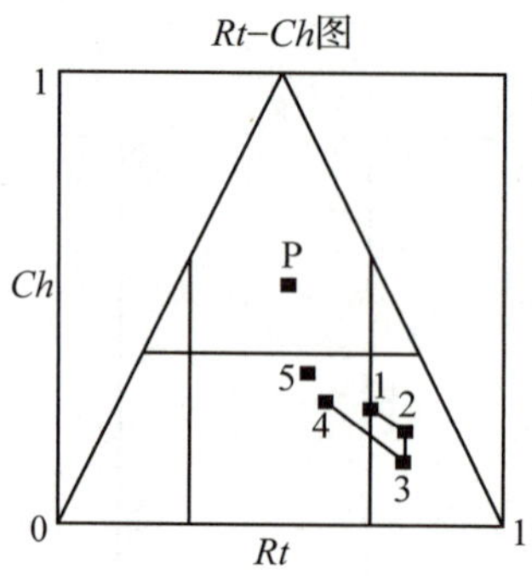

图 4.19　教学Ⅴ的 *Rt*-*Ch* 图

5 名实习生的实习课程是数学，实习内容为集合。图 4.19 中，P 表示计划模式，1～5 代表实习生。

思考与练习

1. 什么是教学分析？教学分析的主要方法是什么？

2. 结合实例说明逐语分析的方法。

3. 试根据 Flanders 的分类方法制作某一教学过程的迁移矩阵。数据为

⑩—⑥—⑥—⑥—⑥—⑤—⑤—⑤—⑤—④—⑧—⑧—⑧—①—⑧—②—⑥—⑥—③—⑥—⑥—⑤—⑤—④—⑧—⑤—⑤—⑦—⑤—⑤—⑤—⑤—⑦—⑤—⑨—⑩

4. 试说明如何制作描述教学过程的时序列数据。

5. 试说明什么是 S-T 分析，如何制作计划 S-T 图和实测 S-T 图。

6. 试说明 T 行为占有率 *Rt* 和行为转换率 *Ch* 的意义，并以 *Rt*-*Ch* 图对教学和教学模式进行分析。数据为

T，T，S，S，T，S，S，T，S，T，S，T，T，T，T，T，S，S，T，S，T，T，T，T，T，S，T，S，T，S，S，T，S，S，T，T，T，T，T，S

7. 试就一节课的教学进行 S-T 分析。

第五章

测试与测试理论

测试是对学习者的学习信息进行有组织、有系统的收集，并通过对这些信息的处理做出确切判断和适当决定的科学手段和工具。

测试的理论主要有经典测试理论和项目反应理论。

经典测试理论是以信度、效度、区分度等统计特征量为中心的测试理论。经典测试理论的主要问题是这些统计特征量与被测试的样本数据有关。被测试的样本不同，求得的统计特征量的数值也不同，即统计特征量的数值与被测试对象有关，这显然是不合理的。

项目反应理论(Item Response Theory)是针对经典测试理论的不足提出的一种新的测试理论，其最大的优点是项目参数的估计与被测试的样本无关，即测试中的各种项目参数与被测试对象无关。项目反应理论虽然有这样的优点，但在对参数进行估计时，需要进行复杂的运算，由于参数估计的样本数较多，这给参数估计带来了一定的困难。基于项目反应理论对测试中的各种参数进行估计时，往往使用计算机对样本数据进行处理。计算机的有效使用，给参数的估计带来了极大的便利。

本章首先对测试及其分类做了简单说明，随后对测试数据的记述与处理进行了讨论，最后重点讨论了项目反应理论的基本内容及其应用。

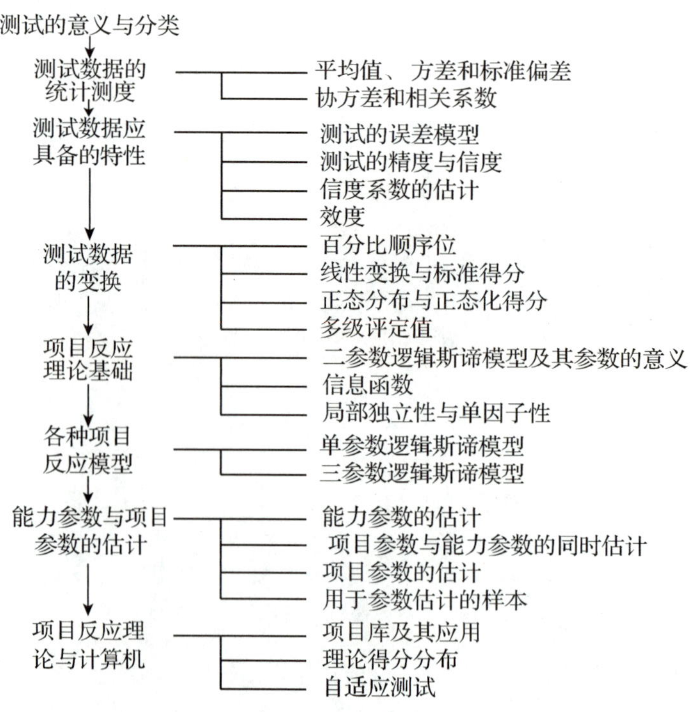

第一节　测试的意义与分类

在教学过程中，人们往往需要通过一定的问题、适当的课题或其他的各种手段来对个人或集团的技能、知识、能力、适应性等进行测定。这些问题、课题、手段就是我们所说的测试。测试的目的是实现对个人或集团的技能、知识、能力、适应性等的测定。

我们称针对具体的技能、知识、能力、适应性等的测试为狭义的测试，而针对心理特性的测试为广义的测试。

测试与评价具有密切的关系。测试的结果是评价的根据，评价的要求对测试的构成具有重要的指导意义。

测试可以根据各种不同的观点进行分类。

1. 器具测试与纸笔测试

根据给出问题和课题时的不同材料，可将测试分为器具测试和纸笔测试。

器具测试是使用器具给出课题，被测试者以口头语言或对器具的操作对给定的课题进行回答。它主要用于各种智能测试和适应性测试。

纸笔测试是以纸张(试卷)的形式给出测试的问题或测试的课题，被测试者以笔答的形式进行回答。纸笔测试主要用于学力测试和各种心理测试。

2. 客观测试与非客观测试

根据评分的客观性，可将测试分为客观测试和非客观测试。

所谓评分的客观性是指测试的评分不会因评分者而异，不论是谁评分，都具有相同的评分结果。

客观测试要求评分的标准要明确化。用于客观测试的问题形式主要有：对错(是非)题、多重选择题、匹配题等，以及这些问题形式所派生的各种形式的问题。

非客观测试的评分标准具有一定的模糊性，评分过程包含一定的主观意志。论文题、问答题是这类测试的主要问题形式。

3. 综合测试与分析测试

根据测定尺度的数量，可将测试分为综合测试和分析测试。

综合测试的测定尺度只有一个，全部测试的评价可以用一个数字、一种符号、一段评语予以总结，进行综合评价。

分析测试具有多个测定尺度，每一种观点、每一个因子、每一项低位目标都有一个评价结果。这是一种基于不同观点的评价(分析的评价)。

4. 标准测试与非标准测试

根据测试的制作人员、制作过程和适用范围的不同，可将测试分为标准测试和非标准测试。

标准测试是由多名测试专家与学科专家，经过严格的标准化过程制作出来的测试。标准化测试的评价标准，具有较大的适用范围。一般某些全国性的、地区性的统一测试都属于这种类型的测试。

非标准测试主要是指教师个人或研究人员个人，根据教育目的或研究目的的需要进行的测试。它的标准化程度较低，适用的范围较小，如用于某个班级、某个年级的测试。

5. 集团基准测试与达到基准测试

根据不同的评价标准，可将测试分为集团基准测试(Norm-Referenced Test，NRT)和达到基准测试(Criterion-Referenced Test，CRT)。

集团基准测试是以测试对象集团的统计性质(如频度分布、平均值、标准偏差等)为标准(集团标准)的测试，这是一种进行相对评价的测试。

达到基准测试是一种以应该达到的目标(达到目标)或某种评价观点为评价基准的测试。这是一种绝对测试，其评价结果，根据测试的正答率，按达到、没达到这样的两个级别，或达到、基本达到、没达到这样的三个级别来表示。

由于分类的标准不同，还可以有其他多种不同的分类方法，这里不予展开。

第二节　测试数据的统计测度

为了讨论的方便，我们对表示测试数据(在很多情况下是以测试得分来表示)的几个主要统计测度予以介绍，它们是测试数据的平均值、方差、标准偏差、协方差和相关系数。

一、平均值、方差和标准偏差

平均值、方差和标准偏差的定义如下。

1. 平均值(均值)

设 N 名被测试者的测试得分为

$$x_1, x_2, x_3, \cdots, x_n$$

其平均得分，即得分的平均值为

$$\begin{aligned}\overline{x} &= \frac{1}{N}(x_1 + x_2 + x_3 + \cdots + x_n) \\ &= \frac{1}{N}\sum_{i=1}^{N} x_i\end{aligned} \tag{5-1}$$

2. 方差

方差 S_x^2 表示测试得分的分散程度。方差 S_x^2 的定义为

$$S_x^2 = \frac{1}{N}[(x_1 - \overline{x})^2 + (x_2 - \overline{x})^2 + \cdots + (x_N - \overline{x})^2] = \frac{1}{N}\sum_{i=1}^{N}(x_i - \overline{x})^2 \tag{5-2}$$

测试得分的方差是各测试得分与平均值差值的平方的平均。

3. 标准偏差(方均根值)

方差的量纲是测试得分量纲的平方。为了使表示测试得分分散程度的统计量与测试得分具有相同的量纲，我们引入标准偏差 S_x，并以它来表示测试得分的分散程度。

标准偏差 S_x 的定义如下。

$$S_x = \sqrt{S_x^2} = \sqrt{\frac{1}{n}\sum(x_i - \overline{x})^2} \tag{5-3}$$

它是对方差 S_x^2 开平方，我们也称 S_x 为方均根值。

二、协方差和相关系数

设 N 名学生，经两门课程测试后，其测试得分为

$$x_i, y_i \quad i=1,\ 2,\ \cdots,\ N$$

我们将协方差和相关系数作为 x_i 和 y_i 间直线相关关系的统计测度。

1. 协方差

x_i，y_i 间的协方差 S_{xy} 的定义如下。

$$\begin{aligned}S_{xy} &= \frac{1}{N}[(x_1 - \overline{x})(y_1 - \overline{y}) + (x_2 - \overline{x})(y_2 - \overline{y}) + \cdots + (x_N - \overline{x})(y_N - \overline{y})] \\ &= \frac{1}{N}\sum_{i=1}^{N}(x_i - \overline{x})(y_i - \overline{y})\end{aligned} \tag{5-4}$$

x_i，y_i 间的协方差 S_{xy} 由各个测试得分与平均值差值之积的平均值来表示。若两次测试间是正相关，则 S_{xy} 为正值；若是负相关，则 S_{xy} 为负值。若两次测试间不具备直线相关的关系，S_{xy} 的值近似为零。

2. 相关系数

协方差 S_{zy} 可以表示两次测试间的相关程度，但在计算 S_{zy} 时，其数值与样本的数量及样本值的大小有关，即 S_{xy} 的取值范围与参加测试的人数、测试的评分大小有关，这给多个测试间相关程度的比较带来了一定的困难。为此，应对 S_{xy} 的取值范围进行标准化，相关系数是基于这一思想来进行定义的。

两次测试的得分为 x_i，$y_i(i=1, 2, \cdots, N)$，两者的相关系数 γ_{xy} 定义为

$$\gamma_{xy}=\frac{S_{xy}}{S_x S_y}$$

$$=\frac{\frac{1}{N}\sum_{i=1}^{N}(x_i-\overline{x})(y_i-\overline{y})}{\sqrt{\frac{1}{N}\sum_{i=1}^{N}(x_i-\overline{x})^2}\sqrt{\frac{1}{N}\sum_{i=1}^{N}(y_i-\overline{y})^2}} \tag{5-5}$$

相关系数 γ_{xy} 由协方差 S_{xy} 除以两次测试 x_i，y_i 的标准偏差 S_x，S_y 来表示。显然，γ_{xy} 的取值范围是

$$-1\leqslant\gamma_{xy}\leqslant 1$$

两次测试的 γ_{xy} 若为 1，表示这两次测试是完全正相关的；若为 −1，表示是完全负相关的；若为 0(或近于 0)，表示不存在相关。

* 本节的内容我们将在第八章进行专门讨论。

第三节 测试数据应具备的特性

一种合理的、有效的测试，其测试数据(得分)应具备一定的特性。在这些特性中，最重要的是测试的信度和效度。

一、测试的误差模型

在测试过程中，由于各种原因，测试会产生一定的误差。测试误差产生的原因是多方面的，有心理的因素，有测试实施的因素，有测试环境的因素，有评分标准的因素，也有评分人员的因素等。

设测试得分为 x_i，得分的真值为 t_i，测量误差为 e_i，根据经典测试理论，x_i，t_i 和 e_i 间具有以下关系

$$x_i = t_i + e_i \tag{5-6}$$

当参加测试的人数(N)足够多时，可以认为测试误差的平均值趋于“0”，即

$$\bar{e} = \frac{1}{N}\sum_{i=1}^{N} e_i = 0 \tag{5-7}$$

由式(5-6)、式(5-7)得

$$\begin{aligned}\bar{x} &= \frac{1}{N}\sum_{i=1}^{N}(t_i + e_i)\\ &= \frac{1}{N}\sum t_i + \frac{1}{N}\sum e_i\\ &= \bar{t} + \bar{e}\\ &= \bar{t}\end{aligned} \tag{5-8}$$

它表示，当 N 足够大时，测试得分的平均值与得分真值的平均值是一致的。

设测量误差与得分真值间是完全独立、互不相关的，即真值与误差间的协方差 $S_{te}=0$，有

$$\begin{aligned}S_{te} &= \frac{1}{N}\sum_{i=1}^{N}(t_i - \bar{t})(e_i - \bar{e})\\ &= 0\end{aligned} \tag{5-9}$$

根据式(5-2)、式(5-6)、式(5-8)、式(5-9)，测试得分的方差 S_x^2 为

$$\begin{aligned}S_x^2 &= \frac{1}{N}\sum_{i=1}^{N}(x_i - \bar{x})^2\\ &= \frac{1}{N}\sum_{i=1}^{N}[(t_i + e_i) - (\bar{t} + \bar{e})]^2\\ &= \frac{1}{N}\sum_{i=1}^{N}[(t_i - \bar{t}) + (e_i - \bar{e})]^2\\ &= \frac{1}{N}\sum_{i=1}^{N}(t_i - \bar{t})^2 + 2\frac{1}{N}\sum_{i=1}^{N}(t_i - \bar{t})(e_i - \bar{e}) + \frac{1}{N}\sum_{i=1}^{N}(e_i - \bar{e})^2\\ &= S_t^2 + 2S_{te} + S_e^2\\ &= S_t^2 + S_e^2\end{aligned} \tag{5-10}$$

它表示，测试得分的方差是得分真值的方差与测试误差的方差之和，即得分的方差由真值的方差与误差的方差产生。

二、测试的精度与信度

测试数据的一个重要特性应该是，测量的误差小、精度高。测试的精度表示了测试的信度，测试的精度越高，测试的可信程度也越高。测试的精度由测试的信度来表

示，信度高低的量化由信度系数决定。

信度系数 ρ_{xx} 由得分真值的方差与测试得分的方差之比来定义，即

$$\rho_{xx}=\frac{S_t^2}{S_x^2} \tag{5-11}$$

信度系数以测试真值的方差在测试得分方差中所占比例的大小来表示。

由于得分真值的方差不可能测定，因此，我们不能直接根据定义式来求信度系数。信度系数往往是以一定的方法进行估计的。

三、信度系数的估计

由于同一被测试群体的测试得分具有相关性，因此，可以利用间接的方法对测试的信度系数进行估计。

信度系数可采用以下的方法进行估计。

1. 再测试法

同一测试试卷，让同一被测试群体，以一定的时间间隔进行两次测试，我们将两次测试得分间的相关系数作为信度系数的估计值，这种方法称为再测试法。

设两次测试的得分为

$$x_{1i},\ x_{2i}(i=1,\ 2,\ \cdots,\ N)$$

N 为被测试群体的人数。x_{1i} 和 x_{2i} 间的相关系数为 γ_{12}，γ_{12} 被认定为信度系数 ρ_{12} 的估计值。

在再测试法的实施过程中，应慎重地选择两次测试间的时间间隔。间隔选择过短，受记忆的影响，信度系数的估计值偏高；间隔选择过长，受个别心理特性变化的影响，信度的估计值偏低。如何确定两次测试间的间隔是再测试法应处理的一个重要问题。

2. 平行测试法

我们称具有相同测试目的、相同测试内容、相同问题形式、相同难度、相同区分度的不同测试为平行测试，我们也可称之为代替测试。若两组测试得分的真值相等，误差的方差相等，这样的两组测试，我们也称之为平行测试。

设两组平行测试 A，B，一组测试(A)的得分为 x_A，与之平行的另一组测试(B)的得分为 x_B，其间的相关系数为 γ_{AB}，γ_{AB} 可作为信度系数 ρ_{AB} 的估计值。这种方法叫作平行测试法。

平行测试法是基于两次测试的等价性对信度系数进行估计的。

平行测试法克服了再测试法在实施过程中存在的一些问题，但随之而来的问题是，用于平行测试的两组测试真正做到是平行的测试是很困难的。这是实施平行测试的主要问题。

3. 折半法

将构成测试的项目二等分，并称之为 A 部和 B 部，求这两部分测试得分的相关系数 γ_{AB}，并以 γ_{AB} 为测试的信度系数的估计值，这样的方法叫作折半法。

在某种意义上可以认为折半法是平行测试法的演变，它将一次测试的项目二等分，分为两次平行的测试 A 和 B。根据平行测试法的思想，这时计算出来的 γ_{AB} 只能是部分测试 A(或 B)的信度系数的估计值。包括 A 部和 B 部的整个测试的信度系数的估计值可按下式进行计算：

$$\rho_{xx}=\frac{2\gamma_{AB}}{1+\gamma_{AB}} \tag{5-12}$$

在实施折半法时，一般将测试的项目分为奇数号项目和偶数号项目这样两组项目群，并以这两组项目群进行测试，我们也可称这样的测试方法为奇偶法。

折半法是基于等分的两部分测试间的等价性对信度系数进行估计的。

四、效度

信度是针对测试得分的精度而言的，它是一种表示测试结果正确性的概念和量度。效度是表示测试结果心理特性的概念和量度。效度用于表示测试结果与测试目的间的匹配程度，即测试的结果在多大程度上能达到测试目的的要求。效度是测试的一种最本质的特性。测试的效度，往往以一些其他的效度来表示。

检验测试效度的方法有多种，从效度的观点出发，其主要方法如下。

1. 内容的效度

内容的效度是指测试的项目群应充分反映需要测试领域的内容要求。对应于需要测试的内容的母集团，用于测试的项目群不应有任何偏向，它是全面反映母集团要求的样本。在考察内容的效度时，应充分对用于测试的各个项目进行研讨、推敲。在确定测试项目时，各方面的专家应共同研讨、共同确定。

内容的效度在学力测试中十分重要。为了有效地确定测试的项目，应将需要测试的内容领域用目标细目表或内容行为矩阵来表示，并基于这样的表格或矩阵确定测试的内容和项目。表 5.1 是这种细目表的一个实例。

表 5.1　数理统计学测试项目分配表

测定内容	测定目标				项目数合计
	知道	理解	应用	分析	
1. 统计方法的特点	5	3		2	10
2. 数据的整理	3	2	4	1	10

续表

测定内容	测定目标				项目数合计
	知道	理解	应用	分析	
3. 样本值和方差	2	2	4	2	10
4. 相关与回归	2	2	4	2	10
5. 概率与样本	3	5	1	1	10
6. 分布	3	6		1	10
7. 估计		2	4	4	1
8. 检验		2	4	4	10
9. 方差分析	4	3	1	2	10
10. 非参数统计推断	3	3	3	1	10

2. 基准关联的效度

所谓基准关联的效度是指以该测试以外的数据为外部基准，用测试的结果与外部基准数据的相关性来研究测试结果的效度。

基准关联的效度可分为并存的效度和预测的效度，二者的区别在于外部基准数据的收集时期不同。

并存的效度的外部基准是以用其他的测试或其他的手段获得的数据为外部基准的。例如，为了讨论新的智能测试的效度，我们可以用已有的智能测试数据作为外部基准。以精神障碍的诊断为目的的性格测试的外部基准，可以使用精神科的诊断。这些外部基准是在测试时或测试前收集的。

预测的效度是以测试后，如若干年后，被测试者的实际数据作为外部基准来研究测试结果的效度的。作为入学测试的效度，可以用入学后被测试者的实际学习成绩作为外部基准。显然，由入学测试选择出的学生，在入学后都能很好地完成预定的学习，这样的入学测试就是妥当的。

3. 构成概念的效度

在内容的效度研讨中，若测定领域内容的母集团不甚清楚，或在基准关联的效度研讨中，若适当的外部基准难以寻求，这时，可使用构成概念的效度来研究测试结果的效度。

构成概念的效度是指该测试与心理学理论所进行的预测不产生任何矛盾，与心理学理论预测的行为结果具有很好的关联性。

上述有关信度和效度的讨论几乎都是基于相关系数展开的。这种讨论对以相对评价为目的的集团基准测试是有意义的，但对达到基准测试几乎是没有多大意义的。达到基准测试的信度和效度是一种与相关系数没有多大关联的概念。达到基准测试的信度和效度的定义和表示方法有多种不同的提案，这里不予讨论，读者可参考其他有关文献。

第四节　测试数据的变换

对于若干个测试，由于参加测试的人数不同，测试结果的数据范围不同，数据的分布情况不同，在这种情况下，要对它们的测试结果进行比较、判断将是十分困难的。为了使这种比较、判断成为可能，必须将表示测试结果的原始数据进行一定的变换，这样对变换后的数据才能实现有效比较、判断。

测试数据的变换多用于以相对评价为主要目的的集团基准测试（NRT）。集团基准测试中测试数据的变换主要有百分排位、标准得分、正态化得分和多级评定值等。

一、百分比顺序位

测试的结果往往用学生的得分来表示。在教学过程中，可根据每一位学生的得分，将其按从高到低的顺序进行排位，每一成绩有一顺序位。通过学生得分的顺序位可对集团内的每一位学生进行相对评价。这种方法只能用于对同一次测试中不同学生的得分进行比较和评价，对于不同测试中的得分就很难进行这种比较和评价，为此，我们引入百分比顺序位。

设定参加测试的总人数为 100 名，测试得分按从低到高排序，每一成绩有一个顺序位，它由低于该得分点的被测试人数之和与总人数 100 之比决定。例如，被测试得分为 x，得分低于 x 的被测试人数为 P，它是总人数的 $P\%$，我们称成绩 x 是第 P 百分比顺序位（简称第 P 百分位），x 为第 P 百分比顺序位得分值。

为了求给定测试成绩 x 的百分位，需要对测试成绩从低到高进行排序，并求出各得分点的人数分布，即频度分布。基于频度分布可求得低于给定成绩 x 的各得分点的累积频度，即求得低于给定成绩 x 的人数 P，按百分位$=\dfrac{\text{累积频度}}{\text{被测试人数}}\times 100$，求得 x 的百分位。

设给定的成绩为 80 分，从低位开始，低于 80 分的累积频度为 45，被测试人数为 60 人，80 分的百分位为

$$\frac{45}{60}\times 100=75$$

该式求得 80 分的百分位是第 75 百分位，第 75 百分位的得分值为 80，通过百分位的变换，60 名参加测试的人员中测试成绩为 80 分的排位相当于 100 名参加测试的人员中的排位，即百分位。百分位的实质是将各种不同测试中的排位规范化，正是这种规范化才能让人们对不同测试中的排位进行比较。

二、线性变换与标准得分

设被测试者 i 的测试得分为 x_i。为了与变换后的得分相区别，我们称这种得分为原始得分，而将变换后的得分叫作变换得分。

原始得分 x_i 经

$$y_i=ax_i+b \tag{5-13}$$

变换后，其变换得分为 y_i。式(5-13)的变换是一种线性变换，式中的 a，b 为常数。变换前后的两种得分 x_i，y_i 间的平均值和方差具有以下关系。

$$\overline{y}=a\overline{x}+b \tag{5-14}$$

$$S_y^2=a^2S_x^2 \tag{5-15}$$

设式(5-13)中的

$$a=\frac{1}{S_x},\ b=-\frac{x}{S_x} \tag{5-16}$$

并称经过这种变换后的得分为 z 得分，且有

$$\begin{aligned} z_i &=\frac{1}{S_x}x_i-\frac{\overline{x}}{S_x} \\ &=\frac{x_i-\overline{x}}{S_x} \end{aligned} \tag{5-17}$$

根据式(5-14)、式(5-15)，z 得分的平均值与方差为

$$\overline{z}=\frac{\overline{x}}{S_x}-\frac{\overline{x}}{S_x}=0 \tag{5-18}$$

$$S_z^2=\left(\frac{1}{S_x}\right)^2\cdot S_x^2=1 \tag{5-19}$$

这表示，由原始得分减去其平均值后除以标准偏差[式(5-17)]所作的 z 变换，其变换得分——z 得分的平均值为“0”，标准偏差为“1”。

z 得分是一种广泛使用的得分形式。若对 z 得分进行

$$\begin{aligned} y_i &=Az_i+B \\ &=A\left(\frac{x_i-\overline{x}}{S_x}\right)+B \end{aligned} \tag{5-20}$$

这样的线性变换，根据式(5-14)、式(5-18)和式(5-15)、式(5-19)有

$$S_y^2 = A^2 S_Z^2 = A^2 \tag{5-21}$$

$$\overline{y} = A\overline{z} + B = B \tag{5-22}$$

若 $A>0$，由式(5-22)，有

$$S_y = A。\tag{5-23}$$

基于以上的讨论可以看出，通过式(5-20)的变换，可以将原始得分变换成具有指定的平均值(B)和标准偏差(A)的得分。我们称这种变换后的得分为标准得分。对于若干次测试的得分，只有将它们变换成具有相同的平均值和相同的标准偏差的标准得分后，才能对它们进行比较。

三、正态分布与正态化得分

标准得分的一个优点是，它将多个测试得分变换为具有相同的平均值、相同的标准偏差的标准得分，便于人们对这多个不同的测试进行比较。

此外，标准得分还有另外一个优点。设某一测试的得分满足正态分布，或近似于正态分布。经线性变换后，这种正态分布的性质是不会变化的，即变换后的得分仍满足正态分布，或近似于正态分布。利用这样的性质，通过正态分布的概率特性，我们可以求得指定的某一被测试者的得分在标准集团内的相对位置，这是标准得分的第二个优点。

设某概率变量(如测试得分)为正态分布，该概率变量取某值以上，或某值以下，或取某一区间值的概率由该值距平均值的偏离程度决定。这种偏离程度往往以标准偏差的倍数来表示。图 5.1 给出了正态分布的这种性质。

在正态分布中，称平均值为 0，标准偏差为 1 的正态分布为标准正态分布。前面讨论的 z 得分不一定是正态分布，若 z 得分是一种正态分布，则它一定是一种标准正态分布。对于标准分布的 z 得分，我们可以用正态分布表示出任一指定的 z 得分的概率。

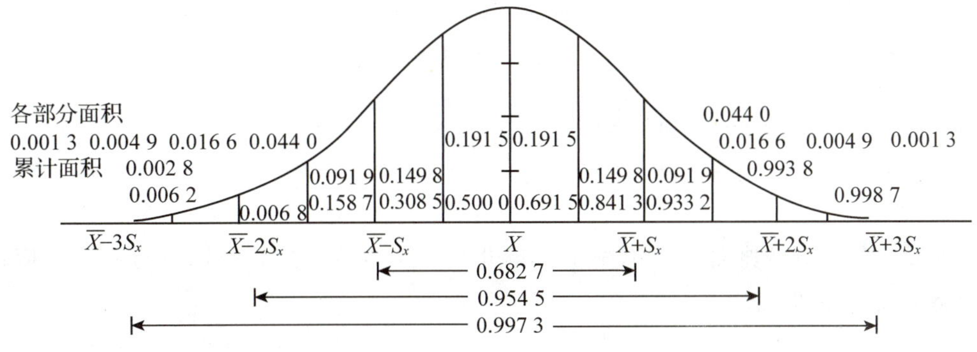

图 5.1 正态分布及其性质

由于线性变换不会改变概率变量的分布特性，若原始得分为正态分布，经式(5-17)将它变换为 z 得分后，同样利用正态分布表可求指定的某一 z 得分出现的概率。

如果测试的原始得分不满足正态分布，我们就不能对变换后的标准得分利用正态概率分布表来确定被测试者在基准集团中的位置。这时，我们可对原始得分进行一定的变换，使之变换为正态分布，并将得分变换成具有指定平均值和指定标准偏差的标准得分，或正态化标准得分。

四、多级评定值

根据需要，我们可以直接利用测试得分的平均值和标准偏差，将测试得分变换为具有指定的多个级别(段位)的评定值。例如，将百分制的测试得分变换为具有五个级别评定值的五分制得分。我们称这种变换后的变换值为多级评定值。我们以五级评定值为代表，说明进行这种变换的方法和过程。首先，求测试得分 x 的平均值 $\overline{x}$ 和标准偏差 S_x。以平均值 $\overline{x}$ 为中心，将其上、下延伸$\frac{S_x}{2}$，得：

$$\frac{S_x}{2}，\left(\overline{x}-\frac{S_x}{2},\overline{x}+\frac{S_x}{2}\right)$$

并令其范围内的得分为评定值 3。随后以评定值 3 的上、下限为准，分别延伸 S_x，在此范围内的得分分别确定为评定值 4 和评定值 2。最后，将高于评定值 4 的得分，确定为评定值 5，低于评定值 2 的得分确定为评定值 1。由此实现了测试得分转为五级评定值的变换。

同样，以平均值为中心，以标准偏差的$\frac{1}{2}$为分界点，可以确定 0～10 这样 11 个级别的评定值。我们称这样的得分为 C 得分。

第五节　项目反应理论基础

前面，我们对经典测试理论做了一定介绍，从本节开始，我们将对项目反应理论做一个全面的介绍。

一、二参数逻辑斯谛模型及其参数的意义

项目反应理论将学习者对测试项目的反应(应答)以表示测试项目特性的项目参数和表示被测试者能力的能力参数及其组合的统计概率模型来表示。

表示项目特性的项目参数主要有难度参数与区分度参数。我们首先讨论统计概率模型中各种参数的意义。

1. 二参数逻辑斯谛模型

具有难度参数和区分度参数的二参数逻辑斯谛模型如下所示。

$$P(\theta)=\frac{1}{1+\exp(-Da(\theta-b))} \tag{5-24}$$

式中，$P(\theta)$为被测试者正确应答(简称正答)的概率；D 为常数，我们称之为量表因子，且有 $D=1.7$；θ 为被测试者的能力参数；a 为区分度参数；b 为难度参数；$\exp(y)$为 e^y 的另一种表示形式。

图 5.2 给出了这种逻辑斯谛模型的一个实例。由图 5.2 可知，当被测试者的能力参数 θ 正向地逐渐增加时，项目的正答率逐渐增加，最后趋近于 1。反之，随着被测试者的能力参数逐渐减小，项目的正答率亦随之减小，并逐渐趋近于零。图 5.2 所示的曲线叫作项目反应曲线。该项目反应曲线表示了项目的正答率随被测试者能力参数的高低而上下变化，且这种变化是按指数曲线的规律变化的。

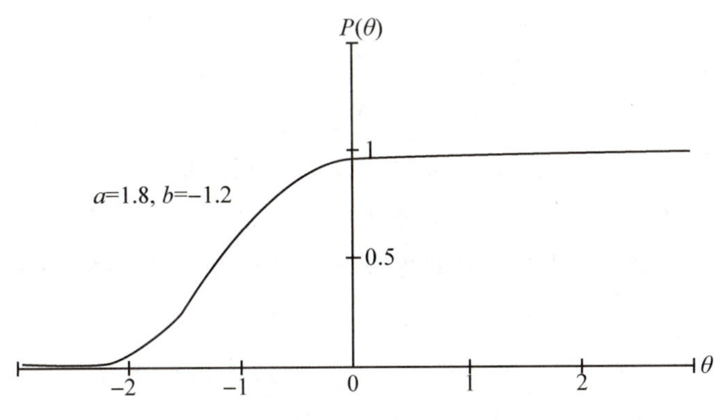

图 5.2　二参数逻辑斯谛模型实例

2. 参数的意义

现在我们分析逻辑斯谛模型中难度参数与区分度参数的意义。

(1)难度参数。式(5-24)中，当难度参数 b 与能力参数 θ 相等时，即 $\theta=b$，此时的正答概率为

$$P(\theta=b)=\frac{1}{1+\exp(0)}=\frac{1}{2}=0.5$$

它表示，当 $\theta=b$ 时，该被测试者的正答概率为 0.5。在二参数逻辑斯谛模型中，项目的难度参数的数值等于该项目正答概率为 0.5 的被测试者能力参数的数值。对于难度参数大的项目，只有能力参数大(能力高)的被测试者，其正答概率才可能达到或超过 0.5。难度参数表示了测试项目的困难程度。在区分度参数和能力参数一定的情况下，难度参数 b 越大，由式(5-24)表示的正答概率 $P(\theta)$ 越小，即该测试项目越难。从图 5.2 中可以看出，项目反应曲线在 $\theta=b$ 处是一个“拐点”。

图 5.3 给出了两条难度参数不同的项目反应曲线，从它可以看出难度参数对项目反应曲线的影响。

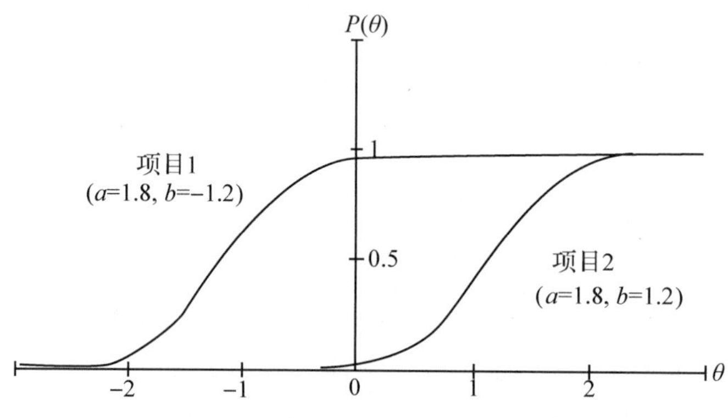

图 5.3　两条难度参数不同的项目反应曲线

如图 5.3 所示，项目 1 的难度参数 $b=-1.2$，项目 2 的难度参数 $b=1.2$，显然，项目 1 较为容易，项目 2 较为困难。对于项目 1，能力参数 θ 较小的被测试者(只要 $\theta\geqslant-1.2$)，其正答概率就可达到 0.5。对于项目 2，只有能力参数较大的被测试者($\theta\geqslant1.2$)，其正答概率才能达到 0.5。由于难度参数 b 的增大，项目反应曲线沿能力参数 θ 轴向 θ 增加的方向平移。它表示对于难度参数大的项目，只有能力参数大的被测试者才能给出正确的应答。

(2)区分度参数。项目的区分度表示在一定难度参数的情况下，由于被测试者能力参数的不同，其正答概率有多大程度的不同。显然，这种不同的程度越大，项目对不同能力参数的被测试者的区分程度亦越好。

为了便于理解，我们比较两条难度参数 b 相同、区分度参数 a 不同的项目反应曲线(图 5.4)。图 5.4 中项目 1 与项目 2 具有相同的难度参数($b=0$)，项目 1 的区分度参数较小($a=0.3$)，项目 2 具有较高的区分度($a=1.8$)。显然，a 较大的项目反应曲线较陡，而 a 较小的项目反应曲线较平缓。项目反应曲线在 $\theta=b$ 处的斜率为 $0.425a$，它与于区分度参数 a 成比例。区分度参数 a 越大，项目反应曲线在 $\theta=b$ 处越陡，斜率越大。

为了理解区分度参数的意义，我们看图 5.4 中两条具有不同区分度参数的项目反应曲线，在能力参数分别为 $\theta=-1$ 和 $\theta=1$ 时的正答概率之差。对于区分度较小的项目 1，两点正答概率之差为 0.24，而对于区分度较大的项目 2，两点正答概率之差为 0.91。显然，区分度大的项目，这种正答概率之差也大；反之，区分度小的项目，这种正答概率之差也小。这表明，在被测试的能力参数的差别一定时，对于那些区分度较大的项目，可以较好地对有不同能力参数的被测试者进行区分。而对于那些区分度较小的项目，则难以区分被测试者的能力差别。由此可见，区分度反映了测试项目对被测试者应答能力的区分程度。

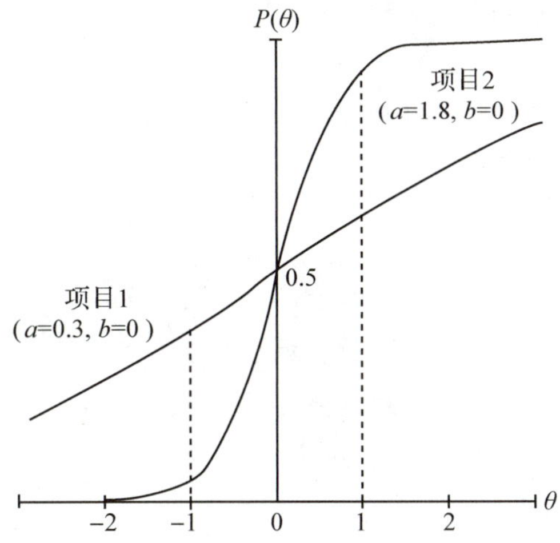

图 5.4　两条区分度不同的项目反应曲线

每一个测试项目，都要求具有一定的区分能力，区分度参数不宜过小。但若项目的区分度参数过大，项目反应曲线过陡，将导致在 $\theta=b$ 附近 $P(\theta)$ 急骤地上升，使得对 $P(\theta)$ 的测量产生一定的困难。在 θ 满足标准正态分布的情况下，区分度参数一般为 0.32 是较为适宜的。

二、信息函数

对于任意给定的信息能力参数，当我们考查测试项目对能力参数的分辨能力时，往往使用信息函数。函数表示项目 j 对能力参数的辨别能力。

项目的信息函数用下式来定义。

$$I_j(\theta)=\frac{\left[\frac{\partial}{\partial\theta}P_j(\theta)\right]^2}{P_j(\theta)Q_j(\theta)} \tag{5-25}$$

式中，$I_j(\theta)$为项目 j 的信息函数；$P_j(\theta)$为正答概率；$Q_j(\theta)=1-P_j(\theta)$，表示误答的概率。信息函数在能力参数的估计中是非常重要的。

二参数逻辑斯谛模型的项目信息函数如式(5-26)所示。

$$I_j(\theta)=D^2a_j^2P_j(\theta)Q_j(\theta) \tag{5-26}$$

基于式(5-26)，在 $\theta=b$ 处项目信息函数有最大值 $D^2a_j^2/4$。它表示，信息函数的最大值与 a_j 的平方成正比。图 5.4 中，具有相同的难度参数，且区分度参数分别为 1.8 和 0.3 的两个测试项目，由于在 $\theta=b$ 处的项目信息函数与区分度的平方成正比，所以，这两个测试项目信息函数之比为 $1.8^2:0.3^2=3.24:0.09=36:1$。基于这样的原因，对 $\theta=b$ 附近的被测试者进行测试时，若测试项目中有区分度参数高于 1.0 的项目，此时，对于测试中区分度参数在 0.1 以下的各测试项目，考虑到时间的经济性，应不将其列入测试中。

设测试中包含有 n 个项目，且每一个项目 j 的信息函数为 $I_j(\theta)$，则该测试总的信息函数应为 n 项信息函数之和

$$I(\theta)=\sum_{j=1}^{n}\frac{\left[\frac{\partial}{\partial\theta}P_j(\theta)\right]^2}{P_j(\theta)Q_j(\theta)} \tag{5-27}$$

$I(\theta)$叫作测试信息函数。测试信息函数表示了对于有各种不同能力(θ)的被测试者，测试整体(而不是其中的某个项目)的测定精度。

三、局部独立性与单因子性

项目反应理论具有局部独立性和单因子性的假设。

所谓局部独立性是指能力参数 θ 一定时，被测试者对各个项目的应答是统计独立的。设 x_j 表示对项目 j 应答的二值变量，当被测试者的应答是正确的时，$x_j=1$；若是错误的时，$x_j=0$。这时，局部独立性的假设可由下式表示。

$$P(x_j=1\mid\theta)=P(x_j=1\mid\theta,\ x_1,\ \cdots,\ x_{j-1},\ x_{j+1},\ \cdots,\ x_n) \tag{5-28}$$

当测试满足局部独立性假设时，该测试一定是一种单因子的测试，即测试是一种仅由 θ 这种单因子决定的一维测试。反之，测试在 θ 一定时，是一种多维性的测试。它表示，测试过程中，不仅被测试者的能力参数影响其应答的结果，还存在着除 θ 以外的其他能力和因子影响被测试者的应答。这种情况下，式(5-28)不成立。

第六节　各种项目反应模型

项目反应曲线 $P(\theta)$是以被测试者对项目的正答概率与被测试者的能力参数和项目参数的函数关系来表示的。上一节介绍了以难度参数和区分度参数为项目参数的二参数项目反应模型，这里，我们将介绍几种其他的项目反应模型。

一、单参数逻辑斯谛模型

仅将难度作为参数的单参数逻辑斯谛模型如式(5-29)所示。

$$P(\theta)=\frac{1}{1+\exp(-D(\theta-b))} \tag{5-29}$$

单参数模型中，仅包含难度参数这样一个参数。与二参数模型(5-24)相比较，单参数模型中的区分度参数 $a=1$，即在二参数逻辑斯谛模型式(5-24)中，若 $a=1$，则公式就成为单参数逻辑斯谛模型式(5-29)。设测试中所有项目的区分度均为 a_c，若令 $\theta^*=a_c\theta$，$b^*=a_cb$，将它们代入式(5-24)中，所得到的表达式与式(5-29)具有相同的形式，由此可以认为，这是一种在被测试能力参数的尺度中包含有项目区分度参数信息的模型。单参数逻辑斯谛模型，由于项目参数少，进行数学处理时较为方便，因此得到了广泛的应用。

二、三参数逻辑斯谛模型

在多重选择问题的测试中，往往使用三参数逻辑斯谛模型。图 5.5 给出了多重选择问题的实例。三参数逻辑斯谛模型如式(5-30)所示。

$$P(\theta)=c+\frac{1-c}{1+\exp(-Da(\theta-b))} \tag{5-30}$$

式(5-30)中，除区分度和难度两个参数外还包含猜测参数 c。猜测参数是一种用于表示由于某种推论、猜测等偶然因素而对该测试项目做出正确应答的参数。

现有额定电压为 220 V 的三只灯泡，其功率分别为 40 W、60 W 和 80 W，将它们串联后接向 220 V 的电源，此时，(　　)。

A. 40 W 灯泡最亮

B. 50 W 灯泡亮

C. 80 W 灯泡最亮

D. 三只灯泡一样亮

图 5.5　多重选择问题

对于图 5.6 给出的多重选择问题，被测试者对该问题完全不理解，其应答正确的概率也有 1/4。这是由多重选择问题本身的形式决定的。猜测参数正是基于这一考虑而设置的。

若二参数模型以 P_2 表示，三参数模型则以 P_3 表示，根据式(5-30)，有

$$P_3 = c(1 - p_2) + p_2 \tag{5-31}$$

该式表明，某一测试项目的正答概率由两部分构成。一部分是由于被测试者理解该项目，知道该项目如何正确应答的部分，它是由被测试者的能力决定的；另一部分则是被测试者对该项目并不理解，只是由于猜测、推断等，偶然地给出正确应答的 $c(1-p_2)$ 部分，它是由某种不确定的偶然因素造成的。

三参数逻辑斯谛模型的项目反应曲线如图 5.6 所示。图 5.6 中也给出了三参数逻辑斯谛模型与二参数逻辑斯谛模型间的比较关系。

以上说明的单参数、二参数、三参数逻辑斯谛模型是现在广泛使用的项目反应模型。这种模型都是基于指数分布的分布函数的模型。此外，项目反应的模型，除基于指数分布的之外，也有使用正态分布的正态累积模型。

项目反应模型，除分布函数不同外，还有基于某种特殊的考虑和需要制定的模型。例如，在模型中，不仅要考虑应答的正、误，还要考虑具有顺序阶段分类的阶段反应模型；不仅要考虑完全正答，还要考虑部分正答的模型；不仅要考虑固定的参数，还要考虑被测试者能力变化、项目难度变化的一般正态模型等。

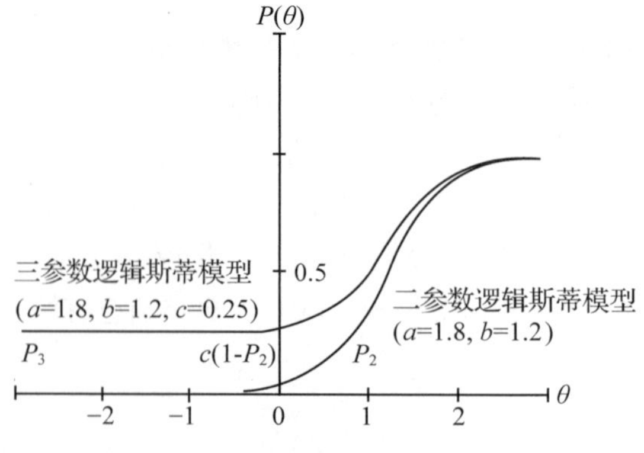

图 5.6　三参数逻辑斯谛模型

第七节　能力参数与项目参数的估计

项目反应理论中的一个重要问题是如何对能力参数和项目参数进行估计。它包括已知某些参数(如项目参数)，对另一些参数(如能力参数)的估计，也包括对两种参数的同时估计。

一、能力参数的估计

能力参数的估计是一种在测试的各种项目参数已知的情况下，对被测试者能力参数的估计。用于能力参数估计的方法主要有最大似然法和贝叶斯法。

1. 最大似然法

在项目参数已知的情况下，能力参数 θ 的最大似然估计是通过被测试者的似然函数取最大值来求 θ 的估计方法。

用于最大似然估计的似然函数如下所示。

$$L(\theta \mid \boldsymbol{x}) = \prod_{j=1}^{n} P_j(\theta)^{x_j} Q_j(\theta)^{1-x_j} \tag{5-32}$$

式中，$\boldsymbol{x}=(x_1, x_2, \cdots, x_n)$，它表示被测试者对各个项目的正、误应答。基于项目反应理论的局部独立性假设，似然函数由对每一项目的反应概率之积表示。为了简化计算，对式(5-32)取对数，有

$$L(\theta \mid \boldsymbol{x}) \sum_{j=1}^{n} \{x_j \ln(P_j(\theta)) + (1 - x_j \ln(Q_j(\theta)))\} \tag{5-33}$$

我们将使对数似然函数取最大值的能力参数值作为 θ 的最大似然估计值。一般，最大估计值的分布为正态分布(或接近于正态分布)。这种方法的优点是，所求得的能力参数估计值的标准误差可以用 $\dfrac{1}{\sqrt{I(\hat{\theta})}}$ 来评价。这种方法的问题是，不能估计对全部项目给予正答或误答的被测试者的能力参数 θ。

2. 贝叶斯法

设测试前，对被测试者的能力已有了一定的了解，这叫作事前知识。贝叶斯估计是一种利用这种事前知识，对被测试者的能力进行估计的一种能力参数估计法。在以贝叶斯法对能力参数进行估计时，应将事前知识用事前分布这样的概率分布 $g(\theta)$来表

示。能力参数 θ 的贝叶斯估计是以观测测试后的 θ 的事后分布 $g(\theta \mid x)$ 何时取最大值来确定 θ 的。事后分布比例于似然函数与事前分布，即

$$g(\theta \mid \boldsymbol{x}) \propto L(\theta \mid \boldsymbol{x}) g(\theta) \tag{5-34}$$

我们对式(5-34)的右侧取最大值，即可得到贝叶斯估计值 $\hat{\theta}$。

贝叶斯估计可用于对全部正答或全部误答(得满分或零分)的被测试者进行能力参数的估计。计算机模拟的结果表明，贝叶斯估计比最大似然估计具有更好的估计效果。从被测试者的应答模式与能力估计值的关系看，贝叶斯估计也比最大似然估计更适合人们使用。

二、项目参数与能力参数的同时估计

在项目参数与能力参数都未知的情况下，应对这两种参数同时进行估计，这种估计叫作同时估计法。同时估计法可通过对式(5-35)给定的似然函数取最大值对能力参数和项目参数同时进行估计。

$$L(\boldsymbol{\theta} \mid \boldsymbol{x}) = \prod_{i=1}^{N} \prod_{j=1}^{n} P_j(\theta_j)^{x_{ij}} Q_j(\theta_i)^{1-x_{ij}} \tag{5-35}$$

式中，i 为被测试者的编号，N 为参加测试的人数，$\boldsymbol{\theta}=(\theta_1, \theta_2, \cdots, \theta_N)$。

同时估计通常是利用交互估计的方法进行的。开始时，对各个参数赋予初始值，在此基础上，可基于项目的参数求能力参数的估计值。随后，基于能力参数，求项目参数的估计值。如此反复，直至似然函数的大小不见改善，可阶段性地认为估计过程结束。

三、项目参数的估计

在制定新的测试项目时，应对新的项目参数进行估计。对于已知能力参数的被测试者，当其接受项目参数是未知的新的项目测试时，该项目参数的估计可按以下方式简单地进行。

1. 同时估计法

以能力参数为已知的参数，通过交互式的同时估计，求得项目参数的估计值。

2. 贝叶斯估计法

贝叶斯估计法不仅可用于能力参数的估计，还可用于项目参数的估计。对于项目参数，首先应设定事前分布，通过事后分布的最大值可求得项目参数的估计值。

此外，也有人提出以能力参数的积分求项目参数估计值的方法。

四、用于参数估计的样本

进行参数估计时，应有一定数量的样本。

实践表明，对于三参数逻辑斯谛模型，以最大似然法进行估计时，测试项目至少不应低于 20 项。对于二参数逻辑斯谛模型，测试项目最低不能少于 30 项，被测试者不应少于 400 人。为了得到具有一定精度的参数估计值，其样本数还应酌情增加。

第八节　项目反应理论与计算机

以项目反应理论进行项目参数估计时，由于样本数较多，计算较为复杂，往往需要使用计算机。项目反应理论与计算机的结合，将会产生一般测试所难以达到的效果。

一、项目库及其应用

在项目反应理论的应用过程中，涉及的项目及其估计值的数量较多，我们将它们称为项目群或项目组。在实际使用过程中，除项目参数外，还应了解包括测试项目的制作者、制作时间与项目相关的事项及被测试者的应答信息等在内的各种信息。为了使用的方便，我们应将这些信息置入数据库进行管理，并称这样的数据库为项目数据库。

由于测试的要求和目的不同，可利用这种项目数据库编辑出相应的测试试卷。此外，也可以根据项目反应理论，将基于测试结果的能力参数估计值与以往的测试结果进行比较。在编辑测试项目时，信息函数具有重要的意义。项目的信息函数可表示它对能力参数的辨别能力，对应于某个指定的能力范围，其对应的信息函数值较高，就意味着在该范围内能力参数的估计值精度较高。因此，如果利用计算机及其相应的软件，当我们给出了希望的 θ 范围、测试信息函数 $I(\theta)$ 的大小和测试的项目数后，计算机就能很快地编辑出接近这些要求的测试试卷。如果配以合适的打印机和印刷设备，就能做到在教学现场，实时地生成试卷，进行测试。

二、理论得分分布

测试的理论得分分布可利用以下的方法求得。基于测试正答数的得分以 S 表示，且有

$$S=\sum_{j=1}^{n} x_j$$

式中，n 为测试项目数，x_j 为第 j 个项目的得分。

对于某一给定的 θ 值，其测试得分 S 可由式(5-36)这样的复合二项分布的各项表示。

$$\prod_{j=1}^{n}\{P_j(\theta)+Q_j(\theta)\} \tag{5-36}$$

若测试项目数 $n=2$，测试得分 $S=0$，1，2 的概率由 Q_1Q_2，$Q_1P_2+Q_2P_1$，P_1P_2 的值决定。对于给定的 θ 值，其 S 的分布为 $\Phi(S\mid\theta)$，若被测试者的能力分布为 $h(\theta)$，此时测试得分 S 的分布 $\Phi(S)$ 由下式给出

$$\Phi(S)=\int_{-\infty}^{\infty}\Phi(S\mid\theta)h(\theta)\mathrm{d}\theta \tag{5-37}$$

通常，该积分利用数值积分进行计算。对于编辑完成的测试试卷用于预想的被测试集团时，可以利用这种理论得分分布对测试的得分分布进行预测。

三、自适应测试

利用计算机可以实现自适应测试。这种自适应是测试项目对被测试者能力的自适应。

对被测试者而言，一般的测试中不仅包括难度适中的测试项目，也包括某些过难或过易的测试项目。为了避免这种问题的产生，可采用自适应测试。

自适应测试是这样进行的：利用测试项目的应答结果可对被测试者的能力水平进行估计(或估计值的修正)。根据估计的能力水平，从项目数据库中检索出与之匹配的、适宜的测试项目。

为了提高测试的效率，应做到以较少的测试项目，实现对被测试者能力的高精度估计。根据所估计的能力水平，对项目库中的测试项目进行检索时，应基于项目的信息函数 $I_j(\theta)$进行选择。一般，总是选择那些 $I_j(\theta)$最大的项目，它对被测试者具有较好的分辨能力。例如，在二参数逻辑斯谛模型中，将第 k 阶段对被测试者能力的估计值 θ_k 代入式(5-26)中求信息函数，并在所有的项目中，选择信息函数最大的项目作为第 $k+1$ 阶段的提示项目。与此同时，还应考虑项目的难度水平，应在测试精度高、难

度适中的要求下确定用于测试的项目。

在自适应测试中，对于不同的测试者应提供相应版本的测试，并利用项目反应理论，对不同被测试者的能力水平进行有效的比较。

思考与练习

1. 试说明测试的意义和分类。

2. 结合一个班两门课程的测试数据，计算它们的平均值、方差、协方差和相关系数，并说明相关系数的意义。

3. 什么是信度系数？信度系数在测试中的意义是什么？如何计算信度系数？

4. 什么是测试的效度？如何检验测试的效度？怎样测度测试的效度？

5. 给定一组测试数据，根据这种原始得分求对应的 z 得分。

6. 设某次测试的得分为百分制下的得分，试将它变换为五级评定值的得分。

7. 试说明难度参数、区分度参数的意义。

8. 试说明信息函数的意义。

9. 试说明单参数、二参数、三参数逻辑斯谛模型的意义，其参数的设置各有什么特点。

10. 试说明能力参数、项目参数的估计方法，并简述这些方法的特点。

11. 什么是自适应测试？如何利用计算机实现自适应测试？

第六章

学生集团应答分析

课堂教学是学校教学的一种主要形式。教学过程中对学生集团应答情况的分析，可用于教学的形成性评价、对学生特性的分析及对教学过程的控制。

学生集团应答分析是指在课堂教学中，对作为一个学生集团的全班学生对教师给予的课题的应答进行分析。在这个分析中，其着眼点不是对一个个学生的应答过程进行分析，而是对全班学生的应答过程进行分析。在集团应答分析中，不仅要注重全班学生的应答结果，更应重视全班学生对给定课题的应答过程。因此，在集团应答分析中，研究应答的时间特性，以及对其进行分析具有十分重要的意义。

为了实现学生集团应答分析，首先应收集学生的应答反应数据。本章首先介绍应答分析系统，随后讨论如何对应答分析系统的数据进行处理。集团应答曲线是针对某一学习课题(问题)的集团应答反应而得到的。一节课的教学会涉及多个课题的学习，因此，在讨论集团应答曲线的基础上，我们对集团应答曲线群及其在教学中的应用将进行深入讨论。

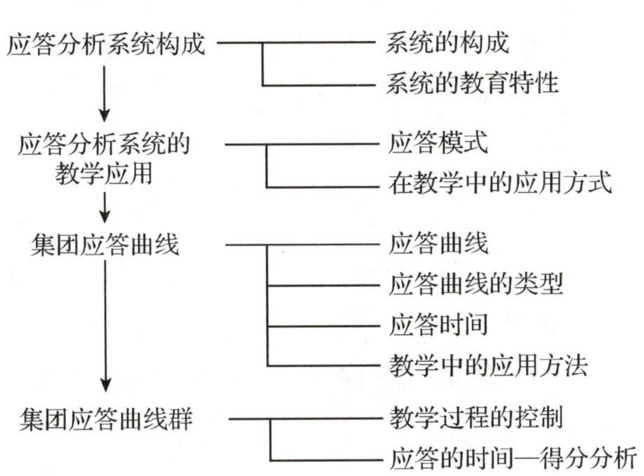

第一节　应答分析系统构成

为了对学生集团的应答进行分析，首先应收集教学过程中每位学生对给定课题的应答数据。各种应答分析和各种应答特性的得出要基于对这些数据有效处理。

应答分析系统是一种用于对学生的应答数据进行定量的、实时的收集和处理的信息系统。

一、系统的构成

应答分析系统的构成如图 6.1 所示，它包括输入应答、收集数据、处理数据、呈现结果和系统控制五个模块。

1. 输入应答

输入应答模块用于学生输入应答信息。应答系统工作时，每位学生分得一个应答器，学生的应答信息通过应答器输入。应答分析系统共有 60 个席位供学生使用，60 个应答器构成了一个应答器系统。输入应答是通过应答器系统实现的。输入应答模块主要由应答器系统流构成。

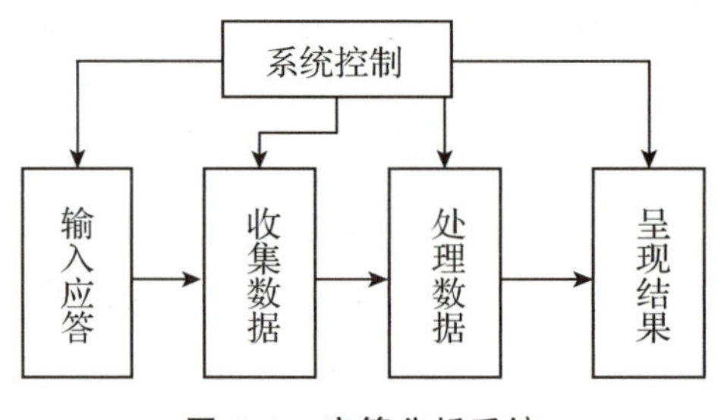

图 6.1　应答分析系统

每一个应答器由若干个按钮和小灯泡组成。按钮用于学生对给定的课题进行应答，小灯泡表示应答器的工作状态。

系统的控制程序对各个应答器进行控制，它包括对应答时间、应答模式、应答指示、数据传输和应答器清零等的控制。

2. 收集数据

对于每一个应答器给出的应答数据，系统通过巡回搜索的方式，也可通过指定搜索(对某一小组或某几名学生)的方式，收集数据。数据的收集以定时和不定时的方式进行。

根据系统对应答器各个按钮的定义，应对收集的数据进行识别。应答器的按钮功能是由系统进行定义的，对于不同的教学内容和教学阶段，应答器按钮的功能可以有不同的定义。学生通过触动按钮，不仅可以对指定的课题进行应答，还可以与教师进行交互，表达自己对教学过程、教学内容、教学方法的意见和看法。

3. 处理数据

对于收集的应答数据，系统可进行各种处理，它既包括对集团应答过程的分析，也包括对应答结果的分析。除对集团应答进行分析、处理外，还可以对指定学生的应答情况、应答结果进行分析。不论是对集团的应答进行分析，还是对学生个体的应答进行分析，都应在一定理论的指导下完成。

4. 呈现结果

处理的结果，根据需要，可以通过打印机、显示器给出。结果的形式可以是文本、图形、声音等媒体形式。根据需要，处理的结果可用于教学评价和对教学过程的控制。

5. 系统控制

控制模块根据应答分析系统教育特性的要求对系统进行控制。控制模块对输入模块中的应答器系统进行控制，包括对应答时间、应答模式、应答指示、数据传输和应答清零等的控制。

二、系统的教育特性

应答分析系统的教育特性主要表现在如下几个方面。

(1)在课堂教学中，与学生举手回答问题或教师指定学生回答问题不同，学生使用应答器回答问题是他们独立完成的，与其他学生之间不产生任何影响。这种影响不仅是指认知上的，也包括情感上的。

(2)系统不仅能知道某一位学生在某一时刻对某一问题的应答结果，还能知道全班学生在规定时间内的累积效果。

(3)系统可对每一位学生的应答数据进行实时记录。这种记录包括应答结果和应答时间特性等诸项内容。应答时间是一种应答过程的时间特性，它包括个别应答的时间特性和累积应答的时间特性。

第二节　应答分析系统的教学应用

应答分析系统不仅能有效地收集、分析教学过程中的学生应答信息，还具有很好的教育特性，应答分析系统可广泛地用于学校的课堂教学中。

一、应答模式

用应答分析系统进行教学，学生的应答操作可以有三种不同的模式。

1. 选择应答

这是一种对具有多重预选项的问题进行选择应答的应答模式。

对于给定的多重选择问题，学生可利用应答器的按钮进行应答。假设给定的问题具有五种预选项，学生欲选第二种预选项，根据系统对应答器按钮的定义，学生可通过触动按钮“2”进行选择应答。

2. 构成应答

构成应答是指为了进行应答选择，需要有一个构成应答选择的过程，在这个过程中，学生与教师、学生与学生之间可产生一定的相互作用。学生在教师规定的应答时间内，可自由地构成应答，并通过应答器的操作将应答的结果传递给教师。

在这种应答模式下，教师可以通过对应答系统的操作，告诉每一位学生应答结果的正确与否，让学生适当地调整自己的应答选择；教师可以向学生传递其他学生的应答情况，实现学生间的相互作用。根据应答的情况，教师可以在适当的时候向学生传递正确的应答结果。在学生的应答率达到了预定的要求时，应适时地让学生停止应答，并对学生的应答数据进行存储、处理。与此同时，对每一个应答器清零，准备让学生对下一个问题进行应答。

3. 构成选择应答

这是选择应答和构成应答的结合。对于给定的问题，首先让学生理解问题，形成知识，在适当的时候，给出该问题的预选项，让学生对问题进行选择应答。

选择应答与构成选择应答有相似之处，也有不同之处。相似之处是它们都是以选择应答的方法对给定的问题进行应答的。不同之处是，选择应答是在问题给出后，就要求学生对给出的预选项进行应答，而构成选择应答则是首先让学生对给定的问题进行理解，并形成知识，在理解、形成达到一定的阶段后，才让学生对问题进行应答。对预选项的选择只是学生向教师传递应答结果的手段。

二、在教学中的应用方式

现在，我们对课堂教学中如何使用应答分析系统进行教学做一些简单讨论。

课堂教学的教学过程大体按照“引入—展开—结束”的过程展开。我们按照这样的过程来讨论如何使用应答分析系统。

1. 引入阶段

在引入阶段，利用应答分析系统可以：

(1)清点学生的出席情况。通过学生对指定按钮的触动可以检查哪些学生出席、哪些学生迟到、哪些学生缺席。

(2)对前提知识进行调查。对一定课题的学习是建立在一定前提知识的基础上的，学习的引入阶段往往要了解学生对前提知识的掌握情况。

利用应答分析系统，采用一定的应答模式，让学生对学习的前提知识进行复习。根据情况，也可直接询问学生是否理解、是否具备给定学习课题的前提知识，并让学生按照规定的要求，触动不同的按钮给予回答。例如，如果理解，请触动按钮“1”；不甚理解，请触动按钮“2”；完全不知道，请触动按钮“3”。以这样的方法，可以很快地进行对前提知识掌握情况的调查。

2. 展开阶段

在教学的展开过程中，利用应答分析系统可以：

(1)传递信息。学生可以根据系统对应答器上各按钮的定义和教师的要求，通过对指定按钮的触动表示对学习内容理解、不理解，感兴趣、不感兴趣，赞成、反对等各种意见，由此实现学生向教师的信息传递。教师可根据学生的反映，及时地调整教学过程，由此加强了学生和教师间的交互作用。在各种不同的教学阶段，以这种方式可广泛地调查学生的需求和反馈。这种调查可以与教师的讲授同步进行。

(2)调控教学过程。在教学过程中，对于不同的学习阶段、不同的问题解决阶段、不同的实践操作阶段，教师可以通过学生对应答器的操作，了解学生的学习状态和学习特性，并以此对教学过程进行控制，或暂停有关的学习，或提示学习的要点，或加快学习的进程，或减缓学习的进度。教师可利用应答分析系统对学生的学习进行调查，并基于这种调查，对教学过程实现有效控制。

(3)进行评价。这里的评价主要是指用于完善教学过程的形成评价。对于教学内容中的重要内容、重要的低级目标，可采用选择应答或构成选择应答模式对这些重要的内容、重要的低级目标进行测试，判定学生对这些内容、目标的掌握程度，并根据这种测试结果，合理地调整教学过程，完善教学过程。对于那些一般的教学内容、教学目标，可采用直接询问的方式进行调查。

3. 结束阶段

在结束阶段，可根据教学目标的要求，对学生的学习结果进行调查和评价。这种调查、评价对教学的总结具有重要的意义。

利用应答分析系统进行教学时应注意：

(1)在确定应答模式时，应更多地使用构成应答模式。在教学过程中，构成应答的次数应多于选择应答的次数。显然，在教学过程中，重要的是要让学生实现对知识的有效学习。为了让学生构成一定的应答，需要教师与学生间以多种形式反复地进行交互式作用。

(2)应合理地利用集团应答曲线(见第三节)确定截止应答的时刻。

第三节 集团应答曲线

集团应答曲线是通过对每一位学生应答数据的收集和处理得到的。这是一种表示集团(一个班的学生)应答、应答率和正答率随时间变化情况的曲线，即集团应答曲线是一种集团应答的时间特性曲线。曲线的形状和类别可以对教学过程的展开、教学过程的指导进行很好的描述，并能提供许多有益的信息。

一、应答曲线

集团应答曲线如图 6.2 所示。这是一种以纵轴表示应答率，以横轴表示时间的应答曲线。

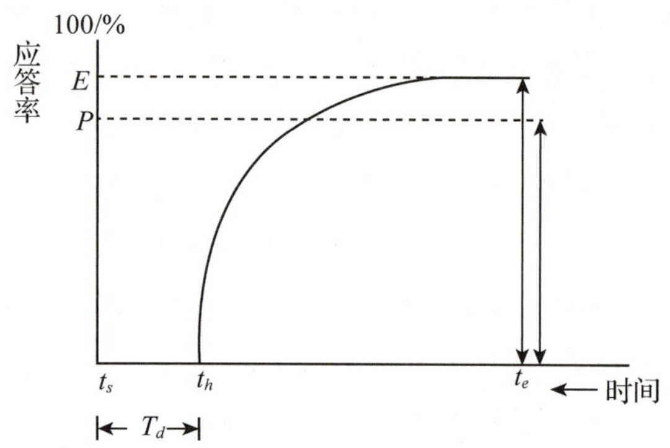

图 6.2 集团应答曲线

图 6.2 中，t_s 为提示课题(问题)的时刻；

t_h 为学生中最早给出应答的时刻；

t_e 为截止应答的时刻；

E 为应答率；

P 为正答率；

T_d 为无应答的时间，且有 $T_d=t_h-t_s$。

这是一种应答的累积时间特性曲线。观察应答特性曲线我们可以看到，在集团的应答过程中，应答率是在不断变化的，直到应答结束后，才能计算出最终的应答率 E。同样，正答率也只能在集团应答结束后，才能计算出来。

二、应答曲线的类型

实际的集团应答曲线，根据曲线的形状可分为三种不同的类型，它们是指数分布型、正则分布型和分段分布型。这三种不同类型的集团应答曲线表示了三种不同的教学情况和教学过程。

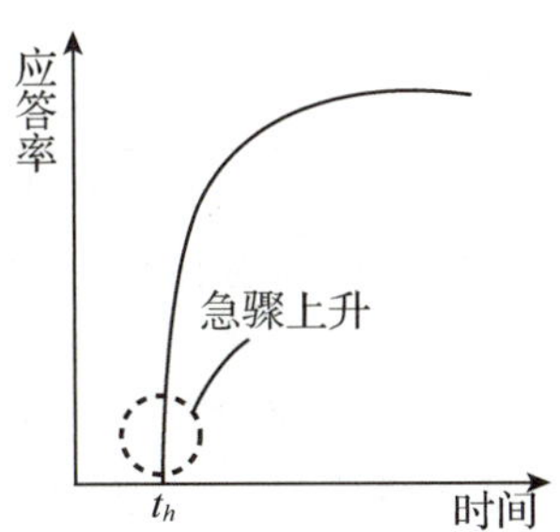

图 6.3　指数分布型

1. 指数分布型

指数分布型集团应答曲线如图 6.3 所示。

指数分布型的应答曲线在起始端急骤上升，而且迅速地达到饱和(平顶)。这种类型的应答曲线表示，在应答的起始时刻，集团中有较多的人都能迅速地给出应答。它表明，所给定的问题是一种较为简单的问题，学生都能较为容易地给予应答，不需要过多的思考。

2. 正则分布型

正则分布型集团应答曲线如图 6.4 所示。

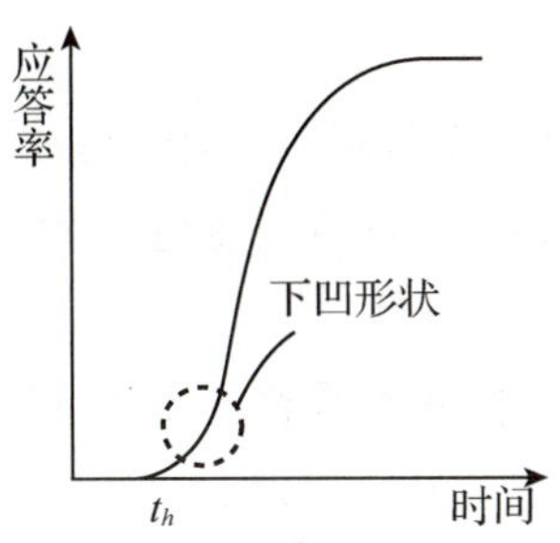

图 6.4　正则分布型

曲线的起始部分上升得较为缓慢，且呈下凹的形状。这表示在对该问题进行应答时，开始只有很少的学生给出应答，且随着时间的推移，进行应答的学生缓慢地增加。显然，这是一种难度较大的问题。

3. 分段分布型

分段分布型集团应答曲线如图 6.5 所示。

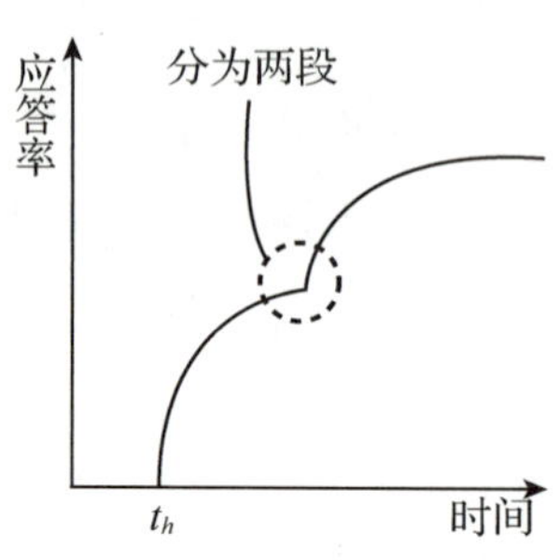

图 6.5　分段分布型

该曲线明显地分为两段(或多段)。分段分布型曲线的应答率较低。曲线的第一段表示只有一些能力较强的学生才能进行应答。经过一段时间后，另一部分学生才能进行应答(第二段)。第二段学生的应答，可能是受某些外部因素的影响而得出的，如教师的提示、学生的讨论。可能该问题的应答涉及多个关键问题的解决，每个关键问题的解决将导致一部分学生对给定的问题做出应答，在应答曲线上，它反映为曲线的分段。集团应答曲线反映了学生集团对给定问题的思考过程和解决问题的特点。

三、应答时间

在集团应答曲线中，我们称 $T_d=t_h-t_s$ 为无应答时间，称 t_e-t_h 为应答时间，应答时间是指从开始应答到结束应答的时间。

显然，无应答时间的长短反映了问题的难度。简单的问题，学生很快就能给出应答。

复杂的问题，学生需要经过一定的思考才能给出应答。

同样，应答时间的长短也表示了问题的难度。难度大的问题，应答时间长，难度小的问题，应答时间短。

应答时间与无应答时间都从不同的方面反映了问题的难度。二者间具有以下经验公式。

$$t_e-t_h=nT_d$$

式中，n 为一个常数，它与学习课题、学生和教师有关。一般，在小学教学中，

$$1.5\leqslant n\leqslant 2.5$$

在中学教育中，

$$2.5\leqslant n\leqslant 3.5$$

上述的经验公式可帮助我们根据无应答时间确定应答的截止时间。

四、教学中的应用方法

将集团应答曲线用于教学和教学分析时，应注意以下几点。

1. 曲线类型的识别

实际教学中的集团应答曲线可能是上述三种类型中的某一种，也可能是这些类型的组合，还可能与这些类型相差甚远。重要的是对这种曲线的识别和解释。特别要注意的问题是：教师预想的应答曲线与实际的应答曲线是否一致？相互间具有怎样的关系？其原因是什么？在识别、解释应答曲线时，不仅要站在教师的立场上，还应站在学生的立场上来识别、解释曲线。在分析集团应答曲线时，不仅要注意曲线的局部，还应注意曲线的整体，对曲线进行全面的理解、识别和解释。

2. 应答时间与应答过程的控制

$t_e - t_h = nT_d$ 这个关系，不仅可以帮助我们合理地确定应答的截止时间，还可以帮助我们确定教学过程的控制方法。

提示前，教师应根据情况确定 n 的大小。在无应答时间正常的情况下，基于应答时间与无应答时间的关系，对截止应答的时刻进行预测，即初步认定应答应在何时截止。在应答的过程中，若应答时间超过了 $3T_d$，应答率并不像所期待的那样上升，此时则应考虑调整教学过程，决定是否需要对学生进行某种引导，以实现对教学过程的有效控制。

3. 注意正答率和应答率的关系

正答率与应答率的关系用 P/E 表示。当正答率较低时，P/E 远小于 1。这时，应分析、寻找造成正答率低下的原因，分析学生为什么会出错，并思考如何去矫正这些错误。

4. 应答器的反复触动

集团应答曲线是一种累积曲线。原则上讲，它应是一种上升的曲线，随着时间的推移，应答率不会下降。实际的应答曲线，有时会出现下凹的现象。产生这种现象的原因是在集团应答的过程中，某些学生操作不当，如反复触动某个按钮。一旦出现了这种情况，就应暂停应答，询问学生反复触动的原因，并解决相关的问题，之后再重新开始应答。

第四节 集团应答曲线群

以上，我们讨论了基于一个课题、一个问题的集团应答曲线。教学过程中往往涉及多个课题、多个问题的呈现和应答。教学过程中的集团应答曲线是一个应答曲线群(或称一组应答曲线)。

应答曲线群反映了教学过程及其控制过程的时间特性。教学过程的应答曲线群，不仅有利于我们对教学过程进行记录，更有利于我们对教学过程进行实时控制和分析。

一、教学过程的控制

为了说明应答曲线在教学过程及其控制过程中的意义，我们分析两组应答曲线群。

图 6.6 给出了相同课题群Ⅰ、Ⅱ、Ⅲ，由不同教师进行教学的两组应答曲线群。图 6.6(a)是优秀教师的应答曲线群，图 6.6(b)是实习教师的应答曲线群。

1. 相对应答时间

当我们比较图 6.6 所示的两个应答曲线群时可以发现，在实习教师应答曲线群中，对不同难度的课题Ⅰ、Ⅱ、Ⅲ，从给出课题到截止应答的时间分配是基本一样的，而在优秀教师的应答曲线群中，教师对不同难度课题Ⅰ、Ⅱ、Ⅲ的时间分配是不一样的。在优秀教师的应答曲线群中，教师对难度较高的课题(Ⅰ、Ⅲ)，分配了较长的应答时间；对难度较低的课题，分配了较短的应答时间。这样的控制方法，有效地利用了教学时间。

优秀教师在确定应答时间时，首先根据课题的无应答时间判定课题的难度。显然，无应答时间越长，课题的难度越大，反之亦然。对于难度较大的课题，学生要经过充分思考才能给出应答，所以必须给予学生充分的应答时间，等待学生应答；对于难度较小的课题，应答时间要短一些。实习教师则不能站在学生的立场上考虑问题，不能对课题的难易程度做出判断，不论课题的难易程度如何，每个课题都给予大体一样的时间(从提出课题到截止应答)。这样的结果是，对于课题Ⅰ，由于难度较大，学生还没有充分应答就截止应答；对于课题Ⅱ，课题较为容易，学生已做出了充分应答，但仍要等待，白白浪费时间；对于课题Ⅲ，难度相当大，学生积极思考后准备应答，但却截止应答。这不是一种有效的教学过程。

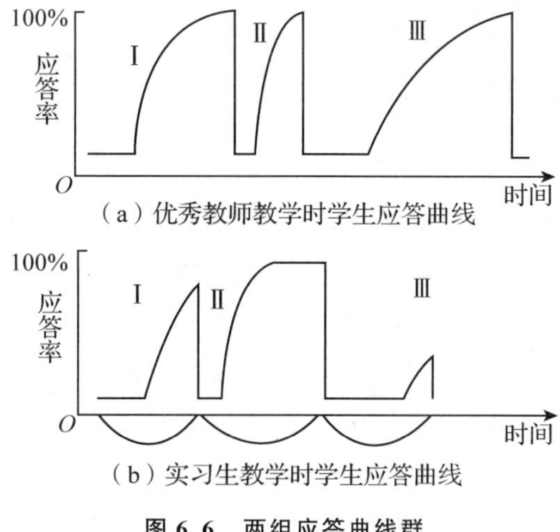

（a）优秀教师教学时学生应答曲线

（b）实习生教学时学生应答曲线

图 6.6　两组应答曲线群

大量的实践告诉我们，无应答时间反映了课题的困难程度，它可以作为确定应答时间的测度，即我们可以根据无应答时间，预测、确定学生应答时间的长短。

在集团应答曲线中，$t_e - t_h$ 表示学生集团的应答时间，$T_d = t_h - t_s$ 表示无应答时间。对于给定的课题，无应答时间越长，表示问题的难度越大，所需的应答时间也应越长。以此推论，应答时间与无应答时间应具有一定的比例关系，为了描述这种关系，我们引入相对应答时间。

$$\text{相对应答时间}=\frac{t_e - t_h}{t_h - t_s}=\frac{t_e - t_h}{T_d}$$

相对应答时间是应答时间与无应答时间的相对比值。一般情况下，相对应答时间大体是一个常数。图 6.7 给出了相对应答时间的实测数据。图 6.7 中，“×”为实习教师的实测数据，“·”为优秀教师的实测数据。在考察相对应答时间时，我们只能根据优秀教师的数据进行考察，实习教师的数据，如以上所讨论的那样，很多是不合理的数据。

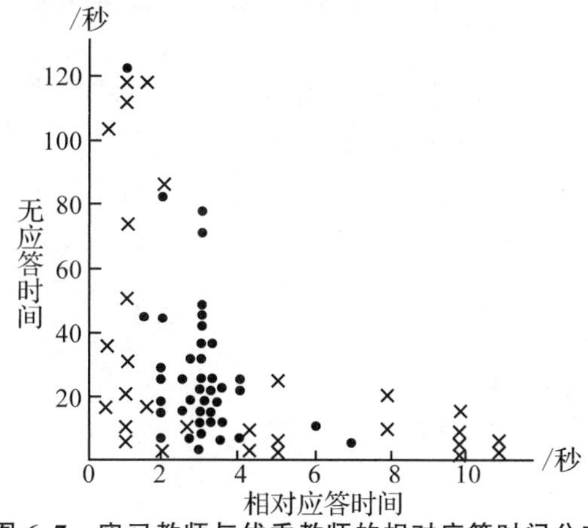

图 6.7　实习教师与优秀教师的相对应答时间分布

由图 6.7 可知，相对应答时间大体应该是：

$$相对应答时间=\begin{cases}1.5\ 分钟左右（简单课题）\\2.5\ 分钟左右（复杂课题）\end{cases}$$

2. 基于应答曲线群的教学过程控制

应答曲线群可用于记录教学过程及其控制过程，也可用于支持对教学过程的控制。它对于合理地确定教学过程、确定学习课题的学习时间及其分配方法具有重要的意义。

图 6.8 给出了教学过程中学习课题时间分配的两个实例。图 6.8(a)是优秀教师对于课题一至课题五的时间分配，图 6.8(b)是实习教师的时间分配。

图 6.8(a)是一种较好的教学过程控制的实例。对于不同难度的学习课题，根据其难度，分配不同的应答(学习)时间，使全班学生都能进行深入的思考，给出相应的应答。当学生的应答足够充分(处于平顶、饱和)时，立刻开始下一课题的学习。对于难度特别大的课题五，教师及时给予了引导和提示，使学习能有效地进行下去。

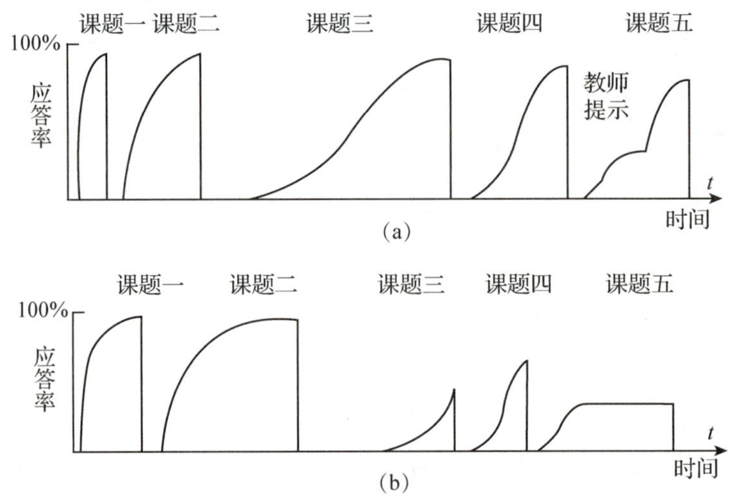

图 6.8　集团应答曲线的截止时刻选定实例

图 6.8(b)展示了实习教师的教学过程，这是一种较差的教学过程。在教学过程中，教师没有判定课题的难度，对难度较大的课题三，给予了学生较短的应答时间，致使学生不能深入地思考问题，充分地给予应答。相反，对于难度较低的课题二，却给予了学生过多的应答时间，以致造成学习时间的浪费。对于难度很大的课题五，由于没能进行必要的引导和提示，致使相当一部分学生不能给出自己的应答。

二、应答的时间—得分分析

对于给定的课题，学生的应答时间和应答得分的组合及其分析，可为教学的诊断和评价提供有用的信息。我们称这样的分析为应答的时间—得分分析。

1. *T-P* 平面

用于应答的时间—得分分析的时间得分(*T-P*)平面如图 6.9 所示。该平面的横轴为时间轴，表示教学过程中，对某一课题进行应答的平均时间；纵轴为得分轴，表示该课题的正答率 *P*。某一课题的学生应答情况，与 *T-P* 平面上的一个点对应。根据 *T-P* 平面的定义，可将 *T-P* 平面分为四部分，它们分别表示了给定课题及其应答情况的不同特点。显然，*T-P* 平面的左上方为比较容易的课题，其平均应答时间较短，正答率又较高。*T-P* 平面的右下方是一些比较难的学习课题，其平均应答时间较长，正答率又较低。同样可理解其他两部分的课题，左下方为容易出错的课题，右上方为内容丰富的课题。

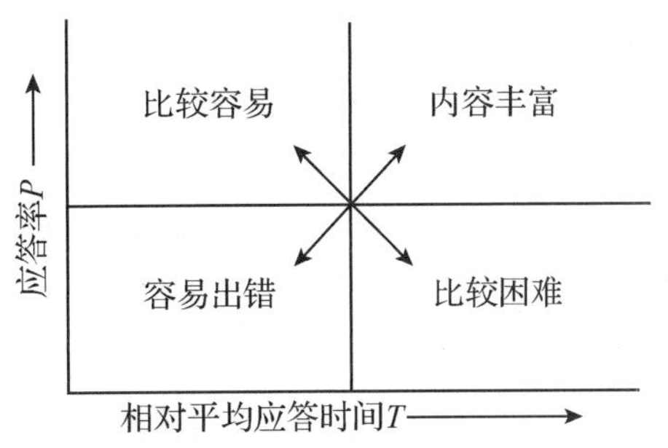

图 6.9　学生应答的 *T-P* 平面

2. *T-P* 分析

下面，我们基于 *T-P* 平面进行 *T-P* 分析。

设某一教学过程具有四个课题，其应答曲线群如图 6.10 所示。根据测定的集团应答曲线，可以求出每一课题的平均应答时间和正答率。对于四个课题 Q_1，Q_2，Q_3，Q_4，学生的平均应答时间和正答率分别为 T_1，P_1，T_2，P_2，T_3，P_3，T_4，P_4。

显然，对于计算出的 *T*，*P*，可进行以下分析。

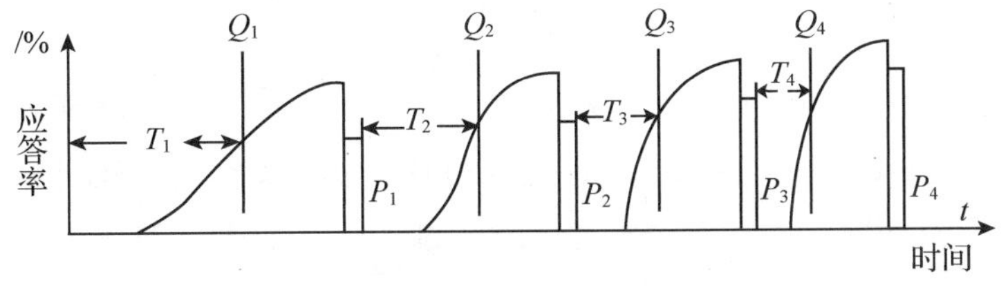

图 6.10　应答曲线群

T 大、*P* 小的课题是一种难度较大的课题。相反，*P* 大、*T* 小的课题则是一种难度较小的课题。为此，我们可将 *P/T* 作为描述教学过程中达到教学目标的速度的一个参数。*P/T* 值大，表示可以很快地达到学习目标，反之，达到学习目标比较困难。*P/T* 的值可以用来描述学习时学习课题的难易程度。*P* 与 *T* 之积($P\times T$)可以用来描述学习过程中学生的思维模式。*P* 大、*T* 也大的学习课题是一种分析思维的学习课题，*T* 小的课题则是一种直观思维的课题。

将求得的 *T* 和 *P* 的值填入 *T-P* 平面中，可得到图 6.11。该图给出了 *T*，*P* 随教学过程的变化情况，它也是对教学过程的一种描述。

对于图 6.11，可以进行这样的分析。

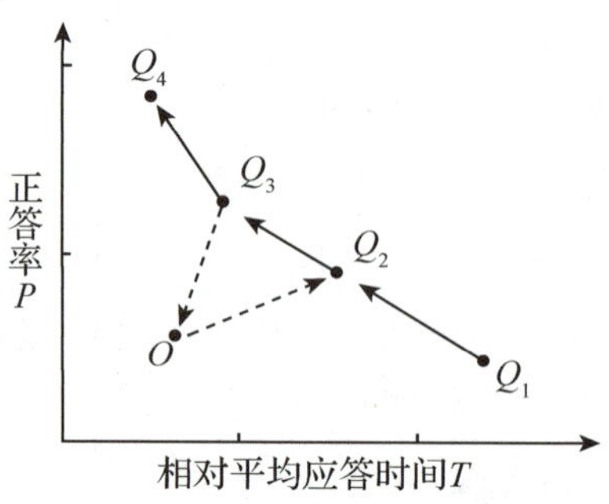

图 6.11　*T-P* 平面上的教学流程

学习开始(Q_1)，应答的时间较长，正答率较低，因为这是起始阶段，学生还没进入学习状态。随着学习的展开，学生逐渐进入状态，学习向左上方发展，即应答时间缩短，正答率提高(Q_2)。当开始学习 Q_3 时，对新引入课题的准备不足，对学习的前提知识掌握不充分，使得学习向左下方滑，随着学习的深入，又逐渐转向左上(Q_4)，最终顺利地完成了给定课题的学习任务。

思考与练习

1. 试说明应答分析系统的基本构成和教育特性。

2. 试说明应答分析系统的应答模式，以及在教学的引入、展开和结束阶段如何使用该系统。

3. 试说明集团应答曲线的意义，并结合一个实例分析集团应答曲线在教学中的应用(对教学内容、教学过程的说明，对教学过程控制)。

4. 对于图 6.6 所示的应答曲线，其中，Ⅰ，Ⅱ，Ⅲ表示题目，请分析这两种应答模式中教学过程控制的特点。

5. 对于图 6.5 所示的应答曲线，请分析它们的分布模式，并阐述这些模式产生的原因。

6. 试说明如何根据应答曲线群进行 *T-P* 分析。

第七章

教育信息的结构分析

学习要点

社会系统工程研究的对象多是一些定性的系统。与物理系统不同，社会系统中的数据很难进行定量处理。为了把握系统的特性，对系统进行深入的分析，人们往往采用结构分析法。

教育系统在很多情况下是一种定性的系统，如教材系统、学生系统。这些系统很难用某种定量的数据来表示。结构分析法在这些系统的分析过程中具有重要的意义。

本章首先对结构分析及其分类方法进行了简单介绍，随后重点讨论了 S-P 表法和 IRS 分析法。可以认为 IRS 分析法是针对 S-P 表存在的问题进行解决而发展出来的。

内容结构

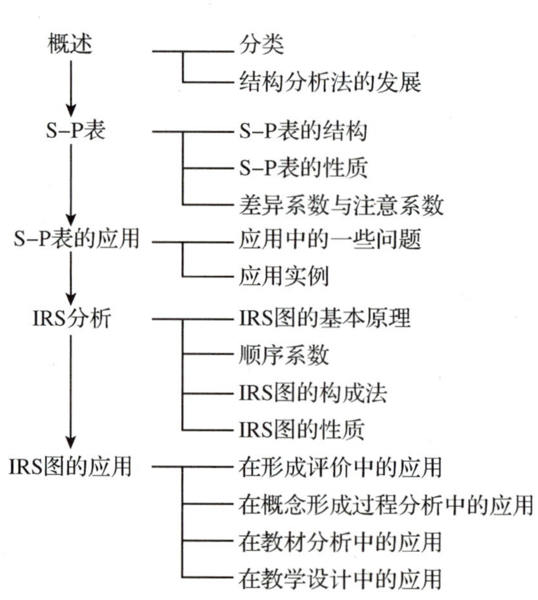

第一节　概述

在进行教育系统分析时，首先应考虑如何从教育系统中获取数据，如何分析和处理这些数据，并将其结果用于教学实践。结构分析法是用于解决这些问题的重要方法。

结构分析法是一种对复杂系统中各要素间的关系进行梳理，并以视觉的几何学结构对系统的结构进行分析的方法。

一、分类

结构分析法可分为图表法和图法两种不同的类型。图表法是一种利用图表，对系统的结构特点进行分析的方法。图法则是一种以图结构的形式对系统中各要素间的关系及其结构特点进行分析的方法。从数学的处理方式看，图表法主要使用矩阵进行运算、处理，而图法则是利用图论，特别是有向图，来进行处理。用于教育信息结构分析的方法主要有如下几种。

1. 教材结构分析法

教材结构分析法是一种将教材分解为许多教材要素，并将要素间的顺序关系以图论的方法予以表示和分析的结构分析法。

2. S-P 表法

通过某种测试，可得到由 1(正答)、0(误答)组成的得分矩阵。S-P 表法将 1，0 按正答率的顺序排成一览表，并由此对学生和问题的特性进行分析。

3. 项目关联结构分析法

项目关联结构分析法是一种基于测试得分(1，0)的一览表，以图论的方法表示项目间的顺序关系，对其进行结构分析的方法。

4. 社会调查分析法

这是一种从表示人际关系心理学特点的测试结果出发，将人们的各种选择和排斥关系，以图论的方法予以表示和分析的结构分析法。

5. 尺度分析法

这种方法将依据某种评价尺度而得到的表示态度的数据排成一览表，并在此基础上构成态度测定的尺度，以此进行结构分析。

6. 意义结构分析法

这种方法对以一定的评定尺度构成的问卷数据，用图结构表示其项目间的顺序关系，并依此进行结构分析。

上述的诸种方法中，序号为 1，3，4，6 的方法主要是基于图法的结构分析法，序号为 2，5 的方法则是基于图表法的结构分析法。

二、结构分析法的发展

下面，我们对得分数据和问卷数据的结构分析法的发展进行简单的讨论。得分数据和问卷数据的结构分析法，就其发展的进程而言，是十分相似的。有关得分数据和问卷数据的结构分析法的发展情况比较见表 7.1。

表 7.1　得分数据和问卷数据的结构分析的分类

类别		得分数据	问卷数据
图表法	一维排列	S-P 表分析	尺度分析
	多维排列	S-P 表分析的分割	多重尺度分析(MSA)
图法	1，0 数据	项目关联结构分析(IRS 分析)	项目顺序理论(OT)
	多值数据		意义结构分析(SS)

问卷调查中广泛使用五段评定和七段评定等评定方法，我们称之为评定尺度法。对以一定的评定尺度法得到的数据进行项目结构分析的研究已有较长的历史。最初是格特曼(Guttman)的尺度分析法(Scalogram，1944)。随后，发展为灵格斯(Lingoes)的多重尺度分析(Multiple Scalogram Analysis，MSA，1963)。图法的结构分析，有基于二段评定数据(1 和 0 这样的二值数据)的项目顺序理论(Ordering Theory，OT，1973)和意义结构分析法(Semantics Structure Analysis，SS 分析，1986)。SS 分析可对五段、七段等多段评定数据进行处理。

对于得分数据的结构分析，藤田・佐藤(1969)等人首先开发了 S-P 表法，并将它用于对练习和测试等 1，0 得分数据的分析中。随后，以佐藤为中心的研究，在理论上和实践上取得了一定的进展。与尺度分析法的发展相似，对 S-P 表的研究也从一维向着多维发展。以图论的方法研究得分数据主要有项目关联结构分析法。

基于以上的讨论可以看出，结构分析是从图表法的一维分析向着多维分析的方向发展的，并最后发展为以图论的方法进行结构分析。

第二节　S-P 表

S-P 表是一种将测试、练习的得分数据排成一览表，并对学生和问题的特性以视觉化的图表进行结构分析的方法。S-P 表可为学习的诊断、教学的评价提供十分重要的信息。S-P 表是以学生(Students)数据为纵轴，问题(Problem)数据为横轴作成的一览表，该表取学生和问题的第一个字母，故叫作 S-P 表。

一、S-P 表的结构

一个班有 N 名学生，完成了有 n 个问题的测试，其得分可以用 N 行 n 列的 $\boldsymbol{X}$ 矩阵表示

$$\boldsymbol{X}=[x_{ij}]=\begin{bmatrix} x_{11} & x_{12} & \cdots & x_{1n} \\ \vdots & \vdots & \vdots & \vdots \\ x_{N1} & x_{N2} & \cdots & x_{Nn} \end{bmatrix}$$

元素 x_{ij} 表示第 i 名学生回答第 j 个问题时的得分。

为了使问题简单化，设 N 名学生对每个问题的回答只有两种可能，不是正确就是错误，其得分分别为 1 和 0。在教学实践中，这种情况是经常会见到的。S-P 表法是从分数矩阵出发，对学生和测试问题的特性进行分析、评价的一种有效方法。

1. S-P 表的制作

对 10 个问题，一个班 15 名学生的得分见表 7.2。表 7.2 中，第 i 名学生的总分 $x_{i\cdot}=\sum_{j=1}^{n}x_{ij}$，第 j 个问题的总分 $x_{\cdot j}=\sum_{i=1}^{N}x_{ij}$。

在表 7.2 的基础上，我们计算每个学生的总分和每个问题的总分。根据每个学生总分的高低，由高到低、由上至下地进行排列，由此得到表 7.3。再根据每个问题总分的高低，将问题自左向右地进行排列，由此得到表 7.4。

我们称经过这样的变换后，所得到的排列表格表 7.4 为 S-P 表。S-P 表是一种按总分的多少进行有序排列的分数表格。分数的有序排列，可以向我们提供许多有益的教学信息。

若以 $\boldsymbol{Y}$ 矩阵表示变换后的 S-P 表中的分数排列，则

$$\boldsymbol{Y}=[y_{ij}]=\begin{bmatrix} y_{11} & y_{12} & \cdots & y_{1n} \\ \vdots & \vdots & \vdots & \vdots \\ y_{N1} & y_{N2} & \cdots & y_{Nn} \end{bmatrix} \tag{7-1}$$

表 7.2　学生得分表

对象	P1	P2	P3	P4	P5	P6	P7	P8	P9	P10	总分	正答率/%
S1	0	1	1	0	1	1	0	1	1	0	6	60
S2	0	1	1	1	1	0	0	0	0	0	4	40
S3	1	1	1	1	1	0	1	1	0	1	8	80
S4	0	1	1	1	1	1	1	1	0	0	7	70
S5	1	1	1	1	1	1	1	0	0	1	8	80

续表

对象	P1	P2	P3	P4	P5	P6	P7	P8	P9	P10	总分	正答率/%
S6	0	1	1	0	0	0	0	1	0	0	3	30
S7	1	1	1	1	1	1	1	1	0	1	9	90
S8	1	0	0	1	1	1	1	1	0	1	7	70
S9	1	1	1	1	1	1	1	1	1	1	10	100
S10	1	1	1	0	1	1	0	0	0	0	5	50
S11	0	1	0	1	1	1	1	0	0	1	6	60
S12	0	1	1	0	1	1	1	1	1	0	7	70
S13	0	1	1	1	1	1	1	0	1	1	8	80
S14	0	1	1	0	1	0	1	0	0	0	4	40
S15	0	1	1	1	1	1	1	1	1	0	8	80
总分	6	14	13	10	14	11	11	9	5	7		
正答率/%	40	93	87	67	93	73	73	60	33	47		

且 $y_{i\cdot}=\sum_{j=1}^{n} y_{ij}$；$y_{j}=\sum_{i=1}^{N} y_{ij}$，有

$$n \geqslant y_{1\cdot} \geqslant y_{2\cdot} \geqslant \cdots \geqslant y_{N\cdot} \geqslant 0$$

$$N \geqslant y_{\cdot 1} \geqslant y_{\cdot 2} \geqslant \cdots \geqslant y_{\cdot n} \geqslant 0$$

S-P 表的制作过程表明，S-P 表的左上方 1 的分布较集中，右下方 0 的分布较集中。

表 7.3　按学生总分排序

对象	P1	P2	P3	P4	P5	P6	P7	P8	P9	P10	总分	正答率/%
S9	1	1	1	1	1	1	1	1	1	1	10	100
S7	1	1	1	1	1	1	1	1	0	1	9	90
S3	1	1	1	1	1	0	1	1	0	1	8	80
S5	1	1	1	1	1	1	1	1	0	0	8	80
S13	0	1	1	1	1	1	1	0	1	1	8	80
S15	0	1	1	1	1	1	1	1	1	0	8	80
S4	0	1	1	1	1	1	1	1	0	0	7	70
S8	1	0	0	1	1	1	1	1	0	1	7	70
S12	0	1	1	0	1	1	1	1	1	0	7	70
S1	0	1	1	0	1	1	0	1	1	0	6	60

续表

对象	P1	P2	P3	P4	P5	P6	P7	P8	P9	P10	总分	正答率/%
S11	0	1	0	1	1	1	1	0	0	1	6	60
S10	0	1	1	0	1	1	0	0	0	0	5	50
S2	0	1	1	1	1	0	0	0	0	0	4	40
S14	0	1	1	0	1	0	1	0	0	0	4	40
S6	0	1	1	0	0	0	0	1	0	0	3	30
总分	6	14	13	10	14	11	11	9	5	7		
正答率/%	40	93	87	67	93	73	73	60	33	47		

实际使用的 S-P 表，学生数约为 45 名，问题数约为 20 个。在这些学生和问题中，会出现总分相同的情况，这时，学生和问题的排序应按以下方法进行。

具有相同总分的学生，应按学生得分向量与问题得分向量(问题总分向量)的协方差的大小，由大到小、从上至下地排列。同样，具有相同正答数(总分)的问题，应按问题得分向量与学生总分向量的协方差的大小，由大到小、从左至右地进行排列。

表 7.4　按学生总分和问题总分排序

对象	P2	P5	P3	P6	P7	P4	P8	P10	P1	P9	总分	正答率/%
S9	1	1	1	1	1	1	1	1	1	1	10	100
S7	1	1	1	1	1	1	1	1	1	0	9	90
S3	1	1	1	0	1	1	1	1	1	0	8	80
S5	1	1	1	1	1	1	0	1	1	0	8	80
S13	1	1	1	1	1	1	0	1	0	1	8	80
S15	1	1	1	1	1	1	1	0	0	1	8	80
S4	1	1	1	1	1	1	1	0	0	0	7	70
S8	0	1	0	1	1	1	1	1	1	0	7	70
S12	1	1	1	1	1	0	1	0	0	1	7	70
S1	1	1	1	1	0	0	1	0	0	1	6	60
S11	1	1	0	1	1	1	0	1	0	0	6	60
S10	1	1	1	1	0	0	0	0	1	0	5	50
S2	1	1	1	0	0	1	0	0	0	0	4	40
S14	1	1	1	0	1	0	0	0	0	0	4	40
S6	1	0	1	0	0	0	1	0	0	0	3	30
总分	14	14	13	11	11	10	9	7	6	5		
正答率/%	93	93	87	73	73	67	60	47	40	33		

2. S 曲线和 P 曲线

S-P 表是一种位于 S-P 平面上的表格。将 S-P 表的左上顶角处作为 S-P 平面的原点，横轴为 x 轴，方向从左向右。纵轴为 y 轴，方向自上而下。

设定 $y=i$，由 $y_{i\cdot}=\sum_{j=1}^{N} y_{ij}$ 计算第 i 个学生的总分，将它用 $S(y)$来表示。在 S-P 平面上的 $S(y)$和 $S(y)+1$ 之间画一条短的竖直的分界直线。对于 $y=1$，3，…，N 的每一个 y 值，按上述方法求出 $S(y)$且同样地在每一个 $S(y)$和 $S(y)+1$ 之间画相应的分界线。N 个分界线可以连成一条阶梯曲线，我们称它为 S 曲线(Student 曲线)。

同样，令 $x=j$，由 $y_{\cdot j}=\sum_{i=1}^{N} y_{ij}$ 计算第 j 个问题的总分，将它写为 $p(x)$。在 $p(x)$ 和 $p(x)+1$ 之间画一条短的横向分界线。对于 $x=1$，2，…，n 中的每一个 x 值，求出 $p(x)$，并在 $p(x)$和 $p(x)+1$ 之间画分界线。将这 n 个横向分界线连成一条阶梯曲线，我们称它为 P 曲线(Problem 曲线)。

按照这样的方法绘出的 S 曲线和 P 曲线见表 7.5。

S 曲线和 P 曲线具有以下特性：

$$\sum_{y=1}^{N} S(y) = \sum_{x=1}^{n} p(x) = NnP \tag{7-2}$$

其中 P 表示 S-P 表中每个学生对每个问题的平均正答数。显然，

$$P = \frac{1}{Nn}\sum_{i=1}^{n}\sum_{j=1}^{N} y_{ij} \tag{7-3}$$

S 曲线与 x，y 轴所围的面积等于 P 曲线与 x，y 轴所围的面积，且该面积等于 NnP。

二、S-P 表的性质

了解 S-P 表的性质可以从以下几方面入手。

1. S 曲线与 P 曲线的不一致性

如表 7.5 所示，S 曲线与 P 曲线是不重合的，虽然它们与 x，y 轴所围的面积相等，我们称这种不重合为 S 曲线与 P 曲线的不一致性。教育实践中的 S 曲线与 P 曲线总是不一致的。观察、分析 S-P 表中 S 曲线与 P 曲线的不一致性是教育测试数据处理的重要内容。

S 曲线、P 曲线的不一致性的产生与测试问题的非等质性和学生在测试时学习能力的不稳定性有关。

为了对学生的某种能力和某个教育目标达成的程度进行测度，人们通常需要使用多个测试问题，这些问题相互间往往具有很高的相关性。如果每个问题都能与学生的某种

能力或者某个教学目标相互对应，且能对能力水平或目标的达成程度予以量化，那么就可以称这些测试问题是等质性的。利用等质性问题进行测试，由所得到的数据而制成的S-P表，其S曲线与P曲线是一致的。以等质性问题对学生的某个能力进行测度的示意图如图7.1所示。为了对学生的某个单一的能力 x 进行测试，使用了5个等质的测试问题。图7.1中给出了每个问题的特性和学生能力的特性。以问题3为例，每个学生对问题进行回答时，能力在 x_3 以上的学生，对问题3都能进行正确解答，得分为1。不具备 x_3 能力的学生，对问题不可能给出正确的解答，得分为0。利用5名学生(a，b，c，d，e)对问题1～5的测试数据绘制出S-P表，其S曲线与P曲线是完全一致的(图7.2)。

表7.5 S-P表

对象	P2	P5	P3	P6	P7	P4	P8	P10	P1	P9	总分	正答率/%	CS
S9	1	1	1	1	1	1	1	1	1	1	10	100	0
S7	1	1	1	1	1	1	1	1	1	0	9	90	0
S3	1	1	1	0	1	1	1	1	1	0	8	80	0.56*
S5	1	1	1	1	1	1	0	1	1	0	8	80	0.33
S13	1	1	1	1	1	1	0	1	0	1	8	80	0.44
S15	1	1	1	1	1	1	1	0	0	1	8	80	0.22
S4	1	1	1	1	1	1	1	0	0	0	7	70	0
S8	0	1	0	1	1	1	1	1	1	0	7	70	1.17**
S12	1	1	1	1	1	0	1	0	0	1	7	70	0.42
S1	1	1	1	1	0	0	1	0	0	1	6	60	0.54*
S11	1	1	0	1	1	1	0	1	0	0	6	60	0.46
S10	1	1	1	1	0	0	0	0	1	0	5	50	0.36
S2	1	1	1	0	0	1	0	0	0	0	4	40	0.08
S14	1	1	1	0	i	0	0	0	0	0	4	40	0
S6	1	0	1	0	0	0	1	0	0	0	3	30	0.45
总分	14	14	13	11	11	10	9	7	6	5			
正答率/%	39	93	87	73	73	67	60	47	40	33			
CS	1.09*	0	0.94**	0.28	0.18	0.26	0.58*	0.17	0.36	0.41			

—— P曲线

------ S曲线

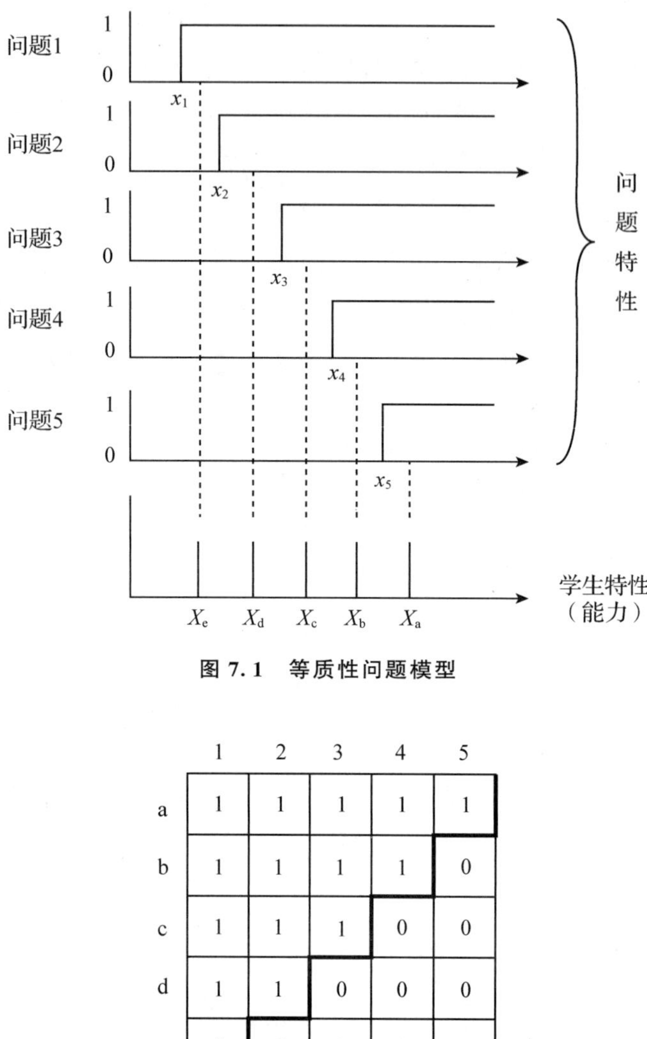

图 7.1　等质性问题模型

	1	2	3	4	5
a	1	1	1	1	1
b	1	1	1	1	0
c	1	1	1	0	0
d	1	1	0	0	0
e	1	0	0	0	0

图 7.2　S 曲线和 P 曲线的一致性

根据测试理论，S-P 表中，S 曲线与 P 曲线的不一致性是由于测试问题中异质性因素的混入并产生一定影响而造成的。

深入地分析实际使用中的 S-P 表发现：使用等质性问题进行测试时，S 曲线和 P 曲线也是不一致的。在某些情况下，使用异质性问题对学生进行测试时，S 曲线和 P 曲线的不重合程度反而更小一些。出现这种现象的合理解释是，在测试过程中，学生在对测试问题进行应答时，其解决问题的能力具有相当大的波动性。如图 7.3 所示，学生的实际能力为 x_c。由于：

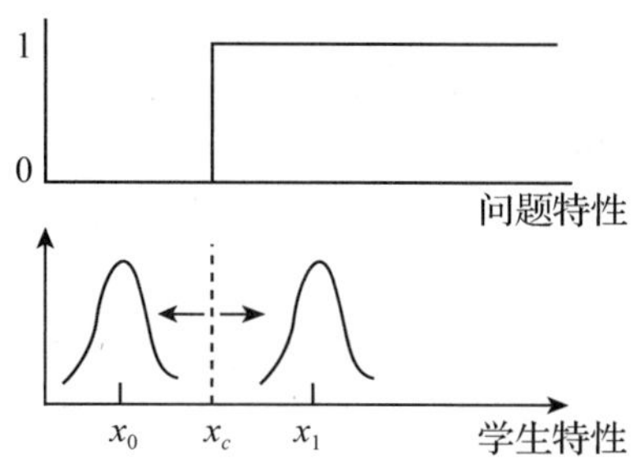

图 7.3 学生能力变化对应答的影响

- 给予学生刺激的变化；
- 学生生理、心理或身体上的变化；
- 测试问题的不当；
- 学习指导的不充分等。

学生应答时的能力在 x_c 左右波动。

2. S-P 表的类型

S-P 表中，S 曲线和 P 曲线的相互关系是：S 曲线位于右上方和左下方，P 曲线位于左上方和右下方。根据 S 曲线与 P 曲线的形状，S-P 表可分为以下的四种类型(图 7.4)。A 型为学习结果测试的 S-P 表。在这种测试中，正答率约为 60%。用于练习、训练和程序学习的测试问题，学生的误答极少，其 S-P 表分别为 C 型和 D 型。用于布置课堂作业或课后作业的有关问题，其 S-P 表为 B 型。

在教学实践中，经过某种测试，并依据这种测试的结果作出的 S-P 表可以与上述四种类型的 S-P 表进行比较。通过这种比较可以发现、判定测试的意图。从 S-P 表的形状，也可大致地看出测试结果的好坏。

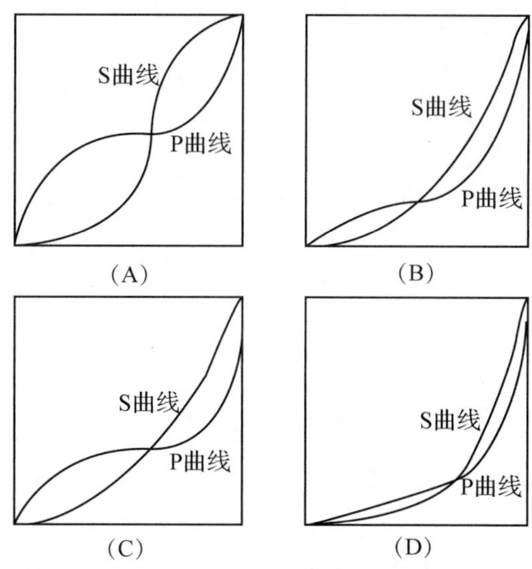

图 7.4 S-P 表的分类

3. S-P 表中 0 和 1 的分布

一般情况下，S-P 表中 1 的分布应集中在表的左上侧。0 的分布应集中在表的右下侧。这是由 S-P 表的制作方法决定的。

4. S 曲线的形状

S 曲线表示了学生得分的分布。曲线越靠近右侧，表示学生的得分越多，反之亦然。

S 曲线通常是一种变化比较缓慢的 S 形曲线。如果 S 曲线的中间出现了水平部分，那么这部分就叫作 S 曲线的断层。断层上下学生的成绩有较大的落差。断层的出现表示学生对测试中的某些问题产生了错误的理解，或者是对问题中的解题条件还没有充分地理解和把握。

5. P 曲线的形状

与 S 曲线相对应，P 曲线表示学生们对每个问题进行应答时正答数的分布。P 曲线的断层是指 P 曲线中间出现的垂直部分。断层左右两侧问题的难易程度具有明显的差异。P 曲线的形状和断层可以通过选择不同难度的测试问题进行控制。如果我们将测试问题分为两组，一组是一些比较容易的问题，另一组是一些难度较大的问题。利用这样的测试问题进行测试，作出的 P 曲线将在中间出现断层。反之，通过对 P 曲线断层的观察可以分析出测试问题的难易程度。

三、差异系数与注意系数

差异系数和注意系数是用于 S-P 分析的两个重要参数。对这两个参数的计算，可以为分析教学情况和改善教学效果提供重要的信息。

1. 差异系数

差异系数是用于表示 S 曲线与 P 曲线不一致程度的重要参数。

为了描述 S 曲线与 P 曲线的不一致程度，可以用 S 曲线和 P 曲线间的面积与 S-P 表的总面积之比来表示。这个比值叫作差异量 D。表 7.5 中的差异量为

$$D=\frac{18}{15\times 10}=0.12$$

显然，差异量与学生数、问题数和学生的正答率有关。为了使衡量差异程度的量度标准化，可引入差异系数 D^*［式(7-4)］。

制作 S-P 表时，可能出现两种极端的情况。一种是 S 曲线和 P 曲线完全一致(图 7.5)，这种 S-P 表叫作完全 S-P 表。另一种是学生对问题的回答完全是随机的，1，0 在 S-P 表中的分布是均匀性的随机分布(图 7.6)，这种 S-P 表叫作完全不一致 S-P 表。实际制作的 S-P 表总是介于这两种 S-P 表之间的，处于一个中间状态。

问题

学生	1	2	3	4
1	1	1	1	1
2	1	1	1	0
3	1	1	0	0
4	1	0	0	0

图 7.5　完全 S-P 表

问题

学生	1	2	3	4
1	1	0	1	0
2	0	1	0	1
3	1	0	1	0
4	0	1	0	1

图 7.6　完全不一致 S-P 表

所谓差异系数是以完全不一致 S-P 表中 S 曲线和 P 曲线的不一致性对实际测量的 S-P 表中 S 曲线和 P 曲线的不一致性进行标准化。要求差异系数，可以通过查表的方式，也可以按

$$D^{*}=\frac{0.7\times 差异量}{正答率\times(1-正答率)} \tag{7-4}$$

进行计算。

差异系数表示了 S 曲线与 P 曲线的不一致性。一般而言，差异系数应该比较小，考虑到测试情况的多样性，人们不可能制定一种标准的差异系数。对差异系数的要求，应根据测试情况来确定。通常，差异系数如果在 0.25 以下，可以认为测试问题具有较好的等质性。目的不同的测试，其差异系数的要求亦不同。作为练习训练、课程习作、课外练习的测试，其 D^{*} 一般约为 0.4。用作学习结果的测试，相应的 D^{*} 一般约为 0.5。当差异系数超过 0.5 时，应仔细分析：

①学生对测试问题中的是非问题、判断问题是否出现了随机性的推测；

②测试问题是否适宜，判分是否标准；

③学生对知识的理解和掌握是否充分；

④测试问题与教育目标的对应关系是否明确、恰当。

2. 注意系数

一个学生对测试中每一个问题的应答结果，对应着 S-P 表中某一行的 0，1 排列，我们称这一行的 0，1 排列为学生的得分模式。同样，一个问题的得分模式由每个学生对该问题的应答结果来表示，它与 S-P 表中的某列是对应的。

S-P 表中，就某一行而言，位于 S 曲线左侧的应是 1 的集合，位于 S 曲线右侧的应是 0 的集合。表 7.5 中，学号为 4 的学生的得分模式就属于这种情况。在实际 S-P 表中，每个学生的得分模式并非都是这样的。同一表中，学号为 8 的学生的得分模式与学号为 4 的学生的得分模式就不同，在 S 曲线的左侧出现了两个 0，右侧也不是全为 0（有两个 1）。这种得分模式表明学号为 8 的学生对于一些简单的问题给出了错误的答案，相反，对于一些复杂的、具有一定难度的问题却给出了正确的答案。这种情况表示学生的应答存在着某种不正常的状态。将该生的这种得分模式与其他学生的得分模式进行比较，该生的得分模式是一种特异的得分模式，因此，需要对下列问题予以重视。

- 该生学习是否充分，学习能力是否稳定？
- 该生是否具备回答测试中各种问题的基础知识？
- 该生对问题的理解和掌握与其他学生是否有明显的差别？
- 该生是否进行了认真的分析？

此外，对于 S-P 表中的 2 曲线也应做类似的分析。

为了对学生得分模式、问题得分模式的上述情况进行定量测度，可引入注意系数。

S-P 表中，某个变量模式的注意系数可用该变量模式与完全变量模式的差异程度来表示。例如，学生得分模式的注意系数应用学生得分模式与学生得分的完全反应模式之间的差异程度来表示。

所谓学生得分的完全反应模式是指位于 S 曲线左侧的全部为 1，位于 S 曲线右侧的全部为 0 这样一种特殊的学生得分模式。以同样的方法可以定义问题得分的完全反应模式，这是一种位于 P 曲线上端的全部为 1，位于 P 曲线下端的全部为 0 的问题得分模式。

如果以每个学生的总分，或者以每个问题的总分为基准变量，注意系数可以按下式计算。

$$\text{注意系数}=1-\frac{\text{实际反应模式与基准量的协方差}}{\text{完全反应模式与基准变量的协方差}} \tag{7-5}$$

实际计算时，往往利用以下方式求注意系数。

第 i 名学生的注意系数 $C.S_i$ 为

$$C.S_j=\frac{\begin{pmatrix}\text{学生 } i \text{ 的得分模式中，位于 S 曲线}\\ \text{左侧应答结果为 0 的诸问题的正答}\\ \text{人数之和}\end{pmatrix}-\begin{pmatrix}\text{学生 } i \text{ 的得分模式中，位于 S 曲线}\\ \text{右侧应答结果为 1 的诸问题的}\\ \text{正答人数之和}\end{pmatrix}}{\begin{pmatrix}\text{学生 } i \text{ 的得分模式中，位于 S 曲}\\ \text{线左侧每一问题的正答人数之和}\end{pmatrix}-\begin{pmatrix}\text{学生 } i\\ \text{的总分}\end{pmatrix}\times\begin{pmatrix}\text{每个问题的}\\ \text{平均正答数}\end{pmatrix}} \tag{7-6}$$

第 j 个问题的注意系数 $C.P_j$ 为

$$C.P_j=\frac{\begin{pmatrix}\text{第 } j \text{ 个问题的得分模式中，位于}\\ \text{P 曲线上侧应答结果为 0 的}\\ \text{各个学生的总成绩之和}\end{pmatrix}-\begin{pmatrix}\text{第 } j \text{ 个问题得分模式中，位于}\\ \text{P 曲线下侧应答结果为 1 的}\\ \text{各个学生的总成绩之和}\end{pmatrix}}{\begin{pmatrix}\text{第 } j \text{ 个问题的得分模式中，位于}\\ \text{P 曲线上侧各个学生的总分之和}\end{pmatrix}-\begin{pmatrix}\text{问题 } j \text{ 的正}\\ \text{答者人数}\end{pmatrix}\times\begin{pmatrix}\text{每个学生的}\\ \text{平均分数}\end{pmatrix}} \tag{7-7}$$

表 7.5 中每个学生对所有问题的平均正答数为每个问题的正答数(总分)之和除以问题数，其值为 10。作为计算注意系数的一个实例，我们看位于第 8 行，学号为 8 的学生的得分模式和计算 $C.S_8$ 时的有关数据。

对应于 S 曲线左侧应答为 0 的问题是问题 2 和问题 3。问题 2 和问题 3 的正答人数之和分别为 14 和 13。

对应于 S 曲线右侧应答为 1 的问题是问题 10 和问题 1，相应的正答人数之和分别为 7 和 6。

对应于 S 曲线左侧的每一个问题的正答人数分别是 14，14，13，11，11，10，9。

第 8 号学生的总分为 7。

S-P 表的问题平均正答数为 10。

依据这些数据，该生的注意系数为

$$C.S_8=\frac{(14+13)-(7+6)}{(14+14+13+11+11+10+9)-(7\times 10)}\approx 1.17$$

实际经验告诉我们，对于注意系数超过了 0.5 的学生或问题应引起注意。若达到 0.7，则应特别注意。

需要指出的是，不能说注意系数越大就越不好。所谓注意表示的是对这位学生、对这个问题应进行某种思考。在思考时，作为对象的学生或问题是否存在着某种不正常的情况，应由教师进行判断和解释。

第三节　S-P 表的应用

上一节，我们对 S-P 表的基本原理、制作方法和 S-P 表的性质做了全面的介绍。这里，我们将对 S-P 表的应用进行一些讨论，最后将给出一个应用的具体实例。

一、应用中的一些问题

在进行 S-P 表分析时，对于以下的问题应予以充分认识和注意。

1. S-P 表是进行教育数据分析的一种手段

利用 S-P 表可以对给定的某种数据或信息中所包含的有意义的重要内容进行抽取。S-P 表的类型、参数、形状和好坏的标准应根据使用 S-P 表的目的、对象和要求来确定。教师在对班级学生的情况、测试问题、测试目的进行判断时，S-P 表只能提供参考资料，起到参考的作用。

2. 问题的等质性

如前面所讨论的那样，用于测试的问题应具有等质性。利用 S-P 表对教学情况进行分析时，应尽量按一个主题或一个单元来使用 S-P 表进行分析。

3. S-P 表的大小

一般情况下，S-P 表多用于对一个班级的学习情况进行分析。问题的数量不宜过多，通常为 15 个左右。

4. 问题与教学目标的对应

使用 S-P 表的目的在于对学生的学习进行诊断，对教师的教学提供改善的意见和措施。为此，考虑测试问题时，应与教学目标一一对应地进行选择，并使测试问题与教学目标具有很好的对应关系。当某个学生对某一问题或某几个问题予以应答后，依据他们回答的结果应能判断出这个学生在有关教学目标上的达成程度。

二、应用实例

这里，我们以小学数学中的乘法运算为例，利用 S-P 表进行课前测试数据的处理和分析。课前测试的基本目的是，通过课前测试，了解学生的学习特性，并将测试数据的分析结果用于教学设计中。

在小学数学教学中，学生预习时往往偏重于计算方法和计算技能，而对逻辑思维能力的训练注意不够。为此，在学习新的单元时，应预先对学生的学习技能、逻辑思维能力进行测试，通过测试了解学生这些能力的实际情况，并基于这些情况进行教学设计。

本单元的学习目标是让学生学会

(2 位)×(1 位)

(3 位)×(1 位)

(2 位)×(1 位)×(1 位)

的计算方法，并能进行一些应用。基于这样的学习目标，本单元应从五个方面展开。课前测试应根据这五个方面选定测试问题。用于课前测试的问题与这五个方面的对应关系是：

① (2 位)×(1 位)和(3 位)×(1 位)的计算方法和思考方法：问题一和问题三。

② (2 位)×(1 位)的计算：问题二(5)～(8)。

③ (3 位)×(1 位)的计算：问题四。

(2 位)× (1 位) × (1 位)的计算：问题二(3)～(4)。

⑤ ①～④的应用题：问题五。

课前测试的内容如图 7.7 所示。

根据上面的课前测试得到的数据，制作的 S-P 表见表 7.6。

对 S-P 表进行分析，可得到以下信息，它对乘法计算的教学设计具有十分重要的意义。

(1)课前测试的平均正答率已达 41%，它表明，学生对将要学习的内容有了相当程度的掌握。

(2)从 S 曲线可知，有全部正答的学生，也有全部误答的学生。从全部正答到全部误答，学生的分布近乎直线，它表明这种变化是均匀的。这可从 S 曲线的形状看出。

(3)P 曲线变化缓慢。测试问题中既没有全员都正答的问题，也没有全员都误答的问题。它表示，对于给定的问题，都应对学生的学习进行指导。

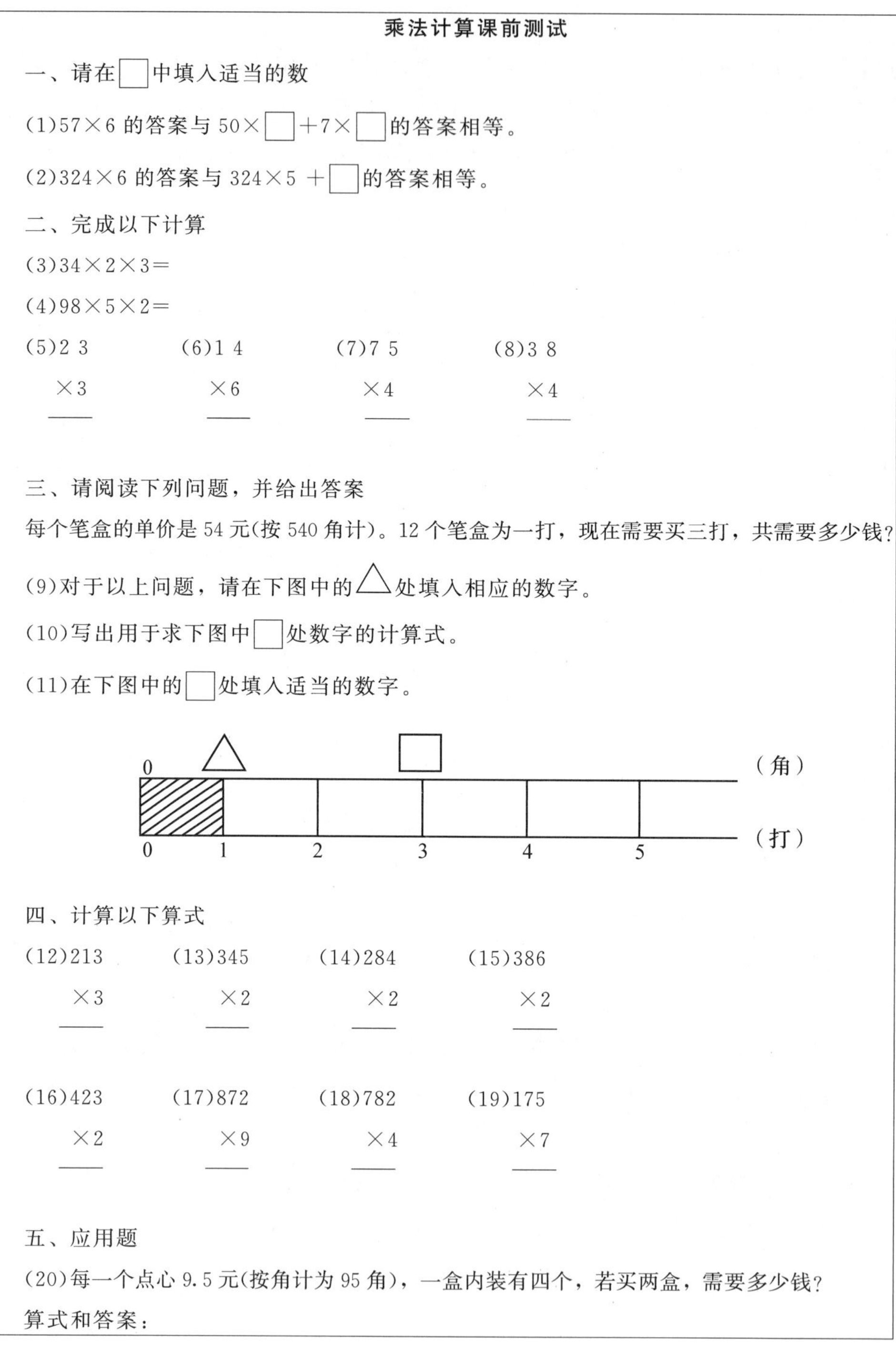

乘法计算课前测试

一、请在□中填入适当的数

(1)57×6 的答案与 50×□+7×□的答案相等。

(2)324×6 的答案与 324×5 +□的答案相等。

二、完成以下计算

(3)34×2×3=

(4)98×5×2=

(5)2 3 ×3　　(6)1 4 ×6　　(7)7 5 ×4　　(8)3 8 ×4

三、请阅读下列问题，并给出答案

每个笔盒的单价是 54 元(按 540 角计)。12 个笔盒为一打，现在需要买三打，共需要多少钱?

(9)对于以上问题，请在下图中的△处填入相应的数字。

(10)写出用于求下图中□处数字的计算式。

(11)在下图中的□处填入适当的数字。

四、计算以下算式

(12)213 ×3　　(13)345 ×2　　(14)284 ×2　　(15)386 ×2

(16)423 ×2　　(17)872 ×9　　(18)782 ×4　　(19)175 ×7

五、应用题

(20)每一个点心 9.5 元(按角计为 95 角)，一盒内装有四个，若买两盒，需要多少钱?

算式和答案：

图 7.7　乘法计算的课前测试内容

(4)当我们注意不同的学生对问题的应答情况时，可以得到十分有意义的信息。

表 7.6　课前测试的 S-P

学生 \ 问题	5	12	16	8	6	13	14	10	15	7	2	3	4	9	17	19	1	11	18	20	正答人数	正答率/%	注意系数/%	注意标志符
18	1	1	1	1	1	1	1	1	1	1	1	1	1	1	1	1	1	1	1	1	20	100	0	
15	1	1	1	1	1	1	1	1	1	1	1	1	0	1	1	1	1	1	1	1	19	95	0.82	
110	1	1	1	1	1	1	1	1	1	1	1	1	0	1	1	1	1	1	1	1	19	95	0.82	
108	1	1	1	1	1	1	1	1	1	1	1	1	0	1	1	1	1	1	0	0	17	85	0.14	
102	1	1	1	1	1	1	1	1	1	1	0	1	1	1	1	1	0	1	0	1	17	85	0.50	
16	1	1	1	1	1	1	1	0	1	1	0	1	1	0	1	1	0	0	1	0	15	75	0.30	
103	1	1	1	1	1	1	1	0	1	1	0	0	1	0	1	1	1	0	1	0	13	65	0.41	
1	1	1	1	0	1	1	1	0	1	1	0	0	1	1	0	0	0	0	1	1	13	65	0.68	!
5	0	1	1	1	1	1	1	0	1	1	1	0	0	0	1	1	0	1	1	0	13	65	0.76	!!
14	1	1	1	1	1	1	1	0	1	0	1	1	1	0	0	1	0	0	0	0	12	60	0.21	
8	1	1	1	1	1	1	1	0	1	1	1	0	1	0	1	1	0	0	0	0	12	60	0.23	
13	1	1	1	1	0	1	1	1	1	0	0	1	1	1	0	0	1	0	0	0	12	60	0.28	
10	1	1	1	0	1	1	1	1	1	0	0	1	0	0	1	0	0	1	0	0	12	60	0.33	
20	1	1	1	1	0	1	1	0	1	1	0	0	1	0	1	1	0	0	1	0	11	55	0.46	
106	1	1	1	1	1	1	0	1	0	1	1	0	0	1	0	0	1	0	0	0	11	55	0.22	
19	1	1	1	1	1	1	1	1	0	0	0	0	0	1	1	0	0	1	1	0	9	45	0.46	
9	1	1	1	0	0	0	1	1	1	0	1	0	1	1	0	0	0	0	0	0	8	40	0.36	
119	1	1	1	0	1	1	1	0	1	0	0	0	1	0	0	0	0	0	0	0	8	40	0.19	
118	1	1	1	1	1	0	0	0	0	0	0	1	0	0	0	0	1	0	0	0	8	40	0.29	
116	1	1	1	1	1	0	0	0	0	0	1	0	1	1	0	0	0	0	0	0	8	40	0.31	
	1	0	0	1	0	0	0	1	0	1	1	0	1	1	0	0	0	1	0	0				
112	0	1	0	0	0	1	0	1	0	0	1	1	1	0	0	0	1	0	0	0	7	35	0.86	!!
104	1	1	0	1	1	0	1	1	0	0	0	0	0	0	0	0	0	0	0	0	6	30	0.88	!!
4	1	1	1	0	0	0	0	1	0	0	0	0	0	0	0	0	0	1	1	0	6	30	0.16	
117	1	0	0	1	1	0	0	0	0	1	0	0	1	0	0	0	0	0	0	0	6	30	0.47	
120	1	0	0	0	1	0	0	0	0	0	1	1	0	1	0	1	0	0	0	0	6	30	0.68	!!
17	1	1	1	0	0	0	0	0	0	0	0	1	0	0	0	0	1	0	0	0	5	25	0.89	!!
101	1	1	1	0	0	0	0	0	0	0	0	1	0	0	0	0	0	0	0	0	3	15	0.36	
105	1	0	0	1	0	0	0	0	0	1	0	1	0	0	0	0	0	0	0	0	3	15	0	
6	0	0	1	0	0	0	0	0	0	0	0	1	0	0	0	0	0	0	0	0	2	10	0.48	
2	0	0	0	0	0	0	0	1	0	0	0	1	0	0	0	0	0	1	0	0	2	10	1.14	!!
3	0	0	0	0	0	0	0	0	0	0	1	0	0	0	0	0	1	0	0	0	2	10	1.24	!!
12	0	0	0	0	0	0	0	1	0	0	0	0	0	0	0	0	0	0	0	0	1	5	0.82	!!
107	0	0	0	0	0	0	0	1	0	0	0	0	0	0	0	0	0	0	0	0	1	5	0.82	!!
114	0	0	0	0	0	0	0	1	0	0	0	0	0	0	0	0	0	0	0	0	1	5	0.82	!!
21	0	0	0	0	0	0	0	0	0	0	0	0	0	0	0	0	0	0	0	0	0	0	1.00	!!
109	0	0	0	0	0	0	0	0	0	0	0	0	0	0	0	0	0	0	0	0	0	0	1.00	!!
111	0	0	0	0	0	0	0	0	0	0	0	0	0	0	0	0	0	0	0	0	0	0	1.00	!!
115	0	0	0	0	0	0	0	0	0	0	0	0	0	0	0	0	0	0	0	0	0	0	1.00	!!
正确人数	27	26	24	20	19	18	18	18	16	16	15	14	14	13	12	12	12	11	10	05				
正答率/%	69	67	62	51	49	46	46	46	41	41	38	36	36	33	31	31	31	28	26	13				
注意系数/%	17	12	12	20	15	02	05	71	05	23	41	26	52	27	02	08	51	33	22	08				
注意标识符								!					!				!							

平均正答率　41.0%

- - - - - - S曲线

———— P曲线

例如，学号为116的学生，其注意系数高达0.86，这表示，这名学生与其他学生具有不同的理解结构，因此要特别注意。

(5)对于不同问题的应答情况，我们发现问题10的注意系数高达0.71，这样的问题应特别注意。

第四节　IRS分析

S-P表由于将学生和问题的得分进行了一定的排列和处理，它为我们提供了许多重要的信息，在教学中得到了一定的应用，取得了满意的效果。在实际的应用中，它虽能指出某些问题的特异性，但不能给出问题(项目)间的相互关系，在使用时受到了一定的限制。针对这些问题，人们提出了项目关联结构分析(IRS分析)法。所谓IRS分析是Item、Relational、Structure的词头组合。IRS分析是基于学生对各个问题(项目)的理解程度排序，对问题间的关联结构进行分析的一种结构分析法。这种分析方法通常是以图来表示问题的关联结构的，这个图叫作IRS图。

一、IRS图的基本原理

为了理解IRS图的基本原理，我们先对S-P表与IRS图做一些比较。

图7.8给出了S-P表的两种模型(a)(b)。二者在问题难度的排序上是一致的，都是①—④—②—⑥—⑤—③。

这种排序是对问题正答率的排序，它并没有反映学生在问题理解上的差异。我们进一步考察，在图7.8(a)中，①的正答者，一定是④的正答者，这时具有④—①的顺序。如此分析下去，由图7.8(a)可得到图7.9(a)。

看图7.8(b)，④的正答者不一定就是②的正答者，因此，在②和④之间不能以"—"连接。以同样的方法进行分析，由图7.8(b)可得到图7.9(b)。显然，图7.9(a)(b)所示的IRS图是不同的。这种不同反映了不同学生在问题理解上的差异。图7.9(a)的IRS图是一种一维的序列，而图7.9(b)的序列由①②③序列和①④⑤⑥序列组成。由此可见，在S-P表中观察不到的每个问题间的这种顺序关系，在IRS图中，可以用多维的方法予以表示。

问题

学生	3	5	6	2	4	1
1	1	1	1	1	1	1
2	1	1	1	1	1	1
5	1	1	1	1	1	0
7	1	1	1	1	1	0
6	1	1	1	1	0	0
8	1	1	1	0	0	0
3	1	0	0	0	0	0
4	0	0	0	0	0	0
9	0	0	0	0	0	0
10	0	0	0	0	0	0
正答人数	7	6	6	5	4	2

—— P曲线　------ S曲线

(a)

问题

学生	3	5	6	2	4	1
1	1	1	1	1	1	1
2	1	1	1	1	1	1
5	1	1	1	1	0	0
7	1	1	1	0	1	0
6	1	1	1	0	0	0
8	0	1	1	0	1	0
3	1	0	0	1	0	0
4	1	0	0	1	0	0
9	0	0	0	0	0	0
10	0	0	0	0	0	0
正答人数	7	6	6	5	4	2

—— P曲线　------ S曲线

(b)

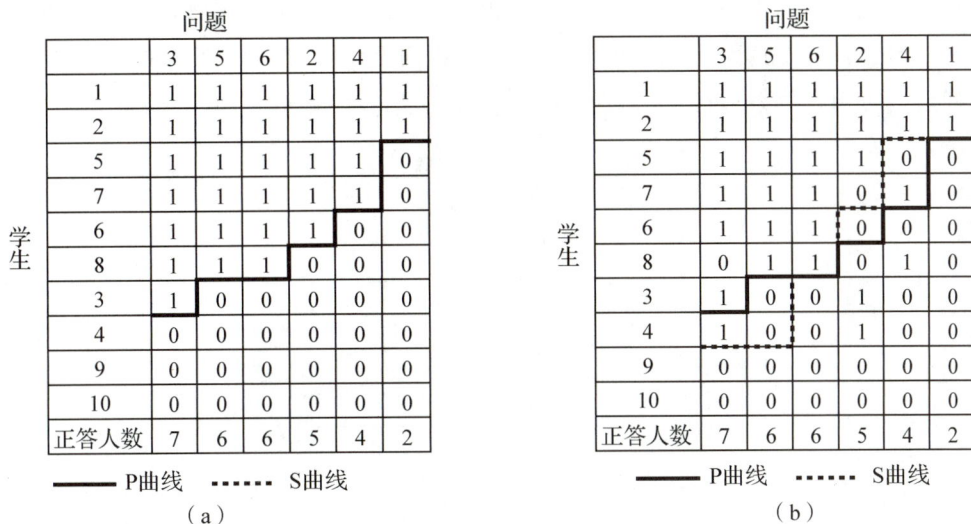

图 7.8　S-P 表模型

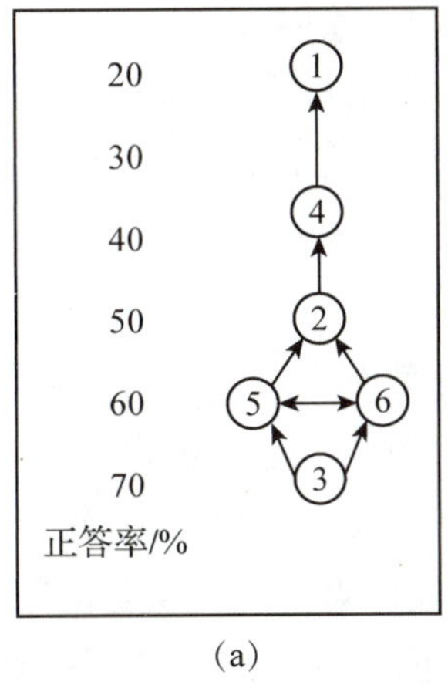

(a)

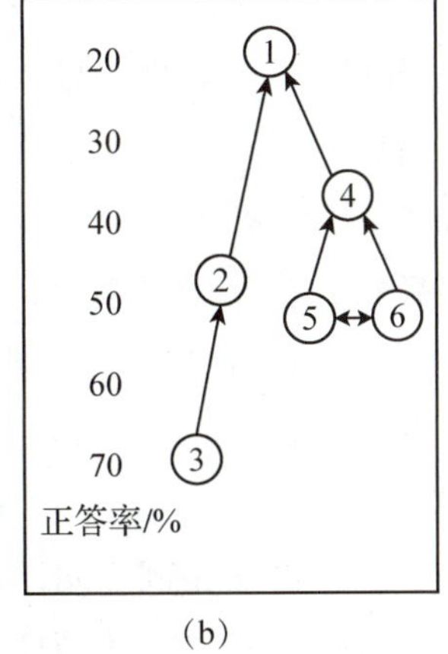

(b)

图 7.9　IRS 图的原理

二、顺序系数

现在，我们讨论如何由实际的测试结果得到 IRS 图。

首先看表 7.7 给出的四分表。设问题 i 到问题 j 的顺序关系成立，它表示 j 的正答者，一定是 i 的正答者，即问题 i 比问题 j 容易理解，问题 j 的难度较大。基于这样的假设，四分表中 $c=0$。它表示，问题 j 的正答者，不可能是问题 i 的误答者，即问题 j 的正答者同时又是问题 i 的误答者的情况是不存在的。实际测试过程中，往往有这样的情况，问题 j 的正答者，由于某种心理因素，还可能是问题 i 的误答者，虽然这种情况较少。因此，我们在判定问题间的顺序程度时，应制定表示这种顺序程度的标度，并认定，当这种标度达到了一定的程度后，给定问题间的顺序关系成立。这种顺序程度的标度，可用顺序系数表示。从问题 i 到问题 j 的顺序系数 r_{y}^{*} 由下式定义。

表 7.7　四分表

		问题 i		
		1	0	计
问题 i	1	a	b	$a+b$
	0	c	d	$c+d$
	计	$a+c$	$b+d$	N

$$r_{ij}^{*}=1-\frac{C/N}{[(c+d)/N][(a+c)/N]} \tag{7-8}$$

经过一定的变形，有

$$r_{ij}^{*}=1-\frac{c\cdot N}{(c+d)(a+c)} \tag{7-9}$$

式(7-9)的分数式的分母接近 0，即问题 i 的误答者不存在($c+d=0$)或问题 j 的误答者不存在($a+c=0$)，同时，有 $c=0$，此时，我们认定有 $r_{ij}^{*}=1$。在 r_{ij}^{*} 的计算中，我们设定 $r_{ii}^{*}=1(i=1,\ 2,\ \cdots,\ n)$。

下面，对顺序系数的意义做些说明。

观察顺序系数的定义式(7-8)，在系数的分数部分中，其分子表示了是问题 i 的误答者，同时又是问题 j 的正答者实际所占的比例，当这个数很小时，r_{ij}^{*} 趋于 1，表示从 $i\to j$ 的顺序成立；其分母表示，在问题 i 与问题 j 相互独立的情况下，问题 i 的误答者、问题 j 的正答者所占的比例。问题 i 的误答者，同时又是问题 j 的正答者表示了与从 i 到 j 这种顺序相反的方向。从顺序系数的定义式可看出，若顺序完全成立，r_{ij}^{*} 将取最大值 1。若问题 i 与问题 j 是相互独立的，并无顺序关系，r_{ij}^{*} 很小，且趋于 0。例如，图 7.8(a)的 S-P 表中，我们计算从问题 3 到问题 2 的顺序系数 r_{32}^{*}，其：

$$N=10$$

$$c+d=3$$

$$a+c=5$$

$$c=0$$

将其代入式(7-8)或式(7-9)，计算 r_{32}^{*}，有

$$r_{32}^{*}=1$$

三、IRS图的构成法

基于对顺序系数的计算，我们可以构成 IRS 图。下面讨论构成 IRS 图的方法。

通常，若 $r_{ij}^{*} \geqslant 0.5$，我们认定顺序性 $i \Rightarrow j$ 成立。若 $r_{ij}^{*} < 0.5$，我们认定顺序性 $i \Rightarrow j$ 不成立。$i \Rightarrow j$ 不成立，用 $i \nRightarrow j$ 这样的符号表示。根据这种顺序性的判定方法，对问题间的关联性我们可给出以下的定义：

若 $i \Rightarrow j$，且 $j \Rightarrow i$，叫作等价关联，用 $i \leftrightarrow j$ 表示；

若 $i \Rightarrow j$，且 $j \nRightarrow i$，叫作顺序关联，用 $i \rightarrow j$ 表示。

若 $i \nRightarrow j$，且 $j \Rightarrow i$，叫作顺序关联，用 $j \rightarrow i$ 表示。

两个问题间若等价关联成立，或顺序关联成立，则称两个问题间具有关联。否则，称两问题间不具关联。IRS 图是一种在关联的问题间对关联问题以"→"或"↔"进行连接的图。前面，我们将 r_{ij}^{*} 的阈值设定为 0.5。在构成 IRS 图时，为了易于判定问题间的关联性，构成 IRS 图，可让阈值在一定的范围内变动。在构成 IRS 图时，若箭头"→"或"↔"过多，IRS 图的特性则难以分析，此时可将阈值设置得高一些。例如，将阈值定为 0.6，将那些关联度较高的问题抽出。反之，阈值设置得较低，可更全面地分析问题间的关联性。阈值的设置，对于我们以视觉的方法，分析某种具有一定特征的关系具有重要的意义，它实际上是一种抽出特征的操作。

下面，我们以图 7.8(b)给出的 S-P 表为实例，说明 IRS 图的构成方法。

首先，根据式(7-9)计算顺序系数，其计算的结果如表 7.8 所示。对于计算的顺序系数，设置 r_{ij}^{*} 的阈值为 0.5。对于表 7.8 中的顺序系数，若 $r_{ij}^{*} \geqslant 0.5$，认定问题 i 与问题 j 之间顺序性成立，并在相对应的地方置于 1，否则为 0，以这种方法可得到由 1，0 构成的关联矩阵——IRS 矩阵(表 7.9)。

表 7.8　项目顺序系数表

问题	1	2	3	4	5	6
1	1.00	0.25	0.11	0.38	0.17	0.17
2	1.00	1.00	0.43	0.00	0.00	0.00
3	1.00	1.00	1.00	0.17	0.44	0.44
4	1.00	0.00	0.05	1.00	0.44	0.44
5	1.00	0.00	0.29	1.00	1.00	1.00
6	1.00	0.00	0.29	1.00	1.00	1.00

表 7.9　IRS 矩阵

问题	1	2	3	4	5	6
1	1	0	0	0	0	0
2	1	1	0	0	0	0
3	1	1	1	0	0	0
4	1	0	0	1	0	0
5	1	0	0	1	1	1
6	1	0	0	1	1	1

我们根据 IRS 矩阵来构成 IRS 图。

参照图 7.10，它给出了构成 IRS 图的顺序和过程。IRS 图用纸如图 7.10(1)所示，其纵轴表示问题的正答率。IRS 图是以问题的正答率从低到高的方向构成的。首先将问题①(正答率最低)按照它的正答率多少填入 IRS 图的相应栏目处[图 7.10(1)]。随后，以同样的方法，将其他的问题填入 IRS 图的相应栏目处。根据 IRS 矩阵(表 7.9)，对各问题用箭头→或↔进行连接。问题间的→或↔可按以下方法记入。设当前的问题为 i，从问题 $i-1$ 开始直至问题 1，顺序地查询关联矩阵表，若对应的元素为 1，则考虑在这两个问题间记入箭头，予以连接。若这两个问题间已经有间接的连接，即其他问题的连接造成了这两个问题的连接，则不应在这两个问题间记入箭头。若对应的元素为 0，则不应以箭头连接这两个问题。如此下去，直至对 n 个问题全部完成以上的操作，得到对应于图 7.8(b)的 IRS 图。

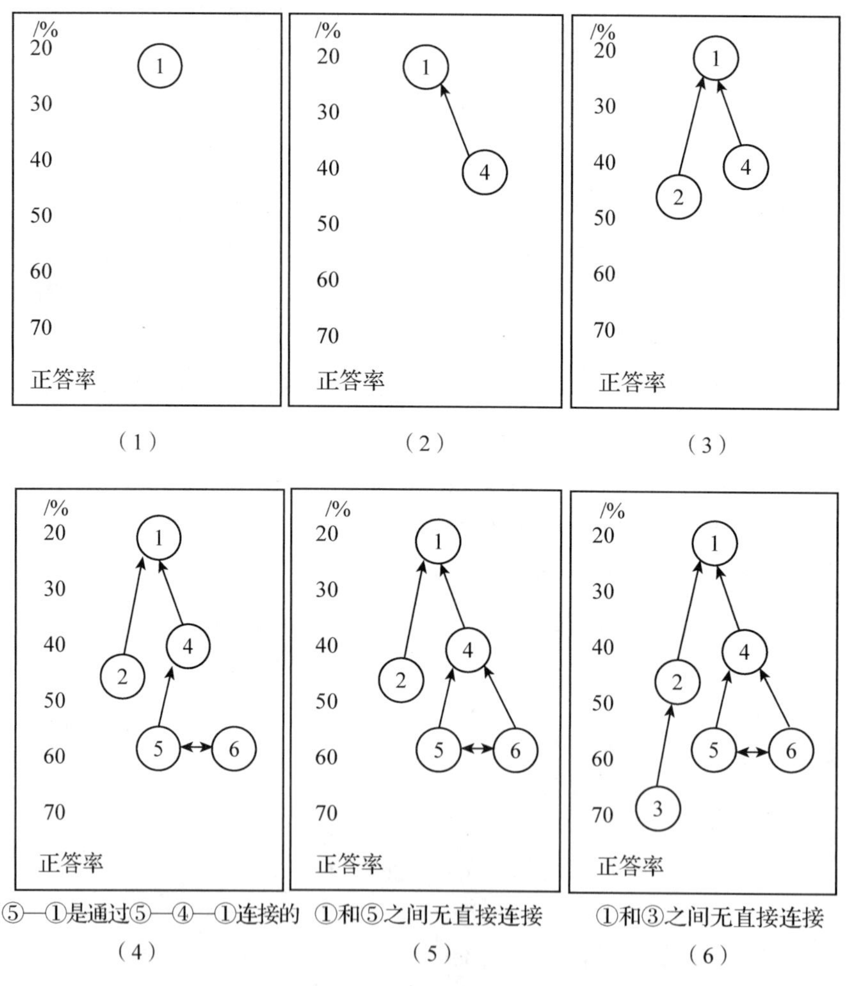

图 7.10　IRS 图的构成

四、IRS 图的性质

IRS 图具有以下重要性质。

1. 单调性

通过 IRS 图及其构成过程可以看出，IRS 图是按正答率从低到高的顺序排列的。在这样的图中，箭头总是向上的，箭头"→"总是从正答率高的问题指向正答率低的问题。换句话说，以箭头"→"连接的问题群是一种单向的序列化的问题群。基于 IRS 图的构成方法和所完成的 IRS 图，可以看出 IRS 图不仅是一种具有单调性的图，而且还是一种具有一定层级结构的图形，这种层级是按问题的难度或正答率的高低排列的。这种性质在分析 IRS 图时是非常有用的。

2. 正相关性

以箭头"↔"连接的问题间的相关系数通常是正的，即这些问题间是正相关的。对于以"↔"连接的问题，其相关系数高于顺序系数的阈值。IRS 图的顺序性与相关性具有十分密切的关系。进行 IRS 分析时，应综合地考虑相关性和单向性的特点。

第五节　IRS 图的应用

这里，我们首先说明一下 IRS 图的应用范围，最后介绍一个具体的实例。

一、在形成评价中的应用

形成评价是一种用于完善学习过程的评价。在形成评价中，应测试教学内容的完成程度，并基于测试的结果改善教学方法，实现对教学过程的有效控制。为此，用于形成评价中的形成测试应充分反映教学内容和学习目标的要求。在制作形成测试的项目时，对教材结构的把握具有重要的意义。在设计形成测试时，首先应分析教材结构，作出教材结构图，在此基础上，设计测试结构图。测试完毕后，应根据测试数据作 IRS 图。有关的过程如图 7.11 所示。观察得到的教材结构图、测试结构图和 IRS 图，对它们进行比较、分析，这对形成测试是十分重要的。在分析过程中，应注意 IRS 图与其他图之间的差异，并根据这种差异来考察学生的学习行为。在 IRS 分析中，应十分重视并发现各种图之间的不同，进而研究产生这种不同的原因和意义。

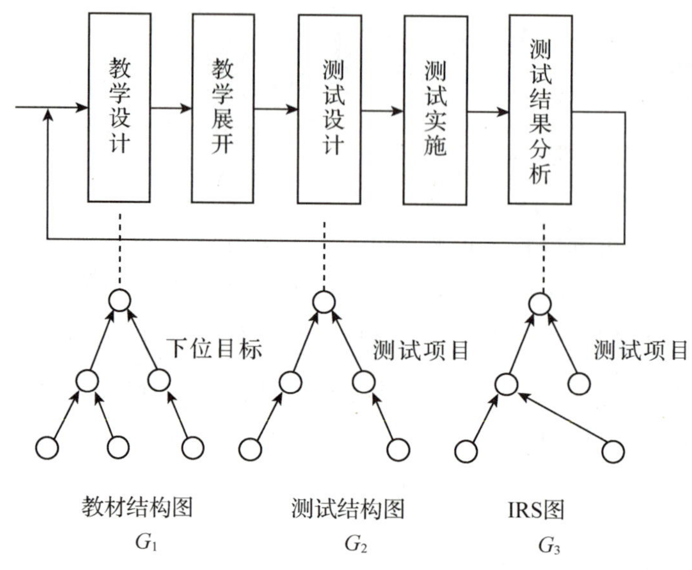

图 7.11 教学过程与关联结构过程

二、在概念形成过程分析中的应用

IRS 分析不仅可用于分析测试结果，还可用于分析概念的形成过程。以小学数学概念形成的过程为例。小学数学的概念形成大致可分为以下四个阶段。

(1)操作：通过经验的获得，规范动作行为的过程。

(2)图像：通过操作，对行为、知觉进行内化的过程。

(3)语言：对于图像，以语言或者数进行抽象化的过程。

(4)逻辑：使用语言，将各种因果关系、逻辑关系内化并取得一定的效果。

在概念形成的不同阶段，都可以利用 IRS 图对其进行分析。分析中的 1，0 数据，可以是教师对行为的观测结果，可以是测试的总成绩，也可以是对不同阶段概念形成的判断。

有人曾用 IRS 图，通过 CAI 课件，分析概率的某些概念的形成过程。

三、在教材分析中的应用

IRS 分析作为教材分析的一种方法得到了一定程度的应用。

在教材分析中，应以教材为母集团。对应于教材的测试，应从母集团中随机地抽出问题，构成相应的测试。对于测试的结果，可采用 IRS 分析，分析的结果可反馈至教材，用于教材的完善和评价。通过 IRS 分析，可以了解到学生对教材的认知结构。

在教材的研究和完善过程中，应充分关注学生的这种认知特点和认知结构。

四、在教学设计中的应用

这里，我们将借助之前用 S-P 表讨论过的有关小学数学乘法运算的实例(见第三节)，以 IRS 分析的方法进行分析，并通过这种分析，做进一步的推论和考察。在 IRS 分析中，其主要的着眼点包括以下几个方面：

(1)从整体看，课前测试具有怎样的学习结构和怎样的问题序列。

(2)对 2 位×1 位、3 位×1 位的计算掌握的程度。

(3) 2 位×1 位×1 位的计算与 2 位×1 位、3 位×1 位的计算有怎样的关系。

(4)对于测试 2 位×1 位计算方法理解程度的问题，学生的反应是怎样的。

(5) 判定应用问题在测试中的位置。该应用问题通过使用 △□，测定学生给出正解时的处理过程。

(6)对应用题的理解度，以及应用题在 IRS 图中的位置。

考虑上述的诸项要求，根据测试的结果，作出的 IRS 图如图 7.12 所示。S-P 表中已经说明的内容，这里不予说明。

通过 IRS 图，可以看出：

(1)乘法计算序列与运用乘法的应用题应并存。

$$57\times6=50\times\square+7\times\square$$

这样的问题应从其他问题序列中独立出来，其原因是，回答这一问题的前提是在两个□中填入同一个数字，而这样的前提，学生并不十分理解，学生往往从答案进行推测。

(2)2 位×1 位和 3 位×1 位的计算项目群应分别序列化。

测试问题将这两种不同类别的计算混在一起。从 IRS 分析的结果可以看出，应对图 7.12 中点线框内的项目群进行重新编制，它们分别为不进位的乘法、只有一位进位的乘法、有两处进位的乘法，并要对其序列化。

进行教学设计时，乘法计算的操作应是设计的要点。

(3)三个数的连乘与其他的乘法计算相比，学生的理解度较低(表现在正答率较低)。

有关三个数连乘的计算学生感到较为困难，学生对这种计算的规则并不是很清楚，缺乏相应的预备知识。

三个数连乘的规则是指导的要点。

(4)用于测定学生对乘法运算方法理解程度的问题应分别列入不同的问题序列中。

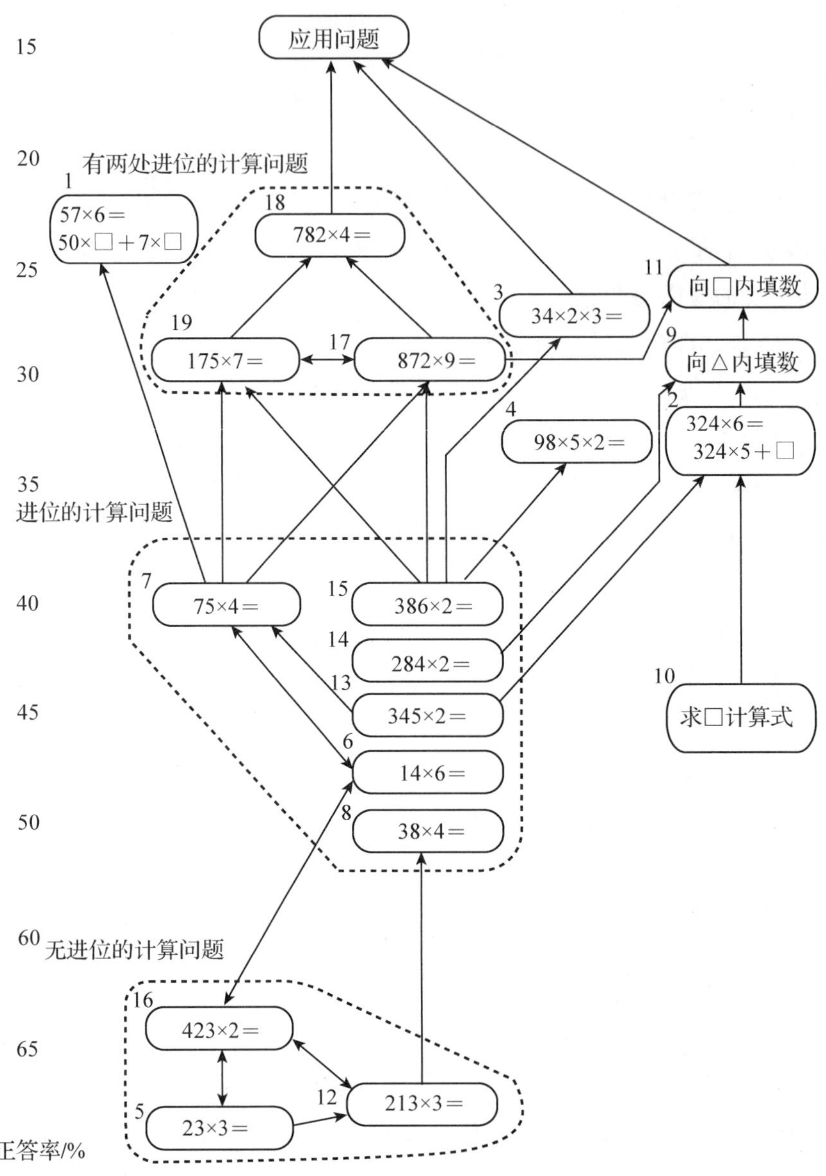

图 7.12　乘法计算课前测试 IRS 图

在教学设计中，应将应用问题列为指导的重点。

通过上述讨论，我们可以认识到，IRS 图的有效性主要表现在：

• 用于把握学生的学习状况。

IRS 图的整体结构，可用于研究学生对问题理解的整体结构，这种结构可以认为是学生对测试问题的理解结构。

• 用于对指导要点的研讨。

IRS 图是一种基于项目间顺序关系而构成的序列，这种序列可有效地分析学生在学习中产生困难的原因。这在教学过程的设计中具有重要的意义，它可帮助我们确立指导的要点，制定引导的过程。

• 用于对指导顺序的研讨。

IRS 图给出了各项目间的顺序关系，我们把握了这些关系，对于确立教学过程中的指导顺序具有重要的意义。

例如，三个数的连乘是以包含一位进位的两位数乘法的学习为前提的。由于学生对计算方法、结合律没有预先学习，虽然是比较简单的问题，但正答率仍很低。教学过程的设计应基于项目间的顺序关系展开。

• 用于测试问题的完善。

根据 IRS 图，在设计测试问题时，那些与其他问题关联很少的问题，或教师从预想的关联问题序列中抽出的问题，可单独作为一种问题序列处理。

结构分析法是一种将分析的结果通过视觉的方法予以分析和表示的方法。在数据处理时，这种方法不需要进行复杂的统计计算，它使数据尽量地保持原有的状态。这些都是结构分析的重要特点。

不论是图表法还是图法，它们都是利用各种几何学的图形进行分析和表示的，因此，其分析结果易于解释、易于讨论。作为图形化的分析结果，它不是数字的罗列，而是几何学的图形，这种形式的分析结果，有利于人们进行沟通，共同理解。

思考与练习

1. 试说明教育信息结构分析的主要类别。

2. 什么是 S-P 表？如何制作 S-P 表？如何绘制 S 曲线和 P 曲线？

3. 试说明差异系数和注意系数的意义和计算方法。

4. 试针对一个班级(36～50 名学生)的测试数据(5～10 个问题)进行 S-P 表分析，包括：作出 S-P 表，绘制 S 曲线和 P 曲线，计算差异系数，并基于 S-P 表对该测试情况进行分析。

5. 试说明 IRS 图的基本原理。

6. 试说明顺序系数的意义和计算方法。

7. 试说明如何根据顺序系数构成 IRS 图。

8. 试根据练习题 4 的 S-P 表作出相应的 IRS 图，并基于 IRS 图对测试结果进行分析。

第八章

数据与数据分析

学习要点

人类社会已经进入大数据时代，大数据已经在工业、农业、国防、教育、科技等方面得到了重视和应用。数据素养是每一个信息社会成员的基本素养，它是信息素养的一个重要方面。

本章对数据、数据分析的基本内容做了一个简明介绍。首先讨论了什么是数据，特别关注了数据和信息的关系。随后，讨论了数据的尺度和类别。在此基础上，对数据分析做了简单介绍，主要包括作为数据代表的统计量、表示数据离散程度的统计量和两个变量间的相关性等最基本的内容，并给出了相应的计算方法。之后的讨论是在多元变量数据矩阵的基础上进行的。一元变量分析是对数据矩阵中的特性（变量）一个一个地进行分析，即对数据矩阵中的数据一列一列地进行分析。二元变量分析是以每两个特性（变量）为对象进行分析的，即以数据矩阵中每两列为对象进行分析。多变量分析则是对 p 个特性（变量）同时进行考虑和分析的。这种考虑是基于后续学习的需要来安排的。最后对多元分析的方法进行了简单的介绍。本章内容的设计，主要是为了满足后续学习的需要，如数据的分类。

通过本章的学习，应对数据，特别是数据与信息的关系，有一定的认识；应对数据分析的基本内容有一定的理解，应能计算数据的有关统计量并进行一定的分析。

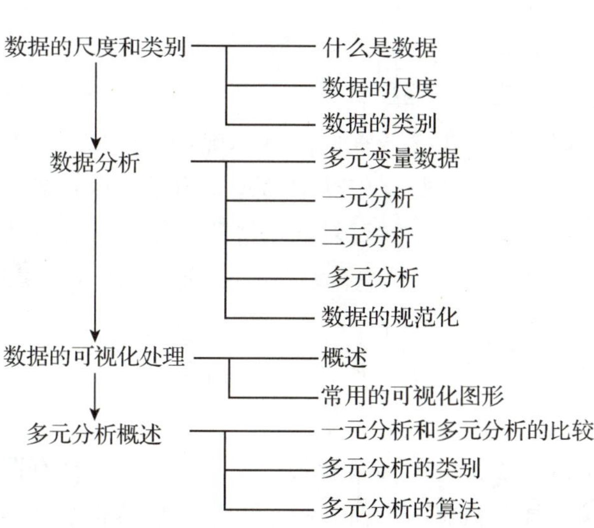

人类社会已进入大数据时代，数据对社会的发展，对人们的工作、学习、生活显得越来越重要，数据素养已成为人们的一项重要素养。

第一节　数据的尺度和类别

一、什么是数据

数据是事实或观察的结果，是对客观事物的逻辑归纳，是用于表示客观事物的未经加工的原始材料，目前还没有一个大家都能接受的定义。不同专业不同的人从自己的专业角度来认识、理解数据，当今，有关数据的定义(或认识)有很多种：

数据是信息的表现形式和载体，可以是符号、文字、数字、语言、图像等。数据和信息是不可分离的。数据是信息的表达形式，信息是数据的内涵。数据本身没有意义，数据只有对实体行为产生影响才会成为信息。

数据可以是连续的，如声音、图像，这样的数据称为连续的数据。也可以是不连续的，如符号、文字等，这样的数据称为离散的数据。

数据是通过科学实验、检验、统计等所获得的数据，是用于科学研究、技术设计、决策等的数值。

数据是按一定规则排列、组合的用来记录信息的物理符号。

数据可以是数字、文字、图像，也可以是计算机代码。

除此之外还有很多种定义，这些都是站在不同的角度来认识数据的，虽然如此，但都是对同一种现象的认识，在这些不同的认识中，人们也有一些共识，那就是数据是一种信息的来源，人们可以从数据中获取信息。为了获取信息，应对数据进行一定的处理。为了从数据中获取信息，需要对数据进行解读，通过解读才能得到数据中包含的信息。数据并不是信息，它是信息的载体。解读是从数据中获取信息的有效方法。

二、数据的尺度

我们在工作、生活和学习中经常会接触、使用数据，数据有两个问题需要我们特别关注。一个是它是否具有相应的数值，另一个是这些数据是否能进行计算，对计算有怎样的要求。对于数据的这些性质可用尺度进行区分。

数据的尺度有：

1. 名义尺度

在这种场合中，数据只具有符号的意义。

在学校里，一组、二组……表示小组的编号。一、二……只表示类别，不作为数值，不能进行代数运算。这样的数据是作为名义尺度来使用的。

2. 序数尺度

这时的数值作为顺序的比较结果使用。

学生成绩按从高到低的顺序排列，并赋予1，2，…，10这样的编号。这时，应有数值小的成绩高、数值大的成绩低这样的一些关系成立。这种表示顺序的方法多在教育的研究中应用。

3. 距离尺度

距离尺度表示数值间的间隔，且加法性成立，即这样的数据可进行加法运算。

这种尺度的数据应具有相同的单位。例如，10℃的水与20℃的水以相同的量混合，混合后，得到了15℃的水，这样的数据可相加。这样的数据，“零点”位置可以任意选择。这种类型的数据可以求算术平均值、计算方差、作直方图、求相关系数。

4. 比例尺度

这类数据具有距离尺度数据的性质，但却具有确定的“零”点，这种尺度的数据适于进行广泛的统计处理。学生的身高、体重属于这类数据。

表8.1给出了各种尺度的数据和可能使用的统计方法。

表8.1　各种尺度和可能使用的统计方法

尺度	性质	使用的统计方法	例
名义尺度	保证相等性	求属性相关	对院、系、年级的编号
序数尺度	比较数值间的大小	求顺序位的相关	矿物的硬度
距离尺度	保证距离间隔相等	求算术平均值、计算方差，作直方图，求相关系数	温度 学习能力检查 标准得分
比例尺度	保证数值比的同等	求几何平均 变异系数	长度、质量、密度

三、数据的类别

基于数据在使用时的各种要求，人们对数据进行了多种分类，数据具有多种分类说明了数据具有广泛的应用。我们仅从本课程学习的需求出发，有限地讨论数据的分类。

1. 质的数据与量的数据

具有数值性且能进行运算的数据叫作量的数据。不具有数值性的数据(当然也不能进行运算)叫作质的数据。

学生的测试成绩——得分具有数值性，且能进行运算、比较大小，这是量的数据。学生的学号、院系的编码等，这样的数据不具有数值性，它只是一种代码，这样的数据是质的数据。

对量的数据和质的数据的判别是看该数据是否具有等量的数值，且是否能进行运算。学生的学号、院系的编号不具有数值性，它们是质的数据。学生的学习得分具有与数据等量的分值，如 80 分，表示了与该数据 80 相等量的 80 分的分值，能运算，且能比较大小，它是量的数据。

在后面的讨论中，对于数据，我们有时也称之为变量，即量的变量、质的变量。

从尺度的角度来区分量的数据和质的数据，相关内容可见表 8.2。

表 8.2　量的数据与质的数据的区别

质的数据 名义尺度	以分类为目的的数据，不具备排序的功能，“男女”“职业”“居住地址”
质的数据 序数尺度	具有顺序的意思，但不具有间隔的意思，如“第一名”“第二名”“第三名”
量的数据 间隔尺度	能表示顺序、间隔，原点的位置不定，如“摄氏度”
量的数据 比例尺度	是间隔尺度，但原点是确定的，如“距离”“金额”“绝对温度”

2. 说明变量和目的变量

在多元分析中，分析系统有输入和输出，如在主成分分析中，通过对观测变量的综合得到主成分，这时，观测变量为输入，是独立变量(说明变量)，输出的变量为目的变量(从属变量)。

多变量分析是多种变量分析方法的集合。各种不同的分析所处理的数据有各种不同的类别，表 8.3 给出了不同的处理，它们所面对的是不同类别的目的数据。

表 8.3　不同多变量分析方法的目的变量和说明变量

目的	目的变量	说明变量	
		量的	质的
预测　构建关系式 预测　构建关系式	量的 量的	回归分析 准相关分析	数量化Ⅰ 数量化Ⅰ
预测　分类 预测　构成类别	质的 质的	判别分析 聚类分析	数量化Ⅱ 聚类分析
综合　变量的综合 综合　发现变量	— —	主成分分析 因子分析	数量化Ⅲ 数量化Ⅲ

3. 教育大数据与传统教育数据

随着信息社会的不断发展，人类社会已进入大数据时代。大数据受到了人们的高度重视，它在许多部门得到了应用，并取得了可喜的成绩。基于这样的现实，我们对教育大数据与传统教育数据(简称为传统数据)的特点进行一些讨论。

什么是大数据？现在还不能给出一个被大家广泛接受的定义，这也说明大数据是当前处于发展中的一个概念，我们从大数据的特点来认识大数据。

(1)大数据的特点。

大数据最基本的特点是大，由于数据量大，故而涉及的数据类型增多，所以处理速度要加快。现在，人们往往以“4V”来说明大数据的特点，它们是：

①数据量(Volume)大(大量)。

大数据的第一个特点是大，数据的体量大。我们在日常的工作、生活和学习中，用到的数据量一般在 KB～GB 范围内，而大数据则在 TB 的级别。随着科学技术的不断发展，成为大数据的门槛也在不断增大，现在，要求达到 TB 级别的数据才称得上是大数据。

(数据的换算：1 GB＝1 024 MB，1 TB＝1 024 GB，1 PB＝1 024 TB，1 EB＝1 024 PB。)

②类型(Variety)繁多(多样)。

大数据不仅量大，而且类型繁多，它给数据的获取、传递和处理等带来了不少的麻烦和困难。

③价值(Value)密度低。

价值密度是指在单位量级的数据中，有意义的数据的占比。大数据中价值密度较低，因此人们往往处理了大量的数据，但得到的有价值的数据却不多。例如，在数小时的监控视频数据中，有价值的数据仅是一秒钟的数据。

④处理速度(Velocity)快。

要从庞大的数据中取得有价值的数据，要求处理速度要快。同时对大量的、复杂的数据，也要能做到实时处理。

对大数据的研究和应用需要大数据技术支持，主要包括数据的采集、数据的存储、云技术、数据的统计分析等。

面对大数据，我们不仅要关注数据的体量，更要关注大数据中有意义的信息，从大数据中，如何获取这些信息是大数据研究的一个非常重要的问题。

(2)大数据技术。

支持大数据的主要技术有：

数据采集；

数据存储；

基础架构，如云存储、分布式存储等；

数据处理，如自然语言处理；

统计分析，如假设检验、差异分析、相关分析、方差分析、距离分析、回归分析、因子分析、聚类分析、主成分分析等；

数据挖掘，如分类、估计、预测、关联规则、聚类、描述与可视化等；

模型预测，如预测模型、机器学习、建模仿真等；

结果呈现，如云计算、关系图等。

教育大数据是指在教育或教育相关领域中的大数据，教育大数据具备大数据的特点，但它也具备教育自身的特点，有关内容将在教育大数据与传统数据的比较中讨论。

(3)传统数据。

我们关注的传统数据是传统学校教育中的数据，为了与教育大数据对应，我们称之为传统数据。

传统教育是一种教师讲、学生听的教育，传统数据的体量、类别、处理远没有达到大数据那样的级别。

在传统教育中，一个学生完成了九年义务教育，产生的可供分析的量化数据不超过 10 KB，它包括学生个人与家庭的基本信息，学校与教师的相关信息，学生各门课程的成绩，学生的身高、体重、图书馆和体育馆使用信息等。大数据技术支持下的学生学习，设一节课 40 分钟，普通中学一个学生所产生的全部数据约 5～6 GB，其中用于分析的量化数据约有 50～60 MB。

与大数据相比较，传统数据有它的特点。这些特点多体现在数据的产生、获取和应用的过程中。

传统数据的采集不是在教学过程中实时的采集，而是在教学的某一阶段结束后，通过考试、总结、调查等多种方式获取有关数据，并对学生、教学进行评价，用以完善教学过程。

在传统数据的产生、采集、评级和使用过程中，作为信源的学生、数据的评价者，对整个过程都是知情的。例如，在考试时，学生、教师是知情的；在调研时，调查者、被调查者也是知情的。

教学过程中，数据的产生、收集、传递、评价、使用依靠的都是人，在这个过程中，人的情感、认知能力的变化对学习数据会产生一定的影响，这种影响会致使学习数据出现异常，由此产生误差。例如，某一学生喜欢某门课程，喜欢某位任课教师，可能听这位教师讲这门课时就认真一些，考试时，心情会愉悦一些，回答会认真一些；反之，不喜欢这门课，不喜欢这位教师，上这门课、听这位教师讲课时，心情就会压抑一些，考试时，也不是很认真，使考试结果出现一些异常。又如，某些学生因为集体的原因，或碰上了一些不如意的事情，不能控制情感，本应答对的问题，答错了，本应能完成得很好的学习任务，完成得很不好，致使所产生的数据产生误差。人的情感、认知能力的这些变化，使得测量的数据的客观性、可信度受到质疑。对于传统数据，人们应对获取的数据进行分析，努力消除因情感、认知能力的变化而对数据产生的影响。

下面，我们对教育大数据与传统数据进行比较，通过比较，来认识二者的异同、优劣，进而对二者的特性有进一步的认识。

我们将基于 IT 的学习平台进行个性化学习的数据和基于传统的教师讲、学生听的课堂教学的数据进行比较，其比较的项目和结果如下(表 8.4)。

表 8.4　教育大数据与传统数据的比较

类别	基于 IT 的学习平台的数据	传统数据
数据源	学习资源、学习平台、学生、教师、不知情者	学生、教师、研究者
获取数据	基于 IT 的监测系统，物理量的检测、量的数据	学习结束后的测试问卷、调查、讨论、总结等质的数据
数据的时间特性	学习过程实时	学习结束后的评价非实时的
数据的性质特点	量的数据便于处理	质的数据需数量化
可靠性	系统干扰和外部干扰	认知、情感产生干扰
支持的系统	基于 IT 控制的学习系统	人工
数据分析	已有多种统计分析和数据挖掘的技术支持	人工进行简单的处理(平均、方差)
应用	个性化学习	学习结果评价，完善教学系统

说明："学生、教师、研究者"作为信息源。

第二节　数据分析

统计学是以样本估计总体的科学。为了了解一个班的学习情况，一个班的数据就是总体，收集、处理一个班的数据易于实现。但为了了解一个省的学生情况，收集、处理一个省的学生数据则十分困难，所以我们选取若干学校的若干班级的若干学生，对他们的情况予以处理，这些班级的数据称为样本(图 8.1)。通过样本，对总体进行估计，从而实现对总体的研究，把握总体的情况。

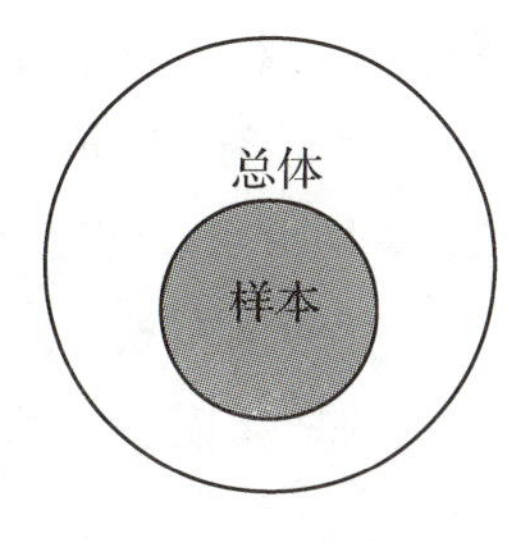

图 8.1　样本与总体

进行数据分析时，我们多是基于对样本数据的分析来估计总体的。

一、多元变量数据

1. 认识多元变量

现有 n 个样本，每个样本具有 p 种特性，每一特性用一个变量 x_i 来表示。p 种特性则由(x_1，x_2，…，x_p)表示。这样的数据为多元变量数据。多元变量数据可以用矩阵 $\mathbf{A}$ 来表示。

$$\mathbf{A}=\begin{pmatrix} x_{11}, & x_{12}, & \cdots, & x_{1p} \\ x_{21}, & x_{22}, & \cdots, & x_{2p} \\ \vdots & \vdots & & \vdots \\ x_{n1}, & x_{n2}, & \cdots, & x_{np} \end{pmatrix} \tag{8-1}$$

我们称横向的为行，横向的数据，如(x_{11}，x_{12}，…，x_{1p})为行数据，纵向的为列，纵向的数据 $\begin{pmatrix} x_{11} \\ x_{21} \\ \vdots \\ x_{n1} \end{pmatrix}$ 为列数据，数据 $\mathbf{A}$ 是具有 n 行，p 列的多元变量数据。我们称矩阵中的每一个数为元素，其下标表示元素的位置。例如，元素 x_{ij}，表示元素在矩阵中位于第 i 行第 j 列，为了简化，矩阵可写为$[x_{ij}]$，其中，x_{ij} 是该矩阵中的一个位于第 i 行第 j 列的元素。矩阵除了以式(8-1)的形式表示外，还可用大写的黑体字母 $\mathbf{A}$ 来表示。为了指明矩阵的大小可用

$$\mathbf{A}_{np} \text{ 或} [x_{ij}]_{np}$$

表示，它表示该矩阵大小为 n 行，p 列。

2. 多元变量数据的向量表示和散布图

样本有 p 种特性，x 表示特性，p 种特性则以(x_1，x_2，…，x_p)来表示。设有一个 p 维坐标系，每一个样本有 p 种特性，因此，在 p 维空间，一个样本可用一个向量来表示，为了方便，以二维空间为例，样本 A、B 以向量 $\mathbf{A}$、$\mathbf{B}$ 来表示。

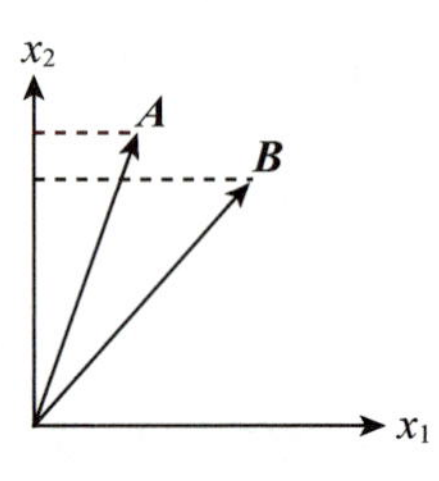

图 8.2　向量图

多元变量数据除了用向量表示外，还可以用散布点和散布图来表示(图 8.2)。以二维空间为例，一个样本在二维空间对应于一个点，称为散布点。N 个样本就对应于 n 个散布点，这 n 个散布点又构成了散布图。

3. 多元变量数据的基本形式

多元变量数据的基本形式如表 8.5 所示。现举一个实例，我们看 n 名学生、7 门课程的分数矩阵(表 8.6)。

表 8.5　多元变量数据的基本形式

样本	变量			
	x_1	x_2	…	x_p
1	x_{11}	x_{12}	…	x_{1p}
2	x_{21}	x_{22}	…	x_{2p}
3	x_{31}	x_{32}	…	x_{3p}
⋮	⋮	⋮		⋮
n	x_{n1}	x_{n2}	…	x_{np}
合计 平均值 方差				

表 8.6　多元变量数据的实例——分数矩阵

学生	语文　数学　外语　物理　化学　技术　思政	总分	平均分	方差
S_1	x_{11}　x_{12}　x_{13}　…　x_{17}			
S_2	x_{21}　x_{22}　x_{23}　…　x_{27}			
S_3	x_{31}　x_{31}　x_{33}　…　x_{37}			
⋮	⋮　⋮　⋮　　⋮			
S_n	x_{n1}　x_{n2}　x_{n3}　…　x_{n7}			
总分 平均值 方差				

4. 一元变量数据、二元变量数据与多元变量数据

分数矩阵中，每一行为某位学生各科的成绩、总分、平均分和方差。每一列则为每一门课程全体学生的得分、总分、平均分和方差。分数矩阵可以很方便地找到某位学生的分数，它是矩阵的一个行向量，也可找到某一班级全体学生某一门课程的分数，它是分数矩阵的一个列向量。

多元变量数据可分解为多个一元变量数据，多元变量数据是一元变量数据的综合。

我们希望对某一门课程的分数进行处理，如对数学的分数进行分析，希望求它的平均值、方差。我们可以将 **A** 矩阵的第 2 列分数单独取出进行处理，求其平均值、方差，这时的处理是一元变量分析。同样，二元变量数据是将关注点放在两门课程的数据上，如语文与外语，此时，我们将分数矩阵中的第 1、3 列的数据取出来，由此，我

们得到两个变量构成的二元变量数据，它有两个列，原来分居在第 1、3 列的数据将形成 n 个数据对(x_{i1}, x_{i3})，$i=1, 2, \cdots, n$，由它可计算二元变量问题，进行二维数据的处理。

一元变量数据可以由多元变量数据分解而得到，反之，多元变量数据是多个一元变量数据、二元变量数据综合而来的。

在数据分析时，对一元变量数据、二元变量数据的分析是最基本的分析，多元变量数据分析是建立在一元变量数据分析、二元变量数据分析的基础之上的。例如，多元变量的平均值、方差，多元变量的相关矩阵均是在一元变量、二元变量的基础上求得的。

二、一元分析

对一元变量数据进行分析，叫作一元分析。一元分析所关注的仅是一个特性，并以一个变量 x 来表示，设具有特性 x 的样本为

$$x_i \quad i=1, 2, \cdots, n \tag{8-2}$$

其数据的矩阵表示为一阶矩阵 $\boldsymbol{D}_1$，

$$\boldsymbol{D}_1=\begin{pmatrix} \underline{X} \\ x_1 \\ x_2 \\ \vdots \\ x_n \end{pmatrix} \tag{8-3}$$

一元变量数据又称一元数据，如一个班学生一门课程的考试成绩。

1. 作为数据代表的统计量

(1)平均值。

平均值的定义式是

$$\overline{x}=\frac{1}{n}\sum_{i=1}^{n}x_i=\frac{1}{n}(x_1+x_2+\cdots+x_n) \tag{8-4}$$

若分析处理的数据是系统的全部数据，则我们称它为总体数据。总体的平均值的定义式与样本的是一样的。当系统较大，涉及的数据量过大时，我们往往取其一部分，并称它为样本，求其平均值，以样本的平均值来估计总体的平均值。

平均值是使用的最多的统计量，它又叫作第一统计量。

平均值是表示数据特性的一个重要统计量，但在用平均值表示数据的特性时，还需要考虑数据的分布，即数据的离散程度。

可以认为多元变量数据中的某一列的数据就是一元变量数据，它是多元变量数据

的一个列向量，以计算一元数据的方法可以计算多元数据中多列数据的平均值。例如，多元变量数据中的第 3 列，它表示了多元变量数据中的某一个特性，多元变量数据的列向量的平均值，可根据定义式(8-4)进行计算。多元变量数据第 3 列的平均值为

$$\overline{x}_3=\frac{1}{n}\sum_{i=1}^{n}x_{i3}=\frac{1}{n}(x_{13}+x_{23}+\cdots+x_{n3}) \tag{8-5}$$

同样，可求得

$$\overline{x}_5=\frac{1}{n}\sum_{i=1}^{5}x_{i5} \tag{8-6}$$

以平均值来表示数据特性，总是不全面的。例如，现有两个年级的学生，每个年级学生 200 名，某门课程的考试平均分都是 60 分，两个年级学生的考试得分分布分别如图 8.3(a)和图 8.3(b)所示。图 8.3(a)表明，学生的成绩差别较大，它表示有的学生成绩很好，有的学生成绩很差，图 8.3(b)则表明，全年级学生成绩较均匀。显然图 8.3(b)所代表的学生的学习的状况优于图 8.3(a)所代表的学生的学习状况。

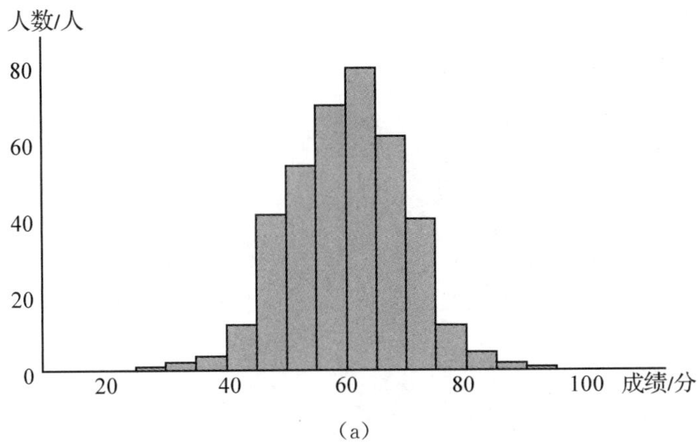

(a)

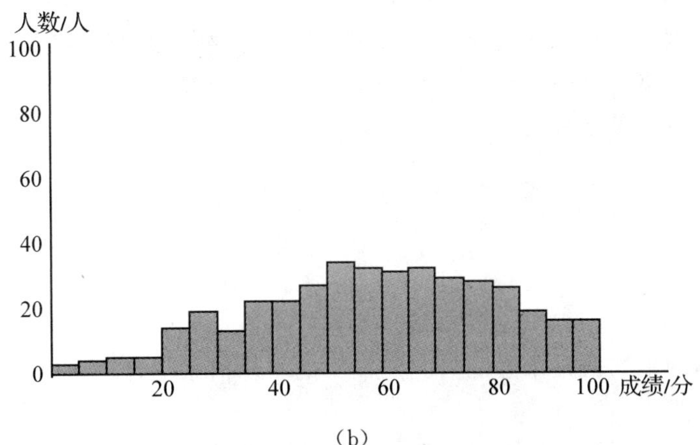

(b)

图 8.3　学生成绩分布

但仅以平均分来判断还存在一些问题，还应考察数据的离散程度。方差是表示数据离散程度的一个重要统计量。

(2)方差。

现有一元变量样本

$$x_i \quad i=1,\ 2,\ \cdots,\ n$$

以矩阵表示则有 $\boldsymbol{D}=(x_1,\ x_2,\ \cdots,\ x_n)^T$

该数据的方差 σ^2 的定义为

$$\begin{aligned}\sigma^2 &= \frac{1}{n}\sum_{i=1}^{n}(x_i - \overline{x})^2 \\ &= \frac{1}{n}\{(x_1 - \overline{x})^2 + (x_2 - \overline{x})^2 + \cdots + (x_n - \overline{x})^2\}\end{aligned}$$

式中 $\overline{x}$ 为平均值，且有

$$\overline{x} = \frac{1}{n}\sum_{i=1}^{n} x_i$$

该定义式展开

$$\begin{aligned}\sigma^2 &= \frac{1}{n}\sum_{i=1}^{n}(x^2 - 2\overline{x}x_i + \overline{x}^2) \\ &= \frac{1}{n}\left[\sum_{i=1}^{n} x_i^2 + 2\overline{x}\sum_{i=1}^{n} x_i + \sum_{i=1}^{n}\overline{x}^2\right] \\ &= \frac{1}{n}\sum_{i=1}^{n} x_i^2 - 2\overline{x}^2 + \overline{x}^2 \\ &= \frac{1}{n}\sum_{i=1}^{n} x_i^2 - \overline{x}^2\end{aligned}$$

由此得到方差计算公式

$$\sigma^2 = \frac{1}{n}\sum_{i=1}^{n} x_i^2 - \overline{x}^2$$

多元变量数据中，一个列是表示一种特性的一元变量数据。该列数据的方差可作为一元变量的方差进行处理，依据方差的定义式进行计算。

以第 3 列为例，其方差为

$$\sigma_3^2 = \frac{1}{n}\sum_{i=1}^{n}(x_{i3} - \overline{x}_3)^2$$

式中

$$\overline{x}_3 = \frac{1}{n}\sum_{i=1}^{n} x_{i3}$$

通常，总体的平均值是未知的，它用样本的平均值来估计。

(3)加权平均。

为了展示各个 x_i 的不同重要程度，可使用加权平均，此时每个 x_i 的加权系数不同，加权系数大的变量更为重要。

每个变量的加权系数分别为 a_1，a_2，$\cdots$，a_n。

加权平均为

$$\overline{x}=\frac{a_1x_1+a_2x_2+\cdots+a_nx_n}{a_1+a_2+\cdots+a_n}=\frac{\sum_{i=1}^{n}a_ix_i}{\sum_{i=1}^{n}a_i} \tag{8-7}$$

(4)中位数。

将数据按从大到小的顺序排开，位于正中间处的数值为中位数。

若 n 为奇数，则中位数是 $(n+1)/2$ 位置上的数。若 n 为偶数，则 $n/2$ 和 $n/2+1$ 位置上的数为中位数，或采取这两个数的平均数为中位数。

(5)最频数。

出现次数最多的数。

2. 表示数据离散程度的统计量

仅以平均值还不足以反映数据给出的信息，还应给出数据的离散程度，表示离散程度的统计量有以下几个。

(1)方差。

①总体方差。

设 $x_i(i=1, 2, \cdots, n)$ 为总体全部数据，总体方差为

$$\sigma^2=\frac{1}{n}\sum_{i=1}^{n}(x_i-\mu)^2 \tag{8-8}$$

式中，μ 为总体的平均值。

②样本方差。

设 x_i 为样本，通常总体全部数据的平均值 μ 是未知的(要获取总体全部数据是不可能的，应选择样本，通过对样本进行统计分析来估计总体的情况)。样本的平均值为 $\overline{x}$，样本的方差为

$$s^2=\frac{1}{n}\sum_{i=1}^{n}(x_i-\overline{x})^2 \tag{8-9}$$

在以样本的方差 s^2 估计总体的方差 σ^2 时，往往会产生一定的偏差，即样本的方差 s^2 不能估计总体的方差。为此，在以一定数量的样本进行总体方差估计时，不是用 n 个样本进行总体的方差估计，而是使用下面的样本不偏方差。

③样本不偏方差。

样本不偏方差不是用 n，而是用 $n-1$，

$$s^2=\frac{1}{n-1}\sum_{i=1}^{n}(x_i-\overline{x})^2 \tag{8-10}$$

采用这种定义后，$E(s^2)=\sigma^2$，对总体方差可实现无偏差的估计。

(2)标准差(SD)。

标准差定义为

$$SD=\sqrt{方差} \tag{8-11}$$

(3)范围。

范围表示数值的范围，定义为数据的最大值和最小值的差。

$$范围=\max\{x_i\}-\min\{x_i\}$$

三、二元分析

对二元变量数据进行分析叫作二元分析。

现有二元变量样本

$$(x_i,\ y_i)\quad i=1,\ 2,\ \cdots,\ n$$

以矩阵表示，其数据矩阵为：

$$\boldsymbol{D}_2=\begin{pmatrix} \boldsymbol{X}\ \boldsymbol{Y} \\ \hline x_1\ y_1 \\ x_2\ y_2 \\ \vdots \\ x_n\ y_n \end{pmatrix}$$

这是一个 2 阶矩阵，其大小为 $n\times 2$ 的矩阵。

二元变量数据的相关是我们主要的关注点。

1. 平均值

二元变量平均值的定义是

$$E(\boldsymbol{D}_2)=E\begin{pmatrix}\boldsymbol{X}\\ \boldsymbol{Y}\end{pmatrix}=\begin{bmatrix}E(\boldsymbol{X})\\ E(\boldsymbol{Y})\end{bmatrix}=\begin{pmatrix}\overline{x}\\ \overline{y}\end{pmatrix}$$

二元变量向量的平均值由表示不同的特性的两个变量 x，y 的平均值 $\overline{x}$，$\overline{y}$ 构成的向量来表示。x，y 的平均值由下式给出。

$$\overline{x}=\frac{1}{n}\sum_{i=1}^{n}x_i$$

$$\overline{y}=\frac{1}{n}\sum_{i=1}^{n}y_i$$

可以认为二元变量数据是多元变量数据中的两个列向量，如第 3 列和第 5 列，其平均值可由

$$\overline{x}_3=\frac{1}{n}\sum_{i=1}^{n}x_{i3}$$

$$\overline{y}_3=\frac{1}{n}\sum_{i=1}^{n}y_{i5}$$

计算出来。

2. 方差

二元变量的方差可以分别计算两个特性 x，y 的方差，即

$$\sigma_{xx}^2 = \frac{1}{n}\sum_{i=1}^{n}(x_i - \overline{x})^2$$

$$\sigma_{yy}^2 = \frac{1}{n}\sum_{i=1}^{n}(y_i - \overline{y})^2$$

式中
$$\overline{x} = \frac{1}{n}\sum_{i=1}^{n}x_i, \quad \overline{y} = \frac{1}{n}\sum_{i=1}^{n}y_i$$

总方差为两者之和：

$$V(D_2) = \sigma_{xx}^2 + \sigma_{yy}^2$$

多元变量数据中，每一列数据可认为是一元变量数据，以同样的方法，可以计算多元变量数据中第 3 列和第 5 列的方差，其计算式为

$$\sigma_{33}^2 = \frac{1}{n}\sum_{i=1}^{n}(x_{i3} - \overline{x}_3)^2$$

$$\sigma_{55}^2 = \frac{1}{n}\sum_{i=1}^{n}(x_{i5} -- \overline{x}_5)^2$$

3. 协方差

变量 x，y 的协方差为

$$\sigma_{xy} = \frac{1}{n}\sum_{i=1}^{n}(x_i - \overline{x})(y_i - \overline{y})$$

方差的定义式中有乘积之和的运算，如

$$\sum_{i=1}^{n}(x_i - \overline{x})^2 \quad \sum_{i=1}^{n}(x_i - \overline{x})(y_i - \overline{y})$$

我们定义

$$S_{xx} = \sum_{i=1}^{n}(x_i - \overline{x})^2$$

$$S_{yy} = \sum_{i=1}^{n}(y_i - \overline{y})^2$$

$$S_{xy} = \sum_{i=1}^{n}(x_i - \overline{x})(y_i - \overline{y})$$

并把它们称为乘积和。乘积和与方差间有以下等式成立：

$$\sigma_{xx}^2 = \frac{1}{n}S_{xx} \quad \sigma_{yy}^2 = \frac{1}{n}S_{yy} \quad \sigma_{xy} = \frac{1}{n}S_{xy}$$

可以认为两个变量 x，y 分别是多元变量数据中的两个列向量，如第 3 列和第 5 列，其间的协方差可通过下式

$$\sigma_{3,5} = \frac{1}{n}\sum_{i=1}^{n}(x_{i3} - \overline{x}_5)(y_{i5} - \overline{y}_5) = S_{3,5}/n$$

进行计算。

4. 二元变量的相关性

二元变量 x，y 存在以下关系：

· x 增加，y 也增加，叫作正相关；

· x 增加，y 减少，叫作负相关；

· x，y 没有以上类似的关系，叫作不相关。

为了表示这样的相关性，可用相关系数量度。

变量间的相关性由其相关系数表示，相关系数的定义为

$$r_{xy}=\frac{\sum(x_i-\overline{x})(y_i-\overline{y})}{\sqrt{[\sum(x_i-\overline{x})][(y_i-\overline{y})]}}=\frac{S_{xy}}{\sqrt{S_{xx}S_{xy}}} \tag{8-12}$$

通常 $-1\leqslant r\leqslant 1$，且有

$$\begin{cases} r=1，\text{正相关，最强} \\ r=0，\text{不相关} \\ r=-1，\text{负面的最强相关} \end{cases}$$

各种相关的散布图如图 8.4 所示。

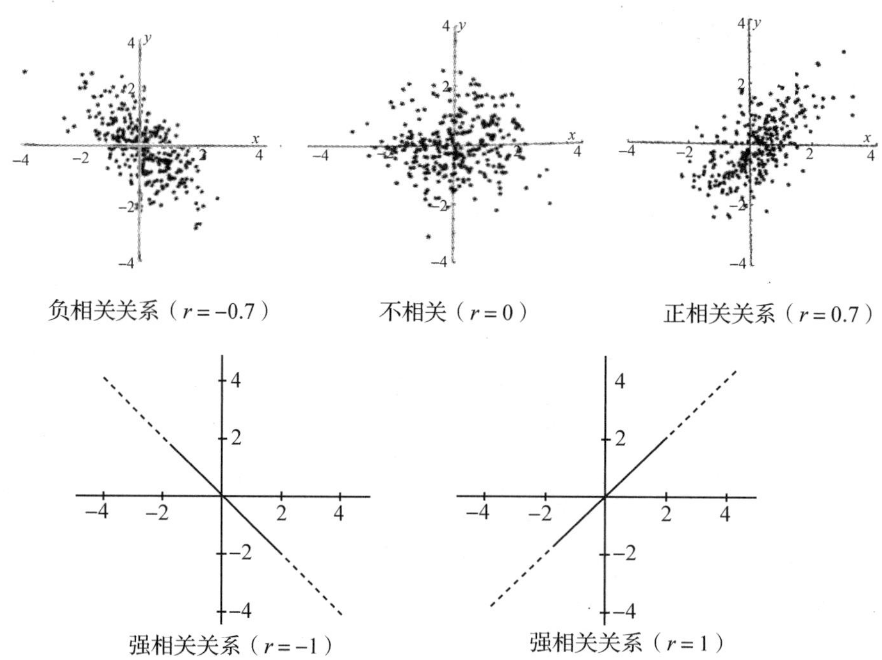

图 8.4　不同相关的散布图

二元变量 x，y 可以认为是多元变量数据中的两个列向量，即两列数据，在多元变量数据中，两个列向量间的相关系数可利用式(8-12)进行计算。例如，第 3 列与第 5 列

的相关系数为

$$\sigma_{3,5}=\frac{\sum_{i=1}^{n}(x_{i3}-\overline{x}_3)(y_{i5}-\overline{x}_5)}{\sqrt{\left[\sum_{i=1}^{n}(x_{i3}-\overline{x}_3)^2\right]\left[\sum_{i=1}^{n}(x_{i5}-\overline{x}_5)^2\right]}}=\frac{S_{3,5}}{\sqrt{S_{33}S_{55}}}$$

5. 协方差矩阵和相关矩阵

二元分析的对象具有两个量度，其间的方差、协方差已求得，由此可得到：

协方差矩阵 $\begin{bmatrix}\sigma_x^2 & \sigma_{xy}\\ \sigma_{xy} & \sigma_y^2\end{bmatrix}$

相关矩阵 $\begin{bmatrix}\gamma_a & \gamma_{ab}\\ \gamma_{ab} & \gamma_b\end{bmatrix}$

四、多元分析

我们称两个以上的变量数据为多元变量，对多元变量进行分析叫作多元分析。多元分析时，我们考察的是具有 p 个属性变量的 n 个样本。数据

$$(x_{i1},\ x_{i2},\ \cdots,\ x_{ip})\quad i=1,\ 2,\ \cdots,\ n$$

它是 p 维空间的一个 $n\times p$ 的矩阵。我们也称它为数据矩阵。

$$\boldsymbol{D}=\begin{pmatrix}x_1 & x_2 & \cdots & x_p\\ \hline x_{11} & x_{12} & \cdots & x_{1p}\\ x_{21} & x_{22} & \cdots & x_{2p}\\ \vdots & \vdots & \ddots & \vdots\\ x_{n1} & x_{n2} & \cdots & x_{np}\end{pmatrix}\tag{8-13}$$

1. 均值

变量的均值向量可以由每个向量取均值得到。

$$\boldsymbol{u}=E(\boldsymbol{D})=\begin{pmatrix}E(\boldsymbol{x}_1)\\ E(\boldsymbol{x}_2)\\ \vdots\\ E(\boldsymbol{x}_p)\end{pmatrix}=\begin{pmatrix}u_1\\ u_2\\ \vdots\\ u_p\end{pmatrix}\tag{8-14}$$

式(8-14)中，第 j 列的列向量的平均值是

$$u_j=\frac{1}{n}\sum_{i=1}^{n}x_{ij}\quad j=1,\ 2,\ \cdots,\ p\tag{8-15}$$

多元变量数据 $\boldsymbol{D}$ 的平均值由各列向量的平均值所构成的平均值矩阵来表示。

2. 协方差矩阵

多元变量的协方差信息可以由 $p \times p$ 的协方差矩阵表示。

$$E((\boldsymbol{D}-\boldsymbol{u})(\boldsymbol{D}-\boldsymbol{u})^T)=\begin{pmatrix} \sigma_{11}^2 & \sigma_{12} & \cdots & \sigma_{1p} \\ \sigma_{21} & \sigma_{22}^2 & & \sigma_{2p} \\ \vdots & \vdots & \ddots & \vdots \\ \sigma_{p1} & \sigma_{p2} & \cdots & \sigma_{pp}^2 \end{pmatrix} \tag{8-16}$$

协方差矩阵中，σ_{ij} 为数据矩阵 $\boldsymbol{D}$ 中第 i 个特性与第 j 个特性间的协方差。σ_i^2 是当 $i=j$ 时，对角元素的方差。

3. 样本协方差矩阵

在前面的一元分析和二元分析中，我们对数据矩阵的第 3 列和第 5 列的平均值、方差和协方差进行了计算，得到的 $\sigma_{3,5}$，σ_3^2，σ_5^2 均为协方差矩阵中的元素。我们对第 j 列和第 k 列的 σ_{jk}^2 进行计算，其算式为

$$\sigma_{jk}=\frac{1}{n}\sum_{i=1}^{n}(x_{ij}-\overline{x}_j)(x_{jk}-\overline{x}_k)$$

式中

$$\overline{x}_j=\frac{1}{n}\sum_{i=1}^{n}x_{ij} \quad \overline{x}_k=\frac{1}{n}\sum_{i=1}^{n}x_{ik}$$

由此求得协方差矩阵。

当我们求出协方差 σ_{jk} 后，就可求得协方差矩阵，在协方差矩阵的基础上可以求出相关矩阵。

$$\boldsymbol{R}=\begin{pmatrix} r_{11} & r_{12} & \cdots & r_{1p} \\ r_{21} & r_{22} & \cdots & r_{2p} \\ \vdots & \vdots & & \vdots \\ r_{p1} & r_{p2} & \cdots & r_{pp} \end{pmatrix}$$

协方差矩阵、相关矩阵在多元变量分析中，用处非常广泛，因此要认真地进行理解。

五、数据的规范化

在分析两个或两个以上的属性时，需要对数据进行规范化。规范化就是要将数据标准化，即将数据变换为 z 分数。将数据按

$$x'_i=\frac{x_i-\mu}{\sigma} \tag{8-17}$$

进行变换，可求得 z 分数。

式中，x_i 为变换前的数据；

μ 为变换前数据的平均值；

σ 为变换前数据的方差；

x'_i 为变换后的 z 分数。

变换后的 x'_i 的平均为值“0”，方差为“1”。

第三节　数据的可视化处理

在解决问题的过程中，我们获取了大量的、具有一定数值大小的数值数据。对这些数据进行数值化处理是十分重要的。所谓可视化处理，是指将数值数据以视觉化的图形来表示。

图形可以认为是某种数值模型的表现，它具有一般略图的特点。

一、概述

可视化图形包括直方图、饼图、折线图等多种不同的类型。它不仅能表现数值数据，更重要的是，它能有效地体现使用这些数据的主张。

不同的可视化图形具有不同的使用目的。不同图形的使用目的如表 8.7 所示。根据使用的目的和要求，合理地选择可视化图形是非常重要的。

表 8.7　不同图形的使用目的

图形	使用目的
直方图	比较记述
饼图	描述比例记述
带图	描述比例的比较
折线图	描述一个变量的变化
雷达图	描述变量均衡的程度
散布图	描述分布状态的记述

在决定以某种可视化图形记述数值数据时，应明确记述的目的，并反复思考，是为了比较数据，还是为了表示数据的比例关系，或是为了描述数据随时间的变化情况等。在此基础上，再决定做怎样的可视化处理。

二、常用的可视化图形

下面将对一些常用的可视化图形的适用范围、特点、制作要求进行一些讨论。

1. 直方图

直方图又称为棒图，适用于对多个项目的绝对数值进行比较。

图 8.5 给出了一个直方图实例。它是为了比较 8086CPU 中不同长度指令数的绝对数值。图 8.5 中，横轴为指令长度，它分别为 1～6 个字节，纵轴为指令数。

该图的直观性比较强。从图 8.5 中可以看出，长度为 2 个字节的指令数最多，其次是长度为 1 个字节的指令数，长度为 5 个字节的指令数最少。该图可清楚地看出 8086CPU 中各不同长度指令的指令数绝对值的比较结果。

又如，利用直方图可比较不同班级学生的作业成绩、不同超市每个月营业额的绝对数值。显然，这种比较有利于促进竞争。

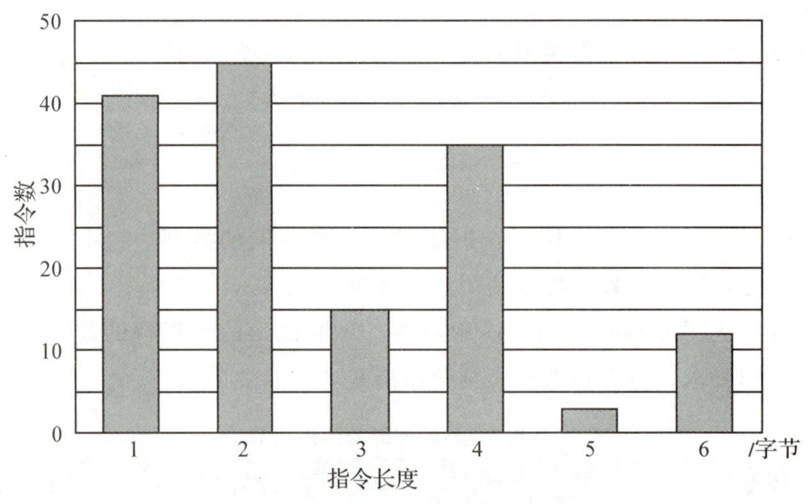

图 8.5　直方图的实例

2. 饼图与带图

饼图与带图用于表示各构成要素所占的比例。饼图是将一个圆分成若干个大小不同的扇形，这些扇形分别表示各要素所占的比例；带图则是将一根长带分成若干段(长方形)，每一段表示各要素所占的比例。

图 8.6 给出了一个饼图的实例。它表示不同公司生产的手机在手机市场中所占的份额。从图 8.6 中可以看出每一个公司生产的手机在市场手机总量中所占的比例，它是一种对比例的记述，但它并没有给出各公司生产手机的绝对数量(要表示各公司生产手机的绝对数量的多少，应使用直方图)。带图也具有相同的功能。

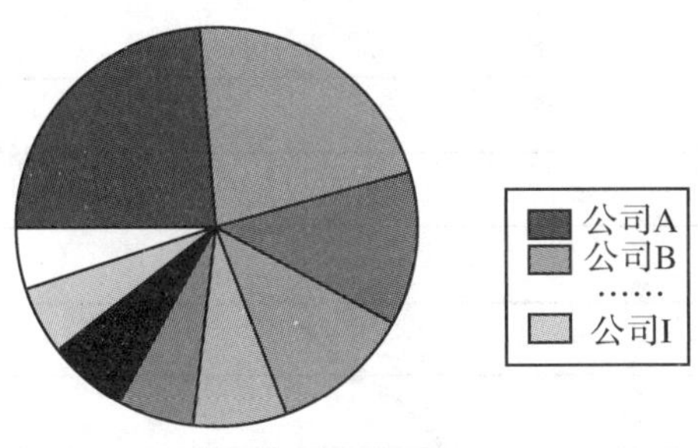

图 8.6　饼图的实例

在制作饼图时应注意，扇形的排列应按面积的大小，从大到小按顺时针方向排列。

图 8.7 给出了带图的一个实例。与饼图相比，我们可以将多个带图并列地排在同一张图中进行比较。图 8.7 给出了两个带图的比较。该图表示远程学习中所关注的教育资源的类别。左侧带图是现在关注的类别，右侧带图是将来关注的类别。该图不仅给出了各类教育资源在总体中所占的比例，而且，通过将两个带图放在一起比较，可看出各类资源在总体中所占比例的变化情况，这一点是带图优于饼图的地方。

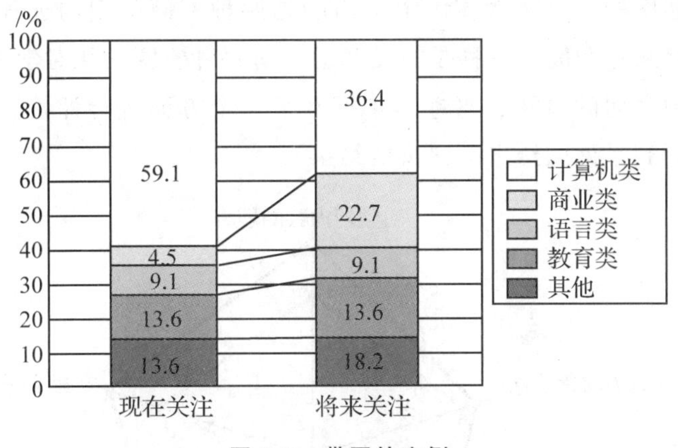

图 8.7　带图的实例

3. 折线图

折线图可用于表示一个变量随另一个变量变化的情况。它特别适合于描述某些变量随时间变化的情况，即该变量的时间特性、时序关系。

当折线上点的间距不断减少、折线的点数不断增加时，该折线就趋近于光滑的曲线。

图 8.8 给出了折线图的一个实例。它展示了一个研究部门统计的某地互联网从业人数的变化情况。它是一种从业人数随时间变化的折线图，从业人数每两个月统计一次。当统计的时间间距不断减小时，该图就由折线图逐渐变为曲线图。图 8.8 中给出了某地互联网两个系列从业人数的变化折线，以便人们进行比较。

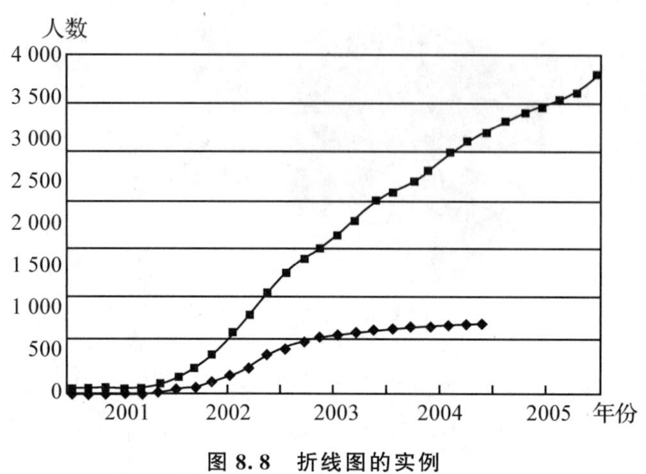

图 8.8　折线图的实例

4. 雷达图

当数据是 3 个或 3 个以上组成一组时，为了表示每一组数据的均衡程度，可以使用雷达图。

图 8.9 是雷达图的一个实例。该图给出的是两种不同类型的远程学习资源质量的比较结果，一种是顺序型的，一种是驱动型的。对每种资源均从对学习内容的理解、注意力的持续、学习时间的富裕、兴趣、掌握水平 5 个方面进行评价。比较的数据可通过学习者的问卷得到。该图给出了评价的结果。

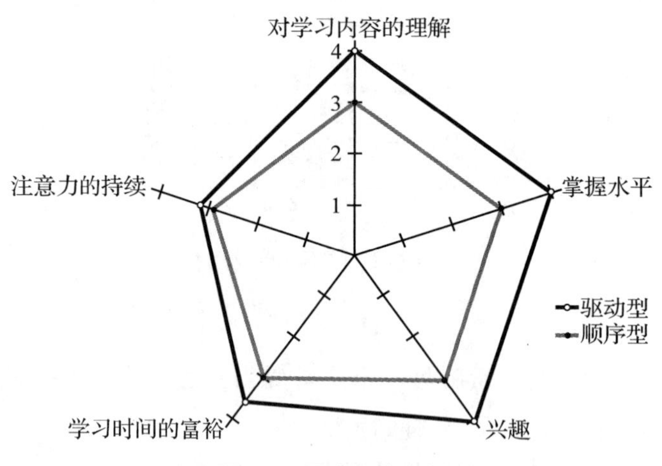

图 8.9　雷达图的实例

5. 散布图

两个数据为一组，为表现若干组数据的分布情况，可使用散布图。

图 8.10 给出了散布图的一个实例。它是对计算机的性能进行测试的测试结果。图 8.10 中，x 轴表示 CPU 的处理速度，y 轴表示检测结果的 SPECint 值。图 8.10 中的

每一个点表示一台计算机。

散布图展示了各组数据的分布情况，从分布的情况可以看出它们的变化趋势。数据可能是沿着某根轴线分布的，也可能是均匀地分散分布的。依据散布图可以判断两种数值数据间是否存在相关性，此类相关性是正向的还是负向的。对于这些变化趋势、特性，散布图都能给出非常直观的视觉效果，易于人们去判断。

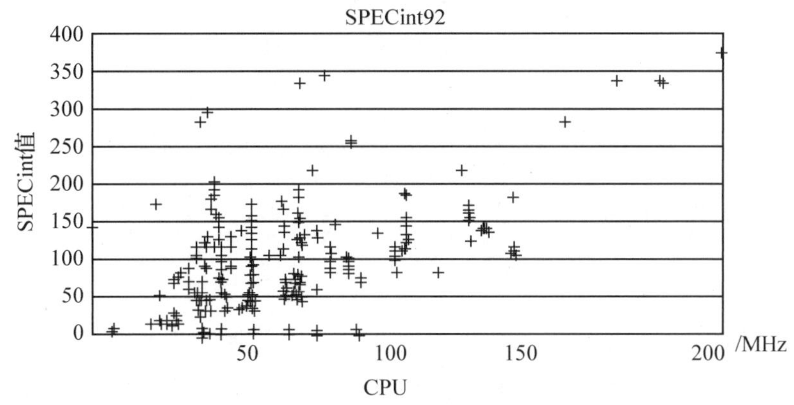

图 8.10　散布图的实例

6. 复合图

有时为了说明多个数值数据相互间的关系和它们的变化趋势，我们可以将不同类型的可视化图形放在一起，构成复合图。

图 8.11 给出的是一种复合图。它将直方图与折线图放在一起来表示。这是用于表示某工厂生产计算机的台数及其单价的复合图。生产的计算机台数以直方图表示，单价则以折线图表示。

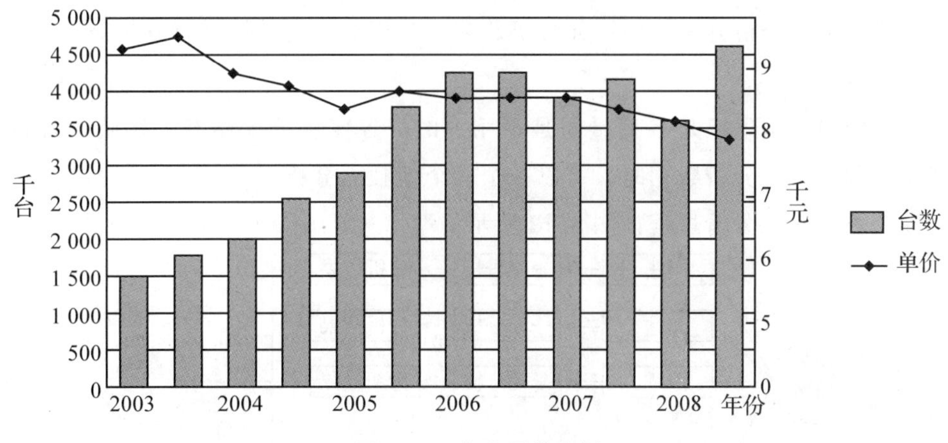

图 8.11　复合图的实例

如图 8.11 所示，图中的两个图形，其单位是不同的，但是它们的时基是一致的。左 Y 轴表示直方图的生产的计算机台数，右 Y 轴表示折线图的每台计算机的单价。公共的时间变化由同一个 X 轴表示。由于两个图形的 Y 轴不同，在阅读、使用时应特别注意。

数据的可视化，除上述的图形外，还有星图、脸谱图、星座图等，星图与雷达图很相似，有关脸谱图、星座图的介绍从略。

第四节　多元分析概述

上一节我们对一元数据、二元数据，即一元变量数据、二元变量数据的最基础的一些内容进行了介绍，如均值、方差等，本节将通过一个实例，以对比的方法对多元数据分析的基本方法做一些简单的介绍。

为了了解当前中小学教师的信息素养状况，研究人员以问卷调查的方式展开了有关的调查，问卷设置了 n 个问题，每个问题对应一种信息及其应用元件的操作问题，如利用计算机在互联网上搜索某项问题资料，每个问题给出了 3 个预选项：熟练、会、不会。问卷收回后应对问卷调查数据进行分析。现在，对数据分析方法予以讨论。

一、一元分析和多元分析的比较

我们将以两种分析方法，即一元分析、多元分析对问卷数据进行分析。

1. 一元分析

一元分析的基本思想是各变量间是不相关的，各变量彼此是互不影响、各自独立的，基于这种思想，分析数据时，可以一个一个地独立分析。

问卷调查的一元分析过程如图 8.12 所示。

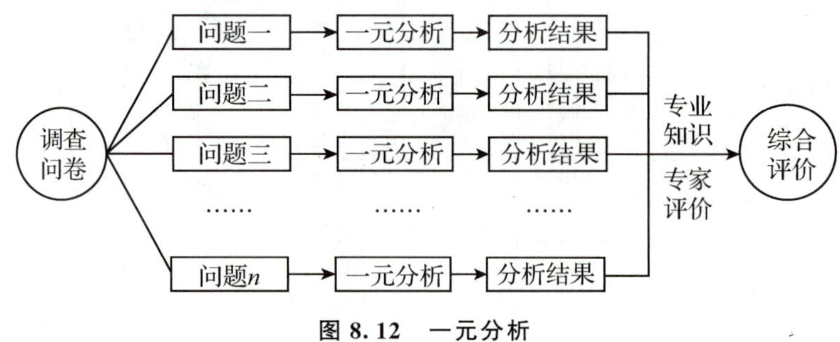

图 8.12　一元分析

问卷收回后对问卷进行一元分析，即对一个一个的问题计算出选择各个预选项的人数及所占百分比。这种分析方法只能给出选择每个问题各个预选项的人数分布，由此了解人们对软件操作的掌握情况，但不能给出对其信息能力、信息素养的判断。要达到这样的要求，还需有关专家对问卷应答结果进行分析、判断。

2. 多元分析

多元分析的思想是在多变量系统中，各个变量间是相关的，应用时应关注各变量间的相互关系。

多元分析系统的分析过程如图 8.13 所示。系统同时考察多个变量。

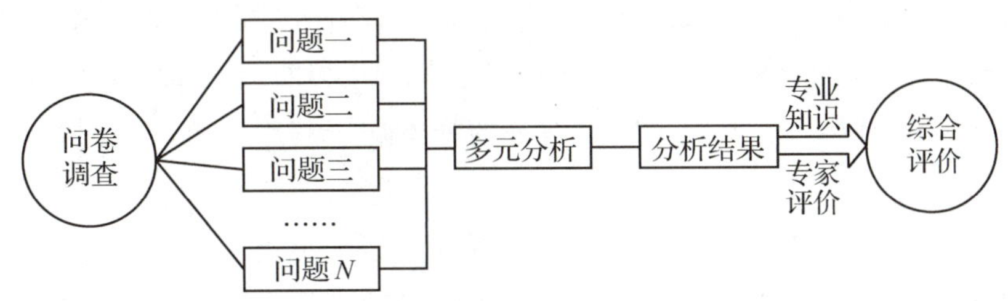

图 8.13　多元分析

系统根据每个问题的应答结果计算出应答结果的相关矩阵。通过求解相关矩阵的特征方程，求得公共因子即求得信息能力。这种分析方法能分析出信息素养的具体内容和每一位教师的信息素养、信息能力状况。对于分析的结果，应与有关的专家和用户进行研讨，并予以评价。

对图 8.12 和图 8.13 的比较，可以清楚地看到二者处理的思想是完全不一样的。

二、多元分析的类别

用于多元分析的算法有很多种。多元分析可大致分为三种类别。

1. 用于预测的多元分析

预测是指基于现在的状态，预测未来的发展，例如，根据学生入学考试的情况，预测学生将来的学习状况。

这一类的多元分析主要有回归分析、判别分析。

2. 用于求综合特性的多元分析

通过信息管理、信息综合或求主成分、主因子实现信息压缩。这一类的多元分析主要有主成分分析、因子分析等。

3. 用于数据挖掘的多元分析

数据挖掘是指从大量的数据中挖掘出有意义的、人们需要的信息。多元分析的各种算法在数据挖掘中具有重要的作用，特别是聚类分析、判别分析，它们在各种数据挖掘系统中得到了广泛应用，在各种数据挖掘中具有十分重要的作用。

三、多元分析的算法

多元分析是多元分析算法的集合，随着多元分析的研究和应用的不断发展，一些新的方法不断出现。经常使用的多元分析方法主要有如下几种。

相关分析：各种事物之间具有一定的关联性，它们之间相互影响。相关分析为我们确定这种关联性提供了科学的方法和有关的理论，并给出了应用时应注意的问题。

回归分析：求得作为原因的说明变量是怎样影响作为结果的目的变量的回归关系，并将这种回归关系用回归曲线来表示。回归分析是寻求回归曲线，并予以应用的分析方法。

判别分析：已知若干个类别，判定新来的样本属于其中的哪一类时，可使用判别分析。

聚类分析：将相似的样本聚集在一起，可分成若干个类别。不仅对样本，我们对变量也可以进行分类。聚类分析是对样本间的相似性进行有效量度，并依此对样本进行分析的科学方法。

主成分分析：这是通过将多种变量进行综合，使其变换成较少的综合变量，来实现信息的整合和压缩的一种分析方法。

因子分析：这是从观测数据中求出公共因子的方法。

多元分析是一门实践性很强的学科。在实际处理中，需要利用计算机。因此，有些人在学习中只注意计算机的操作，甚至有些人讲多元分析很容易，只需要使用计算机，这种认识是十分有害的。

多元分析是一门实践性很强的学科，它主要是利用数学的方法去求解问题。因此，要把求解问题的原理、过程搞清楚，需要有一定的数学基础，特别是当我们对这些数学知识不太理解时，学习时会有一定难度。

学习和应用多元分析时，很多是以数学求解的方法去分析有关的事物、现象，求解的过程中，乃至求解结果，输出的是数据或算式，这些数据、算式需要我们去理解、认识并解读它，这是以多元分析的方法求解问题的关键。

为了解读求解的中间结果和最后结果，需要对求解过程及求解的算法有深入理解，如果我们对课程学习的内容没有深刻理解，就很难对数学处理的结果进行理解、分析、解释，对中间结果和最后结果进行解读时，应邀请与处理对象相关的学科专家参与讨论，与他们友好合作，这样才能实现对多元分析的有效应用。

思考与练习

1. 什么是数据，数据与信息有怎样的关系？

2. 数据的尺度有哪些，试举例说明。

3. 什么是量的数据，什么是质的数据，试举例说明。

4. 什么是目的变量，什么是说明变量，试举例说明。

5. 什么是大数据，什么是传统数据，它们各有怎样的特点？

6. 什么是平均值、方差、加权平均？请结合实际说明它们的意义。

7. 说出两个变量的平均值、方差、协方差、相关系数的意义和计算方法。

8. 试说明什么是多元变量数据，简述平均值、方差、协方差的相关计算方法。

9. 试比较说明什么是一元变量分析，什么是多元分析。

第九章

相关分析

学习要点

教育的实践与研究中往往需要考察两个系统、两种要素、两种人群、两个现象、两个事件、两个事物间的关系。例如，两门学科的关系，学生的学习与家庭环境、性别的关系，学生的学习与身体、爱好、性格的关系，如此等等。这些问题的研究、分析、解决有赖于相关分析。

相关分析是一项基本的统计分析。它是教育实践、教育研究的重要工具。此外，相关分析也是其他分析，如主成分分析、因子分析等的基础。

本章，从具体的事例出发，说明相关分析的原理和方法。在讨论中，我们给出了表示相关强度的多种计算和表示方法。在相关分析中，为了考察两个系统的相互关系，我们总是对两个系统(总体)中的若干样本进行分析。如何以部分样本的分析结果对总体进行区间估计是相关分析应关注的一个重要问题。本章讨论中，我们将给出一定的方法进行区间估计。最后，我们还要介绍相关分析应关注的若干误区。

通过本章学习，应能理解相关分析的思想和方法，应能计算和表示相关的强度，应能进行总体的区间估计。在此基础上，应能对分析的结果进行评价，避免可能出现的错误。

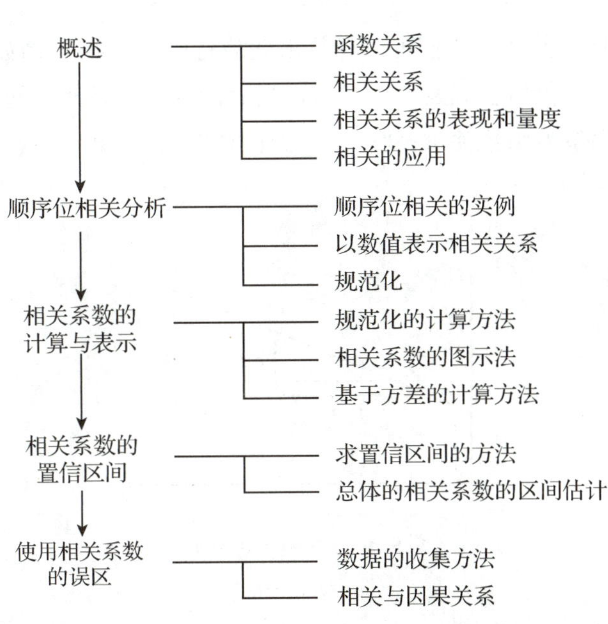

第一节 概述

我们在分析、研究一种现象、一个事件、一种机构时，总是将它作为一个系统来研究、分析、讨论的。根据系统科学的理论，系统是由一定的目标、多个相互关联的要素构成的。这对关联性的认识、研究具有广泛的意义。

一、函数关系

时速 40 km 的汽车，它用：

2 小时行驶了 80 km；

3 小时行驶了 120 km；

4 小时行驶了 160 km。

若设时间为 x(h)，行驶的距离为 y(km)，则有

$$y=40x \tag{9-1}$$

这样的关系，利用该函数式，我们可以计算出此后行驶的距离。例如，经过 5 h，行驶了 200 km。基于以上的情况，根据式(9-1)，当时间确定后，距离也确定了。这时，我们称 y，x 之间的关系为函数关系，“y 是 x 的函数”。该函数为一次函数，用图形表示如图 9.1 所示，其一般式为

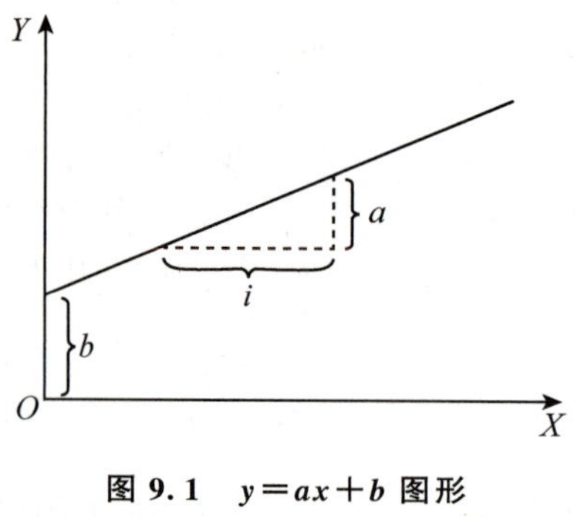

图 9.1 $y=ax+b$ 图形

$$y=ax+b \tag{9-2}$$

其中 a，b 为常数，它表示，当 x 确定后，根据函数式(9-2)，y 也随之确定，且点(x，y)一定在直线 $y=ax+b$ 上。

二、相关关系

世间上的事情是复杂的，当 x 确定后，y 即确定，这是函数关系，但在有些情况下，y 不能正确地确定，即使是这样，也不能说二者完全没有关系。

我们讨论父子身高的关系。在讨论父亲的身高与儿子的身高的关系时，首先认识到父亲的身高与儿子的身高二者间不具有函数关系。然而，二者间具有这样的倾向：身高较高的父亲，他的儿子具有高个子的倾向，身高较低的父亲，他的儿子具有个子较矮的倾向。从这个意义上看，不能说父亲的身高与儿子的身高完全没有关系。

有这样的两个变量 x，y，当 x 的值确定后，y 的值虽不能确定，但二者间具有某种关联性，这时，我们就说 x，y 间具有某种相关关系。

为了调查 x，y 的关联性，观测 x，y 得到

$$(x_1,\ y_1),\ (x_2,\ y_2),\ \cdots,\ (x_n,\ y_n)$$

n 组数据，以 x 为横轴、y 为纵轴，将 n 组数据置入平面直角坐标系中，得到图 9.2 这样的关联图。

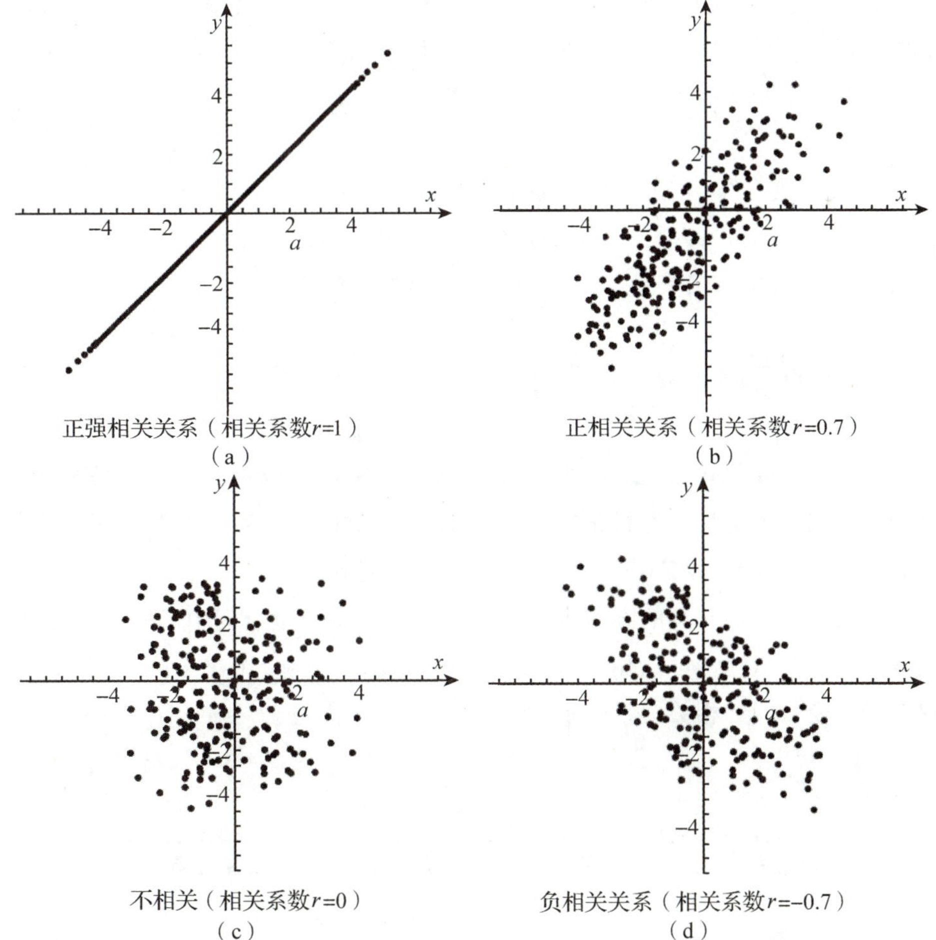

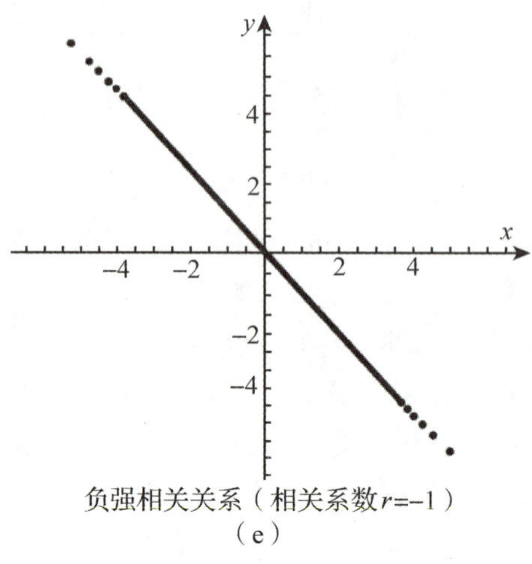

图 9.2　关联图

如果 x 与 y 间具有函数关系，所有的点应在一条直线或曲线上。然而，图 9.2 中有的情况却不是这样的，在 x 的值完全确定时，对应的 y 值是不确定的，但是，y 的平均值可以估计。当我们选定了适当的直线 $y=ax+b$，根据 x 值，就可对 y 的平均值进行估计。这时，可以认定 x 与 y 间具有直线相关关系。

鉴于图 9.2，我们考查 x 和 y 之间的关系。

图 9.2(b)中具有“x”增加，“y”也增加的关系，我们称之为正相关关系；

图 9.2(d)中具有“x”增加，“y”减少的关系，我们称之为负相关关系；

图 9.2(c)中“x”和“y”之间看不到任何关系，我们称之为不相关；

图 9.2(a)和图 9.2(e)表示 x、y 之间具有很强的相关性。

三、相关关系的表现和量度

相关表示两个变量间的关联。两个变量间的相关性可以用散布图的方式表现，它是相关关系可视化的工具。通过散布图可大致判定变量间是否具有相关性，还可判定其相关的类别(是正相关，还是负相关)和相关的强度等。

两变量的相关可用向量的方式表现。每一变量可用向量空间中的一个向量来表示。两个变量间的相关情况，可以用表现两个向量间关系的向量图来表示。图 9.3 是利用向量图表示两变量间的相关关系的示意图。

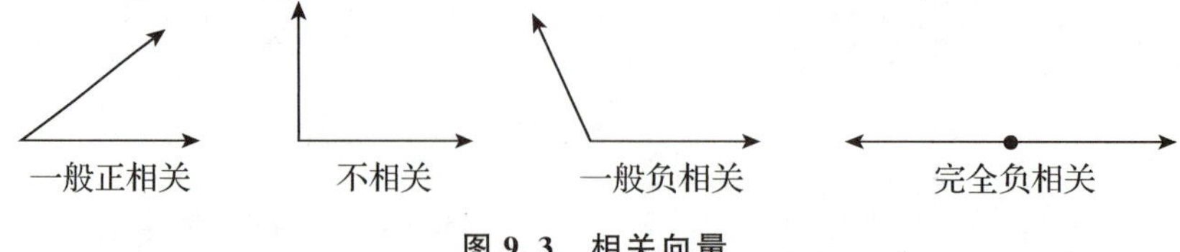

图 9.3　相关向量

变量间的相关强度可利用相关系数来表示。相关系数有多种计算方法，根据求解问题的情况，可选择某种方法计算。相关系数最基本的计算可利用以下公式。

$$r=\frac{\sum_{i=1}^{n}(y_i-\overline{y})(x_i-\overline{x})}{\sqrt{\sum_{i=1}^{n}(y_i-\overline{y})^2\sum_{i=1}^{n}(x_i-\overline{x})^2}} \tag{9-3}$$

且有r = 0.00～0.20　⇒　不相关；

r = 0.20～0.40　⇒　弱相关；

r = 0.40～0.70　⇒　相关；

r = 0.70～1.00　⇒　强相关。

四、相关的应用

相关与相关分析是一种应用十分广泛的统计分析方法。

相关与相关分析是构成相关雷达的基本原理和理论支撑，它也是某种图像处理的基本原理和方法。相关分析是处理噪声的一种十分重要的方法。各种识别系统，如人脸识别、心电图自动识别等，均是对相关分析的有效应用。相关与相关分析在军事、工业、科技等各方面得到了广泛应用。

在教学测试中，为了判定测试的有效性、妥当性，需要对测试进行评价。相关性、相关系数的计算是判定测试有效性和妥当性的主要内容。

在教学中，对学生特性、教学过程、教学模式等的研究，以及对学生学习的预测，都离不开相关分析。

在本课程的学习中，相关分析是一项重要的内容，它也是其他相关学习的基础。

第二节　顺序位相关分析

为了讨论相关分析，我们从简单的顺序位相关开始，并由此展开深入地讨论。

一、顺序位相关的实例

某青年学生对所学习的六门课程 A，B，C，D，E，F 的喜好顺序(由低向高)为

A，B，C，D，E，F

学生甲对这六门课程的喜好顺序与该青年的喜好顺序相同，同为

A，B，C，D，E，F

学生甲与青年学生的喜好顺序完全一致，我们称此二人课程喜好的相关系数为最大。

学生乙对同样的六门课程的喜好顺序为

F，E，D，C，B，A

学生乙与青年学生的喜好顺序完全相反，这时，可认为此二人对课程喜好顺序的相关系数为反向最大，换句话讲，是负向最大。

学生丙对同样的六门课程的喜好顺序为

B，E，A，D，F，C

学生丙与青年学生的课程喜好顺序几乎没有相似之处，二者间毫不相关，若以数值表示，相关系数几乎为“0”。

相关关系的强度可以像图 9.4 所示的这样用数值表示，若顺序位完全一致，则赋予最大值；若两者无关，则赋予“0”；若完全相反，则赋予负最大值。

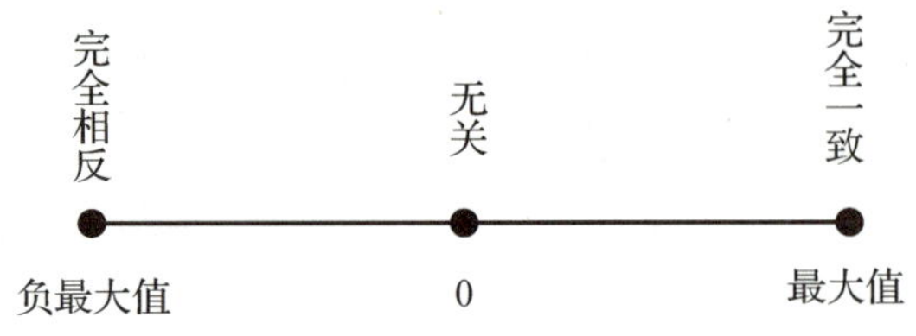

图 9.4　相关强度的表示

二、以数值表示相关关系

前面，我们定性地描述了两个顺序位的相关关系。为了研究这种相关关系，应用数值定量地描述相关的强度。

为了解决相关关系强度数量化的问题，首先，以顺序位排位号来表示课程。例如，表 9.1 中，对于课程 B，某青年学生的喜好顺序位为“2”，则在某青年学生与课程 B 的交点处记入“2”，同样，学生甲对该课程的喜好顺序位也为“2”，则在学生甲与课程 B 的交点处也记入“2”。

表 9.1 给出了某青年学生与学生甲的喜好关系的顺序位排列关系，二者顺序位是完全一致的，二者对应课程乘积之和为 91。

表 9.1　二者顺序位完全一致

对象	A	B	C	D	E	F	合计
某青年学生	1	2	3	4	5	6	—
学生甲	1	2	3	4	5	6	—
乘积	1	4	9	16	25	36	91

为什么此处选择乘积之和来表示相关强度？这是因为，当二者顺序位一致时，乘积之和具有最大值，满足图 9.4 对相关强度表示的要求。

表 9.2 给出了某青年学生与学生乙的喜好关系的顺序位排列关系，二者的顺序位完全相反，其乘积之和取最小值，计算结果为 56。

表 9.2　二者顺序位完全相反

对象	A	B	C	D	E	F	合计
某青年学生	1	2	3	4	5	6	—
学生乙	6	5	4	3	2	1	—
乘积	6	10	12	12	10	6	56

表 9.2 给出了基于六门课程的顺序位排列关系。顺序位完全一致时，相关强度为 91，完全相反时，相关强度为 56，其他情况应在这二者之间。

现举一个实例，表 9.3 给出了某青年学生与学生丙的喜好关系的顺序位排列关系，二者的顺序位排列关系介于完全一致和完全相反之间，计算结果为 79。

表 9.3　二者顺序位完全无关

对象	A	B	C	D	E	F	合计
某青年学生	1	2	3	4	5	6	—
学生丙	3	1	6	4	2	5	—
乘积	3	2	18	16	10	30	79

我们讨论图 9.4 所示的相关关系强度以数值表示的方法。这种表示方法的特点是：两者完全一致时，具有最大值；两者完全相反时，具有负最大值；两者完全无关时，数值接近于零。

为了达到图 9.4 的效果，我们计算最大值 91 和最小值 56 的中间值，且有

$$(91+56)/2=73.5$$

并从完全一致的 91 和完全相反的 56 中减去中间值 73.5，由此得到具有“＋、－”的最大值，且为

$$91-73.5=17.5$$

$$56-73.5=-17.5$$

学生丙与青年学生的相关强度为

$$79-73.5=5.5$$

这样处理后，相关强度的正负不变，其大小介于最大值 17.5 和最小值 −17.5 之间。

以上结果表示，利用这种方法表示顺序位相关强度是合理的，但这种方法表示相关强度存在以下两个问题。

第一，这种方法表示的喜好顺序的对象数为 6。当排序对象增多时，其最大值、最小值会发生变化。

第二，相关强度与课程数有关，具有不同课程数的内容则不易比较。

在日常生活中，最大值往往用 100% 或 1 表示，且不相关用 0 表示，负相关以 −1～0 表示。这样表示便于在不同情况下进行比较。例如，6 门课程的喜好顺序位与 8 门课程的喜好顺序位的比较。

为此，我们应寻求规范化的方法，来解决上述问题。

三、规范化

为了使讨论的问题一般化，我们研究两名学生对 n 门课程的喜好顺序的相关关系及其相关强度的表示方法。

设两名学生对 n 门课程的喜好顺序位一致，其相关强度为

$$1^2+2^2+\cdots+(n-1)^2+n^2=\frac{1}{6}n(n+1)(2n+1) \tag{9-4}$$

且具有最大值。

若两名学生对 n 课程的喜好顺序位完全相反，其相关强度为

$$1\times n+2\times(n-1)+\cdots+(n-1)\times 2+n\times 1=\frac{1}{6}n(n+1)(n+2) \tag{9-5}$$

且具有最小值。

两名学生的其他任意的喜好顺序位间的相关强度，应介于最大值与最小值之间。最大值和最小值的中间值为

$$\frac{1}{2}\left[\frac{1}{6}n(n+1)(2n+1)+\frac{1}{6}n(n+1)(n+2)\right]=\frac{1}{4}n(n+1)^2 \tag{9-6}$$

将最大值与最小值之间的原点移至中间，则有

$$最大值=-最小值。$$

在新的坐标中，新的最大值为

$$\frac{1}{6}n(n+1)(2n+1)-\frac{1}{4}n(n+1)^2=\frac{1}{12}n(n^2-1) \tag{9-7}$$

同样可求得新坐标中的最小值为

$$-\frac{1}{12}n(n^2-1)$$

且有最大值＝－最小值。

我们将用乘积之和求得的相关强度减去中间值，并用该值除以最大值，最终得到的相关强度具有以下特点：

两个人的顺序位完全一致，相关强度为 1；

两个人的顺序位完全相反，相关强度为－1；

两个人的顺序位部分相同或相反，相关强度介于－1 和 1 之间。

当相关强度介于 0 和 1 之间时，我们称之为正相关；当相关强度介于－1 和 0 之间时，我们称之为负相关；当相关强度接近 0 时，我们称之为弱相关；当相关强度等于 0 时，我们称之为不相关。

我们称用这样的方法表示的相关强度为相关系数。

综上，相关系数的设计图可以用图 9.5 表示：

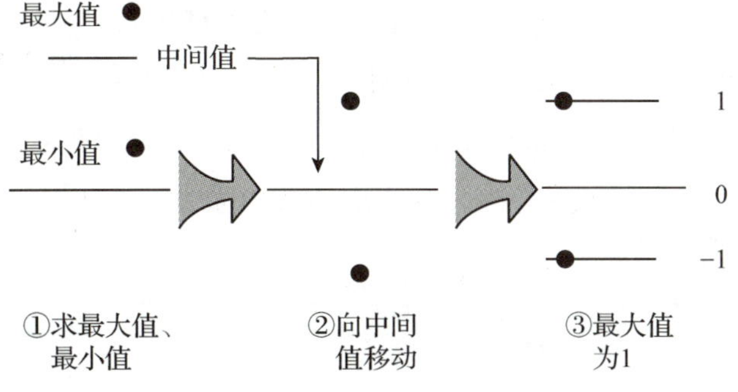

图 9.5 相关系数的设计图

第三节 相关系数的计算与表示

前面，我们对顺序位间的相关系数计算进行了讨论，在这种讨论中，设定顺序位是以等间隔地减少的方式进行处理的。本节，我们不设定等间隔的要求，而是在更一般的情况下来讨论相关系数的计算方法。

一、规范化的计算方法

下面介绍一个实例，我们讨论入学测试与入学一年后的学习实况间的相关性。这种相关性可用来描述入学测试的有效性。

表 9.4 给出了 7 名学生入学一年后现在的学习成绩和入学测试的成绩。

表 9.4 学习成绩数据

学生成绩	A	B	C	D	E	F	G
现在的成绩 y/分	8	7	6	6	5	5	5
入学测试的成绩 x/分	10	10	8	7	8	7	6

若现在的学习成绩与入学测试的成绩具有很强的相关性，且趋于 1，我们可认为入学测试可以用来预测入学后的学习情况，这说明了入学测试的有效性。

表 9.4 的数据可以用图 9.6 来表示，图中的 7 个黑点表示 7 名学生的数据。7 个黑点具有右上排列的特点，7 个黑点偏离原点且相聚，它表示数据间具有正相关性。我们可进行一定的坐标平移，使 7 个黑点聚集在原点附近。

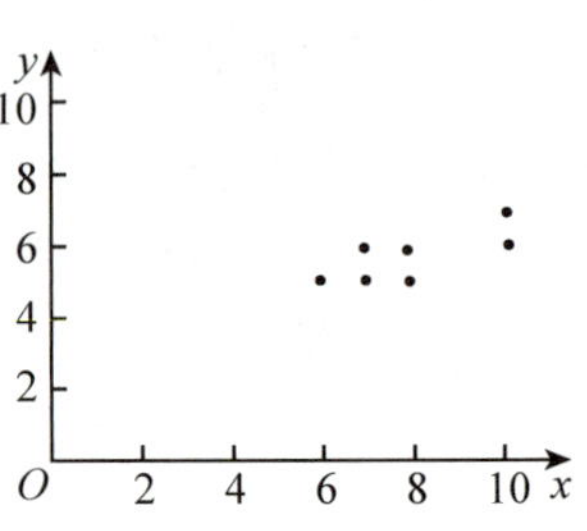

图 9.6 学习成绩的图示

设学生现在的成绩为 y_i，其平均值为 $\overline{y}$；入学测试的成绩为 x_i，其平均值为 $\overline{x}$；由此可求得 $\overline{y}$ 和 $y_i-\overline{y}$，$\overline{x}$ 和 $x_i-\overline{x}$，其相应的数据如表 9.5 所示。

表 9.5 数据平移

y_i	$y_i-\overline{y}$	x_i	$x_i-\overline{x}$
8	2	10	2
7	1	10	2
6	0	8	0
6	0	7	−1
5	−1	8	0
5	−1	7	−1
5	−1	6	−2
42	0	56	0
$\overline{y}=6$		$\overline{x}=8$	

平移后的数据如图 9.7 所示。从图可知，这 7 组数据在原点附近，且散布比较均匀。

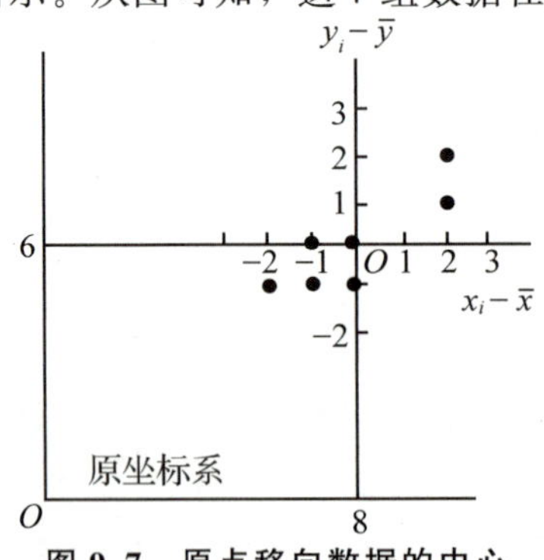

图 9.7 原点移向数据的中心

基于图 9.7，我们可以用求$(x-\overline{x})$与$(y-\overline{y})$乘积之和的方法求得 x，y 两组数据间的相关强度。不同相关强度在坐标系中的象限分布如图 9.8 所示。

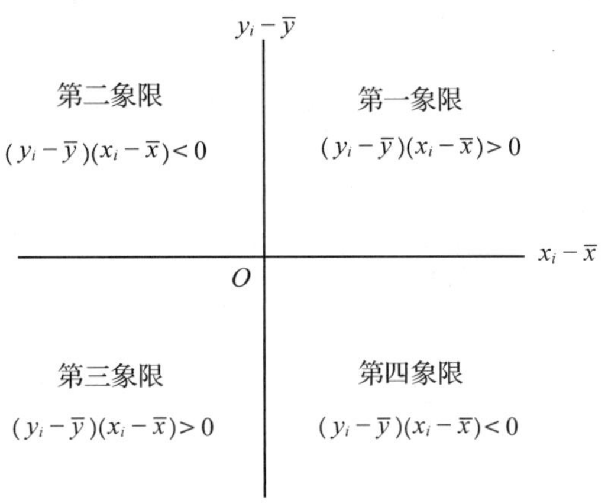

图 9.8　相关系数的象限分布

若$(y_i-\overline{y})$与$(x_i-\overline{x})$具有正相关关系，它表示这些黑点散布在通过原点向右上倾斜的直线附近，即黑点位于第一、第三象限。在第一象限，$(y_i-\overline{y})$与$(x_i-\overline{x})$均为正值，$(y_i-\overline{y})(x_i-\overline{x})$亦为正值。在第三象限 $y_i-\overline{y}$ 与 $x_i-\overline{x}$ 均为负值，$(y_i-\overline{y})(x_i-\overline{x})$为正值。位于第一、第三象限黑点的乘积和

$$\sum_{i=1}^{7}(y_i-\overline{y})(x_i-\overline{x})$$

为正值，它表示所计算的相关强度为正，即正相关。

对应于此，若 $y_i-\overline{y}$ 与 $x_i-\overline{x}$ 具有负相关关系，它表示这些黑点散布在通过原点向右下方倾斜的直线附近，黑点位于第二、第四象限。在第二象限，$(y_i-\overline{y})(x_i-\overline{x})$为负；在第四象限，$(y_i-\overline{y})(x_i-\overline{x})$亦为负。所以，在这两个象限中的

$$\sum_{i=1}^{7}(y_i-\overline{y})(x_i-\overline{x})$$

也为负值，它表示，位于这两个象限的 $\sum_{i=1}^{7}(y_i-\overline{y})(x_i-\overline{x})$ 为负值，相关强度为负，两者具有负相关关系。

$(y_i-\overline{y})$与$(x_i-\overline{x})$之间的相关性强弱取决于二者的乘积之和。正相关越强，其和的正值越大。反之，负相关越强，其和的负值越大。若相关性甚弱，其和趋近于零。

$(y_i-\overline{y})$与$(x_i-\overline{x})$相关性的大小，应由$(y_i-\overline{y})$与$(x_i-\overline{x})$的乘积之和

$$\sum_{i=1}^{7}(y_i-\overline{y})(x_i-\overline{x}) \tag{9-8}$$

来表示。

以用(9-8)计算相关强度时，其计算结果与数据对$(y_i-\overline{y})(x_i-\overline{x})$的个数有关。为此，我们还应在式(9-8)的基础上除以式(9-8)的最大值。可以证明，$\sum_{i=1}^{7}(y_i-\overline{y})(x_i-\overline{x})$的最大值为$\sqrt{\sum_{i=1}^{7}(y_i-\overline{y})^2\cdot\sum_{i=1}^{7}(x_i-\overline{x})^2}$。为此，相关强度计算的规范化表达式为

$$r=\frac{\sum_{i=1}^{7}(y_i-\overline{y})(x_i-\overline{x})}{\sqrt{\sum_{i=1}^{7}(y_i-\overline{y})^2\cdot\sum_{i=1}^{7}(x_i-\overline{x})^2}} \tag{9-9}$$

我们称之为相关系数。

二、相关系数的图示法

式(9-9)给出了计算相关系数的具体方法。现在，我们利用式(9-9)计算表 9.4 中的两组数据，即 7 名学生入学一年后现在的学习成绩与入学测试的成绩间的相关系数。

计算过程如表 9.6 所示。

表 9.6　相关系数的计算过程

①	②	③	①′	②′	③′	④
y_i	$y_i-\overline{y}$	$(y_i-\overline{y})^2$	x_i	$x_i-\overline{x}$	$(x_i-\overline{x})^2$	$(y_i-\overline{y})(x_i-\overline{x})$
8	2	4	10	2	4	4
7	1	1	10	2	4	2
6	0	0	8	0	0	0
6	0	0	7	−1	1	0
5	−1	1	8	0	0	0
5	−1	1	7	−1	1	1
5	−1	1	6	−2	4	2
$\overline{y}=6$		$\sum_{i=1}^{7}(y_i-\overline{y})^2=8$	$\overline{x}=8$		$\sum_{i=1}^{7}(x_i-\overline{x})^2=14$	$\sum_{i=1}^{7}(y_i-\overline{y})(x_i-\overline{x})=9$

表 9.6 中，

由①和①′求 y_i 和 x_i 的平均值 $\overline{y}$，$\overline{x}$；

由②和②′求 $y_i-\overline{y}$，$x_i-\overline{x}$；

由③和③′求 $y_i-\overline{y}$，$x_i-\overline{x}$ 的平方和；

由④可求②和②′的乘积和。

基于以上的计算，有

$$\sum_{i=1}^{7}(y_i-\overline{y})^2=8$$

$$\sum_{i=1}^{7}(x_i-\overline{x})^2=14$$

$$\sum_{i=1}^{7}(y_i-\overline{y})(x_i-\overline{x})=9$$

将以上结果代入式(9-9)，可求得相关系数为：

$$r=\frac{\sum_{i=1}^{7}(y_i-\overline{y})(x_i-\overline{x})}{\sqrt{\sum_{i=1}^{7}(y_i-\overline{y})^2\cdot\sum_{i=1}^{7}(x_i-\overline{x})^2}} \tag{9-10}$$

$$=\frac{9}{\sqrt{8\times14}}\approx0.850$$

计算结果表明，现在的学习成绩与入学测试的成绩具有很强的相关性，由入学测试的成绩可以预测该学生入学一年后学习期间可能的学习状况，入学测试是有效的。

现在的成绩与入学测试的成绩的相关系数约为 0.85，其相关图形如图 9.6 所示。从图 9.6 中可看出，7 个黑点呈现向右上倾斜的趋势。

相关系数可以有各种不同的情况，如正、趋于零、负等，其相关的图形如图 9.9 所示。

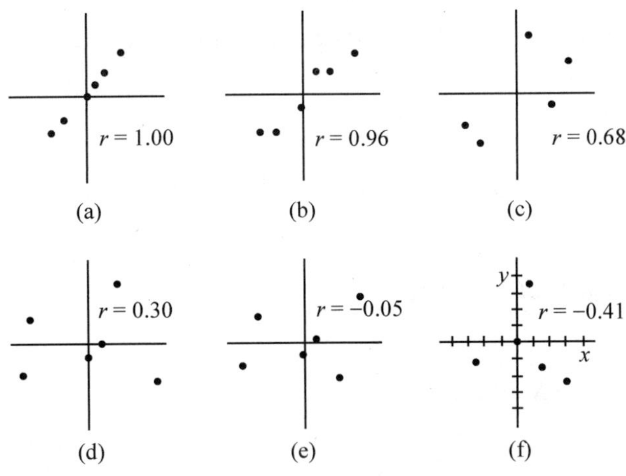

图 9.9　各种不同的相关强度

图 9.9(f)的 $r=-0.41$，其相应的数据及求 r 的过程如表 9.7 所示。此例中，x_i 和 y_i 的平均值都为“0”，x_i 和 y_i 的数值中，既有正值，又有负值，混在一起，数据散布在各个不同的象限。

表 9.7　求 r 的实例

x_i	x_i^2	y_i	y_i^2	$x_i y_i$
4	16	−3	9	−12
2	4	−2	4	−4
1	1	4	16	4
0	0	0	0	0
−3	9	−2	4	6
−4	16	3	9	−12
	46		42	−18

$$r=\frac{-18}{\sqrt{46\times 42}}\approx -0.41$$

图 9.9(a)中，6 组数据位于倾角为 45°的直线上，相关系数 $r=1.00$。倾角 45°并不具备特殊的含义，它是由 x 轴和 y 轴的刻度决定的，相关性的强弱与数据集中在第一、第三象限或第二、第四象限有关，与相对于坐标轴的倾角无关。

三、基于方差的计算方法

对于给定的一组数据(x_i, y_i)，利用式(9-9)可以计算 x 和 y 间的相关系数。这里，我们介绍另一种基于方差的相关系数的计算方法。这种计算方法，在很多地方是十分有效的。

式(9-9)的计算式可表示为

$$r=\frac{\sum_{i=1}^{7}(x_i-\overline{x})(y_i-\overline{y})}{\sqrt{\sum_{i=1}^{7}(x_i-\overline{x})^2\cdot\sum_{i=1}^{7}(y_i-\overline{y})^2}}$$

让该式的分子、分母同除以 n，则有

$$r=\frac{\frac{1}{n}\sum_{i=1}^{7}(x_i-\overline{x})(y_i-\overline{y})}{\sqrt{\frac{1}{n}\sum_{i=1}^{7}(x_i-\overline{x})^2}\cdot\sqrt{\frac{1}{n}\sum_{i=1}^{7}(y_i-\overline{y})^2}} \tag{9-11}$$

式中，

$\frac{1}{n}\sum_{i=1}^{7}(x_i-\overline{x})^2$ 为 x 的方差(又称分散)，

$\frac{1}{n}\sum_{i=1}^{7}(y_i-\overline{y})^2$ 为 y 的方差(又称分散)，

我们分别以 S_x^2 和 S_y^2 表示，即有

$$\frac{1}{n}\sum_{i=1}^{7}(x_i-\overline{x})^2=S_x^2 \tag{9-12}$$

$$\frac{1}{n}\sum_{i=1}^{7}(y_i-\overline{y})^2=S_y^2 \tag{9-13}$$

且称 $\frac{1}{n}\sum_{i=1}^{7}(x_i-\overline{x})(y_i-\overline{y})$ 为 x，y 的协方差(又称共分散)并以 S_{xy} 表示，即有

$$\frac{1}{n}\sum_{i=1}^{7}(x_i-\overline{x})(y_i-\overline{y})=S_{xy} \tag{9-14}$$

将式(9-12)，式(9-13)、式(9-14)代入式(9-11)中，则有

$$r=\frac{S_{xy}}{S_x \cdot S_y}$$

为了表示相关系数 r 是 x，y 间的相关系数，将 r 改写为 r_{xy}。基于方差的相关系数的计算式可表示为

$$r_{xy}=\frac{S_{xy}}{S_x \cdot S_y} \tag{9-15}$$

第四节　相关系数的置信区间

前面，我们以 7 个人的数据，说明了入学一年后现在的成绩与入学前测试的成绩的相关性。它与用数十人，甚至上百人的数据计算的 r 相比，其计算结果的可信度是较小的。用利用较少样本计算的 r 去估计总体的 r 及其范围，存在置信区间的问题，这是我们应考虑的重要问题。

一、求置信区间的方法

这里，我们仅给出求置信区间的方法，针对该方法的理论分析，超出了本书的范围，不予讨论。

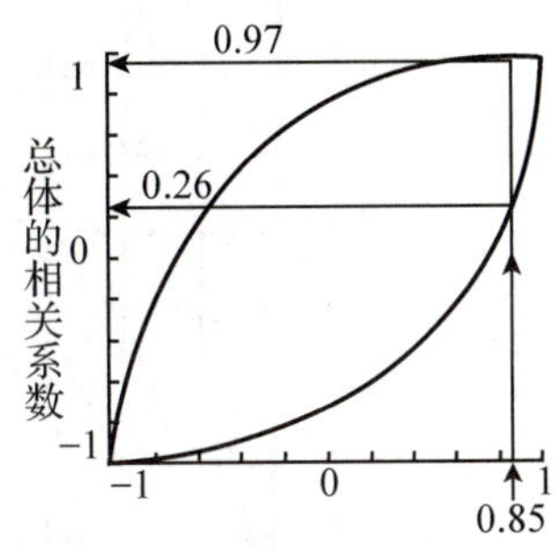

图 9.10　置信区间的估计

($n=7$，95%置信区间)

图 9.10 给出了由样本的相关系数，估计总体真正的相关系数的方法，即对总体相关系数的置信区间进行判定的方法。我们以利用 7 个人的样本估计总体的相关系数为实例对这种估计方法予以说明。

图 9.10 中的曲线的样本数为 7，用于进行总体相关系数区间的估计。现在，我们基于该曲线对总体的相关系数进行区间估计。

在图 9.10 中的横轴上找到 $r=0.85$ 的位置，并从该位置出发，按箭头的方向垂直

向上画线，直至与曲线的下部相交，从该交点出发，在与横轴平行的方向上向左引线，并与纵轴相交，其交点处的读数为 0.26。同样，由 $r=0.85$ 处垂直向上引线，与曲线上部相交，并从交点处出发，在与横轴平行的方向上向左引线，与纵轴相交，交点处的读数为 0.97。如此求得总体的相关系数在 95%的概率上的置信区间为

0.26～0.97。

它表示，以 7 组样本数据求得的 $r=0.85$，它不能作为总体的相关系数。总体的相关系数，以 95%的概率在 0.26～0.97 的区间范围内，只有 5%的概率是不在该范围内的。

二、总体的相关系数的区间估计

以各种不同的样本数 n 求得的相关系数进行总体相关系数区间估计的曲线族如图 9.11 所示。

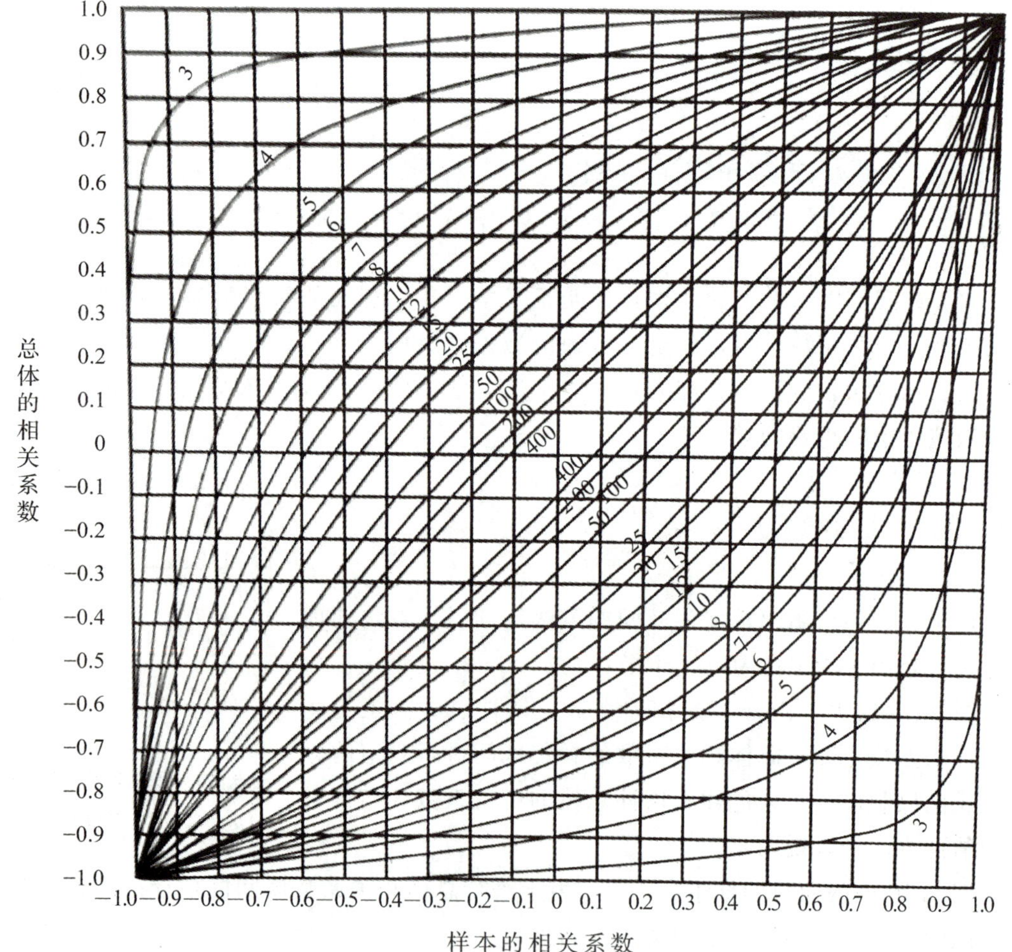

图 9.11 总体的相关系数的区间估计

(95%置信区间)

作为使用该图进行总体的相关系数区间估计的应用实例，我们可利用图 9.9(d)的数据进行区间估计。图 9.9(d)中，$n=6$，$r=0.30$。现在我们以 $n=6$，$r=0.30$ 进行区间估计。在图 9.11 中找到 $n=6$ 的曲线，利用图 9.10 中的有关方法可求得总体的相关系数 95%的置信区间为

$$-0.6\sim0.86$$

它表示，总体的相关系数以 95%的概率在$-0.6\sim0.86$ 这个区间内，即总体真正的 r，可能为正，也可能为负。

若我们增加样本数，如 $n=50$，同样的 $r=0.30$，由图 9.11 可求得总体 95%的置信区间为

$$0.04\sim0.54$$

它表示总体的相关系数为正，其变化范围变小。总体 r 95%的置信区间减小，对总体的区间估计更为确定。显然，样本数越大，总体 r 95%的置信区间越小，所求得的 r 置信区间越接近总体真正的 r。

第五节　使用相关系数的误区

相关系数在应用时存在以下的一些误区。

一、数据的收集方法

图 9.12 给出了 15 名小学生数学能力与身高的相关关系图。

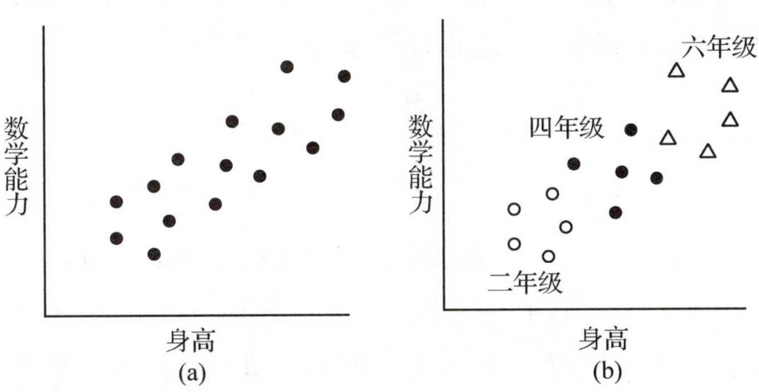

图 9.12　数学能力与身高的相关关系图

从图 9.12 的左图可以看出学生的数学能力与身高具有很强的相关性。可以认为身材较高的学生，其数学能力较强。然而，从图 9.12 的右图可知，这 15 名小学生中包含不同年级的学生，他们是二年级学生 5 人，四年级学生 5 人，六年级学生 5 人，并在图中分别聚集为各自的小组。从每一小组的散布点看，不能认为各组的数据具有正相关关系，即从每一小组的数据看，并不表现为身材较高的学生数学能力较强，但从整体看，这种正相关性所表现的是年级越高，数学能力越强，即六年级学生的数学能力强于四年级学生，四年级学生的数学能力强于二年级学生。产生“数学能力与身高具有正相关关系”这种错误判断的原因是我们将异质的不同年级的数据混在了一起，从而产生了错误的结论。

图 9.13 给出了英语能力与数学能力的相关关系图。

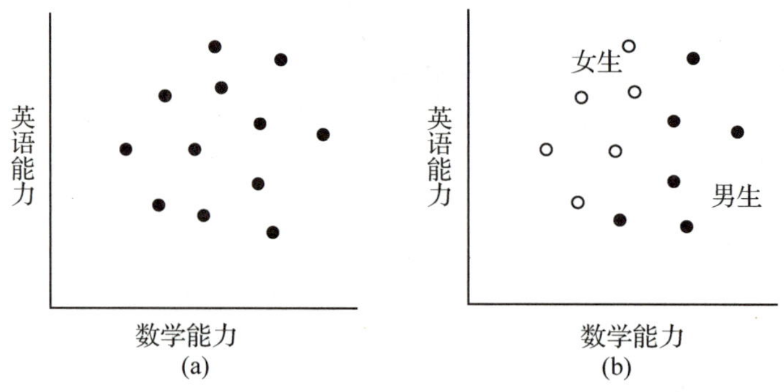

图 9.13　英语能力与数学能力的相关性

从图 9.13(a)中，我们看不出英语能力与数学能力具有相关性，但观察图 9.13(b)，我们可认为女生的英语能力与数学能力具有正相关性，男生的英语能力与数学能力也具有正相关性。但将这两种不同特质的数据混在一起，二者相互抵消，从总体看，二者不具有相关性。

从以上的实例可以看出，我们往往会将不相关的数据误判为具有相关性，相反，又会将具有相关性的数据误判为没有相关性，产生这些误判的原因是数据收集的方法存在问题，它将异质的数据混在一起进行处理。

二、相关与因果关系

在讨论相关性时，如果 x，y 具有很强的相关性，就会认为，由于 x 的原因，将会产生 y 的结果，即认为 x，y 间具有因果关系。这是一种错误的认识，相关与因果关系没有必然的联系，它们是从不同的立场对问题所进行的认识。相关是对两种事物或两种现象表观的相似性的描述。可能这二者间不具有本质性的联系。因果关系则是对两种事物或两种现象的本质的、内在的关系的描述。

在前面讨论的身高与数学能力的相关分析中，虽然收集的数据是异质的，存在一些误判，但就数据本身而言，它表示了身高与数学能力具有正相关关系。这种正相关不是身高与数学能力间具有因果关系，数学能力增强的原因是学生年级上升(从低年级升至高年级)，智力提高，这是数学能力增强的根本原因。学生年龄增加，身高增加，年级会上升，但身高增加不是数学能力增强的原因。

思考与练习

1. 相关分析的意义是什么？

2. 如何计算和表示相关强度？

3. 如何根据样本的相关系数对总体的相关系数进行区间估计？设 $r=0.5$，$n=10$，求总体的置信区间？若 $n=25$，总体的置信区间在什么范围内？试比较分析这两个置信区间。

4. 试通过一个实例，说明相关处理存在的误区。

5. 选择一个中学班级对该班数学、语文、物理、历史四门课程的学生成绩试进行相关分析：

(1)计算每两门课的相关系数，并以图示的方法表示；

(2)对计算的结果进行分析；

(3)以所求的结果进行总体的区间估计。

第十章

回归分析

两个现象间，若一方增加，另一方也增加，我们称两者间具有正相关关系。反之，若一方增加，另一方减少，则称两者间具有负相关关系。相关描述的是两方增加或减少的相互趋向。但相关系数不能给出这种变化的比例关系。

在相关分析中，我们给出了 7 名学生入学测试的成绩与入学一年后现在的成绩的相关分析。经计算，相关系数为 0.85。它表示入学测试的成绩对现在的成绩的变化趋势的预测。在该例中，我们可以看到入学测试的成绩高于 6 分的各个学生的现在的成绩。但如果我们希望知道对入学测试的成绩为 4 分的学生其现在的成绩的预测情况，仅靠相关系数是不够的。为了预测入学测试的成绩为 4 分的学生的现在的成绩，可通过入学测试的成绩与现在的成绩的回归曲线进行预测。

我们称将若干个按某些特性排列的散布点(观测样本)以一条曲线来表示为回归。若该曲线为直线，则称作直线回归，该直线为回归直线。

同样，若该曲线为高次曲线、指数曲线、多元曲线等，则称该回归为高次回归、指数回归、多元回归，该曲线为相应的回归曲线。

本章首先通过一个实例，介绍什么是回归分析，随后讨论根据观测样本作出回归曲线的原理和方法。它包括直线回归、指数曲线回归、多项式回归和多元回归。在讨论过程中，我们还将结合回归曲线在使用过程中的有关问题进行分析，这对我们利用回归曲线解决问题是十分重要的。

通过本章学习，应能理解最小二乘法的基本思想和方法，并能掌握以最小二乘法求回归曲线的过程。在此基础上，能利用回归曲线去求解问题，并能在求解问题的过程中合理处理有关回归曲线的特性、使用界限、置信区间等问题。

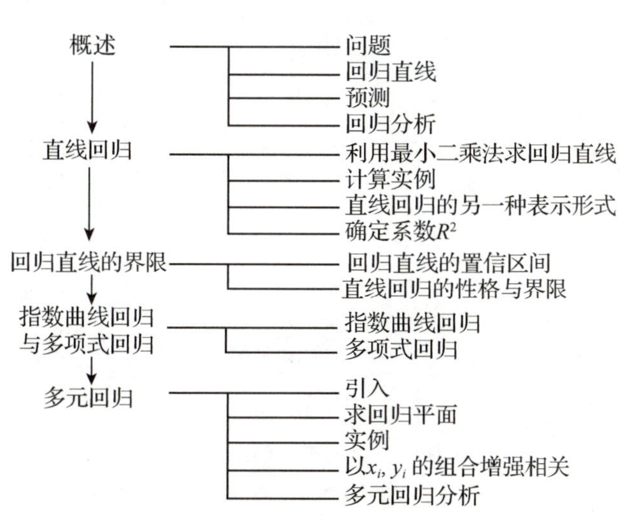

第一节　概述

我们利用一个具体的实例来认识回归分析。

一、问题

现有7名学生的入学测试成绩和入学一年后的现在的成绩(表10.1)，利用这组数据求回归曲线，并利用该回归曲线进行预测。

表10.1　学习成绩数据

学生成绩	S1	S2	S3	S4	S5	S6	S7
现在的成绩 y/分	8	7	6	5	6	5	5
入学测试成绩 x/分	10	10	8	8	7	7	6

二、回归直线

作7组数据的散布点图。从散布点图10.1(a)可以看出，散布点分布在一条直线的周围，回归曲线是一条直线。这是直线回归。

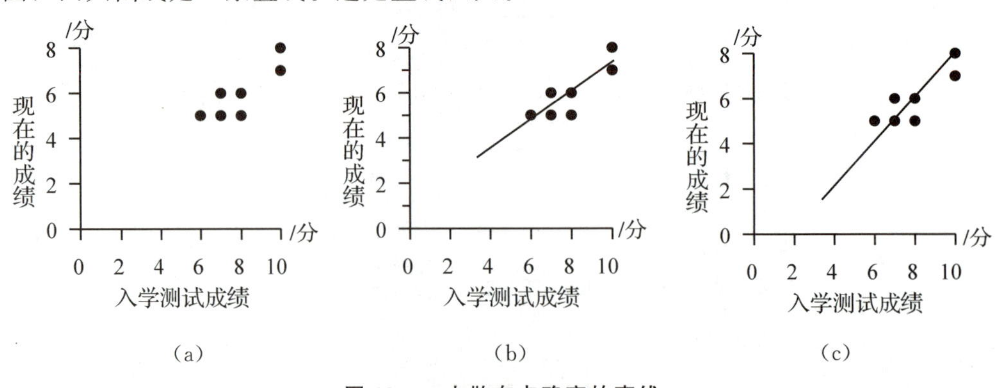

图10.1　由散布点确定的直线

由 7 个点确定的直线可以有很多条，在这么多条直线中，有一条是我们所需的回归直线。

所求的回归直线应该是预测误差最小的那一条。基于这样的认识，我们来确定回归直线。设所求的回归直线为

$$y=ax+b \tag{10-1}$$

a，b 求出后，回归直线就确定了。

利用最小二乘法求得 $a=9/14\approx0.64$，$b=6/7\approx0.86$，由此可作出回归直线：

$$y=0.64x+0.86$$

图 10.1(c)给出了该回归直线。

三、预测

利用回归曲线预测，见表 10.2。

表 10.2　各成绩对比

对象	入学测试成绩/分	预测的成绩/分	实测的现在的成绩/分
*	4	3.4	超出预测范围
S1	10	7.26	8
S3	8	5.98	6
S5	7	5.34	6

四、回归分析

由上述的事例，我们认识到以下诸点：

回归分析就是要求出回归曲线，并用回归曲线进行预测。

为了求回归曲线，需要：

· 利用已有数据，作散布点图，确定回归曲线的形式。

· 利用已有数据确定回归曲线。选择位于已有数据区的多条折线中误差最小的一条——用最小二乘法确定的回归曲线。

· 以回归曲线分析数据，构成新建的预测系统，以该系统预测，看预测的效果。

根据以上的讨论，回归分析可理解为：

求出作为原因的说明变量怎样影响作为结果的目的变量，并将这种影响关系以回归曲线的形式来表示。

第二节　直线回归

回归曲线是由若干个散布点确定的。如何科学地基于这些散布点的特性确定回归曲线是回归分析的核心问题。

以用散布点确定回归直线的分析为例，我们看图 10.1。图 10.1(a)中，有 7 个散布点(观测样本)，我们希望依据这 7 个散布点，作出回归直线。7 个散布点确定的直线可以有很多条，基于不同的直线，对学生现在的成绩的预测结果是不同的。以图 10.1(b)的直线预测入学测试成绩为 4 分的学生的现在的成绩为 3.5 分左右。以图 10.1(c)的直线预测入学测试成绩为 4 分的学生的现在的成绩为 2 分。该实例表明，根据观测样本而作的回归曲线应该不是任意的。如何科学地确定回归直线是直线回归应解决的重要问题。

一、利用最小二乘法求回归直线

图 10.2 是用于说明作回归直线的直线回归原理图。

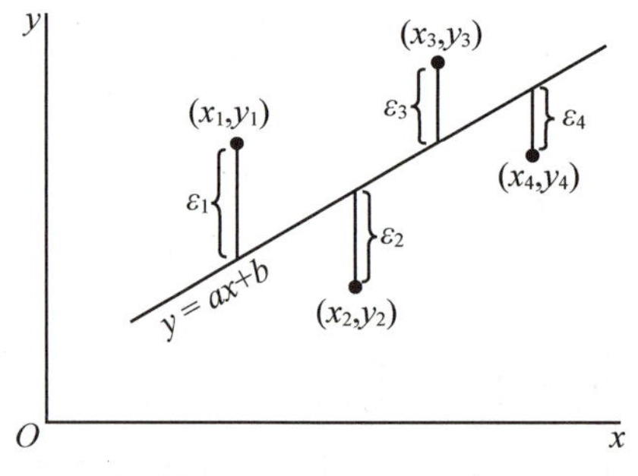

图 10.2　求作回归直线

设回归直线的直线方程为

$$y = ax + b \tag{10-2}$$

观测样本为

$$(x_1, y_1), (x_2, y_2), (x_3, y_3), (x_4, y_4)$$

基于样本来作回归直线的方法如图 10.2 所示。图 10.2 中，观测样本(黑点)位于回归直线的两旁，与直线间的误差分别为

$$\varepsilon_1, \varepsilon_2, \varepsilon_3, \varepsilon_4$$

科学地确定回归直线的方法是：使所作的直线与观测样本间的误差最小。

基于图 10.2 将观测样本的 x_i，y_i($i=1$，2，3，4)代入式(10-2)中，有

$$y_1=ax_1+b+\varepsilon_1$$
$$\varepsilon_1=y_1-ax_1-b$$
$$y_2=ax_2+b+\varepsilon_2$$
$$\varepsilon_2=y_2-ax_2-b$$
$$y_3=ax_3+b+\varepsilon_3$$
$$\varepsilon_3=y_3-ax_3-b$$
$$y_4=ax_4+b+\varepsilon_4$$
$$\varepsilon_4=y_4-ax_4-b$$

式中给出了观测样本(黑点)与回归直线间的误差 ε_1，ε_2，ε_3，ε_4 的计算式。

用一般表达式表示，有

$$y_i=ax_i+b+\varepsilon_i \tag{10-3}$$
$$\varepsilon_i=y_i-ax_i-b \tag{10-4}$$
$$(i=1,\ 2,\ 3,\ 4)$$

所确定的回归直线 $y=ax+b$ 与观测样本间的误差平方和

$$\sum_{i=1}^{4}\varepsilon_i^2=\varepsilon_1^2+\varepsilon_2^2+\varepsilon_3^2+\varepsilon_4^2$$
$$=\sum_{i=1}^{4}(y_i-ax_i-b)^2 \tag{10-5}$$

应为最小值，即确定直线的 a，b 应保证 $\sum_{i=1}^{4}\varepsilon_i^2$ 为最小值。

我们称这样的方法为最小二乘法。

基于最小二乘法的思想，应有

$$\begin{cases}\dfrac{\partial}{\partial a}\sum_{i=1}^{4}\varepsilon_i^2=0\\[2ex]\dfrac{\partial}{\partial b}\sum_{i=1}^{4}\varepsilon_i^2=0\end{cases} \tag{10-6}$$

代入 $\sum_{i=1}^{4}\varepsilon_i^2$，展开后，有

$$\begin{cases}\sum_{i=1}^{4}y_i-a\sum_{i=1}^{4}x_i-\sum_{i=1}^{4}b=0\\[2ex]\sum_{i=1}^{4}x_iy_i-a\sum_{i=1}^{4}x_i^2-b\sum_{i=1}^{4}x_i=0\end{cases} \tag{10-7}$$

设所给定的观测样本不只有 4 组，而是有 n 组，它们是

$$(x_1,\ y_1),\ (x_2,\ y_2),\ \cdots,\ (x_n,\ y_n)$$

且令 y_i 的平均值为 $\overline{y}$，x_i 的平均值为 $\overline{x}$，则有

$$\sum_{i=1}^{n} y_i = n\overline{y}, \quad \sum_{i=1}^{n} x_i = n\overline{x}, \quad \sum_{i=1}^{n} b = nb \tag{10-8}$$

基于最小二乘法，可得到具有 n 个样本点的类似式(10-7)的表达式

$$\begin{cases} n\overline{y} - na\overline{x} - nb = 0 \\ \sum_{i=1}^{n} x_i y_i - a\sum_{i=1}^{n} x_i^2 - nb\overline{x} = 0 \end{cases} \tag{10-9}$$

求解方程组(10-9)，由此求得

$$\begin{cases} a = \dfrac{\sum_{i=1}^{n} x_i y_i - n\overline{x} \cdot \overline{y}}{\sum_{i=1}^{n} x_i{}^2 - n\overline{x}^2} \\ b = \overline{y} - a\overline{x} \end{cases} \tag{10-10}$$

将求出的 a，b 代入

$$y = ax + b \tag{10-11}$$

中可求得回归直线。我们可称式(10-11)为直线回归方程，a，b 为回归系数。该回归直线与其他直线相比，相对于给定的 n 组观测样本数据 x_i，$y_i(i=1, 2, 3, \cdots, n)$，具有最小的误差。

二、计算实例

求图 10.1 给定的 7 组观测样本的回归直线。

在图 10.1 展示 7 组数据(黑点)的坐标系中，横轴为 x_i，纵轴为 y_i。由 7 组观测样本求回归直线的计算过程见表 10.3。

表 10.3　求回归直线的计算过程

x_i	y_i	$x_i y_i$	x_i^2
10	8	80	100
10	7	70	100
8	6	48	64
8	5	40	64
7	6	42	49
7	5	35	49
6	5	30	36
$\sum_{i=1}^{7} x_i = 56$ $\overline{x} = 8$	$\sum_{i=1}^{7} y_i = 42$ $\overline{y} = 6$	$\sum_{i=1}^{7} x_i y_i = 345$	$\sum_{i=1}^{7} x_i^2 = 462$

表 10.3 左侧的两列为 7 组样本数据，由它们可求得 $\sum_{i=1}^{7} x_i$，$\overline{x}$ 和 $\sum_{i=1}^{7} y_i$，$\overline{y}$，且有 $\overline{x}=8$，$\overline{y}=6$。表 10.3 右侧两列为计算的 $x_i y_i$ 和 $x_i^{\ 2}$ 的结果，由这些数据可得到 $\sum_{i=1}^{7} x_i y_i$，$\sum_{i=1}^{7} x_i^{\ 2}$，且有 $\sum_{i=1}^{7} x_i y_i=345$，$\sum_{i=1}^{7} x_i^{\ 2}=462$。以此代入式(10-10)和式(10-11)中，求得

$$a=\frac{\sum_{i=1}^{7} x_i y_i-n\overline{x}\cdot\overline{y}}{\sum_{i=1}^{7} x_i^{\ 2}-n\overline{x}^2}=\frac{9}{14} \tag{10-12}$$

$$b=\overline{y}-a\overline{x}=\frac{6}{7} \tag{10-13}$$

将求得的 a，b 代入式(10-2)中，求得回归直线为

$$\begin{aligned} y&=ax+b=\frac{9}{14}x+\frac{6}{7}\\ &\approx 0.64x+0.86。\end{aligned} \tag{10-14}$$

式(10-14)给出的回归直线如图 10.3 所示。它与图 10.1(b)中的直线是一致的。

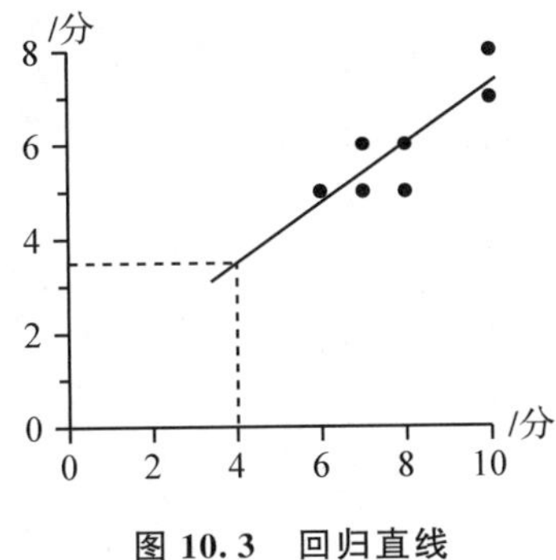

图 10.3　回归直线

利用式(10-14)的回归直线方程，可基于入学测试成绩对现在的成绩进行预测。如前面给定的问题，要求对入学测试成绩为 4 分的学生的现在的成绩进行预测。为此，可将 $x=4$ 代入(10-14)中，有

$$\begin{aligned} y&=0.64\times4+0.86\\ &\approx 3.4\end{aligned}$$

结果表明，该学生现在的成绩的预期值约为 3.4 分。

上面我们介绍了以最小二乘法求回归直线的过程。这种方法不仅可用于求回归直线，同样，它在很多地方都有很好的应用。

三、直线回归的另一种表示形式

相关系数有两种不同的计算形式，它们是

$$r=\frac{\sum_{i=1}^{n}(x_i-\overline{x})(y_i-\overline{y})}{\sqrt{\sum_{i=1}^{n}(x_i-\overline{x})^2\sum_{i=1}^{n}(y_i-\overline{y})^2}} \tag{10-15}$$

和

$$r_{xy}=\frac{S_{xy}}{S_xS_y} \tag{10-16}$$

其中

$$\begin{cases} S_x^2=\frac{1}{n}\sum_{i=1}^{n}(x_i-\overline{x})^2 \\ S_y^2=\frac{1}{n}\sum_{i=1}^{n}(y_i-\overline{y})^2 \\ S_{xy}=\frac{1}{n}\sum_{i=1}^{n}(x_i-\overline{x})(y_i-\overline{y}) \end{cases} \tag{10-17}$$

同样，直线回归方程也有两种表现形式。

一种形式是

$$a=\frac{\sum_{i=1}^{n}x_iy_i-n\overline{x}\cdot\overline{y}}{\sum_{i=1}^{n}x_i^{\,2}-n\overline{x}^2}$$

$$b=\overline{y}-a\overline{x} \tag{10-18}$$

利用式(10-16)、式(10-17)、式(10-18)和

$$\sum_{i=1}^{n}y_i=n\overline{y} \quad \sum_{i=1}^{n}x_i=n\overline{x} \quad \sum_{i=1}^{n}b=nb \tag{10-19}$$

进行适当的变形，整理后可得

$$a=\frac{S_{xy}}{S_x^{\,2}}$$

$$=r_{xy}\frac{S_y}{S_x}$$

将以上的 a 和 $b=\overline{y}-a\overline{x}$ 代入直线方程

$$y=ax+b$$

中可求得直线回归的另一种表现形式

$$y=\frac{S_{xy}}{S_y^2}\cdot x+\overline{y}-\frac{S_{xy}}{S_x^2}\overline{x}$$

所以

$$(y-\overline{y})=\frac{S_{xy}}{{S_x}^2}\cdot(x-\overline{x}) \tag{10-20}$$

或

$$(y-\overline{y})=r_{xy}\cdot\frac{S_y}{S_x}\cdot(x-\overline{x}) \tag{10-21}$$

它是基于方差的直线回归方程。

四、确定系数 R^2

以最小二乘法求得回归方程的系数后，回归方程 $y=ax+b$ 就求得了。确定系数 R^2 是评价回归直线优劣的一个重要指标。确定系数 R^2 由下式定义。

$$R^2=\frac{\sum_{i=1}^{n}(ax_i+b-\overline{y})^2}{\sum_{i=1}^{n}(y_i-\overline{y})^2} \tag{10-22}$$

$R^2=1$，表示所有的点均在回归直线上。

若 $R^2=0$，则可以认为回归分析没有意义。

第三节　回归直线的界限

在使用回归直线时，以下的问题需要特别关注。

一、回归直线的置信区间

我们使用回归直线时，往往是利用已知的观测样本数据寻找规律，求得回归直线。在此基础上，再利用回归直线，对未知的数据进行预测。

例如，在前面的实例中，我们利用 7 名学生的入学测试成绩和入学一年后现在的成绩作出了回归直线，再利用回归直线，对入学测试成绩为 4 分的学生的现在的成绩进行了预测，其预测结果约为 3.4 分。

显然，如果预测的范围在 7 名学生数据范围附近(已有经验的范围)，这种预测结果就是可信的。如果预测范围远离了已有经验的范围，这种预测的误差就比较大，预测结果的可信度较差。

理论与实践告诉我们，没有误差的回归直线是有一定范围的。它是以某种概率(一般为 95%)的可信范围来表示的。在统计学上称这个范围为回归直线的置信区间。

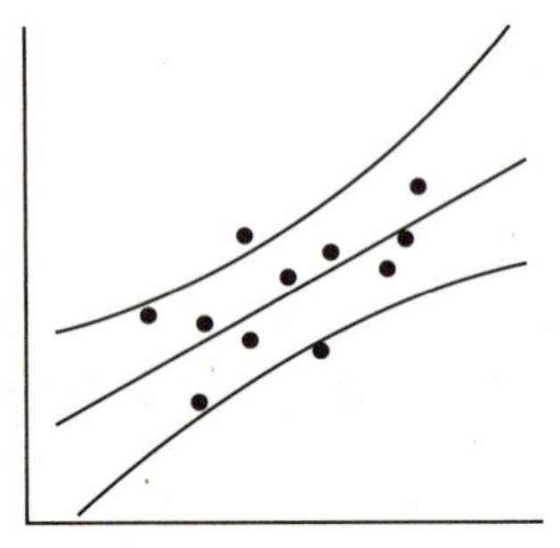

图 10.4　回归直线的置信区间

如何确定回归曲线的置信区间超出了本书的讨论范围。图 10.4 给出了回归直线的置信区间。如图所示，置信区间在回归直线附近的两条曲线之内。使用回归直线预测未知领域的数据时，置信区间应限制在回归直线所指定的不远范围内。

二、直线回归的性格与界限

对学生进行某项技能培训，随着熟练程度的提高，学生完成该项操作所花的时间逐渐变短。该生操作的次数与每次所费时间如图 10.5 所示。

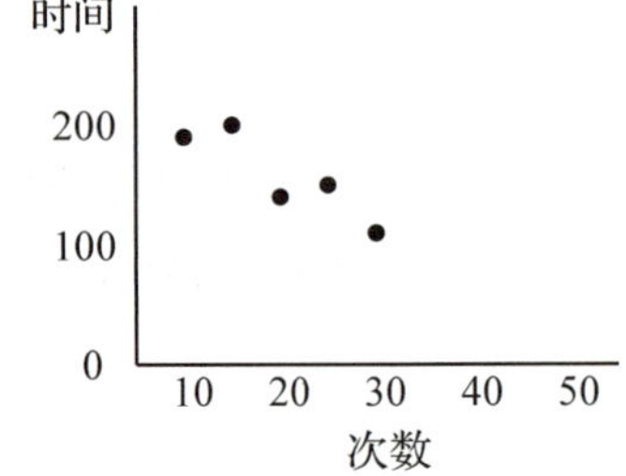

图 10.5　技能培训

图 10.5 表示，在前 25 次内，随着练习次数的增加，所需时间逐渐减少，两者呈直线关系，其回归方程为

$$y=ax+b$$

按此直线，我们可对 25 次以前的各次所需时间进行预测。显然，利用这种预测，当超过一定的次数后，预测结果会出现错误。因为，当操作熟练到一定程度以后，完成操作所需的时间不再按直线关系变化。当次数大量增加时，此时的回归曲线不是直线，而是指数曲线

$$y=\alpha e^{-\beta t}$$

在这种情况下，我们不能利用回归直线进行预测，而应利用指数回归曲线进行预测。可以认为，直线只是指数曲线中某一部分的近似。

在使用直线回归时，我们应注意该直线的性格(是某种曲线的局部)和界限，否则在使用时会产生错误。

直线回归在使用时具有一定的界限，其他回归曲线在使用时也有同样的问题，使用时，应予以注意。

第四节　指数曲线回归与多项式回归

前面我们讨论了直线回归，它是一种线性回归，其回归方程是线性方程。本节，我们将讨论指数回归和多项式回归，其回归方程是非线性方程，它们分别是指数曲线回归方程和多项式回归方程。

讨论直线回归的意义不只在于求出直线回归方程，它的意义还在于探索求直线回归方程的方法——最小二乘法，该方法对求其他曲线的回归方程也是适用的。例如，本节讨论的指数曲线回归方程、多项式回归方程。此外，某些回归曲线的方程，如指数曲线回归方程，是基于直线回归而求得的。

一、指数曲线回归

设指数曲线回归方程为

$$y=ab^x \tag{10-23}$$

指数曲线回归的目的是根据 n 组观测样本

$$(y_i,\ x_i)\quad i=1,\ 2,\ \cdots,\ n$$

以最小二乘法，确定回归方程中的回归系数 a，b。

为了方便起见，对式(10-23)两边取对数，有

$$\lg y=\lg a+x\lg b \tag{10-24}$$

令

$$LY=\lg y \tag{10-25}$$

$$LA=\lg a \tag{10-26}$$

$$LB=\lg b \tag{10-27}$$

则有

$$LY=LA+x\cdot LB \tag{10-28}$$

式(10-28)与直线回归方程

$$y=ax+b \tag{10-29}$$

具有相同的形式。

利用直线回归的结果式(10-10)，可求得式(10-28)中的 LA，LB。

利用式(10-26)、式(10-27)可求得

$$\begin{cases}a=\exp LA\\ b=\exp LB\end{cases} \tag{10-30}$$

将求得的 a，b 代入式(10-23)中即可求得指数曲线回归方程。

二、多项式回归

多项式回归方程如下所示。

$$y=a_1+a_2x+a_3x^2+\cdots+a_{m+1}x^m \tag{10-31}$$

设有 n 组观测样本

$$(y_i,\ x_i)\quad i=1,\ 2,\ \cdots,\ n$$

由以最小二乘法得到的正则方程得到方程组：

$$\begin{cases} a_1n+a_2\sum_{i=1}^{n}x_i+a_3\sum_{i=1}^{n}x_i^{\ 2}+\cdots+a_{m+1}\sum_{i=1}^{n}x_i^{\ m}=\sum_{i=1}^{n}y_i \\ a_1\sum_{i=1}^{n}x_i+a_2\sum_{i=1}^{n}x_i^{\ 2}+a_3\sum_{i=1}^{n}x_i^{\ 3}+\cdots+a_{m+1}\sum_{i=1}^{n}x_i^{\ m+1}=\sum_{i=1}^{n}x_iy_i \\ \cdots\cdots \\ a_1\sum_{i=1}^{n}x_i^m+a_2\sum_{i=1}^{n}x_i^{m+1}+a_3\sum_{i=1}^{n}x_i^{m+2}+\cdots+a_{m+1}\sum_{i=1}^{n}x_i^{2m}=\sum_{i=1}^{n}x_i^my_i \end{cases} \tag{10-32}$$

当我们将样本值 y_i，x_i 代入其中时，式中的

$$n,\ \sum_{i=1}^{n}x_i,\ \sum_{i=1}^{n}x_i^{\ 2},\ \cdots,\ \sum_{i=1}^{n}x_i^{\ 2m},\ \sum_{i=1}^{n}y_i,\ \sum_{i=1}^{n}x_iy_i,\ \cdots,\ \sum_{i=1}^{n}x^my_i$$

均为常数。由此，式(10-32)为一组以 a_1，a_2，…，a_{m+1} 为变量的线性方程组。用高斯法，可根据观测的样本值求得回归方程式(10-31)的回归系数 a_1，a_2,，…，a_{m+1}。将这些回归系数代入式(10-31)可求得多项式回归方程。

第五节　多元回归

前面我们讨论了各种各样的相关，并介绍了相关系数的求法。随后，我们讨论了两个相关变量间的直线回归、指数回归、多项式回归。但目前的讨论，还只限于两个变量间的相关和回归。

相关与回归是多元分析的基础，也是最基本的内容。多元分析是指对多个变量进行分析，而不只是对两个变量间的关系进行分析。下面我们讨论多元回归分析。

一、引入

表 10.4 给出了 7 名学生的各项成绩，与直线回归的样本相比较，右侧多了一列，令该列为学科测试成绩 y_i。在直线回归中，我们讨论了由测试成绩，通过直线回归，求得回归直线，并将其作为预测式，预测入学测试成绩为 4 的学生，入学一年后现在的学习成绩为 3.4。现在，我们增加一个变量——入学一年后的学科测试成绩，在此，并将直线回归中的入学测试成绩认作入学面试成绩。我们以面试成绩和学科测试成绩这两项成绩来预测学生入学一年后的现在的学习成绩。

表 10.4　二元回归的数据

姓名	现在的成绩 z_i/分	面试成绩 x_i/分	学科成绩 y_i/分
A	8	10	6
B	7	10	9
C	6	8	8
D	6	7	6
E	5	8	9
F	5	7	5
G	5	6	6

表 10.5　以 x_i+y_i 进行分析

z_i	x_i+y_i
8	16
7	19
6	16
6	13
5	17
5	12
5	12

对于表 10.4 中的数据，我们可以先求(x_i+y_i)(表 10.5)，将(x_i+y_i)作为一个变量，求作它与 z_i 的直线回归方程，利用该直线回归方程，以 x_i+y_i 来预测学生现在的成绩 z_i。

这样的处理方法不是一种合理的方法。它将原本分开的 x_i，y_i 合并在一起，这样会丢失一些信息，其结果是对于面试成绩为 4 分、学科成绩为 8 分的学生与面试成绩为 8 分、学科成绩为 4 分的两名学生，我们预测的他们现在的成绩相同，这显然是不合理的。

为了避免这种丢失，同样可利用最小二乘法，求出以 x，y 表述 z 的二元回归方程。

二、求回归平面

直线回归的回归方程是

$$y=ax+b$$

它表示的是一条直线，所以这种回归叫作直线回归。直线回归的目标是通过求直线中的 a，b，来确定回归直线。

二元线性回归的回归方程为

$$z=ax+by+c \tag{10-33}$$

它表示的是一个三维空间中的平面(图 10.6)，我们称这种回归为平面回归。二元线性回归的目标是通过一组观测样本数据(x_i，y_i，z_i)求出 a，b，c，确定回归平面。

现在我们利用最小二乘法求回归平面。

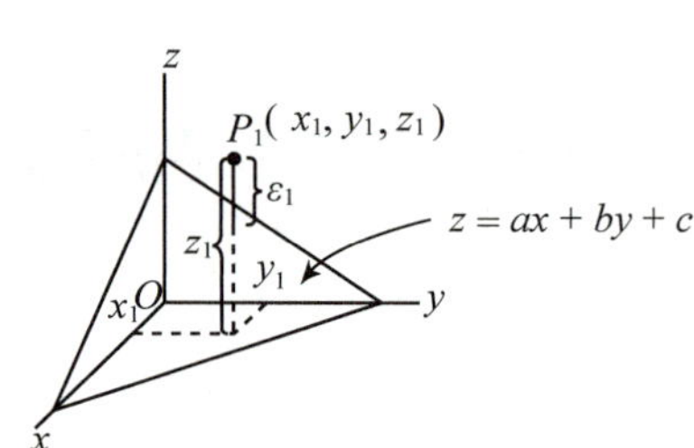

图 10.6　求回归平面

图 10.6 给出了求回归平面的方法，其回归方程为

$$z=ax+by+c \tag{10-34}$$

为了确定回归平面

$$z=ax+by+c$$

需要利用一组观测样本，并由这些样本来确定回归平面中的 a，b，c。

现有一组观测样本数据：

$$(x_i，y_i，z_i)\quad i=1，2，\cdots，n$$

如图 10.6 所示，观测值 z_i 并不在平面 $z=ax+by+c$ 上，二者间的误差为 ε_i，且有

$$\varepsilon_i=z_i-ax_i-by_i-c \tag{10-35}$$

n 个观测值与 $z_i=ax_i+by_i+c$ 间的误差平方之和为

$$\sum_{i=1}^{n}\varepsilon_i^2=\sum_{i=1}^{n}(z_i-ax_i-by_i-c)^2 \tag{10-36}$$

利用最小二乘法，令 $\sum\limits_{i=1}^{n}\varepsilon_i^2$ 取最小值来确定 a，b，c。为此，令

$$\begin{cases}\dfrac{\partial}{\partial a}\sum\limits_{i=1}^{n}\varepsilon_i^2=0\\ \dfrac{\partial}{\partial b}\sum\limits_{i=1}^{n}\varepsilon_i^2=0\\ \dfrac{\partial}{\partial c}\sum\limits_{i=1}^{n}\varepsilon_i^2=0\end{cases} \tag{10-37}$$

由此得到一组方程组，求解该方程组，并考虑以下关系

$$\begin{cases}\sum_{i=1}^{n} x_i = n\bar{x} & \begin{cases}\sum_{i=1}^{n} y_i = n\bar{y}\end{cases} \\ \sum_{i=1}^{n} z_i = n\bar{z} & \begin{cases}\sum_{i=1}^{n} c = nc\end{cases}\end{cases} \tag{10-38}$$

$$\begin{cases}\frac{1}{n}\sum_{i=1}^{n}(x_i-\bar{x})^2 = S_x^2 \\ \frac{1}{n}\sum_{i=1}^{n}(y_i-\bar{y})^2 = S_y^2 \\ \frac{1}{n}\sum_{i=1}^{n}(z_i-\bar{z})^2 = S_z^2\end{cases} \tag{10-39}$$

$$\begin{cases}\frac{1}{n}\sum_{i=1}^{n}(x_i-\bar{x})(y_i-\bar{y}) = S_{xy} \\ \frac{1}{n}\sum_{i=1}^{n}(y_i-\bar{y})(z_i-\bar{z}) = S_{yz} \\ \frac{1}{n}\sum_{i=1}^{n}(z_i-\bar{z})(x_i-\bar{x}) = S_{zx}\end{cases} \tag{10-40}$$

可求得

$$a=\frac{S_{xz}S_y^2-S_{xy}S_{yz}}{S_x^2S_y^2-S_{xy}^2} \tag{10-41}$$

$$b=\frac{S_x^2S_{yz}-S_{xy}S_{xz}}{S_x^2S_y^2-S_{xy}^2} \tag{10-42}$$

利用式(10-41)、式(10-42)，且有

$$c=\bar{z}-a\bar{x}-b\bar{y} \tag{10-43}$$

由此，可确定平面回归的回归方程

$$z=ax+by+c \tag{10-44}$$

平面回归的回归系数 a，b，c，也可以用行列式来表示，有

$$a=\frac{\begin{vmatrix}S_{xz} & S_{xy} \\ S_{yz} & S_y^2\end{vmatrix}}{\begin{vmatrix}S_x^2 & S_{xy} \\ S_{yx} & S_y^2\end{vmatrix}} \quad b=\frac{\begin{vmatrix}S_x^2 & S_{xz} \\ S_{yx} & S_{yz}\end{vmatrix}}{\begin{vmatrix}S_x^2 & S_{xy} \\ S_{yx} & S_y^2\end{vmatrix}} \tag{10-45}$$

利用 $S_{xy}=S_xS_yr_{xy}$ 等关系，a，b 可表示为

$$a=\frac{S_z}{S_x}\frac{r_{xz}-r_{xy}\cdot r_{yz}}{1-r_{xy}^2} \tag{10-46}$$

$$b=\frac{S_z}{S_y}\frac{r_{yz}-r_{xy}\cdot r_{xz}}{1-r_{xy}^2} \tag{10-47}$$

三、实例

利用式(10-41)、式(10-42)我们来求表(10.4)中给定数据的回归平面。

为了使用式(10-41)、式(10-42)，需先求方差 S_x^2，S_y^2 和协方差 S_{xy}，其计算过程见表 10.6、表 10.7。

表 10.6

x_i	$x_i-\overline{x}$	$(x_i-\overline{x})^2$	y_i	$y_i-\overline{y}$	$(y_i-\overline{y})^2$	$(x_i-\overline{x})(y_i-\overline{y})$
10	2	4	6	−1	1	−2
10	2	4	9	2	4	4
8	0	0	8	1	1	0
7	−1	1	6	−1	1	1
8	0	0	9	2	4	0
7	−1	1	5	−2	4	2
6	−2	4	6	−1	1	2
$\overline{x}=8$	$\sum_{i=1}^{7}(x_i-\overline{x})^2=14$		$\overline{y}=7$	$\sum_{i=1}^{7}(y_i-\overline{y})^2=16$		$\sum_{i=1}^{7}(x_i-\overline{x})(y_i-\overline{y})=7$

表 10.6 中样本数为 7，且有

$$S_x^2=\frac{14}{7}=2 \quad S_y^2=\frac{16}{7}\approx 2.29 \quad S_{xy}=\frac{7}{7}=1$$

同样可计算 S_z^2，S_{zx} 等。计算结果见表 10.7。

表 10.7　基本数据

成绩	平均值	方差	方均根	协方差
面试成绩 x	$\overline{x}=8$	$S_x^2=2$	$S_x=1.41$	$S_{xy}=S_{yx}=1$
学科测试成绩 y	$\overline{y}=7$	$S_y^2\approx 2.29$	$S_y=1.51$	$S_{yz}=S_{zy}=0.143$
现在的成绩 z	$\overline{z}=6$	$S_z^2=1.14$	$S_z=1.07$	$S_{zx}=S_{xz}=1.29$

将这些数据代入式(10-41)和式(10-42)，可得

$$a=\frac{1.29\times 2.29-1.00\times 0.143}{2.00\times 2.29-1.00^2}\approx 0.785$$

$$b=\frac{2.00\times 0.143-1.00\times 1.29}{2.00\times 2.29-1.00^2}\approx -0.28$$

由式(10-43)，得

$$c=6-0.785\times 8+0.280\times 7=1.68$$

相应的二元线性回归方程式为

$$z=0.785x-0.28y+1.68 \tag{10-48}$$

利用该回归方程，可求出面试成绩为 4 分、学科测试成绩为 8 分的学生与面试成绩为 8 分、学科测试成绩为 4 分的学生现在的成绩的预测值。我们将它们列在下面进行比较。

若 $x=4$，$y=8$，则 $z=2.58$。

若 $x=8$，$y=4$，则 $z=6.84$。

它表明：$x=8$，$y=4$ 的学生现在的成绩预测值优于 $x=4$，$y=8$ 的学生的成绩预测值。

我们将 x，y 等权重相加的 x_i+y_i(表 10.5)作为一个变量进行直线回归，用于预测的直线回归方程为

$$z=0.227(x+y)+2.6$$

基于该式可以预测，当 $x=4$，$y=8$，$x+y=12$ 时，有 $z=5.32$。

它表示 $x=4$，$y=8$ 的学生与 $x=8$，$y=4$ 的学生，两人现在成绩的预测值同为 $z=5.32$。

与平面回归的结果相比较，这个结果显然是不合理的。可见平面回归具有较好的效果。

四、以 x_i，y_i 的组合增强相关

从以上的实例可以看出，与计算合计分数(x_i+y_i)进行现在的成绩预测的直线回归相比，使用式(10-48)以平面回归进行预测的方法更优。我们可以从相关强度的观点来分析这样的结果。

1. 求 x 与 y、x 与 z、y 与 z 的相关系数

相关系数用

$$r_{xy}=\frac{S_{xy}}{S_xS_y}$$

来表示。相关系数可利用表 10.7 的结果简单地求得，如

$$r_{xy}=\frac{1.00}{1.41\times1.51}\approx0.47$$

同样，可求得 r_{xz}，r_{yz}，它们分别为

$$r_{xz}\approx0.85$$

$$r_{yz}\approx0.09$$

r_{xz} 表示 x 和 z，即面试成绩与现在的成绩，具有很强的相关性；r_{yz} 表示 y 和 z，即学科测试成绩与现在的成绩，几乎不相关。

2. 求 $x+y$ 的合计分数与现在的成绩 z 的相关性

基于表 10.5 的数值，可求得

$$r_{z(x+y)}=0.53$$

对于与 z 具有很强的相关性的 $x(r_{zx}=0.85)$ 和与 z 几乎不相关的 y 都以相同的权重相加，即以 $(x+y)$ 来求对 z 的相关，其结果显然是不合理的。

上述的结果表示，x 与 z 的相关系数 $r_{xz}=0.85$。然而，在 x 的基础上加上 y，求得 $(x+y)$ 与 z 的相关系数 $r_{z(x+y)}=0.53$，相关系数不仅没升反而下降。在预测时是否可忽略 y 的影响，而仅以 x，即仅以面试得分 x 来预测学生现在的成绩？事实上这是不妥的。

3. 对 x，y 以回归系数进行权重分配

由上述讨论我们知道，x，y 以等权重组合后与 z 的相关 $r_{z(x+y)}$ 不是 r_{xz} 和 r_{yz} 的相加，其结果是相关系数 $r_{z(x+y)}$ 比 r_{xz} 还小。

针对上面的讨论结果，我们可以用回归系数 a 和 b 对 x 和 y 进行权重分配，即令 a，b 分别为 x，y 的权重，并求以此加权后的 x，y 组合与 z 的相关强度。

基于这样的考虑，令

$$u_i=0.785x_i-0.28y_i$$

利用表 10.4 的 z_i，求 u_i 与 z_i 间的相关系数。计算过程为表 10.8 所示。

表 10.8　计算 u_i 与 z_i 的相关系数

x_i	y_i	u_i	$u_i-\overline{u}$	$(u_i-\overline{u})^2$	z_i	$z_i-\overline{z}$	$(z-\overline{z})^2$	$(u_i-\overline{u})(z_i-\overline{z})$
10	6	6.17	1.86	3.46	8	2	4	3.72
10	9	5.33	1.02	1.04	7	1	1	1.02
8	8	4.04	−0.27	0.07	6	0	0	0
7	6	3.81	−0.5	0.25	6	0	0	0
8	9	3.76	−0.55	0.30	5	−1	1	0.55
7	5	4.09	−0.22	0.05	5	−1	1	0.22
6	6	3.03	−1.28	1.64	5	−1	1	1.28
		$\overline{u}\approx 4.31$ $\sum_{i=1}^{7}(u_i-\overline{u})^2=6.81$			$\overline{z}=6$ $\sum_{i=1}^{7}(z-\overline{z})^2=8$			$\sum_{i=1}^{7}(u_i-\overline{u})(z_i-\overline{z})=6.79$

其结果为

$$r_{zu}=0.92$$

4. 结论

经过以上的计算，我们得到，r_{zu} 比 r_{xz} 大，它表示：在预测现在的成绩 (z) 时，不能忽略学科测试成绩 (y)，学科测试成绩与面试成绩 (x) 相结合才能正确预测学生现在的成绩。在 x 的基础上，考虑相关较弱的 y，它与 z 的相关性不是减少，而是增加（从 $r_{xz}=0.85$ 增至 $r_{zu}=0.92$），从中我们可以得到，重要的不是是否要考虑 y，重要的是如何确定 x，y 组合时的加权权重。

上述分析表明：(1)入学时的面试成绩(x)和学科测试成绩(y)(单项测试成绩)与入学一年后的现在的成绩(z)的相关系数 r_{xz}，r_{yz} 因单项测试的不同而不同。

(2)多个单项测试的组合(组合测试)与现在的成绩的相关系数，因单项组合的加权系数的不同而不同，通过调节加权系数可以调节该相关系数。

(3)单项测试成绩与现在的成绩的相关系数 r_{xz}，r_{yz} 可能大于，也可能小于组合测试与现在的成绩的相关系数。

(4)通过调节加权系数可以调节组合测试与现在的成绩的相关强度，在不同加权系数的组合测试与现在的成绩的相关系数中，以回归系数为加权系数的组合测试具有最大值，它表明，以回归方程进行对现在成绩的预测具有最佳的预测效果。

五、多元回归分析

通过前面的讨论，我们可以利用式(10-41)、式(10-42)、式(10-43)确定二元线性回归方程

$$z=ax+by+c$$

中的各个常数 a，b，c。在此基础上，令

$$u_i=ax_i+by_i$$

并利用 z_i 和 u_i 计算 r_{zu}，得到相关系数的最大值。我们称该相关系数为多元相关系数，其大小可由

$$r_{zu}^{2}=\frac{aS_{xz}+bS_{yz}}{S_z^{2}} \tag{10-49}$$

来确定。它表示 x，y 以 $a : b$ 的比例对 z 产生影响。

在直线回归中，我们讨论了两个变量间的相关与回归。在平面回归中，我们从两个变量增至 3 个变量。研究多元分析，我们还可以不断增加变量的个数，求回归方程和相关系数。

若变量数为 4，设：

入校后的学生成绩为 w；

入校前的面试成绩为 x；

入校前的学科成绩为 y；

入校前的体能成绩为 z；

由 x，y，z 与 w 确定的回归方程为

$$w=ax+by+cz+d \tag{10-50}$$

与直线回归、平面回归一样，可利用最小二乘法可求得 a，b，c，d。

且有

$$a=\frac{\begin{vmatrix} S_{xw} & S_{xy} & S_{xz} \\ S_{yw} & S_y^2 & S_{yz} \\ S_{zw} & S_{zy} & S_z^2 \end{vmatrix}}{\begin{vmatrix} S_x^2 & S_{xy} & S_{xz} \\ S_{yx} & S_y^2 & S_{yz} \\ S_{zx} & S_{zy} & S_z^2 \end{vmatrix}} \tag{10-51}$$

$$b=\frac{\begin{vmatrix} S_x^2 & S_{xw} & S_{xz} \\ S_{yx} & S_{yw} & S_{yz} \\ S_{zx} & S_{zw} & S_z^2 \end{vmatrix}}{\begin{vmatrix} S_x^2 & S_{xy} & S_{xz} \\ S_{yx} & S_y^2 & S_{yz} \\ S_{zx} & S_{zy} & S_z^2 \end{vmatrix}} \tag{10-52}$$

$$c=\frac{\begin{vmatrix} S_x^2 & S_{xy} & S_{xw} \\ S_{yx} & S_y^2 & S_{yw} \\ S_{zx} & S_{zy} & S_{zw} \end{vmatrix}}{\begin{vmatrix} S_x^2 & S_{xy} & S_{xz} \\ S_{yx} & S_y^2 & S_{yz} \\ S_{zx} & S_{zy} & S_z^2 \end{vmatrix}} \tag{10-53}$$

$$d=\overline{w}-a\overline{x}-b\overline{y}-c\overline{z} \tag{10-54}$$

与平面回归相似，在有 4 个变量的情况下，我们将其中的 x，y，z 分别以 a，b，c 为权重相加，并以之计算与 w 的相关系数，该相关系数具有最大值。

我们可将变量增加至 5 个、6 个……以同样的方法可求出回归方程和相关系数，并进行有关的分析和处理。

我们称式(10-50)这样的回归为多元回归。平面回归、线性回归可认为是多元回归的一部分。

在对观测样本进行多元回归处理时，我们还会对各个变量、变量的各种组合进行相关处理、相关分析，并在此基础上求出变量的最佳组合。通常，我们将这种对多元数据所进行的回归分析、相关分析统称为多元回归分析。

多元回归分析是多变量分析中十分重要的方法。

思考与练习

1. 试说明什么是回归，什么是直线回归、平面回归、指数回归、多项式回归和多元回归。并写出它们的回归方程。

2. 什么是最小二乘法？如何利用最小二乘法求回归系数、确定回归方程？

3. 试说明直线回归的回归系数、回归方程的两种表现形式。

4. 试说明直线回归的置信区间和直线回归的性格、界限。

5. 在平面回归中，x，y 的不同加权组合与 z 有不同的相关关系，试说明最大相关系数的 x，y 的权重应是怎样的，结合平面回归方程，说明这种加权组合具有怎样的意义。

6. 由两点可以确定一条直线，为什么直线回归的观测样本数选定为大于 2 的 4 或 7，即它一定要大于 2？

7. 选定 6 组观测样本

$$(x_i,\ y_i)\quad i=1,\ 2,\ \cdots,\ 6$$

进行回归分析：

(1)以最小二乘法求回归系数，确定回归方程。

(2)以回归方程进行预测，并对预测的结果进行分析。

第十一章

主成分分析

学习要点

主成分分析是多变量分析中最基本的一种方法。主成分分析是将彼此相关的、具有多种类特性值的信息综合成相互之间不相关的个数较少的综合特征值的方法。这种方法可用于等质集团，也可用于异质集团，所不同的是一个以方差、协方差矩阵为出发点，一个以相关矩阵为出发点。在使用时，应慎重地选择变量。

概述部分以简单的 n 个样本的散布图为实例，讨论了主成分分析的基本原理，并在此基础上介绍了什么是主成分分析，使大家可以对主成分分析有一个初步的了解。

本章以主成分分析的理论为中心，由此展开对主成分分析基本内容的分析讨论。主成分分析的理论主要包括主成分的数学模型和以方差的条件极值求主成分的理论。求解特征方程，在求主成分时是十分重要的工具。考虑到本书的读者群中有很多人对此并不熟悉，为读者能顺利地理解本书的内容，我们将有关的内容也列入本章中。

在相关理论指导下，本章给出了主成分分析的操作流程及其说明。为了使读者能够深入地进行主成分分析，对于那些主要的操作和难以理解的操作，我们均做了单独的讨论。例如，求主成分、主成分得分等。基于这些讨论，最后给出了两个实例。两个实例虽都是在以方差求极值的理论指导下求得主成分的，但在很多地方具有很大的不同，阅读时可对比着进行阅读。

通过本章的学习，不仅应对有关理论有深入理解，同时还应根据这些理论去求解主成分，并予以评价、说明。

内容结构

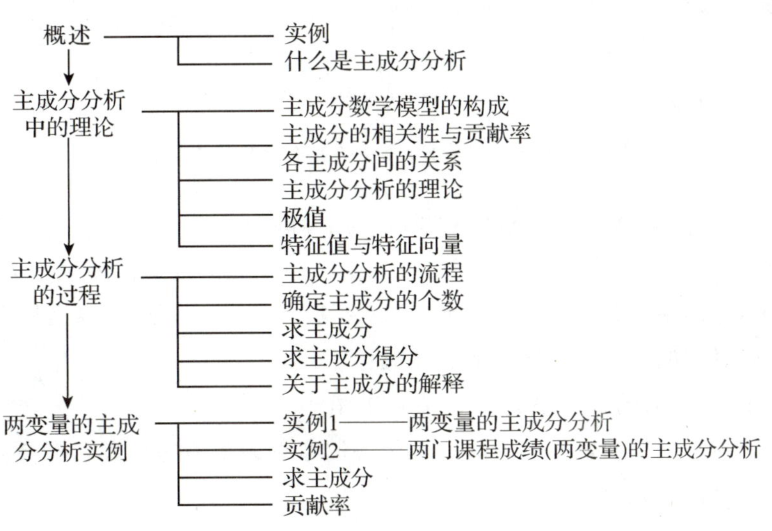

第一节 概述

在我们的工作、生活和学习中，往往会碰到这样的一些问题，要评价某件事、某个部门、某个人，需要从多个方面、多个特征、多个指标进行考察。较多的指标会给考察、决定带来一定的困难和麻烦。我们能否找到一个以较少的指标，但能包含与原指标相同或相近信息的方法，这无疑对我们的工作、生活、学习会带来许多便利，主成分分析是用以解决这种问题的一种有效的方法和手段。我们通过一个实例来认识主成分分析。

一、实例

为了说明主成分分析的工作原理和方法，我们列举一个简单的变量数 $p=2$ 的实例。设具有两个特性 x_1，x_2 的 n 个采样点为(x_{i1}，x_{i2})，$i=1$，2，…，n ，其在 x_1-x_2 平面上的散布图如图 11-1(a)所示。

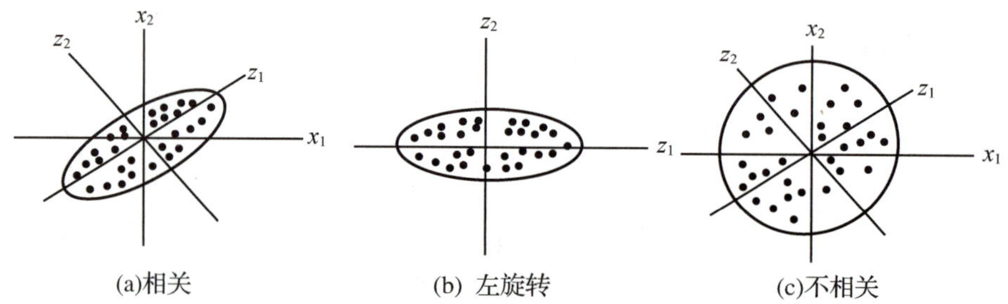

图 11.1 $p=2$ 时主成分(其中的左右旋转是以坐标为准)

在图 11.1(a)中，散布点分布呈椭圆状，该椭圆的长半轴为 z_1，与之正相交的短半轴为 z_3。图(a)的散布点分布表明，散布在 x_1，x_2 轴上的投影值差别不大。

将 x_1-x_2 坐标系旋转变成 z_1-z_2 坐标系(图 11.1(b))。它是二维坐标系的一个坐标变换，变换后得到的 z_1-z_2 具备以下的性质：

散布图中 z_1 方向的方差最大，z_2 方向的最小。

基于上述的坐标变换，n 个点的重心至各散布点的距离的平方和不会因坐标变换而变化，因此，可得到式(11-1)。

$$\sum_{i=1}^{n}(x_{1i}-\overline{x}_1)^2+\sum_{i=1}^{n}(x_{2i}-\overline{x}_2)^2=\sum_{i=1}^{n}(z_{1i}-\overline{z}_1)^2+\sum_{i=1}^{n}(z_{2i}-\overline{z}_2)^2 \tag{11-1}$$

等式左右两边分别是变换前后的距离平方和，二者应是相等的。等号右侧两项分别是在 z_1 和 z_2 方向上的距离平方和，观察图形，这两项距离的大小分别为 80%和 20%，第二项远小于第一项，即仅第一项的 z_1 就占 x 特征值的绝大部分。若以第一项的综合特征值表示原 x 特征值，会产生 20%的信息丢失。实际操作中，使变量数通过调节变换系数，可以使 z_1 更大，减少信息丢失。这样，通过线性变换，2 个特征值所具有的信息，在损失 20%的条件下，压缩为 1 个综合特征值，实现了信息压缩。

若 n 个观测变量是不相关的，其 n 个点的散布图如图 11.1(c)所示。从图形上看，它呈圆形。无论新坐标的 z_1，z_2 怎么变。式(11-1)右侧的两项各占 50%。不可能出现一方远大于另一方。没有必要求综合特征值。

通过上述实例，我们知道了：

(1)p 个变量(指标)所具有的信息可以综合成 $m(m\leqslant p)$个综合特征值 $z_1\sim z_m$，且 $z_1\sim z_m(i=1,2,\cdots,m)$基本包含 p 个变量特性值所具有的信息。

我们称这 m 个综合特征值为第一主成分、第二主成分……第 m 主成分。

(2)实现这种综合的方法是线性变换，或者说是对 p 个变量求加权平均。在求解主成分时已知的是观测变量，未知的是线性变换的加权系数。

二、什么是主成分分析

主成分分析可以理解为：将多个相关变量的信息综合成少数的综合特征值的方法。这些综合特征值是各变量乘加权系数之和，我们称它为主成分。

第二节　主成分分析中的理论

理论可以对实践进行引领和指导。本节通过对主成分数学模型的学习，我们将认识主成分的各种构成要素及其相互关系。在主成分分析理论的指导下，我们去探求主成分。

一、主成分数学模型的构成

对具有 p 个特征值的 p 个变量的 n 个样本数据进行分析时，我们可以对这些数据一个一个地进行分析和评价。若这些数据彼此是相关的，在一个一个地分析时，由于数据间的相关性，对于那些公共的要素，我们可能会重复地处理。为此，我们可对 p 个变量的特征值通过加权、平均进行综合，生成 m 个($m \leqslant p$)综合特征值 z_1，z_2，…，z_m，且 $z_1 \sim z_m$ 具有式(11-2)所示的线性组合的关系。

$$\begin{cases} z_1 = a_{11}x_1 + a_{12}x_2 + \cdots + a_{1o}x_p \\ z_2 = a_{21}x_1 + a_{22}x_2 + \cdots + a_{2p}x_p \\ \cdots\cdots \\ z_m = a_{m1}x_1 + a_{m2}x_2 + \cdots + a_{mp}x_p \end{cases} \tag{11-2}$$

式中的加权系数(此处也称载荷系数)满足

$$a_{k1}^2 + a_{k2}^2 + \cdots + a_{kp}^2 = \sum_{i=1}^{p} a_{k1}^2 = 1 \tag{11-3}$$

的条件要求。我们称

z_1 为第一主成分，

z_2 为第二主成分，

……

z_m 为第 m 主成分。

式中，x 为观测变量，有时也叫作原变量，表示是变换前的变量。

a_{ij} 为载荷系数，它表示第 i 主成分与第 j 个观测变量 x 间的相互关系。在后面的讨论中，我们也称 x 为特征值变量，z 为综合特征值变量。

二、主成分的相关性与贡献率

现有 p 个原变量，又称观测变量，

$$x_1, \ x_2, \ \cdots, \ x_p$$

经过加权，生成 m 个主成分

$$z_1, \ z_2, \ \cdots, \ z_m$$

1. 主成分的相关性

主成分的相关性包含两种：

(1)主成分彼此间的相关性。

各主成分间是不相关的，即

$$z_k \text{ 与 } z_{k'} (k \neq k', \ k, \ k' = 1, \ 2, \ \cdots, \ m)$$

的相关系数为“0”。

(2)主成分与原变量间的相关性。

主成分 z_k 与原变量 x_i 间的相关性可通过下式进行计算。

$$r(z_k, x_i)=\frac{\mathrm{Cov}[z_k, x_i]}{\sqrt{V(z_k)\cdot V(x_i)}}$$

$$=\frac{\lambda_k\cdot a_{kii}}{\sqrt{\lambda_k}}=\sqrt{\lambda_k}a_{ki}$$

$$(k=1, 2, \cdots, m; i=1, 2, \cdots, p) \tag{11-4}$$

式中 a_{ki} 为主成分模型中的因子载荷。我们也称这样相关为因子载荷。

计算相关系数的平方，有

$$\sum_{i=1}^{p} r^2[z_k, x_i]=\sum_{i=1}^{p}\lambda_k a_{ki}^2=\lambda_k$$

$$(k=1, 2, \cdots, m, i=1, 2, \cdots, p) \tag{11-5}$$

2. 主成分的贡献率

为了求贡献率，我们先求方差。

(1)原变量的方差。

原变量是规范化的变量，即原变量是方差为 1，平均值为 0 的变量

$$V(x'_i)=1 \tag{11-6}$$

p 个原变量方差之和为

$$\sum_{i=1}^{p}V(x'_i)=p_k \tag{11-7}$$

它是原变量总方差。

(2)主成分的方差。

主成分的方差等于特征值，即

$$V(z_k)=\lambda_k$$

$$(k=1, 2, \cdots, m, m\leqslant p) \tag{11-8}$$

且有

$$z_1\text{ 方差}>z_2\text{ 方差}>\cdots>z_m\text{ 方差}$$

(3)贡献率。

我们称主成分 z_k 的方差与总方差之比为贡献率。

z_k 的贡献率为

$$\lambda_k/p$$

m 个主成分(z_1, z_2, …, z_m)的累积贡献率为

$$\sum_{k=1}^{m}\lambda_k/p$$

当 $m=p$ 时，

$$\sum_{k=1}^{p}\lambda_k=p \tag{11-9}$$

即累积贡献率为 1。它表示 m 个主成分的信息总和即原变量的全部信息。

三、各主成分间的关系

在主成分模型中，各主成分、方差和特征值之间具有一定的相互关系。

主成分与特征值 λ 一一对应，且按从大到小的顺序排列。特征值与特征向量一一对应。

第一主成分及其方差↔特征值 λ_1 及其对应的特征向量

第二主成分及其方差↔特征值 λ_2 及其对应的特征向量

……

第 m 主成分及其方差↔特征值 λ_m 及其对应的特征向量

且有 $\lambda_1>\lambda_2>\cdots>\lambda_m$。

主成分之间具有一定的相互关联。各主成分间的相互关系是：主成分间自上向下是相关的，主成分间自下向上是不相关的。

例如，我们站在第 k 主成分看，它与第 $k+1$ 及以后的主成分是相关的，它与自身之前的主成分是不相关的。

主成分的这种关系是在求主成分时形成的。在求主成分时，开始，各主成分应是相关的。在求出第一主成分后，再求第二主成分时，除保留了求第一主成分时的求极值条件外，还增加了第一主成分与第二主成分不相关的条件。求第二主成分时，第一主成分与第二主成分由相关的变成了不相关的。同样，在求第三主成分时，第二主成分与第三主成分的相关性也变为不相关。如此下去出现了主成分相关的以上特点。

四、主成分分析的理论

在主成分分析中，如何去求主成分处于十分重要的位置，应从理论上解决这个问题。

下面以两个观测变量为例，说明应怎样将观测数据变换成综合特征数据(主成分)。图 11.2 是说明这种变换的概念图。

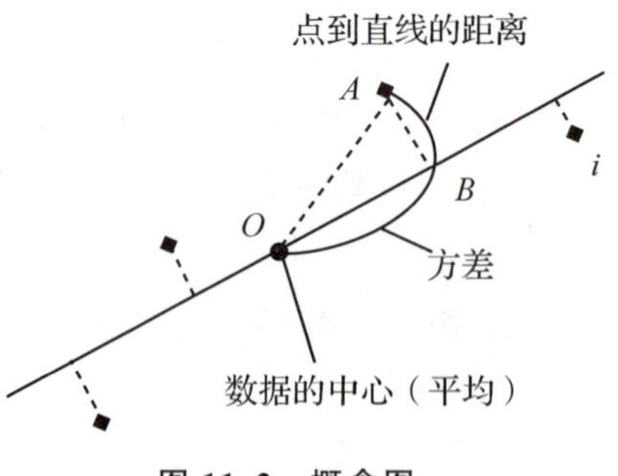

图 11.2　概念图

图 11.2 是 n 个具有两个特性的观测变量构成的样本数据的散布图，图中给出了作为主成分的直线。该直线是将原观测数据变换成主成分数据的变换式，我们称它为第一主成分轴线，样本 i 在该轴线上的投影给出了该点的第一主成分数值。n 个数据的主成分应具有 n 个散布点所具有的信息，其应通过 n 个散布点的中心，且位

置适中。所谓适中，是指从总体来看样本点十分靠近直线。基于这样的认识，可以认为，主成分分析是求通过数据的中心(平均)，且各数据点到该直线距离最近的一条直线。该直线就是主成分轴线。在主成分分析中，观测数据 x_1，x_2，…，x_p，经数据综合

$$Z=a_1x_1+a_2x_2+\cdots+a_px_p \tag{11-10}$$

变换成综合特征数据，为保证综合特征数据最大限度地具有观测数据的信息，应在此前提下求式(11-10)的加权系数，即应在保证综合特征数据的方差尽量大的前提下求式(11-10)的加权系数 a_i。这样求得的综合特征数据就是我们所要求的主成分。

可以认为，主成分轴线是一条通过数据中心的直线，且各样本到该直线的距离平方和为最小值。这样的要求保证了主成分直线最接近样本点的集合。

在概念图中，“O”为数据中心，主成分应是通过中心“O”的一条直线。样本点“A”至中心点“O”的距离为 OA，由 A 向直线引垂线，与直线的交点为“B”，AB 叫作散布点 A 指向直线的距离，显然 OB 为方差，即样本点 A 在直线上的方差，n 个样本点方差之和为 n 个样本点经式(11-10)变换后的方差，要求变换后的数据具有的信息尽量接近样本数据的信息，则应对变换后的综合特征数据方差取极值(最大值)。从图 11.2 可知，$\triangle OAB$，在 OA 保持不变的情况下，当 AB 减小时，OB 则增大。因此，对主成分轴线可有这样的表述：

主成分轴线是一条通过数据中心的直线，且各样本点至主成分直线的方差之和为极大值。

因此，我们可以通过令综合特征数据的方差取极值来求得主成分。

在求主成分的具体操作中，首先应作出一条通过数据中心“O”的直线，然后求经式(11.2)变换后的综合特征数据并求其数据的方差，对方差求极大值，由此求得式(11.2)的加权系数，由此求得主成分。这样求得的主成分为第一主成分。若此时，第一主成分的贡献率过小，应求第二主成分，同样，可求后面的多个主成分。

我们现在求第二主成分。求第二主成分的方法与求第一主成分的方法相同，不同的是求条件极值时，增加了“第二主成分与第一主成分应是不相关的”这样的一个条件。需要注意的是，在求第二主成分前，样本数据是相关的。用同样的方法可求得以后的第三主成分。

五、极值

求极值、求解特征方程是数学问题，它也是求解主成分的一项重要的、关键的工作。这些内容对于许多读者、学员来讲并不熟悉。在这里我们做简单介绍。

1. 两变量函数极大值与极小值的定义

(1)点(x_0, y_0)的邻近。

我们称 $N(x_0, y_0)=\{(x, y) \mid (x-x_0)^2+(y-y_0)^2<\varepsilon^2\}$为点$(x_0, y_0)$的邻近，点$(x_0, y_0)$的邻近是以$(x_0, y_0)$为中心，半径为 ε 的圆的内部点的集合。

(2)极大值与极小值。

若在点(x_0, y_0)的邻近中有

$$f(x_0, y_0)\geqslant f(x, y) \tag{11-11}$$

成立，则称 f 在(x_0, y_0)处取得极大值，点(x_0, y_0)是 f 的极大值点。

同样，若在点(x_0, y_0)的邻近中有

$$f(x_0, y_0)\leqslant f(x, y) \tag{11-12}$$

成立，则称 f 在(x_0, y_0)处取得极小值，点(x_0, y_0)是 f 的极小值点。

极值是极大值、极小值的总称。

2. 有关的定理

(1)定理 1　若 f 在(x_0, y_0)处取得极值，且满足

$$f_x(x_0, y_0)=0$$

$$f_y(x_0, y_0)=0$$

则点(x_0, y_0)为临界点(证明略)。

(2)定理 2　点(x_0, y_0)是临界点，且二阶偏导数连续，

令

$$\Delta=\begin{vmatrix} f_{xx}(x_0, y_0) & f_{xy}(x_0, y_0) \\ f_{yx}(x_0, y_0) & f_{yy}x_0, y_0 \end{vmatrix} \tag{11-13}$$

则有

①若 $\Delta>0$，$f_{xx}(x_0, y_0)>0$，则 $f(x_0, y_0)$是极小值。

②若 $\Delta>0$，$f_{xx}(x_0, y_0)<0$，则 $f(x_0, y_0)$是极大值。

③若 $\Delta<0$，$f(x_0, y_0)$不是极值。

④若 $\Delta=0$，需用其他方法判定。

(证明略)

(3)定理 3　在 $g(x, y)=0$ 的条件下，若 $z=f(x, y)$在点(x_0, y_0)处取得极值，则以下的关系式成立。

$$\begin{cases} f_y(x_0, y_0)-\lambda g_x(x_0, y_0)=0 \\ f_y(x_0, y_0)-\lambda g_y(x_0, y_0)=0 \end{cases} \tag{11-14}$$

式中，λ 为适当的待定常数(证明略)。

3. Lagrange(拉格朗日)待定乘数法

Lagrange 待定乘数法是根据定理 3，在 $g(x, y)=0$ 的条件下，求 $z=f(x, y)$的

极值点的一种方法。

令
$$L(x, y, \lambda)=f(x, y)-\lambda g(x, y) \tag{11-15}$$
解方程组
$$\begin{cases} L_x=f_{(}x, y)-\lambda g_x(x, y)=0 \\ L_y=f_y(x, y)-\lambda g_y(x, y)=0 \\ L_\lambda=g(x, y)=0 \end{cases} \tag{11-16}$$
可得问题的答案。

4．以条件极值求解问题的实例

有条件 $x+y=1$，求 $z=f(x, y)=xy$(且有 $x>0$，$y>0$)的极值。

令
$$L=xy-\lambda(x+y-2) \tag{11-17}$$
有
$$\begin{cases} L_x=y-\lambda=0 \\ L_y=x-\lambda=0 \\ L_\lambda=x+y+2=0 \end{cases} \tag{11-18}$$

求解式(11-18)，得 $x=y=1$，求得的极值 $z=f(1, 1)=1$。

以 Lagrange 待定乘数法得到的解是极值，但是极大值还是极小值，需利用其他方法予以判定。

六、特征值与特征向量

1．特征值与特征向量的定义

设 $\boldsymbol{A}$ 为 n 阶方阵，$\boldsymbol{x}$ 为 n 阶向量($\boldsymbol{x}\neq\boldsymbol{0}$)，$\lambda$ 为常数。

若满足
$$\boldsymbol{Ax}=\lambda\boldsymbol{x}$$
则称 λ 为 $\boldsymbol{A}$ 的特征值。

$\boldsymbol{x}$ 为对应于 λ 的 $\boldsymbol{A}$ 的特征向量。

n 维方阵 $\boldsymbol{A}$ 具有 n 个不同的特征值。

若 $\boldsymbol{x}$ 是对应于 λ 的 $\boldsymbol{A}$ 的特征向量，则有
$$\boldsymbol{A}(k\boldsymbol{x})=k(\boldsymbol{Ax})=k(\lambda\boldsymbol{x})=\lambda(k\boldsymbol{x}) \tag{11-19}$$
成立，所以，当 $\boldsymbol{x}$ 是对应于 λ 的 $\boldsymbol{A}$ 的特征向量时，则有，$k\boldsymbol{x}$ 也是对应于 λ 的 $\boldsymbol{A}$ 的特征向量。

2．特征值与特征向量的性质

在使用特征值、特征向量求解问题时，特征值、特征向量具有以下性质：

(1)矩阵 $\boldsymbol{A}$ 的特征值之和等于 $\boldsymbol{A}$ 的主对角项之和。

(2)$\boldsymbol{A}$ 的特征值等于 $\boldsymbol{A}'$ 的特征值。

(3)$k\boldsymbol{A}$ 的特征值是 $k\lambda$。

(4)当 $\boldsymbol{A}$ 为对称矩阵时，其不同的特征值 λ_1 和 λ_2 对应的特征向量相互正交。

(5)当 $\boldsymbol{A}$ 为正则矩阵时，$\boldsymbol{A}^{-1}$ 的特征值是 λ^{-1}。

(证明略)

3. 特征方程

在多元分析中，需要求相关矩阵的特征值和特征向量。

方阵 $\boldsymbol{A}$ 与特征值、特征向量有如下关系式成立。

$$\boldsymbol{Ax}=\lambda\boldsymbol{x} \tag{11-20}$$

为了求得方阵 $\boldsymbol{A}$ 的特征值和特征向量，可将 $\boldsymbol{xA}=\lambda\boldsymbol{x}$ 改写为

$$(x_1,\ x_2,\ \cdots,\ x_p)\boldsymbol{A}=\lambda(x_1,\ x_2,\ \cdots,\ x_p) \tag{11-21}$$

$$(x_1,\ x_2,\ \cdots,\ x_p)(\boldsymbol{A}-\lambda\boldsymbol{E})=0 \tag{11-22}$$

令

$$\psi(\lambda)=|\lambda\boldsymbol{E}-\boldsymbol{A}|=|\boldsymbol{A}-\lambda\boldsymbol{E}|(-1)^n \tag{11-23}$$

我们称 $\psi(\lambda)$为 $\boldsymbol{A}$ 的特征多项式，$\psi(\lambda)=0$ 为 $\boldsymbol{A}$ 的特征方程。

以二阶方阵为例，其特征方程

$$\begin{vmatrix} a_{11}-\lambda & a_{12} \\ a_{21} & a_{22}-\lambda \end{vmatrix}=0 \tag{11-24}$$

$$(a_{11}-\lambda)(a_{22}-\lambda)-a_{12}a_{21}=0 \tag{11-25}$$

$$\lambda^2-(a_{11}+a_{22})\lambda+(a_{11}a_{22}-am12a_{21})=0 \tag{11-26}$$

$$\lambda_1=\frac{(a_{11}+a_{22})+\sqrt{(a_{11}+a_{22})^2-4(a_{11}a_{22}-a_{12}a_{21})}}{2} \tag{11-27}$$

$$\lambda_2=\frac{(a_{11}+a_{22})+\sqrt{(a_{11}+a_{22})^2-4(a_{11}a_{22}-a_{12}a_{21})}}{2} \tag{11-28}$$

所以

$$\lambda_1+\lambda_2=a_{11}+a_{22}=\mathrm{Cr}(a)$$

注：如需要进一步了解求特征值和特征向量的方法，可参阅高等数学“线性变换”中的有关内容。

第三节 主成分分析的过程

主成分分析的过程是指主成分分析过程中的操作，它包括工作流程和流程中各阶

段的操作。例如，求主成分的操作、求主成分得分的操作等。

一、主成分分析的流程

主成分分析分为数据获取、求主成分和主成分的应用与解释三个阶段。

1. 主成分分析的流程图

主成分分析的流程图如图 11.3 所示。

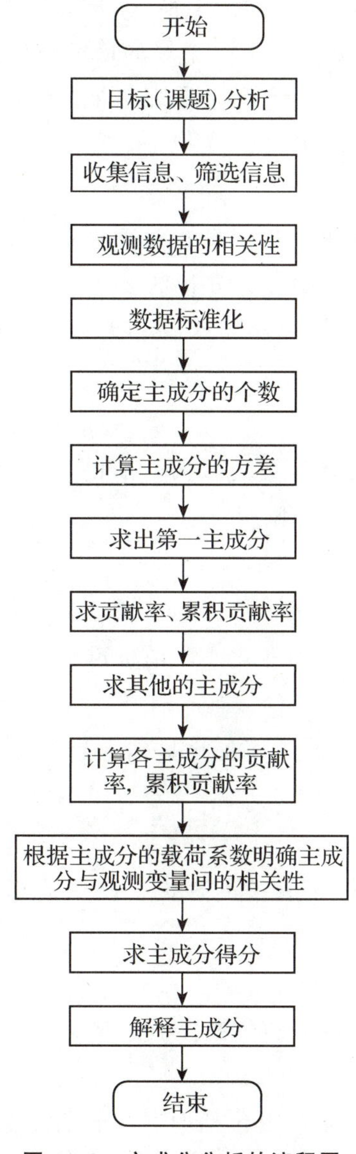

图 11.3　主成分分析的流程图

(1)数据获取阶段。

这一阶段主要是获取数据，并对数据进行筛选和预处理。预处理是指将所获取的数据变换为主成分分析需要的数据，对于那些无用数据予以舍弃。

数据获取阶段主要是：

①制定目标。

制定目标、选定课题是回答准备做什么这个问题。对于制定的目标、选定的课题，应进行目标分析或课题分析，将一个大的目标、总的目标，或大的课题、总的课题分解为不同层级的子目标、小课题，并确定各级子目标、子课题之间的形成关系。

我们在重视目标分析、课题分析。一个好的目标分析、课题分析是顺利展开工作，达成目标的前提和保障，反之亦然。目标分析、课题分析做不好，将导致过程操作不顺利，最终影响目标达成的程度和水平。

②收集信息、筛选信息。

根据目标分析的结果和要求收集信息。对于收集到的信息应予以分析，根据筛选信息的原则、要求筛选信息，根据目标分析的要求，对于多余的信息应舍弃，过多的信息对目标的达成没有好处，反而会带来许多麻烦。对于那些缺失的信息应该设法补齐。

③数据的相关性检测。

用于主成分分析的数据应是相关的数据，不相关的数据是求不出主成分的，这一点在主成分分析的原理学习中已经阐明。

④数据的标准化。

用于分析的数据来自各种情况，数据的性质、量纲差异较大会给分析带来一些麻烦。为此，应对获取的数据予以标准化。所谓标准化是指将数据全部变换为平均值为“0”、方差为“1”的标准数据。

若能得到有效的相关矩阵，则可在此基础上进行主成分分析，不需要重新收集数据。

(2)求主成分阶段。

这一阶段的主要工作是基于有关的理论，使用适当的技术与方法求主成分。它包括：

①确定主成分的个数。

设原变量的个数为 p，主成分的个数应小于或等于 p，即主成分的个数最多不会多于原变量的个数。

在保证主成分具有的信息基本上包括原变量具有信息的大部分，甚至绝大部分的前提下，确定主成分的个数。

主成分具有的信息在主成分求出后才能求出，然而求主成分需要知道应求几个主成分。因此，求主成分与求主成分的个数应反复地进行，在确定主成分的个数时，重要的是要确定求主成分个数的方法。例如，根据贡献率、累计贡献率确定主成分的个数。

②求主成分加权系数。

求主成分是基于有关的理论进行的。求主成分是在主成分的方差取极值的理论指导下展开的，这一阶段从计算主成分的方差开始，随后求条件极值、求解特征方程，最后求得加权系数，确定主成分。

(3)主成分应用阶段。

主成分应用阶段包括求主成分得分和解释主成分。

①求主成分得分。

求主成分得分是求各个样本的主成分得分，通过对主成分得分的计算描述样本的特征。

求主成分得分可以根据主成分数学模型求得模型中的加权系数 a，即求主成分过程中求得的特征向量，x_0 为样本标准化后的数据，将二者代入模型中，即得主成分分数。

以主成分得分作散布图，对研究样本的特性十分有效。

②解释主成分。

求出的主成分需要解释，它是主成分分析能否成功的关键一步。

二、确定主成分的个数

主成分分析时需要确定主成分的个数，若观测变量为 n 个，求主成分个数时可以求至第 n 主成分。例如，观测变量数为“4”，主成分可以求到“4”个。在主成分的个数确定后，我们只要求对这些已确定的必要的主成分进行解释，我们没有必要对所有主成分均予以解释。

在确定主成分个数时，不是只从某一方面来确定的，而是要依据多种基准的组合来确定，这些基准主要有：

(1)累积贡献率；

(2)大于“1”的特征值的个数；

(3)碎石图。

贡献率是指某一个主成分的方差与全部主成分的方差和之比，它表明了某一主成分所具有的信息在原变量信息中所占的比例。设定全部主成分具有的信息等于原变量具有的全部信息。累积贡献率是指从第一主成分到第 k 主成分(k 为主成分的个数)贡献率之和与原变量的个数之比，即至第 k 主成分的累计贡献率为

$$\sum_{i=1}^{k}\frac{\text{第 } i \text{ 主成分的特征值}}{\text{原变量数}} \tag{11-29}$$

一般以累计贡献率为20%～80%为制定标准。将主成分按其特征值从大到小排列，计算累积贡献率。计算到第 k 主成分时达到了基准的要求75%(设定的基准为75%)，则判定主成分数为 k。

特征值大于1的主成分是指该主成分具有的信息至少不低于原变量所具有信息的平均值。因此，以它为基准，特征值大于1的主成分为选定的主成分。

碎石图是一种特征值按从大到小的顺序排列的折线图(图11.4)。以碎石图为判断的基准时，观测该折线图，以折线在某处急速下降的前夕为判断的基准，即开始急速下降前夕的主成分为第 k 主成分。折线处的急速下降表示特征值急速减少，意味着该处的主成分所具有的信息量较少。此后，再增加以后的主成分，相应的信息量增加也是很小的。

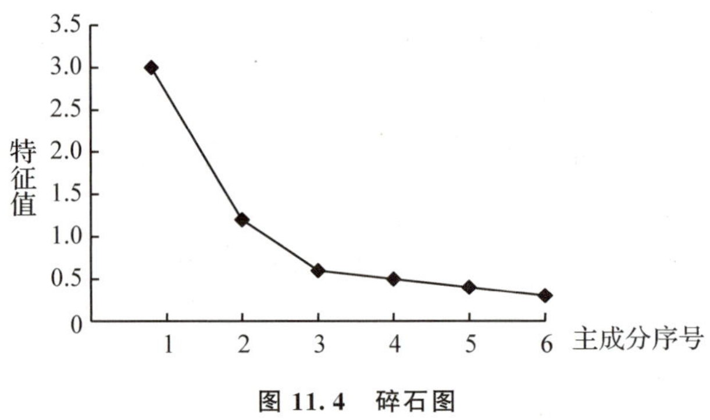

图11.4　碎石图

三、求主成分

我们讨论的是5个变量的主成分分析。

求主成分就是求主成分定义中各个原变量的加权系数 $a_1 \sim a_5$。主成分分析中设置了下述的评价基准。

主成分分析的主要目的是通过综合特征值，来认识样本、理解样本的特性。

为了认识样本的特征，综合特征值应具备怎样的要素呢？综合特征值的数值如果在样本变化时几乎不变，这样就不利于我们认识样本的特性。反之如果综合特性值随着样本有较大的变化，我们就能通过综合特征值来认识样本的特性了。

在主成分分析中，我们可以利用综合特征值的方差，将其作为评价基准，并认定方差取极值(最大)时的综合特征值是最期望的综合特征值，将它作为求主成分的理论依据。综合特征值 z 的方差 $V(z)$ 可由下式表示。

$$V(z)=V(a_1x_1+a_2x_2+a_3x_3+a_4x_4+a_5x_5) \tag{11-30}$$

通过令方差取极值可求得 $a_1 \sim a_5$。然而，如果对 $a_1 \sim a_5$ 不做某种限制，会导致 $V(z)$过大，因此，对 $V(z)$有以下的制约条件：

$$a_1^2+a_2^2+a_3^2+a_4^2+a_5^2=1 \tag{11-31}$$

综上，在满足式(11-31)的条件下，通过综合特征值的方差 $V(z)$求极值可求得主成分加权系数 $a_1 \sim a_5$。这是一个求条件极值的问题。对这类问题的求解，通常使用 Lagrange 待定乘数法，以这种待定系数法求解问题，往往将问题求解转变为求解特征方程。利用 Lagrange 待定乘数法使得求解主成分归结为求解特征方程，即求特征值和特征向量，这时求得的综合特征值为第一主成分。

如果求得的第一主成分的信息还不能充分地表达原变量的信息，这时还应求第二主成分。用与求第一主成分同样的过程可求得第二主成分。分析人员为了认识样本的特性，应从多方面进行观察，获取多方面的综合特征值。在求第二主成分时，除式(11-31)的限制条件外，还有与第一主成分不相关的限制条件。若需要求更多的主成分，在求相应的主成分时，应增加所求的主成分应与前面的主成分都是不相关的这个限制条件。

对 $V(z)$求条件极值，主要是求解特征方程。我们将求主成分的问题，最后归结为求相关矩阵的特征值和特征向量的问题。具体的转变过程请参阅第四节的实例 1。

我们讨论的是 5 个变量的主成分分析[见式(11.32)]，其相关矩阵为 5 行 5 列，令该矩阵为 $\boldsymbol{R}$。

所谓求解相关矩阵的特征值和特征向量问题是指对于相关矩阵 $\boldsymbol{R}$，求解满足

$$\boldsymbol{R}\begin{pmatrix}a_1\\a_2\\a_3\\a_4\\a_5\end{pmatrix}=\lambda\begin{pmatrix}a_1\\a_2\\a_3\\a_4\\a_5\end{pmatrix} \tag{11-32}$$

的 λ 和 $\begin{pmatrix}a_1\\a_2\\a_3\\a_4\\a_5\end{pmatrix}$，我们称 λ 为相关矩阵 $\boldsymbol{R}$ 的特征值，$\begin{pmatrix}a_1\\a_2\\a_3\\a_4\\a_5\end{pmatrix}$ 为相关矩阵特征向量。

为了求得满足式(11-32)的特征值和特征向量，应求解矩阵 $\boldsymbol{R}$ 的特征方程。这时求得的特征值和特征向量是第一特征值和与之对应的特征向量。以同样的方法可求出第二、第三特征值和特征向量。所不同的是还要增加与上一级主成分不相关的限制条件。

相关矩阵 **R** 为 5 行 5 列，求解得到的特征值可以是 5 个，按其从大到小的顺序排列，分别为第一特征值 λ_1，第二特征值 λ_2……第五特征值 λ_5。求解得到的 5 个特征向量与特征值相互对应，其对应关系是

$$\begin{matrix} \lambda_1 & \lambda_2 & \lambda_3 & \lambda_4 & \lambda_5 \\ \begin{pmatrix} a_{11} \\ a_{12} \\ a_{13} \\ a_{14} \\ a_{15} \end{pmatrix} & \begin{pmatrix} a_{21} \\ a_{22} \\ a_{23} \\ a_{24} \\ a_{25} \end{pmatrix} & \begin{pmatrix} a_{31} \\ a_{32} \\ a_{33} \\ a_{34} \\ a_{35} \end{pmatrix} & \begin{pmatrix} a_{41} \\ a_{42} \\ a_{43} \\ a_{44} \\ a_{45} \end{pmatrix} & \begin{pmatrix} a_{51} \\ a_{52} \\ a_{53} \\ a_{54} \\ a_{55} \end{pmatrix} \end{matrix}$$

求解得到的特征向量与主成分的加权系数相互对应，特征值与该主成分的方差相互对应。求解得到的特征值和特征向量即主成分的解。

特征值、特征向量与主成分有以下的对应关系。第一特征值和与之对应的特征向量 $\begin{pmatrix} a_{11} \\ a_{12} \\ a_{13} \\ a_{14} \\ a_{15} \end{pmatrix}$ 是第一主成分的解，即第一主成分的加权系数 $a_1 \sim a_5$ 就是特征向量 $\begin{pmatrix} a_{11} \\ \vdots \\ a_{15} \end{pmatrix}$，第一主成分的方差就是第一特征值。第二主成分与之类似。同样可求得第三主成分、第四主成分、第五主成分。

四、求主成分得分

为了认识和理解样本，需要求各个样本的主成分得分。主成分得分可以根据主成分的定义

$$z = a_1x_1 + a_2x_2 + a_3x_3 + a_4x_4 + a_5x_5$$

求得。在定义式中，加权系数 $a_1 \sim a_5$ 可用求得的特征向量来表示，变量 $x_1 \sim x_5$ 即样本标准化后的数据。将这些数据置入主成分的定义式中，即得样本的主成分得分。这样求得的主成分得分是一种标准化的得分，即是一种平均值为“0”、方差为“1”的得分。

主成分得分求出后，可作出主成分得分的散布图。

主成分得分对于理解、研究样本具有重要的意义，此外，它对解释主成分也是十分重要的。

五、关于主成分的解释

主成分确定后，应对主成分予以解释。对主成分的解释是主成分分析的重要一步，而且是十分关键的一步，它直接影响着分析的成败。

对主成分进行解释应有相关专业的人员参加，并认真听取他们的意见。

对主成分的解释是对综合特征值的解释，是对综合特征值表示何种意思的解释。

主成分确定后，在此基础上，可求出每个样品的主成分得分。主成分得分可能是正向的，可能是负向的，有大小之分，也可能为“0”。主成分得分反映了样本的特性和相互间的差异，它为主成分的解释提供了很好的资源和帮助。在主成分的解释中，对样本特性的认识、分析是不可缺少的。

在主成分分析中，特征向量是十分重要的，它决定了主成分中变量的加权系数。在主成分解释中，首先应该考虑特征向量在主成分解释中的作用。特征向量元素的值有正、负、大、小或绝对值之分，这些对解释主成分可能会提供一些帮助。

特征向量中的每一个元素对应于每一个因子载荷量，它表示了主成分与变量间的相关性，表示了变量在主成分中的位置，表示了该变量在解读主成分时的权重，即解读时对变量的重视程度。

变量数较多时，仅以因子载荷量的值来解释主成分是很困难的。此时，多是通过描述因子载荷量散布图来分析各变量之间的关系的。

以上，我们从数学的层面分析了主成分得分、特征向量，因子载荷量在主成分解释中的作用。此外，更为重要的是在主成分分析应用的层面上解释了主成分。因此，应让相关专家或有关人员参加讨论，多听取他们的意见，这样才能有效解释主成分。

第四节　两变量的主成分分析实例

一、实例1——两变量的主成分分析

为了讨论的方便，我们对两个变量的主成分分析进行讨论，根据主成分的理论，我们拟以主成分的方差求极值的思路进行主成分分析。为了便于理解，我们对分析的过程进行细分。

1. 求主成分的方差

设两个变量分别为 x_1，x_2，二者间的相关系数为 $r(x_1,\ x_2)$。

第一主成分为

$$z_1=a_1x_1+a_2x_2$$

z_1 的方差为

$$\begin{aligned}V(z_1)&=V(a_1x_1+a_2x_2)\\&=a_1^2V(x_1)+a_2^2V(x_2)+2a_1a_2\mathrm{Cov}(x_1,\ x_2)\\&=a_1^2+a_2^2+2a_1a_2r(x_1,\ x_2)\end{aligned}\tag{11-33}$$

式中，$\mathrm{Cov}(x_1,\ x_2)$为 x_1，x_2 的协方差，$r(x_1,\ x_2)$为 x_1，x_2 的相关系数，且有

$$r(x_1,\ x_2)=\frac{\mathrm{Cov}(x_1,\ x_2)}{\sqrt{V(x_1)\times V(x_2)}}=\frac{\mathrm{Cov}(x_1,\ x_2)}{\sqrt{1\times 1}}=\mathrm{Cov}(x_1,\ x_2)\tag{11-34}$$

2. 以 Lagrange 待定乘数法求解

为防止数据过大，在求主成分时，设置了制约条件

$$a_1^2+a_1^2=1$$

即在规定的条件下，求方差 $a_1^2+a_2^2+2a_1a_2r(x_1,\ x_2)$的最大值。该问题拟用 Lagrange 待定乘数法求解。为使用 Lagrange 待定乘数法求解问题，令

$$f_1(a_1,\ a_2,\ \lambda)=a_1^2+a_2^2+2a_1a_2r(x_1,\ x_2)-\lambda(a_1^2+a_2^2-1)\tag{11-35}$$

利用式(11-35)求极值，即对式(11-35)取偏微分并将结果置于“0”。

$$\begin{cases}\dfrac{\partial f_1(a_1,\ a_2,\ \lambda)}{\partial a_1}=2a_1+2a_2r(x_1,\ x_2)-2\lambda a_1=0\\[2ex]\dfrac{\partial f_1(a_1,\ a_2,\ \lambda)}{\partial a_2}=2a_2+2a_1r(x_1,\ x_2)-2\lambda a_2=0\end{cases}\Rightarrow\begin{cases}a_1+a_2r(x_1,\ x_2)=\lambda a_1\\a2+a_1r(x_1,\ x_2)=\lambda a_2\end{cases}\tag{11-36}$$

3. 以矩阵表示

将式(11-36)以矩阵表示，则有

$$\begin{pmatrix}1 & r(x_1,\ x_2)\\ r(x_1,\ x_2) & 1\end{pmatrix}\begin{pmatrix}a_1\\a_2\end{pmatrix}=\lambda\begin{pmatrix}a_1\\a_2\end{pmatrix}\tag{11-37}$$

式(11-37)的矩阵$\begin{pmatrix}1 & r(x_1,\ x_2)\\ r(x_1,\ x_2) & 1\end{pmatrix}$是变量 x_1 和 x_2 的相关矩阵，λ 是相关矩阵的特征值(或特征根)，而$\begin{pmatrix}a_1\\a_2\end{pmatrix}$是对应特征值的特征向量，可以说求得的 a_2，a_2 就是相关矩阵的特征向量且有 $a_1^2+a_2^2=1$。

这样，通过求条件极值，将求主成分的问题转变成求解特征方程的问题，即求特征值和特征向量的问题。

4. 求第一主成分

在这里，满足式(11-37)的特征值 λ 有两个(一般，p 行 p 列的特征值有 p 个)。对应于不同的特征值有不同的特征向量。

式(11-37)两边左乘向量$(a_1,\ a_2)$，整理后

$$(a_1\quad a_2)\begin{pmatrix}1 & r(x_1,\ x_2)\\ r(x_1,\ x_2) & 1\end{pmatrix}\begin{pmatrix}a_1\\ a_2\end{pmatrix}=\lambda(a_1\quad a_2)\begin{pmatrix}a_1\\ a_2\end{pmatrix} \tag{11-38}$$

$$a_1^2+a_1a_2r(x_1,\ x_2)+a_2^2=\lambda(a_1^2+a_2^2) \tag{11-39}$$

观察式(11-39)，由式(11-33)和 $a_1^2+a_2^2=1$ 可得

$$V(z_1)=\lambda \tag{11-40}$$

它表明，z_1 的方差 $V(z_1)$等于特征值 λ，我们分析的是两个变量，应有两个 λ，在得到的两个 λ 中，对应于大的特征值 λ_1 的特征向量，确定为第一主成分。一般地，最大的特征值所对应的特征向量，为第一主成分的解。

5. 求第二主成分的条件

求第二主成分 $z_2=b_1x_1+b_2x_2$，与求第一主成分一样，应加入以下限制条件，

$$b_1^2+b_2^2-1=0 \tag{11-41}$$

这是求第二主成分的条件，即基于 $b_1^2+b_2^2=1$ 这个条件，令 z_2 的方差

$$V(z_2)=b_1^2+b_2^2+2b_1b_2r(x_1,\ x_2) \tag{11-42}$$

取最大值来求第二主成分。在求第二主成分时还应追加 z_1 与 z_2 是不相关的这个条件，即追加 $r(z_1,\ z_2)=0$ 这样的条件。若 $r(z_1,\ z_2)=0$，则 z_1 和 z_2 的协方差 $\mathrm{Cov}(z_1,\ z_2)$也为“0”。

现在求 z_1、z_2 的方差：

$$\begin{aligned}\mathrm{Cov}(z_1,\ z_2)&=\mathrm{Cov}(a_1x_1+a_2x_2,\ b_1x_1+b_2x_2)\\&=a_1b_1\mathrm{Cov}(x_1,\ x_1)+a_1b_2\mathrm{Cov}(x_1,\ x_2)+a_2b_1\mathrm{Cov}(x_2,\ x_1)+\\&\quad a_2b_2\mathrm{Cov}(x_2,\ x_2)\\&=a_1b_1V(x_1)+a_1b_2\mathrm{Cov}(x_1,\ x_2)+a_2b_1\mathrm{Cov}(x_2,\ x_1)+a_2b_2V(x_2)\\&=a_1b_1+a_1b_2r(x_1,\ x_2)+a_2b_1r(x_2,\ x_1)+a_2b_2\\&=(b_1b_2)\begin{pmatrix}1 & r(x_1,\ x_2)\\ r(x_1,\ x_2) & 1\end{pmatrix}\begin{pmatrix}a_1\\ a_2\end{pmatrix}\end{aligned} \tag{11-43}$$

此时，我们关注式(11-37)，且在两边左乘向量$(b_1,\ b_2)$，则有

$$(b_1b_2)\begin{pmatrix}1 & r(x_1,\ x_2)\\ r(x_1,\ x_2) & 1\end{pmatrix}\begin{pmatrix}a_1\\ a_2\end{pmatrix}=\lambda(b_1\quad b_2)\begin{pmatrix}a_1\\ a_2\end{pmatrix} \tag{11-44}$$

参见式(11-43)，则有

$$\mathrm{Cov}(z_1,\ z_2)=\lambda(b_1\ b_2)\begin{pmatrix}a_1\\ a_2\end{pmatrix}=\lambda(a_1b_1+a_2b_2) \tag{11-45}$$

它表示要增加 $Cov(z_1, z_2)=0$ 的条件，增加 $a_1b_1+a_2b_2=0$ 这样的条件就可以了。

6. 在两个条件下求极值

利用 Lagrange 待定系数法求极值。基于条件 $b_1^2+b_2^2=1$ 和 $a_1b_1+a_2b_2=0$ 求极值，有

$$f_2(b_1, b_2, \lambda, \mu)=b_1^2+b_2^2+2b_1b_2r(x_1, x_2)-\lambda(b_1^2+b_2^2-1)-\mu(a_1b_1+a_2b_2) \tag{11-46}$$

对 b_1，b_2 分别求偏微分，并令其为零，则有

$$\begin{cases}\dfrac{\partial f_2(b_1, b_2, \lambda, \mu)}{\partial b_1}=2b_1+2b_2r(x_1, x_2)-2\lambda b_1-\mu a_1=0\\ \dfrac{\partial f_2(b_1, b_2, \lambda, \mu)}{\partial b_2}=2b_2+2b_1r(x_1, x_2)-2\lambda b_2-\mu a_2=0\end{cases}$$

$$\Rightarrow\begin{cases}b_1+b_2r(x_1, x_2)=\lambda b_1+\dfrac{\mu}{2}a_1\\ b_2+b_1r(x_1, x_2)=\lambda b_2+\dfrac{\mu}{2}a_2\end{cases} \tag{11-47}$$

将式(11-47)以矩阵形式表示，则有

$$\begin{pmatrix}1 & r(x_1, x_2)\\ r(x_1, x_2) & 1\end{pmatrix}\begin{pmatrix}b_1\\ b_2\end{pmatrix}=\lambda\begin{pmatrix}b_1\\ b_2\end{pmatrix}+\frac{\mu}{2}\begin{pmatrix}a_1\\ a_2\end{pmatrix} \tag{11-48}$$

对式(11-48)两边左乘向量(a_1, a_2)，有

$$(a_1, a_2)\begin{pmatrix}1 & r(x_1, x_2)\\ r(x_1, x_2) & 1\end{pmatrix}\begin{pmatrix}b_1\\ b_2\end{pmatrix}=\lambda(a_1, a_2)\begin{pmatrix}b_1\\ b_2\end{pmatrix}+\frac{\mu}{2}(a_1\ a_2)\begin{pmatrix}a_1\\ a_2\end{pmatrix} \tag{11-49}$$

由于式(11-43)和式(11-45)，且有 $Cov(z_1, z_2)=0$，因此，必有 $\mu=0$。这样式(11-48)变为

$$\begin{pmatrix}1 & r(x_1, x_2)\\ r(x_1, x_2) & 1\end{pmatrix}\begin{pmatrix}b_1\\ b_2\end{pmatrix}=\lambda\begin{pmatrix}b_1\\ b_2\end{pmatrix} \tag{11-50}$$

式中，$\begin{pmatrix}b_1\\ b_2\end{pmatrix}$是特征向量，且是对应于 λ_2 的特征向量。由此求得第二主成分的加权系数，进而求得第二主成分。

7. 求变量与第一主成分的相关关系

我们求变量 x_i 与第一主成分的相关系数 $r(x_1, z_1)$。

$$\begin{aligned}r(x_1, z_1)&=\frac{Cov(x_1, z_1)}{\sqrt{V(x_1)\times V(z_1)}}=\frac{Cov(x_1, a_1x_1+a_2x_2)}{\sqrt{1\times\lambda_1}}\\ &=\frac{a_1V(x_1)+a_2Cov(x_1, x_2)}{\sqrt{\lambda_1}}\\ &=\frac{a_1+a_2r(x_1, x_2)}{\sqrt{\lambda_1}}\end{aligned} \tag{11-51}$$

由于式(11-36)的前半式

$$r(x_1, z_1)=\frac{a_1+a_2r(x_1, x_2)}{\sqrt{\lambda_1}}=\frac{\lambda_1 a_1}{\sqrt{\lambda_1}}=\sqrt{\lambda_1}a_1 \tag{11-52}$$

同样，可求 x_2 与第一主成分的相关系数 $r(x_2, z_2)$，

$$r(x_2, z_1)=\sqrt{\lambda_1}a_2 \tag{11-53}$$

基于以上两式所给出的变量与主成分的相关系数，因子载荷量可以通过特征向量的各个元素乘特征值的平方根来求得，即主成分变换式 $z=(a_1x_1+a_2x_2)$ 的变换系数(加权系数)a_1，a_2 可以通过特征向量的有关元素的特征值的平方根倍数来求得。

二、实例 2——两门课程成绩(两变量)的主成分分析

某学校对学生 A，B，C，D，E 五人进行航天工程(x_1)和电子工程(x_2)考试，考试成绩如表 11.1 所示，试对考试成绩进行主成分分析。

表 11.1　考试成绩

科目	A	B	C	D	E
航天工程(x_1)	10	9	8	4	4
电子工程(x_2)	9	7	10	6	8

这是一个有 5 个样本、两个变量(两门课程)的主成分分析。两门课程的成绩为原变量，经加权系数 a_1，a_2 综合后的综合特征值为

$$z=a_1x_1+a_2x_2$$

1. 计算 V(z)

计算 $V(z)$的过程见表 11.2。

表 11.2　计算方差 V(z)

学生	z_i	$z_i-\bar{z}$	$(z_i-\bar{z})^2$
A	$10a_1+9a_2$	$3a_1+a_2$	$9a_1^2+6a_1a_2+a_2^2$
B	$9a_1+7a_2$	$2a_1-a_2$	$4a_1^2-4a_1a_2+a_2^2$
C	$8a_1+10a_2$	a_1+2a_2	$a_1^2+4a_1a_2+4a_2^2$
D	$4a_1+6a_2$	$-3a_1-2a_2$	$9a_1^2+12a_1a_2+4a_2^2$
E	$4a_1+8a_2$	$-3a_1$	$9a_1^2$
$\bar{z}=7a_1+8a_2$　$V(z)=32a_1^2+18a_1a_2+10a_2^2$			

表 11.2 求得的综合特征值的方差 $V(z)$为

$$V(z)=32a_1^2+18a_1a_2+10a_2^2 \tag{11-54}$$

有约束条件

$$a_1^2+a_2^2=1 \tag{11-55}$$

利用约束条件将 a_2 从式(11-54)中消掉，则有

$$V(z)=22a_1^2+18a_1\sqrt{1-a_1^2}+10 \tag{11-56}$$

2. 求极值

将式(11-56)对 a_1 求微分，并令其为零，则有

$$808a_1^4-808a_1^2+81=0 \tag{11-57}$$

该式可变换为 a_1^2 的二次方程，求解该方程，则有

$$\begin{aligned} a_1^1 &= \frac{808\pm\sqrt{652\ 864-261\ 792}}{1\ 616} \\ &\approx \frac{808\pm625}{1\ 616} \end{aligned} \tag{11-58}$$

化简可得值为 0.887 和 0.113。

由此求得

$$a_1^2=0.887$$

根据约束条件，求得

$$a_2^2=0.113$$

所以

$$\begin{cases} a_1\approx0.942 \\ a_2\approx0.336 \end{cases} \tag{11-59}$$

利用变换系数 a_1，a_2 求得第一主成分与航空工程轴的夹角为

$$\theta=\tan^{-1}\frac{a_2}{a_1}=\tan^{-1}\frac{0.336}{0.942}\approx19.6° \tag{11-60}$$

三、求主成分

现在将 5 个人的得分记入第一主成分轴。5 个人的得分在第一主成分轴上的投影，我们称其为 5 个人的第一主成分得分，如图 11.5 所示。

图 11.5 中，第一主成分轴没有必要通过原点，若需要，经平移后即可得。

由图 11.5 可知，5 个人的得分顺序如下。

航天工程：A，B，C，D，E

电子工程：C，A，E，B，D

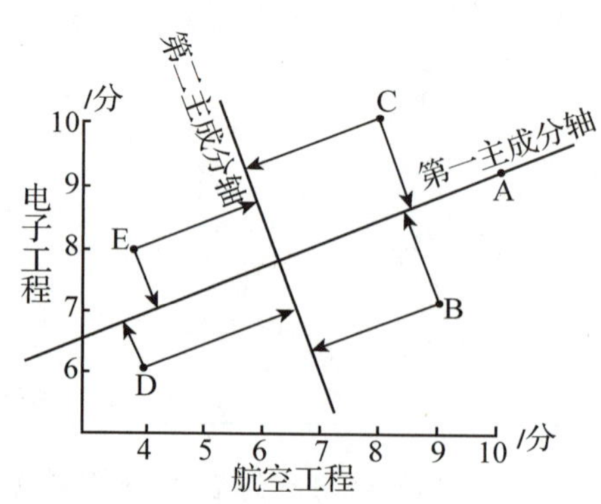

图 11.5　求主成分

他们在第一主成分轴上的排序为：

A，C，B，E，D

5 个人在第一主成分轴上的投影值可由

$$z_i = a_1 x_i + a_2 x_2 \quad i=1,\ 2,\ \cdots,\ 5$$

确定，这也叫作课程 x_1，x_2 的第一主成分得分。该得分可以利用式(11-59)确定的加权系数 a_1，a_2 和表 11.2 中的 x_1，x_2 求得，其值见表 11.3。

表 11.3　第一主成分得分

得分	A	B	C	D	E
第一主成分得分/分	12.44	10.83	10.90	5.78	6.46

第一主成分按其数值大小的顺序排列为

A，C，B，E，D

它与 5 人的得分在第一主成分轴上投影的顺序是一致的。

图 11.5 中给出了与第一主成分轴垂直的第二主成分轴，与第一主成分轴一样，第二主成分轴可以平移。5 人得分在第二主成分轴上的投影值按其大小排列为

C，E，A，D，B

第二主成分轴应与第一主成分轴彼此独立，相互无关，即第二主成分轴与第一主成分轴垂直。第二主成分轴可由

$$z_2 = -a_2 x_1 + a_1 x_1 \tag{11-61}$$

求得。以此式计算的第二主成分得分见表 11.4。其数值大小的排列顺序与图 11.5 的排列顺序一致。

表 11.4　第二主成分得分

得分	A	B	C	D	E
第二主成分得分/分	5.12	3.57	6.73	4.31	6.19

四、贡献率

根据航天人员培训的需要，航天工程和电子工程的基础知识可划分为第一主成分和第二主成分。从图 11.5 可知，5 个人的得分在第一主成分轴上的方差较大，这是预料中的，因为我们是以方差取极值求得的。从图 11.5 中可以看出，与第一主成分轴垂直的第二主成分轴上数据的方差也不能忽视。它表明，5 个数据所含有的信息在第一主成分中并未被全部包含，剩下的信息主要隐含在第二主成分轴的方向上。我们现在来讨论，第一主成分轴与第二主成分轴两个方向上所具有信息的比例。

利用表 11.3 的数据，计算第一主成分的方差，有

$$S_1^2=7.04 \tag{11-62}$$

利用表 11.4 的数据，计算第二主成分的方差 ，有

$$S_2^2=1.37 \tag{11-63}$$

我们求第一主成分、第二主成分的方差在总方差中所占的比例。第一主成分的方差在总方差中所占比例为

$$P_1=\frac{S_1^2}{S_1^2+S_2^2}=\frac{7.04}{7.04+1.37}\approx 0.84=84\% \tag{11-64}$$

我们称其为第一主成分的贡献率。

第二主成分的方差在总方差中所占的比例为

$$P_2=\frac{S_2^2}{S_1^2+S_2^2}=16\% \tag{11-65}$$

我们称其为第二主成分的贡献率。

计算的结果表明，第一主成分占有必要信息的 84%，第二主成分占有必要信息的 16%。也就是说，对于两门课程的考试成绩，可用第一主成分一个指标来表示，其误差为第二主成分所带来的损失。

以上，我们列举了两个主成分分析的实例。一个使用矩阵，通过计算机来求主成分，一个则是利用一般的代数运算来求解主成分。二者都是基于求解主成分的有关理论，通过方差求极值来求解主成分的。

读者可以试着比较二者的特点和优劣，以及适用的范围，从而合理地予以选择使用。

思考与练习

1. 试利用图 11.1 说明主成分分析的原理和方法。
2. 试说明主成分模型的性质。
3. 已知相关矩阵为

$$\mathbf{A}=\begin{bmatrix}1 & 0.6 & 6\\0.6 & 1 & 0\\0 & 0 & 1\end{bmatrix}$$

求对应于 $\mathbf{A}$ 的特征值、特征向量、主成分和累计贡献率。

4. 为什么用于主成分分析的数据应该是相关的？
5. 什么是碎石图？如何用碎石图确定主成分的个数？

6. 为什么求主成分的问题，最后可归结为求特征方程、特征值和特征向量的问题？

7. 如何求主成分得分？如何利用主成分得分研究学生特征？

8. 试说明利用方差求条件极值的方法求主成分的基本原理。

9. 虽然都是求条件极值，试比较实例 1 和实例 2 求主成分的方法的差异，分析各自的特点。

第十二章

因子分析

学习要点

自 20 世纪 90 年代初，因子分析作为一种有效的统计学方法在心理学的领域中得到了很好的应用。随后，它在医学、生物学、经济学、教育学等学科中也有了一定的应用。因子分析的根本思想是在某些领域中，一些很复杂的现象、事件可以利用少数的潜在因子予以说明。

本章的概述以 200 名学生 6 门课程的学习成绩的因子分析为例，简明地介绍了因子分析的因子模型，使读者对因子分析能有一个比较粗略的认识。

随后，介绍了求解公共因子的流程，并给予了相应的说明。因子模型及其求解是本章的重点，本章对因子模型进行了深入介绍，对其具有的性质、求解的方法、因子的命名与解释、因子得分等重要操作进行了深入的讨论。

最后，给出了一个因子分析的实例，这是一个以数据流为中心的求解过程的实例，与前面介绍的以操作为中心的求解过程不同，读者可试着对这两种过程进行比较。

通过本章的学习，学生应具备进行因子分析的基本能力，能独立地完成因子分析中的有关操作，并能关注操作中的信息流。

内容结构

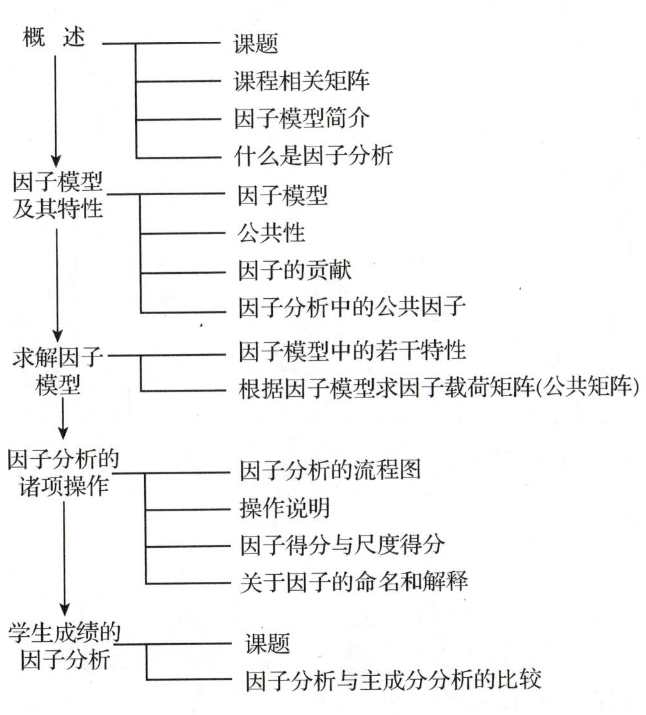

第一节 概述

我们通过一个实例来体验一下因子分析，进而对因子分析需要解决什么问题，其支持的理论、技术是什么，有一定的了解，并在此基础上理解什么是因子分析。

一、课题

现有 200 名学生，参加 6 门课程考试，其考试成绩见表 12.1，成绩由 5 级分评价。

表 12.1 考试成绩

学生	语文	英语	历史	数学	物理	技术
1	4	4	4	4	3	5
2	4	4	4	4	5	5
3	3	3	4	4	4	4
4	3	3	3	3	3	2
5	3	3	2	2	3	2
⋮	⋮	⋮	⋮	⋮	⋮	⋮
196	3	3	4	5	3	4
197	4	4	3	3	3	2
198	3	3	3	2	2	3
199	3	4	3	3	3	3
200	1	2	2	2	2	2

由于版面的限制，这里仅列出了 10 名学生的成绩。

二、课程相关矩阵

计算 200 名学生成绩的相关系数，可得到学生成绩的相关矩阵。通常，这是由计算机来完成的，6 门课程的相关系数见表 12.2。

表 12.2　6 门课程的相关系数

课程	语文	英语	历史	数学	物理	技术
语文	1.00	0.42	0.48	0.25	0.29	0.22
英语		1.00	0.50	0.26	0.29	0.31
历史			1.00	0.29	0.40	0.35
数学				1.00	0.58	0.56
物理					1.00	0.53
技术						1.00

从表 12.2 可以看出语文、英语、历史 3 门课程相互间的相关系数较大，均大于 0.40；数学、物理、技术 3 门课程的相关系数也较大，均大于 0.50。其他课程间的相关系数都较小，由此形成了两个不同类别的课程，两个不同类别课程间的相关系数都较小，都小于 0.40，而同一类别的课程间的相关系数都较大，都在 0.40 之上。

三、因子模型简介

对 6 门课程的学习，依据相关系数的大小可分成两类。对同一类课程的学习，其相关性高，表明它们的学习相似性较大。这种相似性表明它们中有一个公共的因子，学习两类不同课程时的因子是不同的，我们称影响语文、英语、历史的公共因子为文科因子，影响数学、物理、技术的公共因子为理科因子。文科因子、理科因子分别是学习文科和学习理科的能力因子，若某位学生的理科能力较强，则他学习该门学科的成绩高，反之亦然。

基于文科因子、理科因子，我们可以作出学习文科和理科课程的框图。(图 12.1)

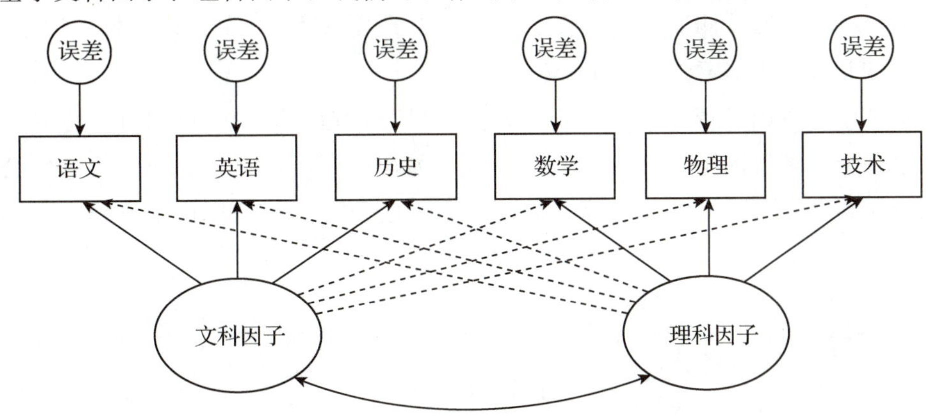

图 12.1　学习框图

学习框图表明，作为公共因子的能力因子有两个，即文科因子、理科因子。它们对所有六门课程都产生作用，其中，文科因子强的学生，文科成绩高，理科因子强的学生，理科成绩高。这两个因子对每门课都产生作用，故叫作公共因子。独立因子只对某一门课程产生作用，对其他课程不产生作用。

根据学习框图可建构课程学习的因子模型。

设课程学习成绩为 $x_i(i=1, 2, \cdots, 6)$。影响课程学习的能力因子分别是文科因子 f_1 和理科因子 f_2。课程学习的因子模型可以用下式表达。

$$x_1=a_{11}f_1+a_{12}f_2+\varepsilon_1$$

$$x_2=a_{21}f_1+a_{22}f_2+\varepsilon_2$$

……

$$x_6=a_{61}f_1+a_{62}f_2+\varepsilon_6$$

在因子模型中，a_{11}，a_{12}，a_{21}，a_{22} 等为因子载荷，它们的大小，表示公共因子对课程的影响程度的高低。

因子分析基于因子模型展开。在模型中，$x_1 \sim x_6$ 为课程成绩，是观测变量，是已知的，待求的是公共因子 f_1，f_2，因子载荷和独立因子。

根据因子模型，某一门课程的成绩由公共因子(文科因子和理科因子)决定。公共因子对所有课程均产生影响。独立因子只对某一门对应的课程产生影响。

四、什么是因子分析

基于以上的讨论，我们认识到，因子分析是用于探求隐含在可观测的相关变量中的公共因子的统计性方法。

因子分析可分为两类：一类是以探求公共因子为目的的探索性的因子分析；另一类是以对公共因子与观测变量关系模型的妥当性予以评价为目的的确认性的因子分析。我们讨论的是前一类探索性的因子分析。

本章的学习以因子模型为核心，它是本章学习的起点、学习的目标，也是学习的重点，学生应在理解因子模型的基础上，学习如何求因子载荷，进而学习解释公共因子、求因子得分、分析样本特性等方面的内容，在因子分析的应用中培养一定的分析问题、解决问题的能力。

第二节　因子模型及其特性

在概述中我们引入了文科因子、理科因子两个公共因子，并基于这种公共因子建立了因子模型。这种因子模型是由特定的 6 个观测变量、两个公共因子组成的因子模型。在这个基础上，我们可将它扩展为一般的有 p 门课程（观测变量）、q 个公共因子的因子模型。

一、因子模型

现有 n 名学生，参加 p 门课程的考试，其考试成绩为

$$x_1, x_2, \cdots, x_p$$

影响学习成绩的能力因子（公共因子）为

$$f_1, f_2, \cdots, f_q$$

影响某一门课程成绩的独立因子为

$$\varepsilon_1, \varepsilon_2, \cdots, \varepsilon_p$$

能力因子（公共因子）对课程成绩的影响程度由因子载荷 a_{ij} 表示。

综上，课程学习的因子模型为

$$\begin{cases} x_1 = a_{11}f_1 + a_{12}f_2 + \cdots + a_{1q}f_q + \varepsilon_1 \\ x_2 = a_{21}f_1 + a_{22}f_2 + \cdots + a_{2q}f_q + \varepsilon_2 \\ \cdots\cdots \\ x_p = a_{p1}f_1 + a_{p2}f_2 + \cdots + a_{pq}f_q + \varepsilon_p \end{cases} \tag{12-1}$$

式中，$x_1 \sim x_p$ 为观测变量；

$f_j(j=1, 2, \cdots, q)$为公共因子；

$a_{ij}(i=1, 2, \cdots, p, j=1, 2, \cdots, q)$为因子载荷；

$\varepsilon_i(i=1, 2, \cdots, p)$为独立因子。

因子模型可用矩阵表示

$$\begin{pmatrix} x_1 \\ x_2 \\ \vdots \\ x_p \end{pmatrix} = (a_{ij}) \begin{pmatrix} f_1 \\ f_2 \\ \vdots \\ f_q \end{pmatrix} + \begin{pmatrix} \varepsilon_1 \\ \varepsilon_2 \\ \vdots \\ \varepsilon_p \end{pmatrix}$$

$$\boldsymbol{X}=\boldsymbol{AF}+\boldsymbol{E} \tag{12-2}$$

因子模型也可用线性表达式来表示

$$x_i=a_{i1}f_1+a_{i2}f_2+\cdots+a_{iq}f_q+\varepsilon_i \quad (i=1,2,\cdots,p)$$

式中，$x_1 \sim x_p$ 为观测变量；

$f_1 \sim f_q$ 为公共因子；

a_{ij} 为因子载荷；

$\varepsilon_1 \sim \varepsilon_p$ 为独立因子。

在因子分析中，$x_i(i=1,2,3\cdots,p)$是已知的，且 x_i 彼此是相关的，f_j 是影响全部观测变量的公共因子，公共因子对观测变量的影响程度由 a_{ij} 表示。可以证明，a_{ij} 可以由 x_i 与 f_j 的相关系数来表示，a_{ij} 大，则表示 f_j 对 x_i 的影响大，或称 x_i 对 f_j 的依赖性大，反之亦然。ε_i 是独立因子，仅对第 i 个观测变量产生影响，公共因子彼此不相关，公共因子与独立因子不相关。

因子分析是基于因子模型，根据观测变量给定的数据，求出因子载荷、公共因子等有关特性，进而对样本的特性进行分析的统计分析方法。

二、公共性

进行因子分析时，基于各个观测变量，可求得载荷矩阵 **A**，概述中 6 门课程测试成绩的载荷矩阵见表 12.3。

表 12.3　载荷矩阵表(初始解)

对象	因子 1	因子 2	公共性
语文	0.51	0.36	0.39
英语	0.55	0.34	0.42
历史	0.66	0.42	0.61
数学	0.70	−0.36	0.63
物理	0.73	−0.20	0.55
技术	0.67	−0.24	0.51
贡献	2.45	0.65	

在此基础上可以计算出公共性。公共性由因子载荷矩阵的行元素的平方和来表示。第 i 个观测变量的公共性是第 i 行行元素的平方和，以 h_i^2 表示公共性，则有

$$h_i^2=\sum_{j=1}^{q}a_{ij}^2 \tag{12-3}$$

公共性表示在观测变量的方差中，公共因子能说明的部分所占的比例。例如，在某个因子分析中，得到的语文测试成绩的公共性是 $0.51^2+0.36^2\approx 0.39$，它表示有关

语文的个人差别信息中，有39％的信息是两个公共因子的个人差异能说明的。

公共性表示了所有公共因子对一门课程的影响之和，在公共因子相互不相关的情况下，公共性由该门课程对应的各个公共因子的载荷平方和表示，但在斜交旋转的情况下，这种关系是不成立的。

观测变量是标准化的，其方差为“1”。它由两部分——公共性和独立性组成。“1”减公共性，即得独立性。

在观测变量的方差中，公共因子不能说明的那一部分所占的比例即代表独立性，或者说，在观测变量的方差中，独立因子所占的比例即代表独立性。（图12.2）

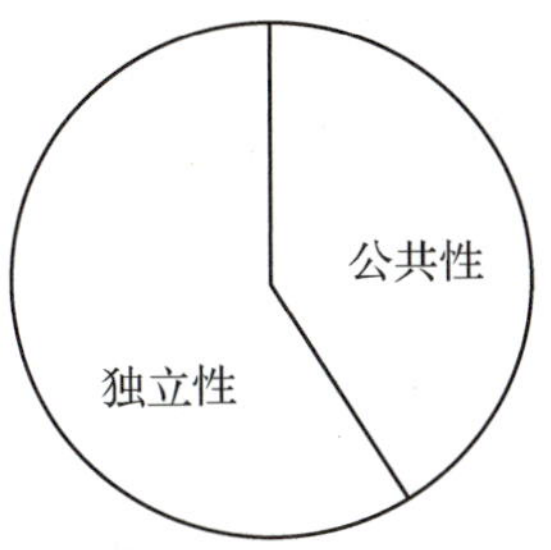

图12.2　公共性与独立性

独立性由各观测变量中公共因子以外的各种成分（如误差）决定。

三、因子的贡献

因子的贡献可以由载荷矩阵某一列的列元素平方和来表示，以 g_j^2 表示贡献，则有

$$g_j^2=\sum_{j=1}^{p}a_{ij}^2$$

它给出了第 j 个公共因子的贡献。在因子分析中，基于观测变量可以计算出各个公共因子的贡献，贡献是对各个公共因子所做贡献的表示。

表12.3给出的因子矩阵是初始解，各个公共因子的贡献由因子矩阵中对应的某一列上各行的列元素的平方和来表示。例如，表12.3中第一列的贡献，应由该列上对应于各行的列元素的平方和来表示。

$$g_1^2=0.51^2+0.55^2+0.66^2+0.70^2+0.73^2+0.67^2\approx2.45$$

因子的贡献表示了某一因子对各个观测变量的影响程度。它由因子载荷矩阵的列元素的平方和来表示。因子的贡献与公共性不同，随着因子旋转其值会变化。在这种情况下，可分成两种情况对贡献进行定义。

贡献与观测变量的个数有关，贡献除以观测变量的个数，叫作贡献率。多个因子的贡献率之和叫作累计贡献率。

通过上述讨论，我们会发现，同是 6 门课程的载荷矩阵表，其数据是不同的。这也表现出了因子分析解的不确定性。表 12.3 为初始解，即最开始得到的解。表 12.4 是变换后的解，有关问题在讨论“单纯构造”时，予以说明。(表 12.4)

表 12.4　因子载荷矩阵表

对象	因子 1	因子 2	公共性
语文	0.16	0.60	0.39
英语	0.20	0.61	0.42
历史	0.24	0.74	0.61
数学	0.77	−0.17	0.63
物理	0.68	−0.30	0.55
技术	0.67	−0.24	0.51
总计	1.63	1.47	—

四、因子分析中的公共因子

什么是因子分析，简单地讲，就是探求公共因子。求公共因子在因子分析中占有重要的位置。

1. 公共因子的引入

以表 12.2 给出的相关矩阵，我们引入了“文科因子”和“理科因子”。文科因子强的学生，具有文科成绩好的倾向，理科因子强的学生，具有理科成绩好的倾向。它们表现为，文科或理科各自的三门学科具有较强的相关性。

文科因子、理科因子作为客体存在，我们并不能证明它们。在因子分析中，所谓公共因子只不过是一种基于多个观测变量的相关关系进行整理而得到的概念。我们称这种概念为构成概念，正如我们平常讲的学习能力、学习积极性等说明人们行为特点的概念一样，它们都是一种构成概念。

2. 公共因子的作用

(1)通过给定公共因子，可以说明观测变量的个人差异。

(2)观测变量与公共因子的相关关系的强弱可以用因子载荷来评价。

3. 观测变量间的相关性

观测变量 x_i 与 x_j 的相关性可以用因子载荷 a_{ij} 表示，可以证明，x_i 与 x_j 的相关系数：

$$\rho(x_i,\ x_j)=\sum_{q=1}^{p} a_{iq}a_{jq}\text{(设有 } n \text{ 个公共因子)} \tag{12-4}$$

在因子分析中，这一关系十分重要，经常会用到。

第三节　求解因子模型

一、因子模型中的若干特性

求解因子模型是指在已知观测变量的情况下，求该因子模型的公共因子及其载荷矩阵。

1. 观测变量间的相关系数

现有两个观测变量 x_s，x_t，二者间的相关系数为

$$\rho(x_s,\ x_t)=\sum_{q=1}^{p}a_{sq}a_{tq}\quad（设有\ p\ 个公共因子）\tag{12-5}$$

为讨论的方便，设定公共因子数为 2。两个观测变量为 x_s，x_t，相关系数为

$$\rho(x_s,x_t)=a_{s1}a_{t1}+a_{s2}a_{t2}\tag{12-6}$$

它表示：x_s，x_t 间的相关系数等于因子载荷矩阵第 s 行和第 t 行对应元素乘积之和。

2. 公共性

公共因子的公共性为

$$h_i^2=\sum_{j=1}^{q}a_{ij}^2$$

由所在第 i 行的各列载荷因子平方和来表示。

且有

$$1-h_i^2=1-\sum_{j=1}^{q}a_{ij}^2（设有\ n\ 个公共因子）$$

若仅有两个公共因子，则有 $1-h_i^2=1-(a_{i1}^2+a_{i2}^2)$。

3. 因子模型的另一种表现形式

因子模型表达了观测变量与公共因子、独立因子间的关系。设变量数为 4，公共因子数为 2 ，有

$$相关矩阵\ \boldsymbol{R}=\begin{pmatrix}1&\rho_{12}&\rho_{13}&\rho_{14}\\\rho_{21}&1&\rho_{23}&\rho_{24}\\\rho_{31}&\rho_{32}&1&\rho_{34}\\\rho_{41}&\rho_{42}&\rho_{43}&1\end{pmatrix}\tag{12-7}$$

$$\text{因子载荷矩阵 } \boldsymbol{A}=\begin{pmatrix} a_{11} & a_{12} \\ a_{21} & a_{22} \\ a_{31} & a_{32} \\ a_{41} & a_{42} \end{pmatrix} \tag{12-8}$$

$$\text{独立因子 } \boldsymbol{U}=\begin{pmatrix} 1-h_1^2 & 0 & 0 & 0 \\ 0 & 1-h_2^2 & 0 & 0 \\ 0 & 0 & 1-h_3^2 & 0 \\ 0 & 0 & 0 & 1-h_4^2 \end{pmatrix} \tag{12-9}$$

三者间具有以下的关系式：

$$\boldsymbol{R}=\begin{pmatrix} 1 & \rho_{12} & \rho_{13} & \rho_{14} \\ \rho_{21} & 1 & \rho_{23} & \rho_{24} \\ \rho_{31} & \rho_{32} & 1 & \rho_{34} \\ \rho_{41} & \rho_{42} & \rho_{43} & 1 \end{pmatrix}$$

$$=\begin{pmatrix} a_{11} & a_{12} \\ a_{21} & a_{22} \\ a_{31} & a_{32} \\ a_{41} & a_{42} \end{pmatrix}\begin{pmatrix} a_{11} & a_{12} & a_{13} & a_{14} \\ a_{21} & a_{22} & a_{23} & a_{24} \end{pmatrix}+\begin{pmatrix} 1-h_1^2 & 0 & 0 & 0 \\ 0 & 1-h_2^2 & 0 & 0 \\ 0 & 0 & 1-h_3^2 & 0 \\ 0 & 0 & 0 & 1-h_4^2 \end{pmatrix}$$

即

$$\boldsymbol{R}=\boldsymbol{A}\boldsymbol{A}'+\boldsymbol{U} \tag{12-10}$$

与式(12-2)相似，该式表达了观测变量与公共因子、独立因子间的关系，可以认为它是因子模型的另一种表现形式。

二、根据因子模型求因子载荷矩阵(公共矩阵)

在因子模型中，观测变量是已知的，其余的因子载荷、公共因子、独立因子均是未知的、待求的。在此，我们基于因子模型及其有关性质求解。

1. 设定三阶矩阵

设定：

$$\text{相关矩阵 } \boldsymbol{R}=\begin{pmatrix} 1 & \rho_{12} & \rho_{13} \\ \rho_{21} & 1 & \rho_{23} \\ \rho_{31} & \rho_{32} & 1 \end{pmatrix} \tag{12-11}$$

$$\text{载荷矩阵 } \boldsymbol{A}=\begin{pmatrix} a_{11} & a_{12} \\ a_{21} & a_{22} \\ a_{31} & a_{32} \end{pmatrix} \tag{12-12}$$

$$独立矩阵\ \boldsymbol{U}=\begin{pmatrix}1-h_1^2 & 0 & 0\\ 0 & 1-h_2^2 & 0\\ 0 & 0 & 1-h_3^2\end{pmatrix} \tag{12-13}$$

则有

$$\boldsymbol{R}=\boldsymbol{AA}'+\boldsymbol{U} \tag{12-14}$$

令

$$\boldsymbol{B}=\boldsymbol{AA}'=\begin{pmatrix}b_{11} & b_{12} & b_{13}\\ b_{21} & b_{22} & b_{23}\\ b_{31} & b_{32} & b_{33}\end{pmatrix} \tag{12-15}$$

下面的讨论虽是三阶的，但一般情况下都是成立的。

2. 求特征值、特征矩阵

$\boldsymbol{B}$ 是满足因子模型的相关方阵，该方阵对于常数 λ 和非零向量 $\boldsymbol{x}$，有 $\boldsymbol{Bx}=\lambda\boldsymbol{x}$ 成立，我们称 λ 为 $\boldsymbol{B}$ 的特征值，向量 $\boldsymbol{x}$ 为对应于 λ 的特征向量。$\boldsymbol{B}$ 为三阶方阵，因此，有三个特征值，且 $\lambda_1>\lambda_2>\lambda_3$。

与 λ_1，λ_2，λ_3 对应地有三个长度为“1”的特征向量 $\boldsymbol{r}$，$\boldsymbol{s}$，$\boldsymbol{t}$，且三个特征值、特征向量与相关矩阵之间存在以下关系。

$$\boldsymbol{B}\begin{pmatrix}r_1\\ r_2\\ r_3\end{pmatrix}=\lambda_1\begin{pmatrix}r_1\\ r_2\\ r_3\end{pmatrix} \tag{12-16}$$

$$\boldsymbol{B}\begin{pmatrix}s_1\\ s_2\\ s_3\end{pmatrix}=\lambda_2\begin{pmatrix}s_1\\ s_2\\ s_3\end{pmatrix} \tag{12-17}$$

$$\boldsymbol{B}\begin{pmatrix}t_1\\ t_2\\ t_3\end{pmatrix}=\lambda_3\begin{pmatrix}t_1\\ t_2\\ t_3\end{pmatrix} \tag{12-18}$$

由式(12-16)、式(12-17)、式(12-18)，则有

$$\boldsymbol{B}\begin{pmatrix}r_1 & s_1 & t_1\\ r_2 & s_2 & t_2\\ r_3 & s_3 & t_3\end{pmatrix}=\begin{pmatrix}\lambda_1 r_1 & \lambda_2 s_1 & \lambda_3 t_1\\ \lambda_1 r_2 & \lambda_2 s_2 & \lambda_3 t_2\\ \lambda_1 r_3 & \lambda_2 s_3 & \lambda_3 t_3\end{pmatrix} \tag{12-19}$$

设定：

$$\boldsymbol{L}=\begin{pmatrix}r_1 & s_1 & t_1\\ r_2 & s_2 & t_2\\ r_3 & s_3 & t_3\end{pmatrix},\ \boldsymbol{M}=\begin{pmatrix}\lambda_1 r_1 & \lambda_2 s_1 & \lambda_3 t_1\\ \lambda_1 r_2 & \lambda_2 s_2 & \lambda_3 t_2\\ \lambda_1 r_3 & \lambda_2 s_3 & \lambda_3 t_3\end{pmatrix} \tag{12-20}$$

$\boldsymbol{L}$ 是一个由长度为“1”的特征向量构成的正交矩阵，故有

$$\boldsymbol{L}'\boldsymbol{L}=\boldsymbol{LL}'=\boldsymbol{E} \tag{12-21}$$

将式(12-20)代入式(12-19)中，则有

$$\boldsymbol{BL}=\boldsymbol{M} \tag{12-22}$$

式(12-22)两边右乘 $\boldsymbol{L}'$，则有

$$\boldsymbol{B}=\boldsymbol{ML}'=\begin{pmatrix}\lambda_1 r_1 & \lambda_2 s_1 & \lambda_3 t_1\\ \lambda_1 r_2 & \lambda_2 s_2 & \lambda_3 t_2\\ \lambda_1 r_3 & \lambda_2 s_3 & \lambda_3 t_3\end{pmatrix}\begin{pmatrix}r_1 & r_2 & r_3\\ s_1 & s_2 & s_3\\ t_1 & t_2 & t_3\end{pmatrix} \tag{12-23}$$

式(12-23)的右侧可分解为

$$\boldsymbol{B}=\lambda_1\begin{pmatrix}r_1\\ r_2\\ r_3\end{pmatrix}(r_1,\ r_2,\ r_3)+\lambda_2\begin{pmatrix}s_1\\ s_2\\ s_3\end{pmatrix}(s_1,\ s_2,\ s_3)+\lambda_3\begin{pmatrix}t_1\\ t_2\\ t_3\end{pmatrix}(t_1,\ t_2,\ t_3) \tag{12-24}$$

3. 求 a

因为 λ_3 很小，可忽略，这样，$\boldsymbol{B}$ 就可用下式来表示。

$$\begin{aligned}\boldsymbol{B}&=\begin{bmatrix}r_1\sqrt{\lambda_1}\\ r_2\sqrt{\lambda_1}\\ r_3\sqrt{\lambda_1}\end{bmatrix}(r_1\sqrt{\lambda_1},\ r_2\sqrt{\lambda_1},\ r_3\sqrt{\lambda_1})+\begin{bmatrix}s_1\sqrt{\lambda_2}\\ s_2\sqrt{\lambda_2}\\ s_3\sqrt{\lambda_2}\end{bmatrix}(s_1\sqrt{\lambda_2},\ s_2\sqrt{\lambda_2},\ s_3\sqrt{\lambda_2})\\ &=\begin{bmatrix}r_1\sqrt{\lambda_1} & s_1\sqrt{\lambda_2}\\ r_2\sqrt{\lambda_1} & s_2\sqrt{\lambda_2}\\ r_3\sqrt{\lambda_1} & s_3\sqrt{\lambda_2}\end{bmatrix}\begin{pmatrix}r_1\sqrt{\lambda_1} & r_2\sqrt{\lambda_1}\\ s_1\sqrt{\lambda_2} & s_2\sqrt{\lambda_2}\end{pmatrix}\end{aligned} \tag{12-25}$$

基于式(12-15)，可认定

$$\boldsymbol{A}=\begin{pmatrix}a_{11} & a_{12}\\ a_{21} & a_{22}\\ a_{31} & a_{32}\end{pmatrix}=\begin{bmatrix}r_1\sqrt{\lambda_1} & s_1\sqrt{\lambda_2}\\ r_2\sqrt{\lambda_1} & s_2\sqrt{\lambda_2}\\ r_3\sqrt{\lambda_1} & s_3\sqrt{\lambda_2}\end{bmatrix} \tag{12-26}$$

它近似地满足了 $\boldsymbol{B}$ 的定义式的要求，根据式(12-15)，在 $\boldsymbol{U}$ 的各项元素较小、可忽略的情况下，式(12-26)所求得的即因子载荷量的解。

第四节 因子分析的诸项操作

因子分析是一种使用较早的多元分析方法，因子分析的应用面广，操作较为复杂。这里，我们分三部分进行讨论。

首先，介绍一下因子分析的操作流程，让大家对因子分析的过程有一个全面的了解；其次，对流程中的有关操作进行说明，它包括有关操作的内容、方法及其有关的原理，算法和支持技术的介绍；最后，对于流程中复杂的、重要的操作予以专门的解说。需要专门解说的是因子命名和解释，将其作为专题来解说，一方面是因为因子命名和解释较为复杂，涉及多种操作，另一方面也是因为因子命名和解释影响因子分析的成败。因子命名与解释是本章一个重要的内容。

一、因子分析的流程图

因子分析的流程图如图 12.3 所示。它是一种基于操作的流程，是一种以操作为中心的，表示各项操作时序关系的流程图。

本流程图是一种直线式的流程图，在实际操作中，可能某些地方会出现一些冲突、矛盾，某些地方可能会因考虑不周而需要调整，这时，流程会有些反复，让人们进行调整、修改，也可能会出现分支，对不同的问题和情况应进行不同的操作处理。

流程图由操作框(或处理框)和箭头组成，操作框给出了操作的内容，箭头表示流向。

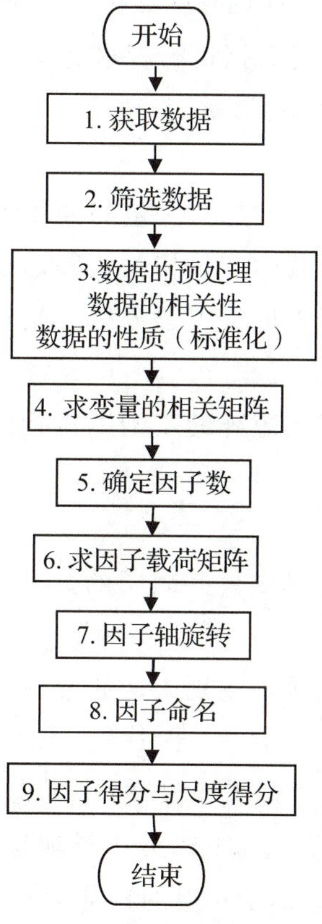

图 12.3　因子分析流程图

二、操作说明

1. 获取数据

(1)获取数据的方式应是合理、合法的；

(2)数据应是真实的、可靠的。

2. 筛选数据

(1)对获取的数据，应予以甄别、选择；

(2)获取和选择的数据应能满足课题的要求，为此，应对课题进行课题目标分析，防止某些目标数据重复、过多，某些目标数据过少，从而影响因子分析的质量。

3. 数据的预处理

用于因子分析的变量数据，也叫作观测数据或样本数据，此数据应具有相关性。若数据不具有相关性，这样的数据，从因子分析的要求来看是不可能进行因子分析的。用于因子分子的数据应具有一定的相关性，这是对数据的一种最基本的要求。

不同性质的数据，其量纲是不一样的。例如，在获取学生的生理数据时，身高、体重的量纲是不一样的，在分析、计算时就存在一定的问题。

考虑到数据的量纲不同，应对数据进行标准化的预处理，即将用于分析的数据变换成平均值为“0”、方差为“1”的标准数据。

4. 求变量的相关矩阵

观测的数据，也称观测变量，计算其变量间的相关系数，由此可得到观测变量的相关矩阵。若获取的数据就是有效的变量相关矩阵，在这种情况下，就不必重新求相关矩阵，而是直接利用该相关矩阵进行因子分析。此时，就没有必要进行上面的 3 个操作了。

因子分析是在观测变量的相关矩阵的基础上进行的。相关矩阵的优劣、正确与否是十分重要的。

5. 确定因子数

在进行因子分析时，首先应确定公共因子的数量，即有几个公共因子。公共因子数可简称为因子数。

因子数可参考过去的研究成果，或别人的研究成果、研究报告中所确定的因子数而定。

因子数可根据特征值确定，即以大于“1”的特征值的个数为因子数。也可根据表示特征值变化的碎石图(图 12.4)而定。图 12.4 中纵轴为特征值，横轴为与该特征值对应的公共因子序号，“1”为第一公共因子对应的特征值的序号，曲线随因子序号值的增大而下滑，且在某个序号处开始，缓慢下降。位于开始变化缓慢处的序号数为因子数。

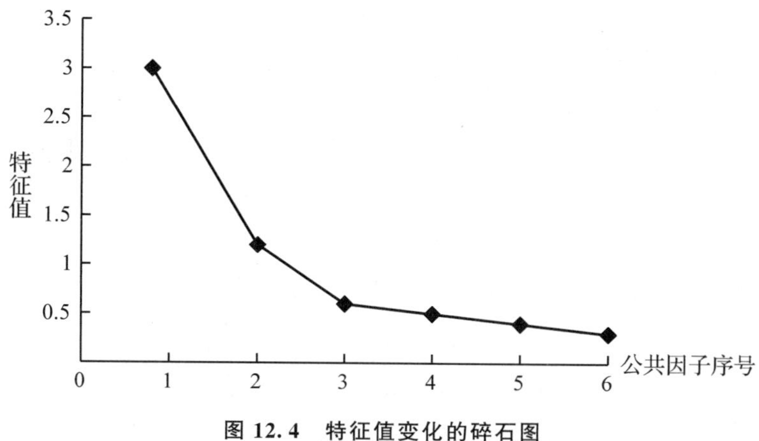

图 12.4　特征值变化的碎石图

6. 求因子载荷矩阵

求因子载荷矩阵是因子分析中最重要、最核心的一步(如何求载荷矩阵，上一节已介绍)。

因子载荷矩阵基于观测变量相关矩阵的特征值和特征向量的计算求得。此时，所求的解是载荷矩阵的初始解。为了对求得的公共因子进行解释、命名，还需进行因子轴旋转，从而使得我们能用观测变量所具有的信息，即样本变量的信息，对公共因子进行解释。

7. 因子轴旋转

为了便于解释公共因子，需要合理地利用观测变量所给予的信息。为此，需要通过因子旋转，将初始解的因子轴旋转为具有单纯结构的因子轴。

8. 因子命名

因子命名是给公共因子赋予一个名称。因子命名在因子分析中是一个十分重要的工作(操作)。它直接影响因子分析的成败与成果的使用效果。

因子分析的过程是一个数学计算的过程，需要对通过计算得到的中间结果、最后结果进行解读，有时还应赋予它们一定的名称，只有解释后的数据才是信息。

因子命名阶段，一定要有相关的专家参加，并听取他们的意见。

9. 因子得分与尺度得分

每个样本的因子得分对于样本或样本的类别研究是十分重要的。因子得分以一定的算法求得，它对样本的分类、样本特性分析是十分重要的。

尺度得分较因子得分来说，易于计算、易于求得。

每一课题的求解不一定和上述的流程完全一样，应根据具体的课题和目标，以及数据的特点来确定具体流程。以上的流程在分析的过程中，可能会出现某一部分或多个部分反复的情况。

三、因子得分与尺度得分

因子得分是课程的测试得分在因子模型下的能力得分，它可由加权系数矩阵与测试得分相乘求得。

1. 因子得分与测试得分

设测试科目数为 4，公共因子数为 2，其因子模型为

$$\begin{pmatrix} x_1 \\ x_2 \\ x_3 \\ x_4 \end{pmatrix} = \begin{pmatrix} a_{11} & a_{12} \\ a_{21} & a_{22} \\ a_{31} & a_{32} \\ a_{41} & a_{42} \end{pmatrix} \begin{pmatrix} f_1 \\ f_2 \end{pmatrix} + \begin{pmatrix} \varepsilon_1 \\ \varepsilon_2 \\ \varepsilon_3 \\ \varepsilon_4 \end{pmatrix}$$

基于该模型求出公共因子 f_1，f_2，公共因子给出了学生学习某门课程的能力，公共因子对于分析学生的特性具有重要的意义。

因子模型以矩阵的方式表示，有

$$\boldsymbol{Z}=\boldsymbol{AF}+\boldsymbol{E} \tag{12-27}$$

式中，$\boldsymbol{\varepsilon}$ 较小，可以忽略，故有

$$\boldsymbol{X}=\boldsymbol{AF} \tag{12-28}$$

两边左乘（$\boldsymbol{A}'\boldsymbol{A}^{-1}\boldsymbol{A}'$），有

$$(\boldsymbol{A}'\boldsymbol{A})^{-1}\boldsymbol{A}'\boldsymbol{X}=(\boldsymbol{A}'\boldsymbol{A})^{-1}\boldsymbol{A}'\boldsymbol{AF} \tag{12-29}$$

求解该式，有

$$\boldsymbol{F}=(\boldsymbol{A}'\boldsymbol{A})^{-1}\boldsymbol{A}'\boldsymbol{X} \tag{12-30}$$

设定 $\boldsymbol{W}=\boldsymbol{A}'\boldsymbol{A}^{-1}\boldsymbol{A}'$，则

$$\boldsymbol{F}=\boldsymbol{WX} \tag{12-31}$$

式(12-31)中 $\boldsymbol{W}$ 为加权系数矩阵，$\boldsymbol{X}$ 为课程测试得分，$\boldsymbol{F}$ 为因子得分。

式(12-31)表示，因子得分是加权系数矩阵 $\boldsymbol{W}$ 与测试分数的乘积。

$\boldsymbol{W}$ 由载荷矩阵确定后，根据

$$\boldsymbol{W}=(\boldsymbol{A}'\boldsymbol{A})^{-1}\boldsymbol{A}' \tag{12-32}$$

计算求得。

2. 尺度得分

在因子分析中，为了研究学生的特点，需要求因子得分。为了求因子得分，需要进行一定的数学运算，通常这种计算较为复杂。

我们可以利用求尺度得分的方法来研究学生的特点，这种方法简单可行。以文科因子、理科因子为例，尺度得分不需要复杂的计算，尺度得分是以“理科因子”对应的

因子课程得分相加而求得的。对应于理科因子的理科课程是数学、物理、技术，将此 3 门课程得分相加可求得尺度得分。该尺度得分即表示理科因子的得分。

四、关于因子的命名和解释

利用观测变量的相关矩阵，可求得相关矩阵的特征值和特征向量，从而求得因子载荷量和公共因子。为了将观测变量所具有的信息用于公共因子命名和解释，应将初始解的结构形式变换为“单纯构造”的结构形式。单纯构造的结构形式可以很方便地将观测变量的信息用于公共因子命名。

将初始解的结构形式变换成“单纯构造”的结构形式需要一定的条件保障，并要基于一定算法的数据处理来实现。进行这种变换的过程如下。

1. *初始解及其散布图*

利用观测变量的相关矩阵可求得特征值和特征向量，从而求得因子载荷量和公共因子，这是因子模型的初始解。概述中给出的 200 名学生 6 门课程的成绩，经因子分析后得到的初始解的散布图如图 12.5 所示。

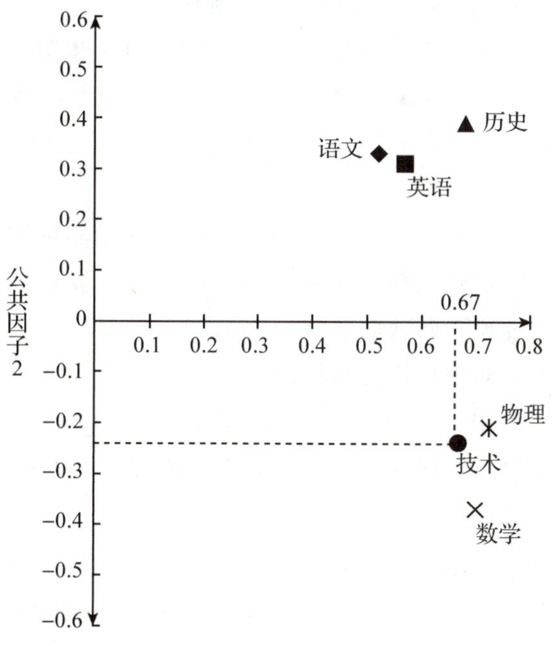

图 12.5　初始解的散布图

该散布图以公共因子 1 为横轴，公共因子 2 为纵轴。某一样本的散布点在横轴上的投影值即该散布点的公共因子 1 的载荷量的数值。在纵轴上的投影值则是该散布点的公共因子 2 的载荷量的数值。

从散布点图我们可以看出，观测变量及其公共因子的载荷量分布有这样的特点：观测变量在公共因子1和公共因子2的轴线上的载荷量差别不大。例如，语文在公共因子1轴线上为0.51，在公共因子2轴线上为0.36。从轴线上看，在公共因子1轴线上，6门课的载荷量均处于中间段，从公共因子2轴线上看，也是如此，6门课的载荷量，亦处在中间段。这样的载荷量的分布，不利于我们将观测变量的信息用于解释和评价。为了将观测变量所具有的信息用于解释分析的结果，观测变量的载荷量分布应变换为单纯构造的形式。

2. 解的不确定性

解的不确定性是指求得的解不是唯一的，它可能有多个解。解的不确定性，使得我们有可能从众多的解中选用满足“单纯构造”的解答。

有因子模型

$$\boldsymbol{X}=\boldsymbol{AF}+\boldsymbol{E} \tag{12-33}$$

使其旋转 θ 角，即模型乘旋转矩阵

$$\boldsymbol{T}=\begin{pmatrix} \cos\theta & \sin\theta \\ -\sin\theta & \cos\theta \end{pmatrix} \tag{12-34}$$

$\boldsymbol{T}$ 为正交矩阵，将 $\boldsymbol{T}'\boldsymbol{T}$ 代入式(12-33)中，则有

$$\boldsymbol{X}=\boldsymbol{A}(\boldsymbol{T}'\boldsymbol{T})\boldsymbol{F}+\boldsymbol{E}=(\boldsymbol{AT}')(\boldsymbol{TF})+\boldsymbol{E}=\boldsymbol{T}^{*}\boldsymbol{F}^{*} \tag{12-35}$$

式(12-35)表示，旋转 θ 角后的 $\boldsymbol{A}^{*}$，$\boldsymbol{F}^{*}$ 仍是因子分析的解，即解有多个，解是不确定的。

3. 旋转

解的不确定性保障了多种解的存在，多种解的获取是靠旋转变换实现的。为了将初始解变换成具有“单纯构造”的解，可通过旋转因子不断获取新解。旋转是产生和获取新解的方法，可通过变换不断获取新解。

以二维坐标系为例，对坐标进行旋转。

直角坐标轴以原点为中心，沿正向旋转 θ 角，得到新的直角坐标轴。这时，点 P 在原平面直角坐标系中的旧坐标为 (x, y)，在新平面直角坐标系中的新坐标为 (v, u)。二者具有以下关系

$$\begin{pmatrix} u \\ v \end{pmatrix}=\begin{pmatrix} \cos\theta & \sin\theta \\ -\sin\theta & \cos\theta \end{pmatrix}\begin{pmatrix} x \\ y \end{pmatrix}=\begin{pmatrix} x\cos\theta+y\sin\theta \\ -x\sin\theta+y\cos\theta \end{pmatrix} \tag{12-36}$$

$$\boldsymbol{T}=\begin{pmatrix} \cos\theta & \sin\theta \\ -\sin\theta & \cos\theta \end{pmatrix}$$

$\boldsymbol{T}$ 叫作旋转因子。

$$\begin{pmatrix} x \\ y \end{pmatrix} \quad \begin{pmatrix} u \\ v \end{pmatrix}$$

分别为变换前后的解，即通过 $\boldsymbol{T}$ 的转换可以不断地得到新解。

4. 基准

因子分析解的不确定性，使得我们能基于初始解求得许多新解，再从许多新解中选择满足“单纯构造”条件的解。

如何从多种解答中选出具有“单纯构造”结构形式的解？人们多是设置一定的条件，并称之为基准。通过基准，从不确定的解中找到满足基准的唯一满足“单纯构造”要求的解答，即人们是通过基准从众多的解答中，选出唯一的具有“单纯构造”结构形式的解答的。

关于基准，已有许多研究，我们仅介绍最大方差法。

这是一个以各个因子的因子载荷量的平方方差之和取极值的基准，该基准认定，每一因子的因子载荷量的平方方差越大，其构造越接近单纯构造。

设旋转后的因子载荷矩阵为 $\boldsymbol{B}$，b_{jk} 是旋转后的第 k 因子 f_k 的第 j 个变量的因子载荷量，$\boldsymbol{B}$ 阵的各元素平方为 $(b_{jk})^2$。$\boldsymbol{B}$ 阵第 k 列的因子载荷量平方的方差为

$$V_K=\left\{\sum_{j=1}^{p}\{(b_{jk})^2\}^2-\frac{1}{p}\sum_{j=1}^{p}(b_{jk})^2\right\}^2 \tag{12-37}$$

$\boldsymbol{B}$ 阵全部 q 列方差之和为

$$V=\sum_{k=1}^{q}V_k=\sum_{k=1}^{q}\left[\sum_{j=1}^{p}(b_{jk})^4-\frac{1}{p}\left\{\sum_{j=1}^{p}(b_{jk})^2\right\}^2\right] \tag{12-38}$$

对 V 求极大值便得到“单纯构造”。

为了更好地理解基准，我们以二因子模型为例，首先求 $\boldsymbol{B}$ 阵因子载荷量平方的方差。

第一列平均值　$u_1=\frac{1}{4}(b_{11}^2+b_{21}^2+b_{31}^2+b_{41}^2)$

第二列平均值　$u_2=\frac{1}{4}(b_{12}^2+b_{22}^2+b_{32}^2+b_{42}^2)$

第一列方差　$v_1=\frac{1}{4}\sum(b_{11}^2-u_1)^2$

第二列方差　$v_2=\frac{1}{4}\sum(b_{12}^2-u_2)^2$

两列方差之和　$v=v_1+v_{11}$

对 v 取极值，可求得“单纯构造”。

5. 单纯构造

为了解释因子，需要调整初始解的因子构造的形式，将它改造成“单纯构造”的形式。这种形式，有利于我们利用观测变量所具有的信息解释因子。

什么是“单纯构造”？对于某个公共因子轴线，有几个变量在其上投影，其因子载

荷量绝对值较大，而其他的变量在其上投影的公共因子载荷量近乎为“0”，同时也期望具有中等程度的因子载荷量的变量不存在。根据表 12.4 的结果，我们作散布图(图 12.6)。该图的特点是观测变量在一个轴线上的载荷量很大，在其他轴线上的载荷量则很小。例如，技术课，在公共因子 1′上的载荷量为 0.67，在公共因子 2′上的载荷量则很小，只有 0.24。从因子轴线上看，在轴线上投影的变量只有载荷量大的变量和载荷量很小的变量，处于中间量值的变量不存在。例如，在公共因子 2′上投影的课程，语文、英语、历史的载荷量很大，物理、技术、数学在其上的载荷量很小，不存在中等载荷量的课程。这样的构成形式接近“单纯构成”。

从图 12.6 可以得到以下信息：

在公共因子 1′上得分高的学生，数学、物理、技术的成绩好。

在公共因子 2′上得分高的学生，语文、英语、历史的成绩好。

某学生语文、英语、历史三门课程的成绩都很好，这说明这三门课的学习存在一个共同的能力影响，语文、英语、历史属于文科，我们称这种能力为文科能力。同样，我们称影响数学、物理、技术的共同能力为理科能力。从图 12.6 得知，文科能力高的学生在公共因子 2′上的得分高，反之亦然，所以我们称公共因子 2 为文科因子。理科能力高的学生在公共因子 1′上得分高，反之亦然，所以我们称公共因子 1 为理科因子。这个分析过程使我们认识到“单纯构造”是怎样帮助我们利用观测变量的信息对公共因子进行命名，并解释因子分析的结果的。

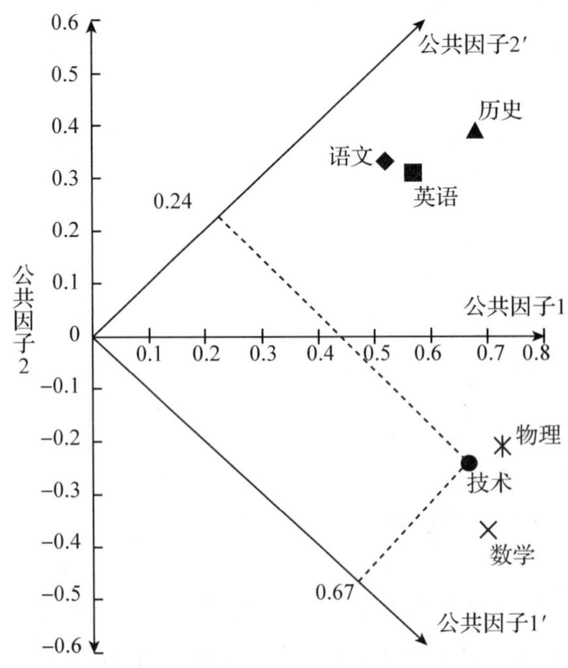

图 12.6　散布图

6. 因子命名与因子解释

如前面所讨论的那样，为了将观测变量的有关信息用于因子命名和解释，需要将初始解变换成“单纯构造”的形式。

解的多样性使得我们可以利用基准从中选出具有“单纯构造”形式的解。

上述过程是一个坐标变换的过程。原有散布图的坐标为公共因子 1 和公共因子 2，初始解的构造如图 12.5 所示。旋转 θ 角后，得到新的坐标系，其坐标轴为公共因子 $1'$ 和公共因子 $2'$，我们称这种操作为“直角旋转”或“正交旋转”，通过直角旋转求得的结果见表 12.5。

表 12.5　因子分析结果(旋转后)

对象	因子$1'$	因子$2'$	公共性
语文	0.16	0.60	0.39
英语	0.20	0.61	0.42
历史	0.24	0.74	0.61
数学	0.77	−0.17	0.63
物理	0.68	−0.30	0.55
技术	0.67	−0.24	0.51
贡献率/%	1.63	1.47	

第五节　学生成绩的因子分析

第四节对因子分析的流程和一些重要操作从技术、方法和有关算法方面进行了全面介绍。第四节的流程是基于操作的流程，本节我们将以数据流为中心进行讨论，并利用实际的数据进行具体的分析，以便与第四节的讨论进行比较。

下面是一个因子分析的实例，我们对学生的测试成绩进行因子分析。

一、课题

现有学生 10 人，他们的语文、英语、数学、物理 4 门课程的测试成绩见表 12.6，试对此成绩进行因子分析。

表 12.6　4 门课程测试成绩

对象	语文	英语	数学	物理
A	73	57	61	48
B	74	59	70	48
C	86	63	79	52
D	74	59	65	48
E	80	60	55	42
F	78	59	85	58
G	86	61	57	48
H	82	59	83	52
I	87	64	70	52
J	80	59	75	52
平均值	80	60	70	50
方差	25	4	100	16

为方便也称语文、英语、数学、物理 4 门课程的测试分别为测试 1、测试 2、测试 3、测试 4，各测试得分经变换后，其标准得分分别为 z_1，z_2，z_3，z_4，标准得分见表 12.7。

表 12.7　四门课程的标准得分

对象	语文	英语	数学	物理
A	−1.4	−1.5	−0.9	−0.5
B	−1.2	−0.5	0.0	−0.5
C	1.2	1.5	0.9	0.5
D	−1.2	−0.5	−0.5	−0.5
E	0.0	0.0	−1.5	−2.0
F	−0.4	−0.5	1.5	2.0
G	1.2	0.5	−1.3	−0.5
H	0.4	−0.5	1.3	0.5
I	1.4	2.0	0.0	0.5
J	0.0	−0.5	0.5	0.5
平均值	0.0	0.0	0.0	0.0
方差	1.0	1.0	1.0	1.0

注：标准得分可按以下各算式计算。

$$z_i=\frac{x_i-\overline{x}}{\sigma_x}\ (i=1,\ 2,\ \cdots,\ n)$$

式中

$$\text{平均值 } \overline{x}=\frac{1}{n}\sum_{i=1}^{n}x_i$$

$$\text{方差 } \sigma_x^2=\frac{1}{n}\sum_{i=1}^{n}(x_i-\overline{x})^2$$

此前，我们对因子分析的各项处理和操作的流程及方法进行了讨论，下面通过对具体数据的操作，来对因子分析进行更深一步的理解。

1. 相关矩阵

我们直接引入相关矩阵，并从相关矩阵开始进行因子分析。计算每两门课程间的相关系数，求得测试变量的相关矩阵(表 12.8)。

表 12.8　相关矩阵

课程	语文	英语	数学	物理
语文	1.000	0.850	0.130	0.200
英语	0.850	1.000	0.065	0.125
数学	0.130	0.065	1.000	0.870
物理	0.200	0.125	0.870	1.000

从相关矩阵可以看出，文科课程相互之间的相关系数较大，理科课程相互之间的相关系数较大，而文科课程与理科课程间的相关系数较小。

2. 确定公共因子数

通过求相关矩阵的特征值和特征向量，可求得公共因子，在确定公共因子前，应先确定因子数。本课题有 4 个测试变量，故有 4 个特征值和与之对应的特征向量，因此，应有 4 个公共因子。

另外，根据特征值大于“1”的因子数为 2 个这个要求，应有两个公共因子。此外，还有基于碎石图确定因子数的方法，综合考虑，先确定因子数为“4”。

特征值为 λ_1，λ_2，λ_3，λ_4，与之对应有 4 个特征向量，由特征值可求得累积贡献率，其对应关系与数值如表 12.9 所示。

表 12.9　相关矩阵的特征值

特征值	2.123	1.603	0.148	0.126
累积贡献率/%	53.1	93.1	96.8	100.0

此时得到的因子载荷和第一因子、第二因子是一个初始解。初始解的因子载荷量如表 12.10 所示，为了对第一因子、第二因子进行命名和解释，还需要因子旋转。

表 12.10　初始解的因子载荷量

课程	第一因子	第二因子
语文	0.704	0.602
英语	0.649	0.652
数学	0.706	−0.606
物理	0.755	−0.555

3. 旋转

表 12.10 给出了各门课程的因子载荷量。因子的特性表明，我们很难用这些结果对公共因子进行命名和解释。为此，需要对因子轴进行旋转，旋转后的因子载荷量见表 12.11。

表 12.11　旋转后的因子载荷量

课程	第一因子	第二因子
语文	0.107	0.920
英语	0.032	0.919
数学	0.930	−0.035
物理	0.931	−0.106

表 12.11 给出了旋转后各课程的因子载荷量。从表 12.11 可清楚地看出第一因子、第二因子两因子的特性。各门课程的载荷量的特点是一个因子轴上的很大，多个因子轴上的很小。

4. 命名

根据表 12.11 的数据可作出相应的散布图(图 12.7)，从该图可清晰地看出第一因子、第二因子与 4 门课程的关系。图 12.7 的横坐标为第一因子，纵坐标为第二因子。

图 12.7 给出了第一因子、第二因子与 4 门课程空间位置的关系。

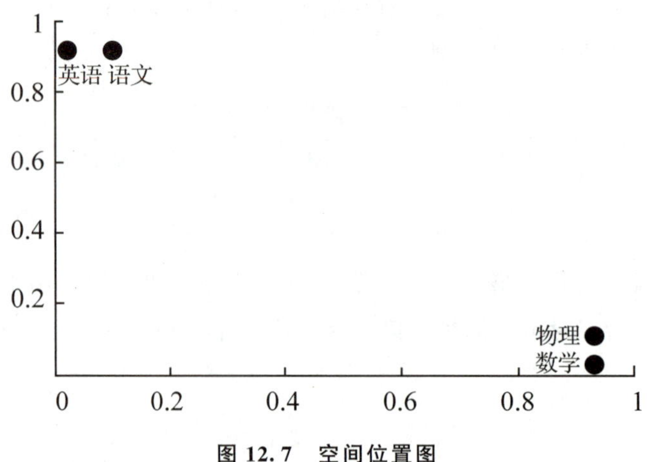

图 12.7　空间位置图

图 12.7 展现的是一个典型的“单纯构造”形式。所谓“单纯构造”是指观测变量在一个轴线上的数值很大，在其他轴线上的数值很小，可忽略，这样该观测变量仅用一个数轴上的数值就可以表示了。该数轴就可以以该变量的信息来命名。

图 12.7 中，观测数据显示物理、数学课程在第一因子的横坐标轴上的数值很大，而在第二因子的纵坐标轴上的数值很小，这样仅以第一因子的数值就可表示物理、数学这两个观测变量具有的信息了，故第一因子轴为理科因子轴，第一因子应命名为理科因子。同样，第二因子应命名为文科因子。

要将观测数据的有关信息用于因子命名和解释，就要施以因子旋转，将初始解变换成便于进行因子命名和解释的“单纯构造”的形式，使用的旋转矩阵见表 12.12。表 12.12 是将表 12.10 变换为表 12.11 的正交旋转矩阵。

表 12.12　旋转矩阵

因子	第一因子	第二因子
第一因子	0.734	0.680
第二因子	−0.680	0.734

因子旋转前后的因子载荷量的变换式为：

$$\begin{bmatrix} 0.704 & 0.602 \\ 0.649 & 0.652 \\ 0.706 & -0.606 \\ 0.755 & -0.555 \end{bmatrix} \begin{bmatrix} 0.734 & 0.680 \\ -0.680 & 0.734 \end{bmatrix} \approx \begin{bmatrix} 0.107 & 0.920 \\ 0.032 & 0.919 \\ 0.930 & 0.035 \\ 0.931 & 0.106 \end{bmatrix}$$

表 12.13 以语文课程为例，给出了各课程的公共性。

表 12.13　各课程的共性

课程	公共性
语文	0.858
英语	0.846
数学	0.867
物理	0.877

旋转前　$0.704^2+0.602^2\approx 0.858$

旋转后　$0.107^2+0.920^2\approx 0.858$

在直角旋转的情况下，旋转前后的公共性不变。公共性用于表示各门课程受公共因子影响的程度。该值越接近“1”，说明受影响的程度越大。

5. 因子得分

表 12.14 给出了用于计算因子得分的加权系数的矩阵。表 12.15 是利用表 12.14 的加权矩阵计算出的学生因子得分。同时可以得到以第一因子得分为横轴，第二因子得分为纵轴的学生因子得分散布图。

表 12.14　求因子得分的加权系数

课程	第一因子得分	第二因子得分
语文	−0.018	0.518
英语	−0.049	0.484
数学	0.484	−0.053
物理	0.519	−0.012

表 12.15　学生因子得分

学生	第一因子得分	第二因子得分
A	−0.567	−1.326
B	−0.203	−0.814
C	0.507	1.828
D	−0.433	−0.788
E	−1.674	0.098
F	1.704	−0.525
G	−0.887	0.890
H	0.860	−0.104
I	0.130	1.600
J	0.499	−0.260

学生因子得分散布图如图 12.8 所示。根据因子模型，可得以下公式。

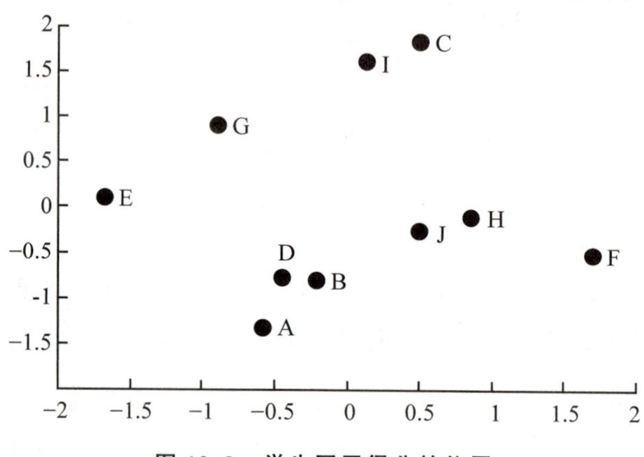

图 12.8　学生因子得分的位置

语文标准得分＝0.107(第一因子得分)＋0.920(第二因子得分)。

英语标准得分＝0.032(第一因子得分)＋0.919(第二因子得分)。

数学标准得分＝0.930(第一因子得分)－0.035(第二因子得分)。

物理标准得分＝0.931(第一因子得分)－0.136(第二因子得分)。

需要注意的是，这里计算出来的是标准得分。

横坐标：第一因子得分。

纵坐标：第二因子得分。

二、因子分析与主成分分析的比较

在学习和应用中，人们往往容易把主成分分析与因子分析相混淆，其实，二者的思想、方法是不同的。(表12.16)

表12.16　因子分析与主成分分析的比较

类别	主成分分析	因子分析
目的	将多个变量合成为少数的合成变量，信息压缩	从多个变量中分析出少数的公共因子，信息压缩
计算	协方差矩阵、相关矩阵	协方差矩阵、相关矩阵
设定	分析时，无误差的概念，误差包含在主成分结果中	设定公共因子和独立因子 θ(误差)
目的变量	主成分个数不必预先确定，可通过累积贡献的计算确定主成分的个数	公共因子数需要预先确定，开始主成分分析时，先确定因子数

思考与练习

1. 试说明因子分析的基本原理。

2. 试说明什么是公共性累计贡献率。

3. 试说明什么是贡献率、累计贡献率。

4. 试说明什么是因子分析。

5. 如何求得因子得分和尺度得分？二者有何不同？它们在分析样本的特性上具有怎样的特点？

6. 为什么说因子分析的求解最后会归结为求解特征方程，即求解特征矩阵和特征值？

7. 什么是“单纯构造”，如何用“单纯构造”来解释公共因子？

8. 如何将因子分析的初始解变为具有“单纯构造”形式的因子结构？

9. 图 11.3 的分析流程是基于操作的流程。同一因子分析的两种分析流程是同一事物的两个方面。能否将它们结合在一起，进行因子分析？

第十三章

聚类分析

我们称，将特性相似的物品(又称样本)放在一起为分类。

分类在我们的生活、工作、学习中广泛存在。在商店里、超市里，货物会分类摆放，以便于顾客挑选；图书馆、资料室中会对书刊进行分类管理，以便于读者使用；学校里学科、专业分类管理，学生分类管理，教师分类管理，有利于教学工作的运营、管理。

分类学是人们认识世界的一门管理学科。早期的分类学研究具有相当大的随意性，缺少科学的理论指导，人们主要依靠经验和专业知识进行分类。人们将数学引入分类学中，发展出了数值分类学。近 20 年，多元分析被引入分类学中，分类学由数值分类学逐渐发展成了聚类分析，这也使分类学发展到了一种新的高度。

聚类分析是一种科学的分类方法。本章概述中，以 4 人，两变量(身高、体重)的数据进行聚类分析，以期让读者对聚类分析有一些体验。

聚类是将相近、相似的个体(样本)放在一起，形成一个类别(或称类)。以距离为量度样本间相似性的统计量是当前的主流，本章亦以距离为聚类分析的统计量来进行重点讨论。

本章在简单地说明聚类分析的类别后，对聚类分析中的两类距离——样本间的距离、类别间的距离，分别予以讨论。随后，对树状图进行了讨论。树状图是描述聚类过程的可视化工具，本章详细地讨论了树状图的制作方法及其作用。

聚类是根据样本的相似性进行分类的，本章对用于量度相似性的统计量的类别进行了讨论，并给出了以不同的统计量进行聚类分析的实例。

内容
结构

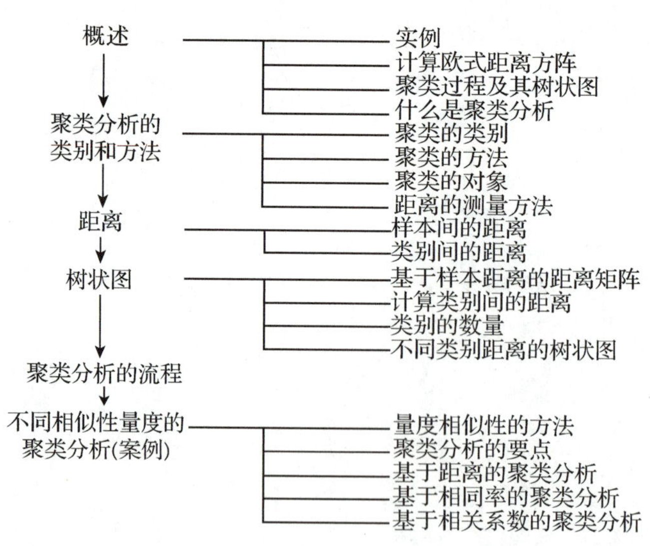

第一节　概述

聚类是将相近、相似的个体(样本)放在一起，形成一个类别(或称类)。

一、实例

我们通过下面的实例来认识聚类分析。

A，B，C，D 四人(个体)的身高、体重数据见表 13.1，试以此数据进行聚类分析。

表 13.1　身高、体重

对象	身高/cm	体重/kg
A	170	65
B	180	75
C	180	55
D	150	65
平均值	170	65
方差	$10\sqrt{2}$	$10\sqrt{\frac{2}{3}}$

将距离作为评价类似程度的指标。

二、计算欧式距离方阵

首先计算样本 A，B 间的欧式距离。

每一样本都具有身高、体重两个特性，分别用两个变量来表示。在二维坐标系中每一个样本数据是一个点，样本 A，B 间的欧式距离为 d_{AB}，

$$d_{AB}=\sqrt{\left(\frac{170-180}{10\sqrt{2}}\right)^2+\left(\frac{65-75}{10\sqrt{\frac{2}{3}}}\right)^2}=\sqrt{\frac{1}{2}+\frac{3}{2}}=\sqrt{2} \quad (13\text{-}1)$$

同样有

$$d_{BC}=\sqrt{2}, d_{CD}=\sqrt{6}, d_{DA}=\sqrt{2}, \cdots\cdots$$

当 A，B，C，D 四人中，任意两人间的距离计算完毕后，有标准欧氏距离方阵（表 13.2）。

表 13.2　标准欧氏距离方阵

样本	A	B	C	D
A	0	$\sqrt{2}$	$\sqrt{2}$	$\sqrt{2}$
B	$\sqrt{2}$	0	$\sqrt{6}$	$\sqrt{6}$
C	$\sqrt{2}$	$\sqrt{6}$	0	$\sqrt{6}$
D	$\sqrt{2}$	$\sqrt{6}$	$\sqrt{6}$	0

三、聚类过程及其树状图

利用求得的欧氏距离，以距离小的优先，进行样本的合并，由此组成一个新的类别。这种合并，即聚类的过程，可以用树状图来表示。树状图使聚类过程可视化。

现在四个样本 A，B，C，D 的聚类过程的树状图如图 13.1 所示。

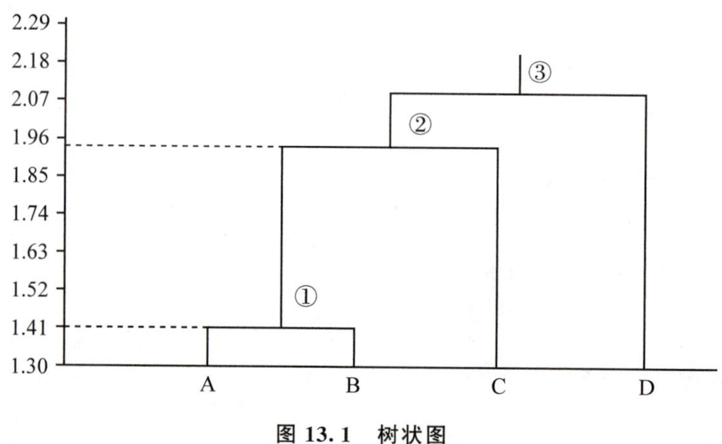

图 13.1　树状图

利用树状图可以说明四个样本是怎样合并分类的，每一类由哪些样本构成。

以上是对四个样本 A，B，C，D 进行聚类分析的简单过程，这个过程用树状图（图 13.1）来表示。由这个过程，我们认识到聚类分析是鉴于样本间的相似度对样本进行分类的。相似度是指样本间的相似程度以数值表示的统计量。在聚类分析中，人们多以距离表示样本间的相似度。

四、什么是聚类分析

聚类分析是以距离为描述样本间相似程度的统计量，并根据表示相似程度的距离对样本进行分类的方法。

距离在聚类分析中是十分重要的，它不仅是量度，而且是表示样本间相似程度的统计量。对不同距离的选择将影响到聚类的过程和结果。

树状图是可视化的工具，它不仅使分类的过程可视化，而且使确定分类结果的过程也可视化。

第二节　聚类分析的类别和方法

聚类分析有多种类别、多种方法，它是多种分类方法的总称。

一、聚类的类别

聚类分析按其分类的过程大体上可分为层次型和非层次型两大类，按其分类的对象，可分为个体分类和变量分类(表 13.3)，总共可分为 4 类。

表 13.3　聚类分析的类别

分类的过程		分类的对象	
		个体(样本)	变量
聚类的方法	层次型	层次型个体分类	层次型变量分类
	非层次型	非层次型个体分类	非层次型变量分类

二、聚类的方法

层次型聚类将聚类对象按层级排列，并逐层地聚类。在第一层面，将每一个聚类对象(样本)作为一个类别，此时的类别数＝作为对象的个体(或变量)数。在第二层面，将两个相近的类别合并成为一个新的类别，此时总的类别数减 1[图 13.2(a)]。第三层面、第四层面……重复第二层面的过程[图 13.2(b)]，如此逐层地进行聚类，直至最后类别数为“1”，终止聚类。层次型聚类可以人为地以手工的方式控制聚类过程，可在任意的某一层级中断聚类。

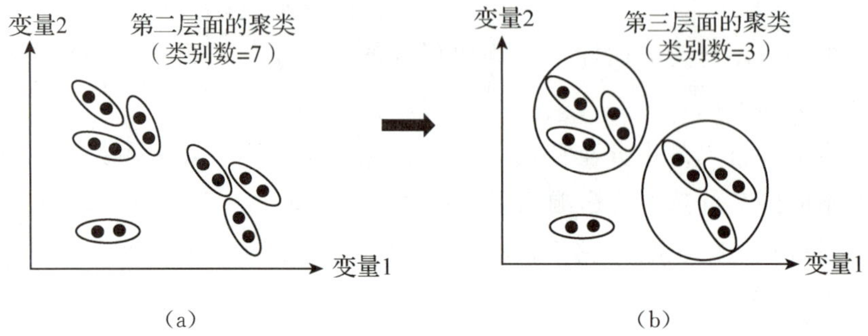

图 13. 2　层次型聚类

层次型聚类可使用树状图，使聚类过程可视化。

非层次型聚类使用迭代法。首先起步于一个初始的分类，然后通过不断的迭代将数据在不同的类别间移动，直到最后达到一定的标准为止。整个过程不需要存储基本数据或者距离的矩阵，因此不会出现多个互相嵌套的聚类结果，计算速度也快得多。

目前广泛使用的是层次型聚类。

三、聚类的对象

聚类的对象是指对什么进行分类。

聚类的对象可分成两种。一种是对个体进行聚类，如学校、学生；另一种是对变量进行聚类，如学习者的特性。在主成分分析和因子分析中，变量数过多，使得对结果的解释比较困难，这时使用聚类分析将变量分为几个类别，对各类别的公共特性予以解释较为容易。

在问卷调查中，也会出现这样的情况，同样的问题多处出现，进行聚类分析，可减少问题的数量。

四、距离的测量方法

聚类分析有多种不同的方法，在同一聚类过程中所处的阶段不同，所涉及的数据类型也不同，这些不同要求对不同类型数据距离的测量方法也要不同。测量数据来源于样本的个体和样本的类别。测量方法应满足不同数据的特性和要求。个体间距离的测量较为简单，它是点对点的数据测量，类别间距离的测量，由于每一类别的样本较多，如何选取这些样本的代表点和代表数值需要认真考虑。

针对聚类分析的特点和要求，距离测量主要包括个体间距离的测量和类别间距离的测量。个体间距离的测量，即两个点间距离的测量，测量数值因距离的定义不同有不同的测量结果。个体间的距离有欧氏距离等多种不同定义的距离。测量个体间距离时，首先应选择一种距离，然后按照这种距离的定义去计算该项距离。类别间距离的测量，不仅要有测量数据值的计算，还有代表点的选择。类别距离在定义时，均有这方面的要求。类别间的距离有最近邻、最远邻等多种定义。

在聚类分析中，合理地选择数据的类型是一项十分重要的工作。

第三节　距离

距离，作为聚类分析中量度相似性的统计量在聚类分析中具有重要的意义，它是聚类分析的学习重点。

与其他的各种量度相似性的统计量相比，距离不仅具备很好的适应功能，可以适应多种情况，而且具有很好的聚类效果，具有十分成熟的科学理论和技术。

层次型聚类分析中有两种距离的测量问题。一种是样本间距离的测量，这是一种对个体的样本间距离的测量，另一种是类别与类别间的距离测量。一个类别中具有多个样本，它是样本的集合。类别间距离的测量包含了多个样本集合间的距离测量，而且不同类别内的样本数也可能不同。这种类别间距离的测量比样本间距离的测量复杂得多。它不能沿用样本间所定义的距离，两种距离的定义与测量是不同的，我们将对两种不同的距离分别予以介绍。

一、样本间的距离

样本间的距离实际上是样本数据间的距离。

设样本 i 与样本 j 之间的距离为 d，可用 $d(x_i, x_j)$表示，d 的定义有多种。由于在何种场合使用怎样定义的距离不是很明确，所以在处理问题时多采用“试行错误”的方法，即在试行过程中排除错误，找到求解问题的某个距离。

1. 距离的定义

现有 n 个样本，每个样本具有 p 种特性，以 p 个变量 x_1，x_2，…，x_p 表示，具有 p 种特性的第 i 个样本为

$$x_i=(x_{1i}, x_{2i}, \cdots, x_{pi})$$

$$i=1, 2, \cdots, n$$

样本 i 和样本 j 间的距离为 $d(x_i, x_j)$，常用的几种样本间距离的定义如下。

(1)Euclid(欧氏)距离。

样本 i 与样本 j 的欧式距离为

$$d(x_i, x_j)=\sqrt{\sum_{k=1}^{p}(x_{ki}-x_{kj})^2} \tag{13-2}$$

这种距离计算比较简单，是常用的一种距离。

(2)Minkowskii(明考夫斯基)距离。

$$d(x_i, x_j)=\left(\sum_{k=1}^{p}|x_{ki}-x_{kj}|^r\right)^{\frac{1}{r}} \tag{13-3}$$

当 $r=2$ 时，该距离为欧氏距离。

当 $r=1$ 时，该距离为绝对值距离。

(3)标准欧氏距离。

将 x_i，x_j 标准化，将标准化后的 x_i，x_j 代入欧氏距离计算式中，或使用以下定义式：

$$d(x_i, x_j)=\sqrt{\sum_{k=1}^{p}\frac{(x_{ki}-x_{kj})^2}{s_k^2}} \tag{13-4}$$

其中，

$$s_k^2=\frac{1}{n}\sum_{i=1}^{n}(x_{ki}-\overline{x}_k)^2\text{；}\ \overline{x}_k=\frac{1}{n}\sum_{i=1}^{n}x_{ki}$$

(4)Mahalanobis (马哈拉诺比斯，简称马氏)距离。

马氏距离的定义式为

$$d(x_i, x_j)=\sum_{k=1}^{p}\sum_{k'=1}^{p}(x_{ki}-x_{kj})S^{kk'}(x_{k'i}-x_{k'j}) \tag{13-5}$$

这里 $S^{kk'}$ 是协方差矩阵，其矩阵元素 $S_{kk'}$ 如下。

$$S_{kk'}=\frac{1}{n}\sum_{i=1}^{n}(x_{ki}-\overline{x}_k)(x_{k'i}-\overline{x}_{k'}) \tag{13-6}$$

2. 认真选择样本间的距离

在选定距离时，应认真考察距离和样本的特点，合理地选择距离。

以身高、体重的数据表表 13.1 为例，我们看一下在选择距离时会出现的问题。

开始，选定常用的欧氏距离。计算样本 A 和 B 间的欧氏距离，有

$$\begin{aligned}d_{AB}&=\sqrt{(170-180)^2+(65-75)^2}\\&=\sqrt{200}=10\sqrt{2}\text{。}\end{aligned}$$

现改变体重的单位，将 kg 改为 g，此时样本 A 和 B 间的欧氏距离为

$$d_{AB}=\sqrt{(170-180)^2+(65\ 000-75\ 000)^2}$$

$$=\sqrt{100\ 000\ 100}\approx 10\ 000.005$$

这时身高的数值与体重的数值相比，显得非常不足，此时身高的数值远比体重的数值小得多，距离几乎完全由体重决定，身高几乎毫无影响，为了防止出现此种现象，可使用与单位无关的标准欧氏距离。

若选定标准欧式距离，样本 A 和 B 间的距离为

$$d_{AB}=\sqrt{\left(\frac{170-180}{10\sqrt{2}}\right)^2+\left(\frac{65-75}{10\sqrt{\frac{2}{3}}}\right)^2}$$

$$=\sqrt{\frac{1}{2}+\frac{3}{2}}=\sqrt{2} \tag{13-7}$$

计算 A 和 C 间的标准欧氏距离，

$$d_{AC}=\sqrt{\left(\frac{170-180}{10\sqrt{2}}\right)^2+\left(\frac{65-55}{10\sqrt{\frac{2}{3}}}\right)^2}$$

$$=\sqrt{\frac{1}{2}+\frac{3}{2}}=\sqrt{2} \tag{13-8}$$

计算结果显示 $d_{AB}=d_{AC}$，样本 A 的身高、体重均为平均值，可认为是标准身材，样本 A 与样本 B 和样本 C 是等距离的。样本 B 的身高、体重与样本 A 的相比，数值都要大一些，与标准 A 相比，个子略大一些。样本 C 的身高比样本 A 的高，体重比样本 A 的轻，显得瘦小一些。一般认为身高、体重应是正相关的，样本 C 确是反相关的。此时，样本 A 与样本 B 和样本 C 的距离相等的结论有点奇怪。在讨论距离时，是否需要考虑身高、体重的相关关系？基于这样的情况，可选择马氏距离。

二、类别间的距离

测量类与类之间的距离，与测量样本间的距离相比，由于各个类别中有多个个体——样本，如何定义类别间的距离，以怎样的方法测量，是必须解决的问题。针对这些问题，测量类别间的距离有多种方案，人们称这些方案为算法，解决问题时使用何种算法，应通过“试行错误”来进行选择。

设类别 G_e 和 G_m 包含的样本(数据)分别是

$$x_1^{(e)}, x_2^{(e)}, \cdots$$

$$x_1^{(m)}, x_2^{(m)}, \cdots$$

类别间的距离为 D，常用的几种 $D(G_e, G_m)$的定义如下。

(1)最短距离法。

2个类别中各包含有多个样本，计算分属于这两个类别的所有的任意两个样本间的距离，将其中最短的样本距离定义为这两个类别的距离。

$$D(G_e,G_m)=\min\{d(x_i^{(e)},x_j^{(m)})\} \tag{13-9}$$

这种距离的测量和计算比较简单，但聚类敏感度较差。

(2)最长距离法。

与最短距离法相反，计算分属于这两个类别的所有的任意两个样本间的距离，将其中最长的样本距离定义为这两个类别间的距离。

$$D(G_e,G_m)=\max\{d(x_i^{(e)},x_j^{(m)})\} \tag{13-10}$$

这种方法分类的敏感度不太好。(图 13.3)

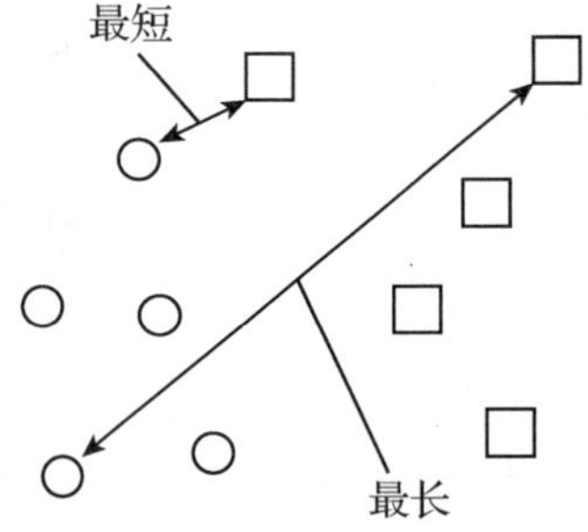

图 13.3　最短距离法和最长距离法

(3)类平均法。

将分属于两个类别的所有的样本间距离的平均值定义为两个类别间的距离，N_e，N_m 是分属于两个类别的样本数。

$$D(G_e,\ G_m)=\frac{1}{N_eN_m}\sum_{i=1}^{N_e}\sum_{j=1}^{N_m}d(x_i^{(e)},\ x_j^{(m)}) \tag{13-11}$$

类平均法的示意图如图 13.4 所示。

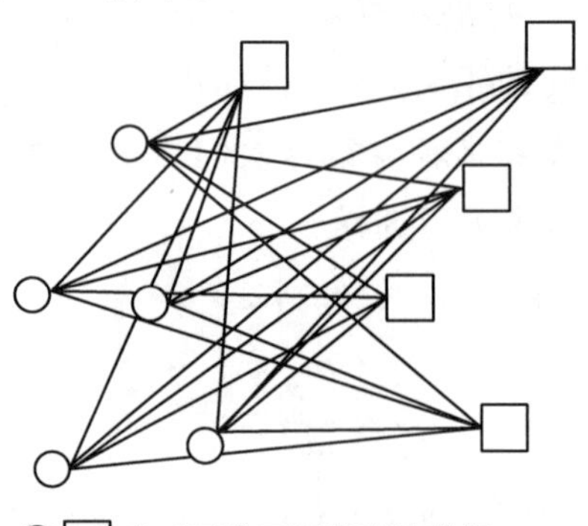

图 13.4　类平均法

(4)重心法。

根据一个类别中所有的样本数据可求出该类别的重心(平均值)。重心法是将两个类别重心间的距离定义为类别间的距离。

重心是某类别中的所有样本数据的平均值，e 类数据的平均值为 $\overline{x}^{(e)}$，有

$$\overline{x}^{(e)}=(\overline{x}_1^{(e)},\ \cdots,\ \overline{x}_p^{(e)})$$

所以
$$D(G_e,\ G_m)=d(\overline{x}^{(e)},\ \overline{x}^{(m)}) \tag{13-12}$$

用这种方法，合并后样本间的距离不一定增加，所以树状图在纵向上也可能不会增长。

(5)方差平方和法。

在类与类合并时，类别内的样本数据方差增大，以 ΔS 表示，部分 ΔS 按照从小到大的顺序合并，方差平方和法按照 ΔS 小的优先顺序进行合并，方差

$$S^{(\cdot)}=\sum_{i=1}^{N}\sum_{k=1}^{p}(x_{ki}^{(\cdot)}-\overline{x}_k^{(\cdot)})^2 \tag{13-13}$$

方差增加的部分由下式给出。

$$\Delta S_{em}=S^{(e,\ m)}-S^{(e)}-S^{(m)}=\frac{N_eN_m}{N_e+N_m}\sum_{k=1}^{p}(\overline{x}_k^{e}-\overline{x}_k^{m})^2 \tag{13-14}$$

两个类别间的距离可用这两个类别合并后的类别方差的增量来表示，按照该增量从小到大的顺序合并。为了理解方差平方和法，我们看一个简单的例子，现有单变量的类别 a 和类别 b，且类别 $a(G_a)$由数值为 1，2，3 的样本构成，类别 $b(G_b)$由数值为 7，8，9 的样本构成，合并前的平均值和方差分别为

平均值＝2　方差＝$(1-2)^2+(2\text{-}2)^2+(3-2)^2=2$

平均值＝8　方差＝$(7-8)^2+(8-8)^2+(9-8)^2=2$

方差之和为 4。

G_a，G_b 合并后的方差为

$$(1-5)^2+(2-5)^2+(3-5)^2+(7\text{-}5)^2+(7\text{-}5)^2+(9-5)^2=58$$

a，b 合并后的方差增量为 58－4＝54。根据方差平方和法的定义，类别 A，B 间的距离为 54。

与样本间的距离相比，类别间的距离需要一定的处理方法和处理过程才能得到，所以我们又称有关类别间距离的定义为“类别间距离算法”。

第四节　树状图

树状图是使聚类分析过程可视化的工具，它对理解聚类的过程具有重要的意义。

一、基于样本距离的距离矩阵

我们以第一节身高、体重的数据为聚类分析的对象，讨论有关树状图的绘制方法。

1. 选定样本间的距离

我们采用试行错误法来确定距离。首先选用最简单的欧氏距离，计算其欧氏距离 d_{AB}，如第三节所介绍的那样，由于身高与体重相比，身高的变化远不如体重的变化对 d_{AB} 的影响大，影响 d_{AB} 的基本上是体重的变化。身高的变化对 d_{AB} 的影响几乎可以忽略。这种影响程度的差异是由于身高和体重的量纲不同而产生的。为避免这种现象，拟采用标准欧式距离。

标准欧氏距离定义为

$$d_{ij}=\sqrt{\sum_{k=1}^{P}\frac{(x_{ki}-x_{kj})^{2}}{S_{k}^{2}}} \tag{13-15}$$

其中，

$$S_{k}^{2}=\frac{1}{n}\sum_{i=1}^{n}(x_{ki}-\overline{x}_{k})^{2} \quad \overline{x}_{k}=\frac{1}{n}\sum_{i=1}^{n}x_{ki}{}^{2}$$

2. 距离矩阵

根据标准欧式距离式求 d_{AB}，d_{AC}，…，d_{DC}，由此，有标准欧式距离矩阵，见表 13.4。

表 13.4　距离矩阵

样本	A	B	C	D
A	0	$\sqrt{2}$	$\sqrt{2}$	$\sqrt{2}$
B	$\sqrt{2}$	0	$\sqrt{6}$	$\sqrt{6}$
C	$\sqrt{2}$	$\sqrt{6}$	0	$\sqrt{6}$
D	$\sqrt{2}$	$\sqrt{6}$	$\sqrt{6}$	0

计算身高、体重聚类分析的类别间距离选用类平均法。

二、计算类别间的距离

在使用类平均法求类别间的距离时，要将类平均法与重心法区别开。

类平均法是对分属于两个类别的样本数据求平均值。重心法则是先求一个类别的重心，待两个类别各自的重心求得后，再以两类别的重心为测试点测量两个类别间的距离。

我们以表 13.4 的数据为例，若我们选择具有不同算法的求距离的方法，其聚类分析的结果有很大不同。

例如，若我们选用最短距离法，得到的树状图如图 13.5 所示，当我们选用最长距离法时，得到的树状图如图 13.6 所示。

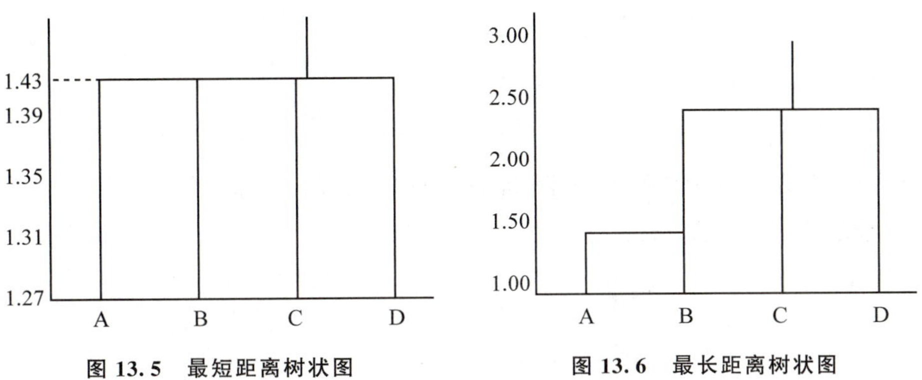

图 13.5　最短距离树状图　　**图 13.6　最长距离树状图**

由此我们可看出，选用具有不同算法的类别距离，对聚类分析会产生不同的控制作用，它影响到聚类分析的路径和结果，故此，我们也称各种不同的类别距离为聚类分析的算法。

三、类别的数量

在进行聚类分析时，一般而言，分析者事先对作为分析结果的类别数有一明确的期望。但实际情况是，在许多聚类分析中，期望的类别数在得到分析结果后才能正式确定。分析结果的优劣，应以各类别内样本的离散程度和类别间的离散程度为评价标准。

从树状图可看出，合并的距离不同，其合并得到的类别数亦不同。

四、不同类别距离的树状图

为了便于记录聚类过程和绘制树状图，我们设计了以下的状态表(表 13.5)，它是聚类过程与树状图的连接纽带，它可以在类别合并过程中填，也可以在绘制树状图前填，或一边绘制树状图一边填，它便利于我们绘制树状图。

1. 类平均法

观察表 13.4，样本 A 与样本 B 的距离最小，仅为 1.41，二者合并，合并距离为 1.41。生成新的类别①，写入状态表 13.5 中。

样本 A 与样本 B、样本 C、样本 D 均为等距离的。先将样本 C 与类别①合并，合并时的距离以类平均法计算，$(AC+BC)/2=(\sqrt{2}+\sqrt{6})\approx 1.93$，合并后形成新的类别②，填入状态表中。类别②与样本 D 合并，合并距离为$(AD+BD+CD)/3=(\sqrt{2}+\sqrt{6}+\sqrt{6})/3\approx$ 2.11，这样又形成了新的类别③，合并的距离为 2.11，填入状态表中。

表 13.5　状态表

合并距离	合并后状态
1.41	*AB*→①
1.93	*ABC*→②
2.11	*ABC*→③

基于以上的操作过程和状态表可作出树状图(图 13.7)，这里给出了图 13.1 的绘制过程。其绘制的结果与图 13.1 是一致的。

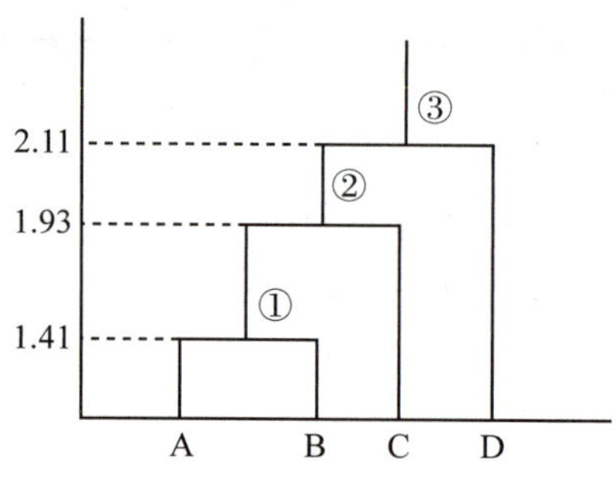

图 13.7　类平均树状图

实际操作时，填写状态表与制作树状图也可同步进行。

2. 最短距离法

同样的问题，我们选用最短距离法，其过程如下。

首先将样本 A，B 合并，合并距离为 1.41，即 A 和 B 样本间的距离。开始合并时，将每一个样本看作一个类别。合并后构成新的类别①，填写状态表。

类别①与类别 C 合并，合并距离选用最短距离，且为 AC，BC 中最短的距离。有 $AC=\sqrt{2}$，$BC=\sqrt{6}$，取最小的 $\sqrt{2}$，合并距离为 1.41，形成类别②，填写状态表，最后剩下 D。

类别②与 D 合并，合并距离为 AD，BD，CD 中最短的，为 AD，合并距离为 1.41，填写状态表。

将以上操作填入状态表 13.6 中，并制作树状图(图 13.8)。

表 13.6　状态表

合并距离	合并后状态
1.41	*AB*→①
1.41	*ABC*→②
1.41	*ABCD*

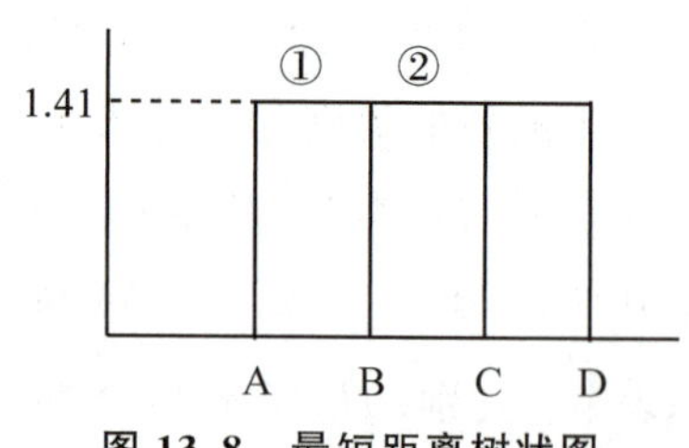

图 13.8　最短距离树状图

从合并的过程中可以看出，状态表将合并的操作与树状图的绘制连接起来了。

3. 最长距离法

仍以身高、体重的数据为对象，基于最长距离法进行聚类分析。

与上面的操作相同，开始由于 A，B 间距离最小，二者合并成一新的类别①，合并距离为 1.41. 在已有的类别加新来的类别中选择类别 C，且 C 与 AB 合并构成新的类别②，合成的距离为最长距离，即在 AC，BC 中选取最长距离，$BC=\sqrt{6}\approx 2.45$，它就是合并距离。

聚类分析剩下最后一个 D，全部合并为一类③，合并距离为 DA，DB，DC 中的最长距离，此距离为 $\sqrt{6}$，聚类结束。

将以上的操作填入状态表中，根据状态表，绘制树状图(图 13.9)。

表 13.7　状态表

合并距离	合并后状态
1.41	AB→①
2.45	ABC→②
2.45	$ABCD$→③

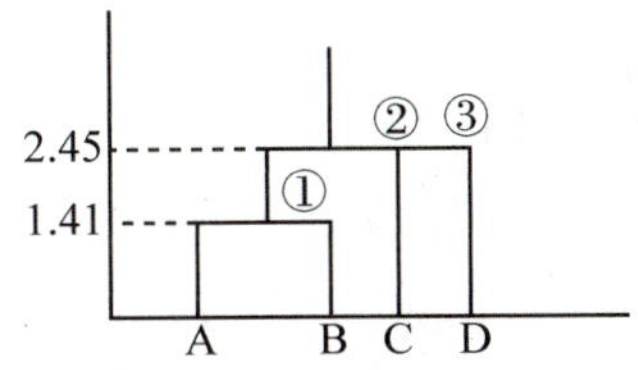

图 13.9　最长距离树状图

比较图 13.7、图 13.8、图 13.9，我们清楚地看到，选择不同的类别间的距离，聚类分析的路径、距离的计算、聚类的结果完全不同。它表明类别间的距离对聚类分析是十分重要的。它对聚类分析的过程、结果有着很强的控制作用，在很多时候我们称其为聚类分析的算法。

第五节　聚类分析的流程

这里给出的是一种聚类分析最基本的标准流程。实际的工作流程应根据聚类分析的具体目标在本流程的基础上做一定的修改，以满足其需要。

本流程是层次型聚类分析的工作流程。流程基于距离进行聚类。

聚类分析的流程图如图 13.10 所示。

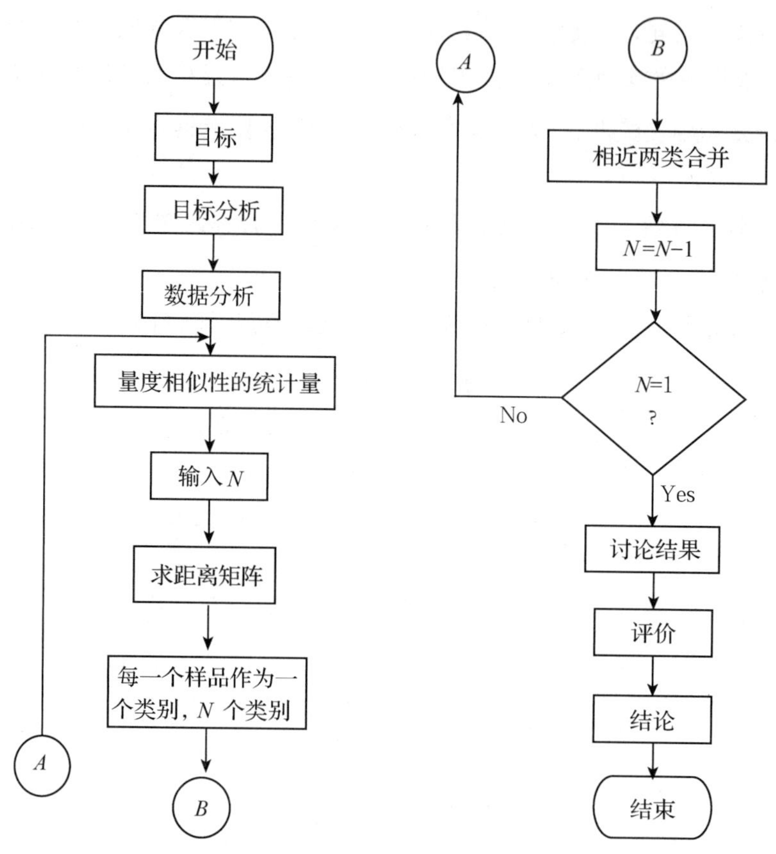

图 13.10　流程图

1. 目标

聚类分析的目标有很多种。它可以用于：

(1)管理。用于各种管理，如学生管理、教师管理、资源管理等，用分类管理提高管理的效率。

(2)对系统及其特性进行分析。通过分类认识系统的某些特性或系统的构成。

(3)建立数据挖掘系统。例如，将聚类分析与判别分析相结合，可构成预测系统，预测学生的学习结果等诸多内容。

2. 目标系统

所谓目标系统是指待分析的问题和系统。

例如，通过学生的学习成绩系统等，分析学生的学习成绩可分为几种类别，每一类别有什么特点等。

3. 数据分析

目标系统中的有些数据可作为指标数据，充当聚类分析中的一个样本，又叫作样本数据。多个样本数据构成类(或称类别)。在进行数据分析时，应对数据进行整理和预处理。根据目标系统、目标数据的特性，选定对相似度进行测度的统计量，如相关系数、距离等。这里我们以距离来量度样本间或类别间的相似性。

4. 求距离矩阵

设定目标系统的样本数为 N。

聚类分析是基于距离展开的，求各样本间的距离是聚类分析的关键一步。通过计算各样本间的距离可得到各样本间的距离矩阵。

5. 合并

合并是指将两个特性相近，具有较高相似性的样本或类别归为一类。聚类分析开始时，将每一个样本作为一个类别，目标系统总的类别数为 N，当两个类别合并为一个类别后，总的类别数为 $N-1$。如此反复地将最近的两个类别合并，直至 $N=1$，即将所有的样本合并为一个类别，聚类结束。

本流程运行时，可控制中止合并的时刻，层次型聚类分析可以控制选定聚类的类别数。

6. 树状图

树状图是一种使聚类分析过程可视化的图形工具，它将聚类分析的过程以图形的方式予以呈现，有利于人们对聚类过程进行分析和理解。

7. 讨论与评价

讨论是对分析过程与分析结果进行讨论，讨论应根据目标的要求展开。

对于如何评价聚类的结果，许多研究提出了一些模型、算法。

一个好的聚类，所得到的类别划分，应该是同一类别中的样本方差较小，不同类别的样本方差较大。这样的要求保证了同一类样本相似度很高，不同类的样本相似度很低。

8. 总结

总结应基于目标进行，总结是对达到目标程度的确认。

总结应包括：

(1)聚类分析的工作总结；

(2)课题技术总结，主要侧重专业方面的总结，涉及课题分层技术、理论方法、策略等各方面的总结。

第六节　不同相似性量度的聚类分析(案例)

聚类是将相似的个体聚集在一起。为了聚类需要量度个体间的相似性，量度相似性程度是聚类分析的一项关键性工作。

一、量度相似性的方法

量度相似性要求给出表示相似性程度的某种统计量及其量值，并以该统计量的数值表示相似性的程度。

描述相似性程度的统计量主要有两类。一类是距离，另一类是类似度。

每一样本在样本空间对应一个点，两个样本在样本空间的距离表示了它们彼此的相似性。显然，距离大的两个样本彼此的相似性小，距离小的两个样本彼此的相似性大一些。两个样本在同一位置，相似性最大。

距离是聚类分析使用最广泛的量度相似性的统计量。样本间的相似性、类别间的相似性均可用距离量度。

类似度是另一类表示相似性的统计量。它有多种表示方法，如利用相关系数的方法、利用相同度的方法等。相关系数本身就具有表示两个样本间相似程度的特性。用它表示样本间的相似性是十分有效的。

相同度可根据聚类对象的特性来定义，它是用于表示样本间相似程度的统计量。

本节将以实例说明以上三种统计量用于量度样本相似性进行聚类分析的方法和过程。

二、聚类分析的要点

聚类分析在使用时，以下的诸点是十分重要的。

1. 样本间采用怎样的距离

样本间的相似性是以量度相似性的各种统计特征量来表示的。它是样本分类的根据，也是聚类分析的根本。距离是一种使用非常广泛的用于表示相似性的统计特征量。

样本间距离有很多种，对于一定的样本，应选择合适的距离，否则将使距离的量度产生错误。在前面身高、体重实例中已说明了这一点。

2. 类别间距离的选择

样本间的合并是依靠样本间的距离进行判定和实施的。

在进行类别间的合并时，由于每一个类别包含多个样本，它不可能像单个样本那样以单个样本的距离来量度。为了进行类别间合并，应首先确定以怎样的算法进行类别合并，随后根据该算法进行类别合并，计算合并距离。

求类别间的距离，不仅要考虑距离的量度值，还要考虑用以量度的代表点，但在量度样本间的距离时不需考虑这个问题。

在选定距离时，多采用试行错误法。

3. 分析人员应先对类别数有一个初步设想

寻求最佳类别数是分析的目标，对类别数的预期会影响分析的结果。应该选用的类别数由对结果的解释决定。

样本中变量的不同，会影响分类的结果。

三、基于距离的聚类分析

基于距离的聚类分析是指以距离为量度样本间相似性的统计量而进行的聚类分析。

1. 课题及数据

现有 6 名学生，其英语、数学两门课程的测试成绩如表 13.8 所示。试对该成绩进行聚类分析。

表 13.8　学生成绩

学生	英语	数学
S1	67	64
S2	43	76
S3	45	72
S4	28	92
S5	77	64
S6	59	40

2. 距离和距离矩阵

英语、数学具有相同的量纲，选用欧式距离。

类别间的距离拟采用类平均法。

基于表 13.8 中 6 名学生两门课程的成绩求欧式距离，并列表，得到欧式距离矩阵。(表 13.9)

表 13.9 距离矩阵(欧式距离)

学生	S1	S2	S3	S4	S5	S6
S1	0					
S2	26.83	0				
S3	23.41	4.47	0			
S4	48.01	21.93	26.25	0		
S5	10.00	36.06	32.98	56.44	0	
S6	25.30	39.40	34.93	60.54	30.00	0

3. 聚类

我们从以下几个方面来说明聚类分析的过程。

(1)聚类流程如下。(图 13-11)

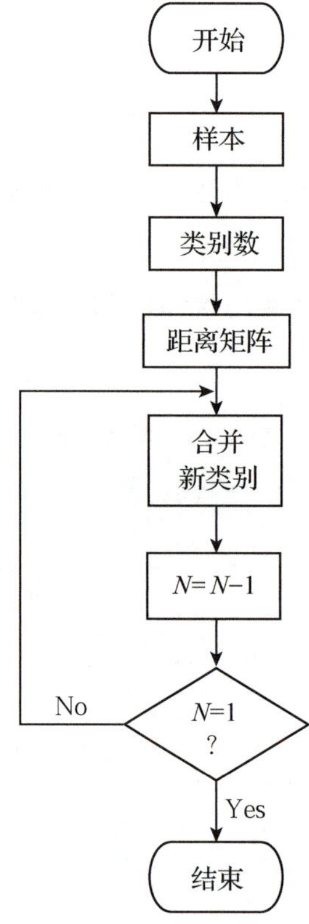

图 13.11 聚类流程

(2)聚类操作。

步骤一：将每一个样本视为一类。

·分析距离矩阵，S2，S3 距离最小，S2，S3 合并，并构成类别①，合并距离为

S2，S3 的距离 4.47。填状态表。

·S1，S5 距离最小，合并成类别②，合并距离为 S1，S5 的距离 10.00。填状态表。

·①与 S4 的距离最小，合并构成新类别③，合并距离为

$$\frac{(\text{S2 与 S4 的距离}+\text{S3 与 S4 的距离})}{2}=\frac{(21.93+26.25)}{2}=\frac{48.18}{2}=24.09。$$

填状态表。

步骤二：类别合并。

·②与 S6 距离最小，②与 S6 合并构成新类别④。合并距离为

$$\frac{(\text{S1 与 S6 的距离}+\text{S5 与 S6 的距离})}{2}=\frac{(25.30+30)}{2}=27.65。$$

填状态表。

·类别③和类别④合并构成新类别⑤，计算合成距离。

[(S2，S1)+(S2，S5)+(S2，S6)+(S3，S1)+(S3，S5)+(S3，S6)+(S4，S1)+(S4，S5)+(S4，S6)]/9=

(26.83+36.06+39.40+23.41+32.98+34.93+48.01+56.44+60.54)/9=

358.6/9≈39.84。

填状态表。

类别数 $N=1$，全部聚类到一个类别，聚类结束。

表 13.10　聚类状态表

合并距离	状态
4.47	S2，S3 ⟶①
10.00	S1，S5 ⟶②
24.09	(S2，S3)，S4 ⟶③
27.65	②与 S6 ⟶④
39.84	④与③合并⟶⑤

(3)树状图。

基于以上合并过程和聚类状态表，可以得到以下树状图。(图 13.12)

由树状图可以清楚地看出聚类分析的过程。不仅如此，基于树状图可对类别数进行调控。这种调控是通过对合并距离的选定而实现的。由图 13.12 可知，当合并距离控制在 20，类别数为 4 时，它们是(S2，S3)；S4；(S1，S5)；S6。若控制在 25，类别数为 2，则它们是(S2，S3，S4)；(S1，S5，S6)。若控制在 45，则全部属于一个类别。

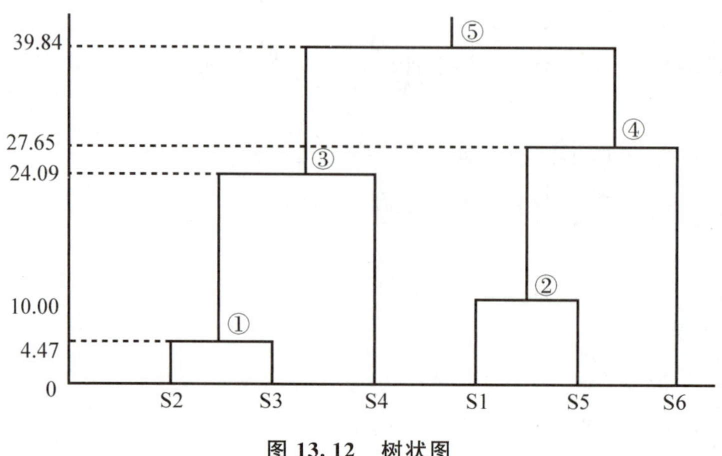

图 13.12 树状图

四、基于相同率的聚类分析

前面我们讨论的是基于距离的聚类分析，现在我们讨论基于相同率的聚类分析。

1. 课题与数据

在超市，为便于顾客购物，人们会将商品分类摆放。这种分类可根据商品的性质分类，也可以根据顾客的使用情况分类，还可以根据商品的价格分类。

设有 6 种商品(样本)：万能胶、挠痒耙、针线包、烟灰缸、温度计、手帕。我们可根据这 6 种商品的特性、价格的近似程度进行分类。

为了获取数据，应确定分类的尺度。

在进行聚类分析时，首先应确定分类的尺度，它是用于描述样本特性的项目，它构成了样本的聚类空间。6 种商品可按以下尺度来聚类：

是否是生活必需品；

是否是消耗品；

是否是馈赠品；

是否是身边常用物品；

是否是低价品；

是否是易燃品；

是否是易损品。

根据所列的尺度，可对六种商品进行评价，与尺度一致的(具有该尺度特性的)打“○”，不一致的打“×”，对不能判断的打“?”。按照这样的要求进行操作，操作后的结果如表 13.11 所示。

表 13.11　基于分类尺度的操作结果

物品	必需品	消耗品	馈赠品	常用物品	低价品	易燃品	易损品
万能胶	×	○	×	×	○	○	○
挠痒耙	×	×	×	×	○	?	×
针线包	○	○	×	○	○	×	×
烟灰缸	○	×	○	○	×	×	?
温度计	×	×	○	×	×	?	○
手帕	○	?	○	○	×	○	×

表 13.11 中，挠痒耙不仅可以是竹制品，也可能是轻金属制品，故在易燃品栏填“?”。手帕可能是消耗品，也可能是高价商品，故在消耗品栏计入“?”。另外，烟灰缸、温度计、手帕在低价品栏处计入“×”是因为这些商品兼具高价装饰品的性格。

2. 量度相似性的统计量——相同率

我们以样本间的相同率来量度样本间的相似性，并基于相同率进行聚类分析。

基于表 13.11，我们计算每两个商品间相同点的百分率。

例如，商品万能胶与挠痒耙的组合，除易燃品栏目记有“?”不予评价外，剩余六个栏目中，有四个栏目相同，其相同率为 4/6，约为 67%。同样的方法可计算出其他组合的相同率，计算结果见表 13.12。

表 13.12　相同率矩阵　　单位：%

物品	手帕	温度计	烟灰缸	针线包	挠痒耙
万能胶	17	50	0	43	67
挠痒耙	20	50	20	50	
针线包	50	0	50		
烟灰缸	80	60			
温度计	40				

3. 聚类

我们来分析表 13.12，烟灰缸和手帕的相同率为 80%，它们具有很高的相同率，烟灰缸与手帕可聚为一类。它们间具有很高的相似性。随后我们看万能胶与挠痒耙，二者的相同率约为 67%，它们也可被认为是相近的一类，具有 67% 的相似性(图 13.14)。

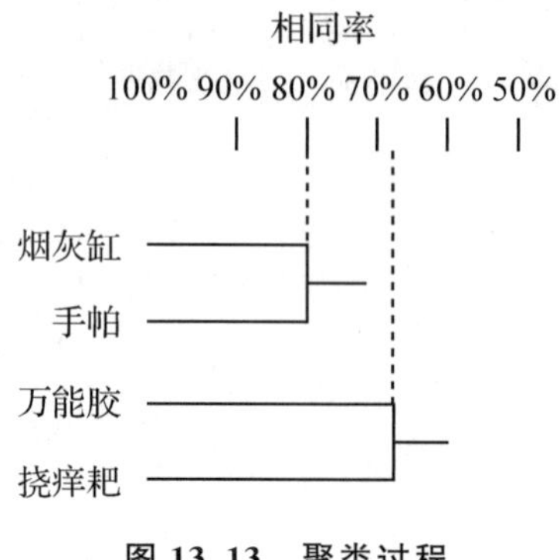

图 13.13 聚类过程

另外，我们分析一下相同率较小的组合。烟灰缸与温度计的相同率为 60%。烟灰缸已经与手帕组合，我们应考察温度计与烟灰缸和手帕的组合的相同率，有

烟灰缸与手帕 80%
烟灰缸与温度计 60%　三者的平均值为 60%
手帕与温度计 40%

最后，我们来考察针线包与烟灰缸和手帕的组合的相同率，有

烟灰缸与手帕 80%
烟灰缸与针线包 50%　三者的平均值为 60%
手帕与针线包 50%

它表明，温度计与烟灰缸和手帕的组合的相同率同针线包与烟灰缸和手帕的组合的相同率是一样的，即温度计、针线包对烟灰缸和手帕的组合进行聚类的优先权是相同的。

我们分析其他的商品组合的相同率，有

万能胶与挠痒耙 67%
万能胶与温度计 50%　三者的平均值约为 56%
挠痒耙与温度计 50%

万能胶与挠痒耙 67%
万能胶与针线包 43%　三者的平均值约为 53%
挠痒耙与针线包 50%

上述的两个组合的平均相同率低于 60%，所以温度计与针线包应与烟灰缸、手帕聚为一类，万能胶与挠痒耙为另一类。聚类分析的结果如图 13.14 所示，我们称该图为聚类分析的树状图。

4. 树状图

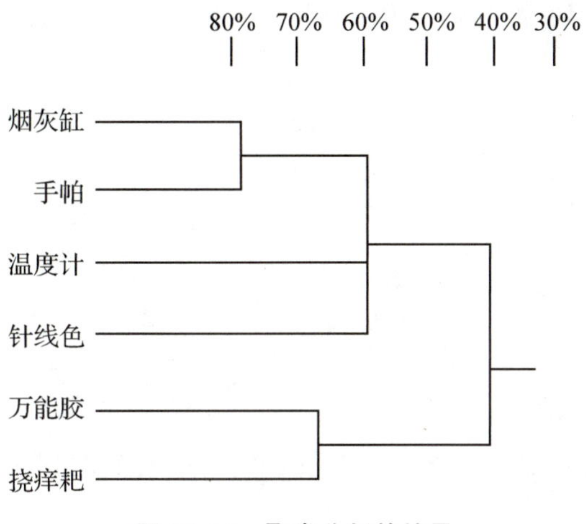

图 13.14　聚类分析的结果

从图 13.14 可知，基于聚类分析的尺度，6 种产品可分为两类，一类是万能胶与挠痒耙，另一类是其他的 4 种产品，其中烟灰缸与手帕的相同率最高。

五、基于相关系数的聚类分析

相关性表示了样本间的相似性，现在以相关系数来表示样本间的相似性，并据此进行聚类分析。

1. 课题与数据

某教育局对 6 所中学进行教学评估，评估根据 7 项指标进行，分别为指标 A、指标 B、指标 C、指标 D、指标 E、指标 F、指标 G，每项指标的评分范围为 0～10 分。评估专家对这 6 所学校进行检查，并按 7 项指标分别给予评分。6 所学校分别为：一中、二中、三中、四中、五中、六中。其评估得分见表 13.13。

表 13.13 中的每一行是一个学校 7 项指标的得分，每一列是某项指标 6 所学校的得分。我们基于表 13.13 的数据进行聚类分析。

表 13.13　评估得分表

学校	A	B	C	D	E	F	G
一中	10	10	10	10	10	4	0
二中	2	0	6	4	0	10	1
三中	0	0	4	2	3	2	0
四中	1	0	6	0	3	9	1
五中	2	0	4	1	7	3	3
六中	1	3	0	5	5	0	10

2. 计算相关系数

求每两所学校间的相关系数。以一中与二中间的相关系数计算为例，这两所学校的有关数据如下。

10	10	10	10	10	4	0
2	0	6	4	0	10	1

依此，根据

$$r=\frac{\sum_{i=1}^{7}(y_i-\overline{y})(x_i-\overline{x})}{\sqrt{\sum_{i=1}^{7}(y_i-\overline{y})^2\cdot\sum_{i=1}^{7}(x_i-\overline{x})^2}} \tag{13-16}$$

求得相关系数为－0.21。如此计算 6 所学校每两所学校间的相关系数，共 15 个，得到表 13.14。

表 13.14　各校间的相关系数

学校	六中	五中	四中	三中	二中
一中	－0.36	－0.04	－0.22	0.33	－0.21
二中	－0.85	－0.19	0.84	0.45	
三中	－0.15	0.61	0.59		
四中	0.01	0.43			
五中	0.09				

3. 聚类

至此，聚类前的准备工作已完成。基于相同率聚类相同的方法，可进行聚类分析。

根据表 13.14，具有最大相关系数的两所学校是四中与二中，其相关系数为 0.84。如图 13.15 中①这样将它们聚为一类。另外，三中与五中的相关系数为 0.61，正相关性较强，如②所示，可聚为一类。计算类①与类②间的相关系数的平均值，计算过程如下。

四中与二中	0.84	二中与五中	－0.19	平均值约为 0.46
四中与五中	0.43	二中与三中	0.45	
四中与三中	0.59	五中与三中	0.61	

相关系数的平均值为正，可将类①、类②聚为类③，类③在图中的位置由相关系数的平均值 0.46 决定。

随后，求六中与其他五所学校的相关系数的平均值，结果为－0.25，一中与另外四所学校相关系数的平均值为－0.10，它们分别给定了一中、六中在图中的位置。根据上述求得的相关系数及其有关的平均值，可作出聚类分析的树状图(图 13.15)。

4．树状图

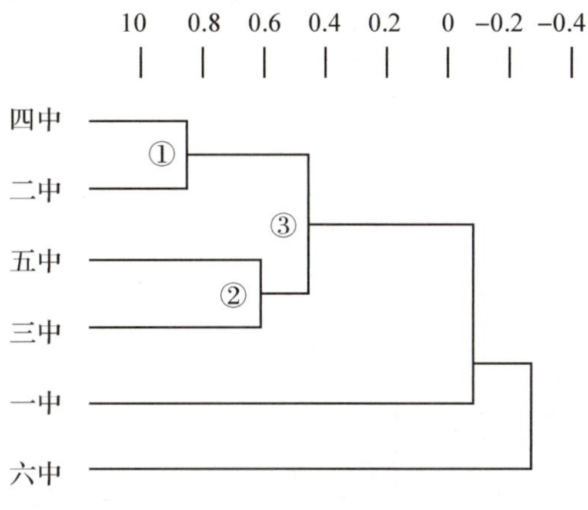

图 13.15　树状图

思考与练习

1．样本间的距离与类别间的距离有什么不同，可否交替使用？

2．类平均法与重心法二者均需要求样本间的平均值，试说明它们有什么不同。

3．怎样作树状图？作树状图的过程中，状态表具有怎样的作用？请用重心法和类平均法并利用状态表绘制树状图。

4．有人说类别间的距离就是进行聚类分析的算法，应如何来理解这种说法？

5．聚类是将相似的两个样本聚为一类，样本间的相似度可利用哪些统计量作为量度相似性的统计量？

6．比较聚类分析与判别分析有什么不同。

7．聚类分析与传统的分类有什么不一样？

8．在进行聚类分析时，为什么要注意样本的量纲？

9．请说明聚类分析中是如何控制类别数的。（结合树状图说明）

第十四章

判别分析

学习要点

聚类分析是根据样本的特性和相似度，对样本进行分类的方法，这就是我们所说的分类。判别分析是在已有类别划分的基础上，对于新来的数据，判定它应属于已有类别中的哪一类，这种分类平常我们称为归类，归类是判定某一个样本应归于已有类别中的哪一类。

判定样品应属于哪一类可以有多种方法。以判别函数进行判别是使用最多的一种，如何求得判别函数，如何使用判别函数是本章的学习重点。

利用判别分析，可以判别出样本应属的类别，还可用于预测。

本章概述中以对 10 名学生的数学、英语成绩进行判别分析为例，说明了判别分析的原理，由此，读者可以对判别分析有一个初步认识。

本章给出了判别函数具有的形式和分类，对适用于 p 种变量、两个类别的判别函数进行了深入讨论。

相关比在判别中具有重要的意义，本章对相关比的引入、意义、评价、应用进行了全面介绍。

最后，根据判别函数的说明变量，将判别分析分为三类，并分别给出了相应的实例进行具体的讨论。

本章的重点是相关比及其在判别分析中的应用。通过有关内容的学习，学生应能利用相关比求出判别函数，利用相关比评价判别分析的效果。

内容结构

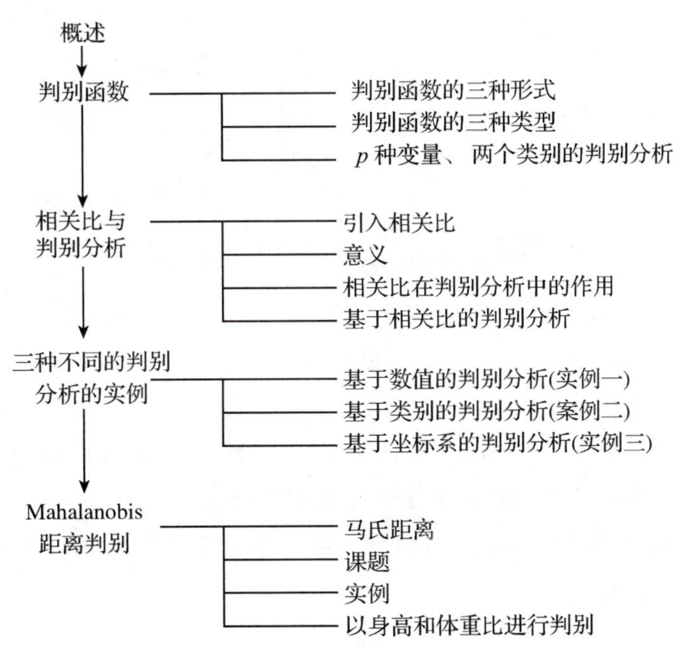

第一节　概述

图书馆来了一批新书，将每一本新书按照图书馆的分类标准归类存放，这就是判别分析。

判别分析是一种科学的分类方法，它有自己的理论和技术。

我们通过一个实例来认识判别分析。

现有10名学生，其英语、数学考试成绩如图14.1(a)所示，它是考试成绩的散布图。从图14.1(a)中看不出考试成绩明显的分类。对图14.1(a)的坐标按$f(x_1, x_2)=ax_1+bx_2$进行变换，得到图14.1(b)。从图14.1(b)中可以明显地看出学生成绩可以分为两类，即经过$f(x_1, x_2)=ax_1+bx_2$变换后，学生1，5，6归入A类，学生2，3，4，7，8，10归入B类。

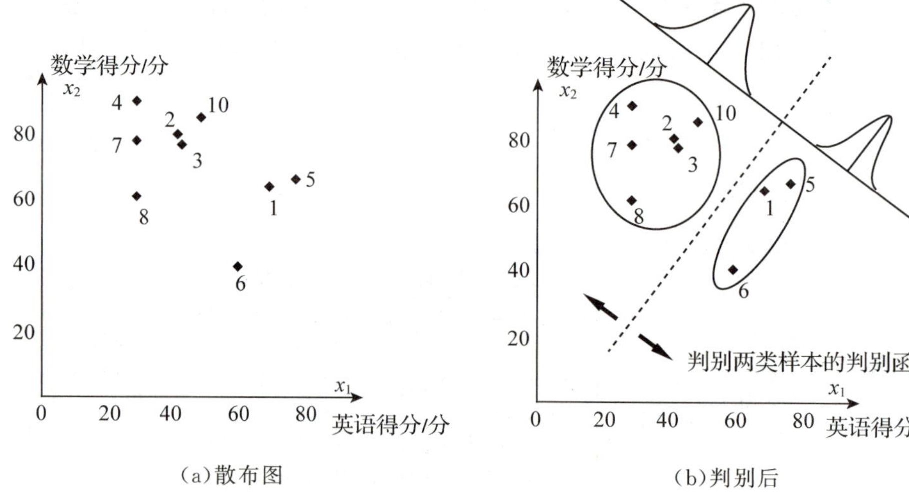

(a)散布图　　(b)判别后

图14.1

这个例子告诉我们，这次分类不是按照某一科的成绩划分的，而是按照两科成绩的线性组合$f(x_1, x_2)=ax_1+bx_2$进行分类的。我们称这种线性组合为判别函数。判别函数是分类的基准，判别函数是基于历史数据求得的。

由以上的实例我们认识到，在判别分析中，最重要的是找到分类判别的基准和方法，这是本章学习的要点。

判别的基准和方法主要有：

· 以判别函数进行判别、分类；

· 根据数据与类别间的距离，按判别规则进行分类；

· 求判别函数的理论依据——相关比的意义和计算。

通过该实例，我们可以这样来认识判别分析，即判别分析是用于判定数据应属于怎样的类别的统计处理方法。

所谓判别分析，是在已有数据分类的基础上，对新来的数据判定它应归到哪一类别的基准和方法。

第二节　判别函数

在判别分析中，判别函数是十分重要的。它给出了判别的基准，在判别分析中，得到了广泛的应用。

一、判别函数的三种形式

判别函数有三种不同的形式，对不同的变量进行判别分析时可以选用不同的形式。

1. 点式的判别函数

适用于单变量、两个类别的判别分析。

以马拉松比赛为例。这种赛事要求参赛选手通过预选赛后才能进入正式比赛，预选赛设置了一定的时限，这是用于判别的一个度量，选手只有在这个时限以内跑完全程才能取得参赛资格。判别函数就是这个时限，它以某个时限点为判别标准，判定选手能否参加马拉松的正式比赛，此时的判别函数为某一数值。

2. 直线式的判别函数

以用身高、体重两个变量判别学生的性别为例，这是一个针对两个变量、两个类别的判别分析。这种判别是在二维空间，将二维数据分为两类的判别分析，判别函数是一条直线。

3. 平面式的判别函数

这是一个针对三个变量、两个类别的判别分析，判别函数是平面。

二、判别函数的三种类型

设总体中包含 G_1，G_2，…，G_m，m 个类别。

现有一个新的包含 p 个变量的数据 $\boldsymbol{x}=(x_1, x_2,?, x_p)^T$，试判别这个新的数据应属于哪个类别。判别函数 $f(x)$为这种判别提供了三种方法，它也是判别函数的三种类型。

方法 1：利用线性组合的判别函数予以判别。

线性组合的判别函数式为

$$f(x)=a_0+\sum_{k=1}^{p}a_k x_k=a_0+a_1x_1+a_2x_2+\cdots+a_px_p$$
$$=a_0+\boldsymbol{ax}。\tag{14-1}$$

当我们以某种方法求得 $\boldsymbol{a}=(a_1, a_2, \cdots, a_p)$后，就求得了 $f(\boldsymbol{x})$。$f(\boldsymbol{x})$给出了类别的境界。

方法 2：通过计算新的数据与各个类别的距离予以判别。

以数据与各个类别的距离来定义判别函数 $d(x_i, G_i)$，将新的数据判别到与其距离最短的类别中。

方法 3：利用分类数据产生的损失最小予以判别。

在判别数据时，"误判"对数据会产生一定损失，以损失最小为判别标准，进行判别。

这种方法将总体的数据分布和计算损失的基准分别存放在不同的位置。

下面，我们对求线性判别函数的方法做一个简单介绍。

三、*p* 种变量、两个类别的判别分析

类别 G_1，G_2 各具有 N_1，N_2 个数据，每个数据有 p 种变量，即

$$\boldsymbol{X}=(x_1, x_2, \cdots x_p)^T$$

例如，我们可以令 $\boldsymbol{x}$ 表示课程，x_1 是数学，x_2 是英语……

属于 G_1 的数据为 $x_{1i}^{(1)}$，$x_{2i}^{(1)}$，……，$x_{pi}^{(1)}$　$(i=1, 2, \cdots, N_1)$

属于 G_2 的数据为 $x_{1i}^{(2)}$，$x_{2i}^{(2)}$，……，$x_{pi}^{(2)}$　$(i=1, 2, \cdots, N_2)$

我们以 i 表示人数，$x_{1i}{}^{(1)}$表示属于 G_1 的第 i 名学生第 1 门课。

1. 求判别函数

线性判别函数设定为式(14-1)的形式。求判别函数，即求判别函数的加权系数。求系数 $\boldsymbol{a}$ 的过程如下。

(1)求 G_1，G_2(以 G_i 表示)类别的平均值 $\overline{x}_k^{(i)}$ 与协方差 $S_{kk'}^{(e)}$。

$$\overline{x}_k{}^{(1)}=\frac{1}{N_1}\sum_{i=1}^{N_1}x_{ki}^{(1)}\quad \overline{x}_k^{(2)}=\frac{1}{N_2}\sum_{i=1}^{N_2}x_{ki}^{(2)}\tag{14-2}$$

$$S_{kk'}^{(e)}=\sum_{i=1}^{N_e}(x_{ki}^{(e)}-\overline{x}_k^{(e)})(x_{k'i}^{(e)}-\overline{x}_{k'}^{(e)}) \tag{14-3}$$

(2)对分属两类别的乘积和取加权平均，如式(14-4)所示。

$$\bar{S}_{kk'}=\frac{1}{N_1+N_2-2}(S_{kk'}^{(1)}+S_{kk'}^{(2)}) \tag{14-4}$$

(3)构建以 $\bar{S}_{kk'}$ 为第 k 行第 k' 列元素的协方差矩阵 S，该矩阵是一个 $p\times p$ 的对称矩阵。

(4)设定各变量类别的平均值差的向量(平均差向量)$\boldsymbol{X}$，

$$\boldsymbol{X}=(\overline{x}_1^{(1)}-\overline{x}_1^{(2)},\overline{x}_2^{(1)}-\overline{x}_2^{(1)},\cdots,\overline{x}_p^{(1)}-\overline{x}_p^{(2)})^T \tag{14-5}$$

在此平均差向量定义式中，$\overline{x}_i^{(1)}-\overline{x}_i^{(2)}$ 表示在类别(1)(2)中变量类别 x_i 的平均值之差向量的分量，像这样的变量类别共有 p 个，因此，有 p 个($\overline{x}_i^{(1)}-\overline{x}_i^{(2)}$)，$i=1$，2，…，$p$，由此构成了平均差向量。

$\boldsymbol{X}$ 和 $\boldsymbol{a}$ 之间有下式成立：

$$\boldsymbol{Sa}=\boldsymbol{X} \quad 或 \quad \boldsymbol{a}=\boldsymbol{S}^{-1}\boldsymbol{X} \tag{14-6}$$

式中，$\boldsymbol{X}$ 为平均差向量；

$\boldsymbol{S}$ 为方差矩阵；

$\boldsymbol{a}$ 为判别函数的加权系数。

求解此式，可得到判别函数的加权系数。

(5)常数项 a_0 由下式

$$a_0=-\frac{1}{2}\{a_1(\overline{x}_1^{(1)}-\overline{x}_1^{(2)})+\cdots+a_p(\overline{x}_p^{(1)}-\overline{x}_p^{(2)})\}$$

求得。至此，判别函数的加权系数完全确定。

2. 判别规则

使用判别函数的判别规则是

$$\begin{cases}若\ f(\boldsymbol{x})>0，则\ \boldsymbol{x}\ 属于G_1\ 类\\ 若\ f(\boldsymbol{x})<0，则\ \boldsymbol{x}\ 属于G_2\ 类\end{cases} \tag{14-7}$$

给定新的数据 $\boldsymbol{x}$，根据判别函数式(14-1)计算 $\boldsymbol{x}$ 的判别函数值。以该判别函数值，按判别规则式(14-7)判别新的数据 $\boldsymbol{x}$ 应属于的类别。

第三节 相关比与判别分析

在判别分析中，相关比是一个十分重要的概念和指标。相关比的重要性不仅在于它是判别分析成功与否的重要指标，还在于它是求作判别函数的重要理论依据。

一、引入相关比

下面我们讨论两个变量、两个类别的判别分析。

现有学生入学时两门课程的测试成绩，学生的学习结果分为两类，即合格、不合格。这是包含两种变量(两门课程)、两个类型(合格、不合格)的课题。接下来对该课题进行判别分析，并以学生现在的入学测试成绩，预测今后的学习情况。

对该课题进行判别分析的过程中，包含了两种不同的方差：一种是类别之间的方差，叫作外方差，以 σ_B^2 表示；另一种是类别内部的方差，叫作内方差，以 σ_w^2 表示。它们之间有以下关系。

$$\sigma_x^2=\sigma_w^2(x)+\sigma_B^2(x)$$

$$\sigma_y^2=\sigma_w^2(y)+\sigma_B^2(y)$$

我们称 σ_x^2 是关于 x 的全方差，σ_y^2 是关于 y 的全方差。

上述关系式表示：全方差等于类别间的方差和类别内部的方差之和。(图 14.2)

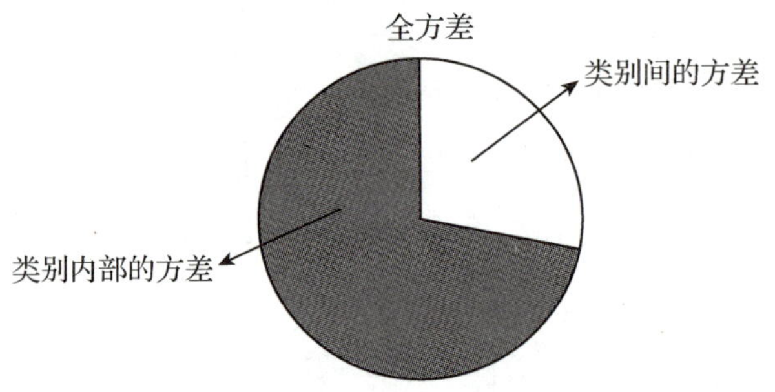

图 14.2　全方差的表示

在方差分析中，人们将类别间的方差与全部方差之比，即类别间的方差在全部方差中所占的比例，叫作方差说明率 η^2，即

$$方差说明率\eta^2=\frac{类别间的方差}{全部方差}$$

我们称方差说明率的平方根值为相关比。

$$相关比^2=\frac{类别间的方差}{全部方差} \tag{14-8}$$

相关比是方差分析中的一个概念，在进行判别分析时，相关比是用于评价判别分析优劣的指标，也是求判别函数的一个方法，即人们不仅可利用相关比评价判别分析，还可基于相关比求得判别函数。

二、意义

相关比是评估判别分析的一个重要指标，它表示了判别分析成功的程度。根据相关比的定义式，类别间的方差总是小于全方差的，所以相关比总是介于 0 和 1 之间。相关比接近 1，表示判别效果较好，反之接近 0，表示判别效果较差。

相关比接近 1，表示各类别内部的方差接近均值，方差较小，而类别间的方差较大。在这种状态下，新样本属于哪一类易于判定，判别效果好。反之，相关比接近 0，表示类别间的方差较小，类别内部的方差较大，新样本属于哪一类不易判定，判别效果较差。

三、相关比在判别分析中的作用

相关比在判别分析中的作用主要包括两方面。一方面，它是评价判别分析的主要指标；另一方面，利用相关比取极值是求判别函数中加权系数的基本原理。

在前面有关章节的讨论中，多处出现利用取极值求解问题的类似讨论，最小二乘法是其中最有名的代表。在回归分析中，通过预测值与实测值的误差平方求极值，求出回归曲线。在主成分分析中，通过方差取极值，求出主成分。这些都是相关分析中十分重要的理论和求解问题的方法。

同样基于相关比取极值求判别函数的加权函数也是求判别函数的一种基本原理和方法。

四、基于相关比的判别分析

我们从基本思想和操作过程两个方向展开。

1. 基本思想

以这种方法进行判别分析的基本思想是：

(1)利用已有的数据，按判别函数的要求变换成合成变量，求相关比，取极值，求得判别函数。

(2)利用判别函数对数据进行判别，并评价判别的效果。

2. 操作过程

基于相关比求判别函数的具体操作如下。(图 14.3)

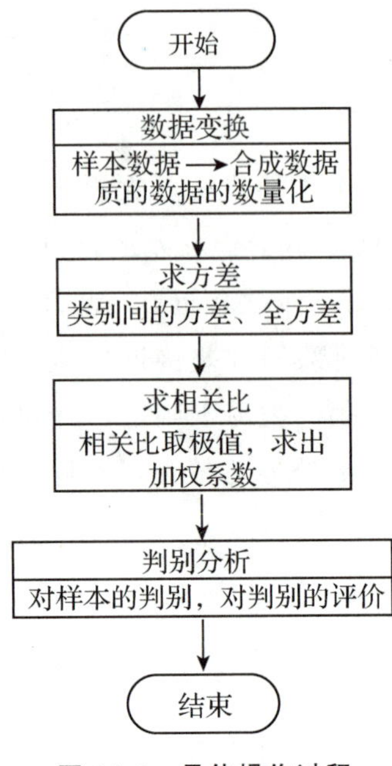

图 14.3　具体操作过程

第四节　三种不同的判别分析的实例

以判别函数进行判别分析时，目的变量是质的变量，该变量是一种表示类别的变量。说明变量可以是量的变量，也可以是质的变量。为了方便讨论，我们把待讨论的判别分析分为三类，它们是基于数值的判别分析、基于类别的判别分析和基于坐标的判别分析。（表 14.1）

表 14.1　三种不同的判别分析

判别分析	目的变量	说明变量
基于数值	质的变量	量的变量
基于类别	质的变量	质的变量
基于坐标	质的变量	质的变量

此三类判别分析的目的变量都是表示类别的质的变量。基于数值的判别分析的说明变量是测试得分，是具有一定数值的分数。基于类别的判别分析的说明变量是表示类别的质的变量。基于坐标的判别分析的说明变量是表示坐标位置的质的变量。

我们对这三种判别分析分别予以讨论。

一、基于数值的判别分析(实例一)

1. 课题与数据

表 14.2 给出了 6 名学生(学生由 S1～S6 表示)两门课程的入学成绩(含专业课考试的学科成绩和面试成绩)、两门课程的合计分数、入学一年后的现在学习的实际表现——学习能力。为了讨论的方便，学习能力仅分为两类，以合格“○”和不合格“×”表示。

表 14.2 六名学生的学习数据

学号	学科成绩 x_1	面试成绩 x_2	合计分类	学习能力
S1	9	6	15	×
S2	8	8	16	○
S3	7	7	14	○
S4	5	5	10	×
S5	4	4	8	×
S6	3	6	9	○

从表 14.2 可知，有的学生的合计分数为 15，现在的学习能力不合格为“×”；有的学生的合计分数为 9，现在的学习能力合格以“○”表示，若学习成绩不合格，则以“×”表示。这说明，我们不能将合计分数作为判别学生现在学习能力的标准，只能从x_1 和 x_2 的关系中来寻找判别学生现在学习能力的方法和标准。

2. 合成变量及平均值

学科成绩 x_1 和面试成绩 x_2 与加权系数 a、b 构成合成变量：

$$ax_1+bx_2 \tag{14-9}$$

(1)不同类别的合成得分如下。

①根据表 14.2，合格类的合成得分，即

$$\text{○类的得分为}\begin{cases}8a+8b\\7a+7b\\3a+6b\end{cases}$$

合格类的平均分为$\overline{\text{○}}=6a+7b$。 (14-10)

②不合格类的合成得分，即

$$\text{×类的得分为}\begin{cases}9a+6b\\5a+5b\\4a+4b\end{cases}$$

$$\text{不合格类的平均分为}\overline{\times}=6a+5b \tag{14-11}$$

③求全体的平均值。

求式(14-10)与式(14-11)之和，并除以 2，求得全体的平均值 m，有

$$m=6a+6b \tag{14-12}$$

m 为总体的平均值，也是$\overline{○}$与$\overline{\times}$两类的平均值。

3. 求方差

(1) 类别间的方差。

本课题学生成绩共分为两类，即合格(○)与不合格(×)，求$\overline{○}$和$\overline{\times}$的方差。

$$\begin{aligned}\overline{○}\text{和}\overline{\times}\text{的方差}&=\frac{1}{2}[(\overline{○}-m)^2+(\overline{\times}-m)^2]\\&=\frac{1}{2}[(6a+7b-6a-6b)^2+(6a+5b-6a-6b)^2]\\&=\frac{1}{2}(b^2+b^2)=b^2\end{aligned} \tag{14-13}$$

(2)计算全体数据的方差。

$$\begin{aligned}\text{全体的方差}&=\frac{1}{6}[(8a+8b-6a-6b)^2+(7a+7b-6a-6b)^2+\cdots+(4a+4b-6a-6b)^2]\\&=\frac{1}{6}[(2a+2b)^2+(a+b)^2+\cdots+(-2a-2b)^2]\\&=\frac{1}{6}(28a^2+20ab+10b^2)\end{aligned} \tag{14-14}$$

4. 求相关比

$$p^2=\frac{\text{类别间的方差}}{\text{全体的方差}}=\frac{b^2}{\frac{1}{6}(28a^2+20ab+10b^2)} \tag{14-15}$$

对式(14-15)稍做变形：

$$p^2=\frac{\text{类别间的方差}}{\text{全体的方差}}=\frac{6}{28\frac{a^2}{b^2}+20\frac{a}{b}+10} \tag{14-16}$$

5. 对相关比取极值

令式(14-16)取极大值，即令分母取极小值。令

$$\frac{a}{b}=t \tag{14-17}$$

式(14-16)的分母为

$$z=28t^2+20t+10 \tag{14-18}$$

对 t 求微分，并令其为“0”，即

$$\frac{dz}{dt}=56t+20=0 \tag{14-19}$$

有

$$t=-\frac{20}{56}=-\frac{5}{14} \tag{14-20}$$

基于式(14-17)，则有

$$\frac{a}{b}=-\frac{5}{14} \tag{14-21}$$

即学科成绩 x_1 和面试成绩 x_2 的加权权重比为

$$-5:14$$

加权后的混合值对学生的分类与学生现在的学习能力○、×的分类完全一致。

由此得到判别函数为

$$f(x_1,\ x_2)=-5x_1+14x_2 \tag{14-22}$$

6. 对判别结果的分析

我们从以下诸方面进行讨论。

(1)基于投影与相关比。

6 名学生的成绩，在以变换系数(加权系数)−5∶14 变换后的新系统中的投影如图 14.4 所示。由图 14.4 可知，利用加权后的成绩可明显地将学生区分为○类和×类。

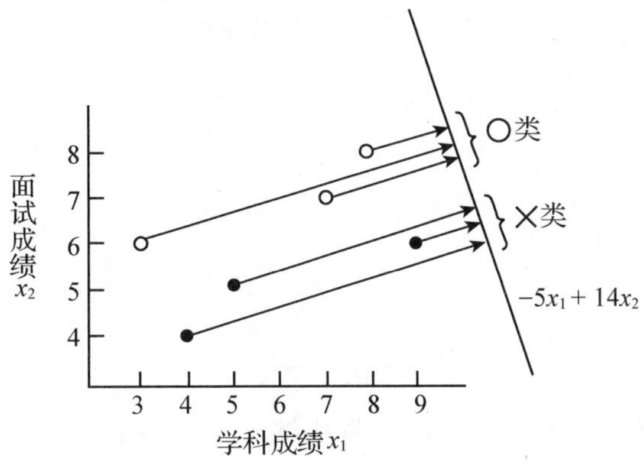

图 14.4　判别分析的结果

将 a，b 的数值代入式(14-15)或式(14-16)中，求得相关比为

$$p^2=0.93 \quad p=0.97 \tag{14-23}$$

该值趋近于 1，它表示，以上述方法求得的 $a:b$，使得 p 取极值。这是预料中的，根据 $p=0.97$，如图 14.4 所示，x_1，x_2 经求得的 a，b 加权组合后，可对学生的分组情况清楚地予以判别。

(2)基于合成得分。

x_1，x_2 分别乘加权系数，可得到合成后得分的计算式，该式即判别函数，该式为

$$f(x_1, x_2) = -5x_1 + 14x_2$$

利用判断函数得出的计算结果见表 14.3。

表 14.3　判别分析的结果

类	学号	学科 x_1	面试 x_2	$-5x_1+14x_2$
○类	S2	8	8	72
	S3	7	7	63
	S6	3	6	69
×类	S1	9	6	39
	S4	5	5	45
	S5	4	4	36

由表 14.3 可清楚地看出，加权混合后的数值，可将○类与×类清楚地进行区分。利用该加权比，对学生的入学成绩计算加权后得分，利用该得分能对学生是否属于○类或×类进行有效判别。

(3)基于判别函数。

表 14.4 给出了○类、×类学生学科成绩 x_1 和面试成绩 x_2 的平均值。我们对表 14.4 的数据进行分析。

表 14.4　分类成绩平均值

对象	○类		×类	
类别	x_1	x_2	x_1	x_2
成绩	8 7 3	8 7 6	9 5 4	6 5 4
平均值	6	7	6	5

由表 14.4 可看出，○类与×类的学科成绩 x_1 的平均值相同，都是 6。这是否表明学科成绩与○、×的分类无关，学科成绩与入学后的学习成绩无关，因而可以在入学测试中省掉。从现在的分析中我们不能得到这样的结论，作为分析的结果，我们得到了判别函数：

$$f(x_1, x_2) = -5x_1 + 14x_2$$

判别函数中不仅有面试成绩 x_2，还有学科成绩 x_1，它是二者的加权组合，它对判定学生是属于○类，还是属于×类具有重要意义。从判别函数看，入学测试中不能没有学科成绩。正如我们在做甜食时，不仅仅要加一定分量的糖，有时还应加一点盐予

以调味，在这种情况下，盐的配量是不可少的。

二、基于类别的判别分析(案例二)

1. 课题与数据

表 14.5 给出了 8 名学员(为了方便，8 名学员的学号以 A、B、C、D、E、F、G、H 表示)，其中 4 名男性，4 名女性。男性中有 2 人、女性中有 3 人获得汽车驾照，具有一定的汽车驾驶经验。此 8 名学员在同种条件下接受轻型飞机的驾驶培训，经过一段时间培训后，对他们学习轻型飞机驾驶的能力进行测试。测试结果如表 14.5 所示，4 人及格，以○表示；4 人不及格，以×表示。基于表 14.5 的有关信息，我们希望找到判别函数，并根据该判别函数能明确地判定某位学员是属于○类还是属于×类，为此，需要找出性别、驾照的加权系数。换言之，需要找出性别、驾照对轻型飞机驾驶能力的影响程度。

表 14.5　8 名学员的测试结果

学号	性别	驾照	成果
A	男	有	○
B	男	有	○
C	男	无	○
D	男	无	×
E	女	有	○
F	女	有	×
G	女	有	×
H	女	无	×

2. 求合成变量

第二节的实例中给出了具体成绩的得分。本问题中仅给出了男、女和有、无驾照的分类，这是本问题的特点。为了进行有关的运算，我们对于不同的类别予以数量化，以变量表示性别和有无驾照。

设有关类别的加权分别为

$$\text{性别}\begin{cases}\text{男为 } x_1 \\ \text{女为 } x_2\end{cases} \qquad \text{驾照}\begin{cases}\text{有为 } y_1 \\ \text{无为 } y_2\end{cases}$$

基于这种设置，根据表 14.5，8 名学员的有关数值如表 14.6 所示。

表 14.6　8 名学员的有关数值

对象		性别		驾照有无		合成变量数值
类别		男	女	有	无	
加权		x_1	x_2	y_1	y_2	
○类	A	1	0	1	0	x_1+y_1
	B	1	0	1	0	x_1+y_1
	C	1	0	0	1	x_1+y_2
	E	0	1	1	0	x_2+y_1
×类	D	1	0	0	1	x_1+y_2
	F	0	1	1	0	x_2+y_1
	G	0	1	1	0	x_2+y_1
	H	0	1	0	1	x_2+y_2

表 14.6 中，1 表示是，0 表示不是。表中的数据 0，1 为学员的数据。学员的数据乘加权即学员的合成变量。例如，学员 A 在表 14.6 中的数据为 1，0，1，0，将它们分别乘加权 x_1，x_2，y_1，y_2，即学员的合成变量 x_1+y_1。

3. 求平均值与方差

先求○类的平均值：

$$\overline{\bigcirc}=\frac{1}{4}[(x_1+y_1)+(x_1+y_1)+(x_1+y_2)+(x_2+y_1)]$$

$$=\frac{1}{4}(3x_1+x_2+3y_1+y_2) \tag{14-24}$$

同样，求得×类平均值：

$$\overline{\times}=\frac{1}{4}(x_1+3x_2+2y_1+2y_2) \tag{14-25}$$

全体的平均值为 m，且有

$$m=\frac{1}{8}(4x_1+4x_2+5y_1+3y_2) \tag{14-26}$$

由此求得类别间的方差：

$$\overline{\bigcirc}\text{与}\overline{\times}\text{的方差}=\frac{1}{2}[(\overline{\bigcirc}-m)^2+(\overline{\times}-m)^2]$$

$$=\frac{1}{64}[4(x_1-x_2)^2+4(x_1-x_2)(y_1-y_2)+(y_1-y_2)^2] \tag{14-27}$$

全体的方差为

$$\text{全体的方差}=\frac{1}{8}[(x_1+y_1-m)^2+(x_1+y_1-m)^2+(x_1+y_2-m)^2+\cdots+(x_2+y_2-m)^2]$$

经运算可得：

$$\text{全体的方差}=\frac{1}{64}[16(x_1-x_2)^2-8(x_1-x_2)(y_1-y_2)+15(y_1-y_2)^2] \quad (14\text{-}28)$$

4. 基于相关比求加权系数

以式(14-27)作分子，式(14-28)作分母可求得相关比 p^2，有

$$p^2=\frac{4(x_1-x_2)^2+4(x_1-x_2)(y_1-y_2)+(y_1-y_2)^2}{16(x_1-x_2)^2-8(x_1-x_2)(y_1-y_2)+15(y_1-y_2)^2} \quad (14\text{-}29)$$

5. 求极值

通过对 p^2 求极值，可求得 x_1，x_2，y_1，y_2。令：

$$\frac{\partial p^2}{\partial x_1}=0$$

$$\frac{\partial p^2}{\partial x_2}=0$$

$$\frac{\partial p^2}{\partial y_1}=0$$

$$\frac{\partial p^2}{\partial y_2}=0$$

可得到四个方程，求解该方程组，可得 4 个未知数 x_1，x_2，y_1，y_2。

为了简单起见，我们分析式(14-29)，式中含有多项(x_1-x_2)和(y_1-y_2)，我们可将(x_1-x_2)和(y_1-y_2)合并为一个单元进行处理，令

$$t=\frac{x_1-x_2}{y_1-y_2} \quad (14\text{-}30)$$

式(14-29)可变换为

$$p^2=\frac{4t^2+4t+1}{16t^2-8t+15} \quad (14\text{-}31)$$

为求 p^2 的极值，令

$$\frac{\partial p^2}{\partial t}=0$$

$$\frac{\partial p^2}{\partial t}=\frac{(8t+4)(16t^2-8t+15)-(32t-8)(4t^2+4t+1)}{(16t^2-8t+15)^2} \quad (14\text{-}32)$$

$$=\frac{-24t^2+22t+17}{(16t^2-8t+15)^2}=0$$

有

$$24t^2-22t-17=0$$

求解二次方程，得

$$t=\frac{22\pm\sqrt{22^2+4\times24\times17}}{2\times24}=\frac{22\pm46}{48}$$

$$t\approx\begin{cases}1.42\\-0.5\end{cases}\tag{14-33}$$

加权系数为

$$\frac{x_1-x_2}{y_1-y_2}\approx1.42\text{ 或}\frac{x_1-x_2}{y_1-y_2}=-0.5\tag{14-34}$$

6. 对判别结果的分析

为简单起见，首先取 $t=-0.5$，即

$$\frac{x_1-x_2}{y_1-y_2}=-0.5$$

$$\begin{cases}x_1=0\\x_2=0.5\end{cases}\qquad\begin{cases}y_1=1\\y_2=0\end{cases}\tag{14-35}$$

代入表 14.6，各学员(以学号表示)的数值为合成变量数值

$$\bigcirc\text{类}\begin{cases}\text{A：}1\\\text{B：}1\\\text{C：}0\\\text{E：}1.5\end{cases}\qquad\times\text{类}\begin{cases}\text{D：}0\\\text{F：}1.5\\\text{G：}1.5\\\text{H：}0.5\end{cases}\tag{14-36}$$

经过简单的计算，可得$\overline{\bigcirc}$和$\overline{\times}$的均值均为 3.5/4，$\overline{\bigcirc}$和$\overline{\times}$的方差为 0，相关比亦为 0。它表明：当 $t=-0.5$ 时，相关比为最小值，它表示判别的效果不佳。

若取 $t=1.42$，置

$$\begin{cases}x_1=1.42\\x_2=0\end{cases}\qquad\begin{cases}y_1=1\\y_2=0\end{cases}\tag{14-37}$$

将该值代入表 14.6，求得合成变量数值为

$$\bigcirc\text{类}\begin{cases}\text{A：}2.42\\\text{B：}2.42\\\text{C：}1.42\\\text{E：}1\end{cases}\qquad\times\text{类}\begin{cases}\text{D：}1.42\\\text{F：}1\\\text{G：}1\\\text{H：}0\end{cases}\tag{14-38}$$

从式(14-38)可知，利用所求得的 x_1，x_2，y_1，y_2 求得的合成变量的数值可较好地对○类和×类进行判别，能将○类和×类基本区分开来。

利用式(14-38)的结果，可求得相关比为：

$$p^2=\frac{\text{类别间的方差}}{\text{全体的方差}}=\frac{0.23}{0.56}\approx0.41\tag{14-39}$$

$$p \approx 0.64 \tag{14-40}$$

它表明，该组数据可对〇类和×类比较清楚地进行判别，即式(14-37)确定的加权系数可以较好地对〇类和×类进行判别分析。基于式(14-38)，有

$$\frac{x_1 - x_2}{y_1 - y_2} = 1.42 \tag{14-41}$$

它表明$(x_1 - x_2)$对操作轻型飞机的影响程度比$(y_1 - y_2)$大 1.42 倍，即性别的影响比汽车驾驶经验的影响大 1.42 倍。

式(14-39)的 $p \approx 0.64$，表示对〇类和×类可有效地予以区分，即判别结果是有效的。

三、基于坐标系的判别分析(实例三)

1. 课题与数据

我们看图 14.5，它是一个以性别轴为横轴、驾照轴为纵轴的平面直角坐标系统。在该平面直角坐标系中，以“○”表示属于及格类(〇类)的学员，以“●”表示属于不及格类(×类)的学员，并以 A，B，C…表示各位学员，即作为学员的学号。同时，设定男、女的距离与有、无驾照的距离相等。

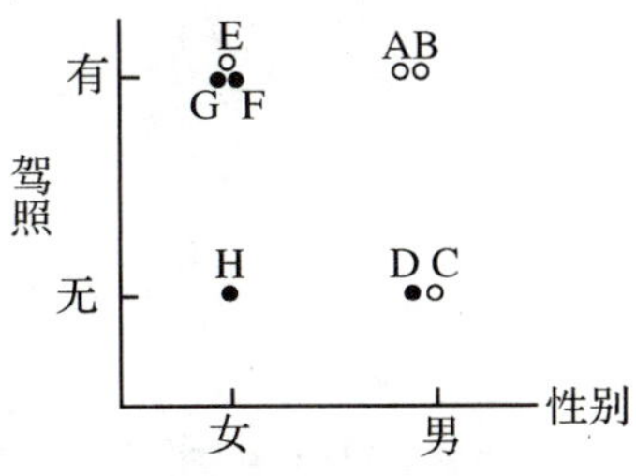

图 14.5　性别驾照坐标系

8 名学员的有关数据如图 14.5 所示，试对 8 名学员的有关数据进行判别分析，求出判别函数，并以之对判别结果进行分析。

2. 合成数据

为了计算的方便，我们对男、女，有、无驾照分别设置以下数值：

$$\begin{cases}男为 1 \\ 女为 0\end{cases} \qquad \begin{cases}有为 1 \\ 无为 0\end{cases}$$

由于男、女的距离与有、无驾照的距离相等，所以有以下关系

$$男 - 女 = 有 - 无$$

成立。据此，8 名学员在坐标系中的位置如表 14.7 所示。

表 14.7 坐标位置

学号		性别（加权 a）	驾照（加权 b）	合成变量
○类	A	1	1	$a+b$
	B	1	1	$a+b$
	C	1	0	$a+0$
	E	0	1	$0+b$
×类	D	1	0	$a+0$
	F	0	1	$0+b$
	G	0	1	$0+b$
	H	0	0	$0+0$

3. *求平均方差*

设 8 名学员的性别与有无驾照按

$$a : b$$

的比例加权合成，则有合成数据，见表 14.7。例如，A 学员为 $1\times a+1\times b=a+b$。

$$\bigcirc类\begin{cases}A：a+b\\B：a+b\\C：a+0\\E：0+b\end{cases}\tag{14-42}$$

求平均值：

$$\overline{\bigcirc}=\frac{1}{4}(3a+3b)\tag{14-43}$$

同样，

$$\times类\begin{cases}D：a+0\\F：0+b\\G：0+b\\H：0+0\end{cases}\tag{14-44}$$

求平均值：

$$\overline{\times}=\frac{1}{4}(a+2b)\tag{14-45}$$

求全体 8 人的平均值：

$$m=\frac{1}{8}(4a+5b)\tag{14-46}$$

利用上述的计算结果，可求出：

$$\overline{\bigcirc}和\overline{\times}的方差=\frac{1}{64}(4a^2+4ab+b^2)\tag{14-47}$$

$$全体的方差=\frac{1}{64}(16a^2-8ab+15b^2) \tag{14-48}$$

4. 相关比取极值

相关比 p^2 为：

$$p^2=\frac{4a^2+4ab+b^2}{16a^2-8ab+15b^2} \tag{14-49}$$

对 p^2 的微分求极值，并由此确定 a，b。

设

$$\frac{a}{b}=t \tag{14-50}$$

式(14-49)的分子、分母同除以 b^2，有

$$p^2=\frac{4(a/b)^2+4(a/b)+1}{16(a/b)^2-8(a/b)+15}$$

根据式(14-50)，有

$$p^2=\frac{4t^2+4t+1}{16t^2-8t+15}$$

该式与式(14-31)完全相同，用求解式(14-31)相同的过程可求得

$$t\approx 1.42 \text{ 或 } t=-0.5,$$

即

$$\frac{a}{b}\approx 1.42 \text{ 或 } t=-0.5。 \tag{14-51}$$

本节得到的结果与实例二的结果是一致的，但我们是以不同的方法来分析、讨论得到这样的结果的，它也说明以这种方法进行判别分析是有效的。

5. 对判别结果的分析

基于式(14-50)的设定，有

$$\frac{a}{b}=1.42 \quad 或 \quad \frac{a}{b}=-0.5$$

在图 14.5 中可作倾角对应于 $a/b=1.42$ 和倾角对应于 $a/b=-0.5$ 的直线，我们可分析 8 名学员的位置在该直线上的投影。通过观察，可清楚看出 8 名学员分别位于不同的组别，实现了对组别的判别。

图 14.6 给出了倾角对应于 $a/b=1.42$ 的直线，并在该直线上记入了 8 名学员的投影。从图可知，在直线上，○类与×类并没有完全分离出来。这需要我们在判别式的组合上做更多的努力。

同样，我们可作倾角对应于 $a/b=-0.5$ 的直线，它是一条倾角为 45°，方向为右下的直线。8 名学员在该直线上的投影可按图 14.6 的方式作出。

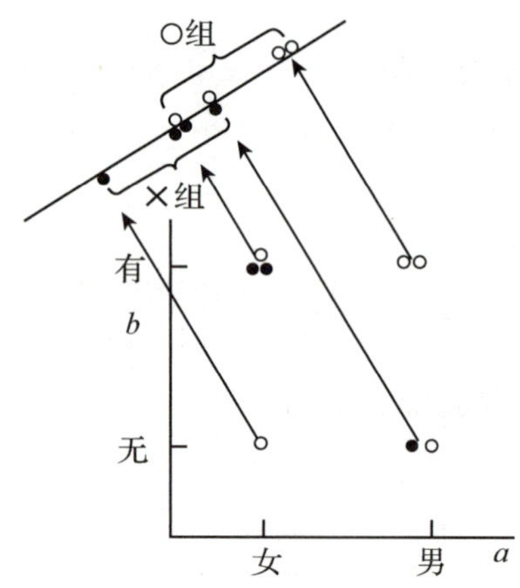

图 14.6　判别分析的结果

第五节　Mahalanobis 距离判别

Mahalanobis 距离是印度著名统计学专家所倡导的距离(简称马氏距离)。在距离判别中，马氏距离不受量纲的影响，两点间的马氏距离与原始数据的测量无关。马氏距离不排除变量间的相关性干扰，它给距离的计算带来很大的方便。马氏距离在判别预测方面有许多成功的实例。我们仅讨论针对两个变量、两个类别的判别分析。

一、马氏距离

马氏距离的定义为：

$$D(\boldsymbol{a},\ \boldsymbol{b})=(Z_a-Z_b)'\boldsymbol{S}^{-1}(Z_a-Z_b) \tag{14-52}$$

该定义式给出了样品 $\boldsymbol{a}$，$\boldsymbol{b}$ 间的马氏距离。式中，$\boldsymbol{a}$，$\boldsymbol{b}$ 为 p 维向量，$\boldsymbol{S}$ 为样品的协方差矩阵。$\boldsymbol{S}'$是其转置矩阵，$\boldsymbol{S}^{-1}$ 为其逆矩阵。

马氏距离计算完毕后，样品的归类应按一定的规则进行判定。

设有 m 个类别 $G_i(i=1,\ 2,\ \cdots,\ m)$，每一个类别的变量都是 p 维向量，类别 G_i 的平均向量为$\boldsymbol{U}_i$，协方差为$\boldsymbol{S}_i$，给定的新的样本为 y，计算 y 与类别 G_i 的马氏距离 $y(y,\ \boldsymbol{U}_i)$，当满足

$$D(y,\boldsymbol{U}_i)\leqslant D(y,\boldsymbol{U}_j)(i,\ j=1,\ 2,\ \cdots,\ m,\ 且\ i\neq j)时$$

样品属于 G_i 类别。这是一种以最短的马氏距离为判别标准的判别方法。也可以认为，这是

以数据与各个类别的距离 $D(x_1, G_1)$ 为判别函数的判别分析。这是判别函数的一种类型。

二、课题

某班级有学生 20 名，其中男生女生各 10 名，通过体检，测得 20 名学生的身高、体重如表 14.8 所示。试以马氏距离，通过距离判别，对学生的性别予以判别。

这是一个针对两个变量(身高、体重)、两个类别(男生 A、女生 B)的马氏距离判别。

设有两个类别 A，B(男生，女生)。A 类的重心为点(μ_p, μ_r)，B 类的重心为点(μ_q, μ_s)。待判别测试的样本为点(x, y)，测试点(x, y)与 A 类别重心的马氏距离的平方定义式为式(14-53)，测试点(x, y)与 B 类别重心的马氏距离的平方定义式为式(14-54)。

$$D_A=(x-\mu_p,\ y-\mu_r)\begin{pmatrix}\sigma_p^2 & \sigma_{pr}\\ \sigma_{pr} & \sigma_r^2\end{pmatrix}^{-1}\begin{pmatrix}x-\mu_p\\ y-\mu_r\end{pmatrix} \tag{14-53}$$

$$D_B=(x-\mu_q,\ y-\mu_s)\begin{pmatrix}\sigma_q^2 & \sigma_{qs}\\ \sigma_{qs} & \sigma_s^2\end{pmatrix}^{-1}\begin{pmatrix}x-\mu_q\\ y-\mu_s\end{pmatrix} \tag{14-54}$$

式中$\begin{pmatrix}\sigma_p^2 & \sigma_{pr}\\ \sigma_{pr} & \sigma_r^2\end{pmatrix}$是方差矩阵，$\sigma_p^2$，$\sigma_r^2$ 分别为男生的身高、体重的方差，σ_{pr} 是男生身高和体重的协方差。σ_q^2，σ_s^2 为女生的身高、体重的方差，σ_{qs} 是女生身高、体重的协方差。比较 d_A 和 d_B 的大小，若 $d_A>d_B$，则点(x, y)为 B 类，反之，若 $d_A<d_B$，则点(x, y)属 A 类。

我们称这种以马氏距离较小的，即比较靠近的类别，为判别标准的判别方法为马氏距离判别。

三、实例

现有男生 10 人、女生 10 人，他们的身高和体重表见表 14.8。

表 14.8　身高体重表

男生的身高、体重			女生的身高、体重		
学生	身高/cm	体重/kg	学生	身高/cm	体重/kg
M01	183	66	F01	167	53
M02	182	62	F02	154	51

续表

男生的身高、体重			女生的身高、体重		
学生	身高/cm	体重/kg	学生	身高/cm	体重/kg
M03	162	60	F03	165	49
M04	159	53	F04	164	52
M05	157	54	F05	158	51
M06	182	60	F06	157	49
M07	178	66	F07	161	49
M08	159	54	F08	153	47
M09	168	58	F09	155	47
M10	170	67	F10	166	52
平均值	170	60	平均值	160	50
方差	100	25	方差	25	4

现有一学生，其身高、体重分别为 x，y，试判别该生的性别。

计算 x，y 到男生重心(170，60)、女生重心(160，50)的马氏距离：

$$D_M=(x-170,\ y-60)\begin{pmatrix}100 & 37.5\\37.5 & 25\end{pmatrix}^{-1}\begin{pmatrix}x-170\\y-60\end{pmatrix}$$

$$=(x-170,\ y-60)\begin{pmatrix}0.023 & -0.034\\-0.034 & 0.091\end{pmatrix}\begin{pmatrix}x-170\\y-60\end{pmatrix}\tag{14-55}$$

$$D_F=(x-160,\ y-50)\begin{pmatrix}25 & 6.6\\6.6 & 4\end{pmatrix}^{-1}\begin{pmatrix}x-160\\y-50\end{pmatrix}$$

$$=(x-160,\ y-50)\begin{pmatrix}0.071 & -0.117\\-0.117 & 0.443\end{pmatrix}\begin{pmatrix}x-160\\y-50\end{pmatrix}\tag{14-56}$$

点(x，y)到男生重心和到女生重心的马氏距离，以及按判定规则得到的判别结果见表 14.9。

表 14.9　马氏距离判别结果

学生	身高/cm	体重/kg	D_M	D_F	判别结果
M01	183	66	1.81	64.82	○
M02	182	62	2.01	36.34	○
M03	162	60	1.46	39.90	○
M04	159	53	1.97	4.76	○
M05	157	54	1.81	10.53	○

续表

学生	身高/cm	体重/kg	D_M	D_F	判别结果
M06	182	60	3.29	27.14	○
M07	178	66	1.46	69.00	○
M08	159	54	1.53	8.09	○
M09	168	58	0.18	17.92	○
M10	170	67	4.48	95.34	○
F01	167	53	3.25	2.55	○
F02	154	51	3.35	4.40	×
F03	165	49	7.86	3.38	○
F04	164	52	3.38	1.04	○
F05	158	51	3.29	1.19	○
F06	157	49	5.12	0.38	○
F07	161	49	6.13	0.75	○
F08	153	47	6.90	2.55	○
F09	155	47	7.22	2.25	○
F10	166	52	4.03	1.52	○

观察第一行，判别对象 M01，$D_M^2<D_F^2$，按规则 M01 应归为男生类，判别结果正确，以"○"表示。观察判别对象 F02，马氏距离 $D_M^2<D_F^2$，判定为男生，实为女生，判别错误，以"×"表示，对 20 名学生的判别，仅此一例为错判。

四、以身高和体重比进行判别

将表 14.8 中的男生、女生各自的身高与体重的比(简称为 HW 比)计算后列入表中(表 14.10)，我们看一看表 14.10 中的 HW 比，一般地讲，女性的 HW 比男性的高。

现在我们计算 HW 比的男生平均值和女生平均值，它们分别为 2.84 和 3.20。我们取二者的中点 3.02，将它作为判别分析的标准，即 3.02 以下的判为男生，3.02 以上的判为女生。表 14.10 中列出了判别结果，判别结果表示 $M06$ 和 $F02$ 是误判，其他的判别结果是正确的。

上述的结果表明，将 HW 比为 3.02 作为基准，对 20 名学生进行判别的结果中，有 2 名学生的判别是错误的，此结果与马氏判别的结果相比，马氏判别的结果优于此结果。

表 14.10　基于 HW 比的判别结果

对象	身高/cm	体重/kg	HW 比	判别结果
M01	183	66	2.77	○
M02	182	62	2.94	○
M03	162	60	2.70	○
M04	159	53	3.00	○
M05	157	54	2.91	○
M06	182	60	3.03	×
M07	178	66	2.70	○
M08	159	54	2.94	○
M09	168	58	2.90	○
M10	170	67	2.54	○
F01	167	53	3.15	○
F02	154	51	3.02	×
F03	165	49	3.37	○
F04	164	52	3.15	○
F05	158	51	3.10	○
F06	157	49	3.20	○
F07	161	49	3.29	○
F08	153	47	3.26	○
F09	155	47	3.30	○
F10	166	52	3.19	○

思考与练习

1. 请利用图 14.1 说明判别的基本原理。

2. 试说明什么是外方差、内方差、全方差，什么是相关比，以及如何利用相关比评价判别分析。

3. 在判别分析中，相关比具有怎样的作用？

4. 在判别分析中，哪些是目的变量？哪些是说明变量？这些变量可以是怎样类型的变量？

5. 在判别分析中，怎样对质的变量数量化？

6. 什么是马氏距离？

7. 设有两个变量 x_1，x_2 的基准空间，其中的样本均为合格品。基准空间的重心为 $\overline{x}_1=17.56$，$\overline{x}_2=10.50$，相关矩阵为 $\boldsymbol{R}=\begin{pmatrix}1.00 & 0.82\\ -0.82 & 1.00\end{pmatrix}$，现有新的样本 $x_1=22$，$x_2=7$，试计算该新样本与基准空间的马氏距离，判定该新样本是否属于基准空间。(基准空间的阈值为 3 以上)

8. 现在，远程教学中存在许多中途辍学的现象，为此，试设计一个判别环境，用以预测学生团体是否会学不下去，以便及时给予提示。

9. 在第二节中，我们介绍了以平均差向量 $\boldsymbol{X}$ 和 $\boldsymbol{a}$ 之间的关系式 $\boldsymbol{Sa}=\boldsymbol{Z}$ 求解判别函数的加权系数，在第四节的实例中，我们通过计算相关比求加权系数。试比较这两种方法的特点和优劣。

10. 已知 10 名学生分为两个类别。

类别 1(3 名)：

表 14.11

学生	英语	数学
S1	67	64
S5	77	64
S6	99	40

类别 2(6 名)：

表 14.12

学生	英语	数学
S2	43	76
S3	45	72
S4	28	92
S7	28	70
S8	28	60
S10	47	80

试利用平均差向量求判别函数。

第十五章
数量化技术

学习要点

在很多情况下，教育系统是一种定性系统，对这样的定性系统进行数量化存在一定的困难。例如，对学生的评价、对课程的评价、对学校的评价都难以数量化。但是，为了比较这些系统，我们总希望量化这些评价。如何对教育系统数量化是影响教育科学发展的重要问题。

教育研究的重要内容应包括：描述教育系统、对教育系统进行预测、基于一定的目标建构教育系统、评价教育系统等。所有这些都有赖于教育系统的数量化技术。

近年来，以数字来描述和表现事物与现象的研究受到人们广泛重视，数量化技术得到了很大的发展。数量化技术对教育系统的研究产生了十分深远的影响。它也是教育信息处理的重要内容。

本章，我们通过实例说明数量化的基本概念、原理和方法，并在此基础上进一步讨论数量化与多元分析的关系。

通过本章的学习，读者应能理解什么是数量化和数量化Ⅰ类、Ⅱ类、Ⅲ类、Ⅳ类的原理和方法，并能将它们用于有关的教育研究和实践中。

内容结构

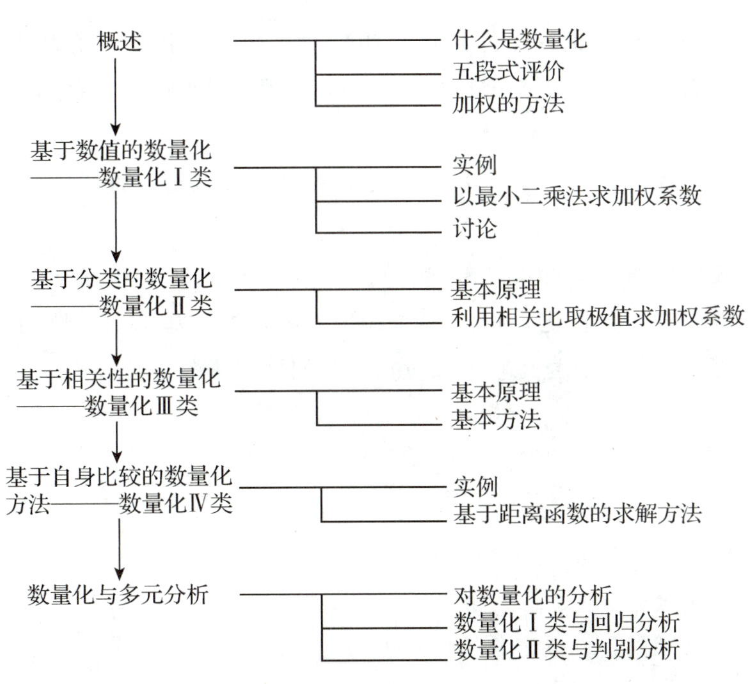

第一节　概述

我们将从具体的实例出发，说明数量化的基本概念，以及所使用的技术和方法。

一、什么是数量化

在数量化技术中，最简单的数量化方法是三段式评价和五段式评价。

对于一种事物、一种现象，最简单的一种评价包含喜欢、不喜欢也不讨厌、讨厌，三种态度，我们称其为三段式评价。例如，对于某项运动、某门课程、某个人的评价，我们都可以使用三段式评价。

如果我们对于这三种评价以记分的形式来表示，可分别记为

$$3, 2, 1$$

或者

$$1, 0, -1$$

我们称这样的记分为数量化。往往判别一些事物、现象的优劣、好坏需要多种要素，为了简单地对它们进行比较、评价，我们可以用三段式的方法，将它们变换在一维轴上再来表示。

数量化是将一些复杂的、需要多维度表示的现象、事物以直线上的一维化的方法来表示。

根据实现数量化的不同标准，数量化可分为：基于数值的数量化，我们称之为数量化Ⅰ类；基于分类的数量化，我们称之为数量化Ⅱ类；基于相关性的数量化，我们称之为数量化Ⅲ类；基于自身比较的数量化，我们称之为数量化Ⅳ类。

二、五段式评价

五段式评价是将对事物、现象的评价分为五级，即很喜欢、喜欢、既不喜欢也不讨厌、讨厌、很讨厌。

这样的评价级别划分，以记分的形式表示，可以是

$$5, 4, 3, 2, 1$$

也可以是

$$2, 1, 0, -1, -2$$

五段式评价具有以下特点：

(1)以既不喜欢也不讨厌为中心，左右对称，评价时坐标原点确定，评分容易且方便。

(2)与日常生活中的分类很接近。如果认为这种划分过粗，还可对每一段细分。与五段式相比，三段式的划分过粗。

(3)在学校中，很多评价都使用五段式评价。五段式评价的分数给定并不是随意的，5 分、4 分不能无限制的给定，一般应按如下要求进行分布。

5 分，约占总数的 7%；

4 分，约占总数的 24%；

3 分，约占总数的 38%；

2 分，约占总数的 24%；

1 分，约占总数的 7%；

分数的分布应是图 15.1 所示的高斯分布。

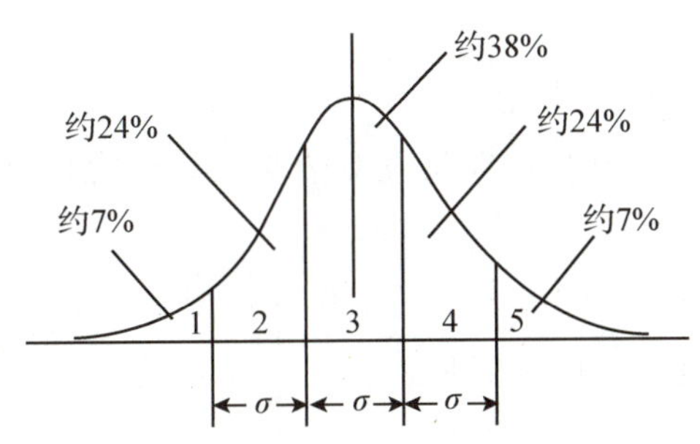

图 15.1　五段式评价模型

实际上，在学校中，一次有效的测试评分，其结果一般都应呈图 15.1 这样的高斯分布。

由于五段式评价具备以上特点，在没有适当的数量化方法时，人们往往选择五段式评价。

三、加权的方法

五段式评价虽具有一定的优点，但也存在一些重大的缺陷。对于一种由多个相互独立的要素决定的系统、事件、现象，为了压缩至一维空间来表示，在以五段式的方法进行评价时，虽然过程直观、简单，但这种方法随意性较大，有一定的主观意识，科学性有所欠缺。

在数量化技术中，对影响系统、事物、事件的诸要素进行加权是一种重要的方法。如何科学地确定各要素的加权系数是这种方法的关键。

下面我们通过一个实例说明如何科学地决定一维化的加权系数。

某高校在评职称的工作中，为了减少工作中的随意性，确保职称评定的公平、公正，引入了数据分析的方法，对申请人员的有关信息进行一定的处理，使之从多维的数据变换成一维的数列，以便对申请人员及其成果进行比较、评价，从中确定职称晋升的人员。

将多维的信息变换成一维的数列可采用对申请者有关的信息进行加权平均的方法。在实施这个方法时，主要是要确定加权系数。

职称评定的信息多是一些定性的信息，所设置的变量多为定性的变量，该问题的求解方法是一种定性数据处理的解决方法。

用于职称评定的条件是多方面的，它包括性别、政治面貌、身体状况、业务素质、教学能力与水平、科研课题及其完成的情况、外语水平……为了学习、理解求解问题的算法，拟减少评定条件，仅选择教学、科研和外语三个条件，每一个条件作为一个变量，且每一个条件中只含有两种情况，将其作为变量值。

1. 变量优先规则

(1)教学变量。

教学变量的具体内容是指按照有关方面的规定，应完成规定的教学工作量，完成后称为达标。

教学变量的两种情况是：完成规定的工作量；没完成规定的工作量。

教学变量有两种取值：一种取值是工作量达标，简称为“达”；另一种是工作量未达标，简称为“未”。

(2)科研变量。

科研变量的具体内容是：完成指定级别的科研项目，并通过了答辩、验收。

科研变量的两种情况是：有指定的项目且通过了答辩、验收；无指定的项目。

科研变量有两种取值：有指定的项目，简称为“有”；无指定的项目，简称为“无”。

(3)外语变量。

外语变量的具体内容是：能较好地用外语交流，基本具有“听、说、读、写”(四会)的能力。

外语变量的两种情况是：能四会；不能。

外语变量有两种取值：能四会，简称为“会”；不能，简称为“不”。

(4)变量的优先规则。

本课题是基于优先规则求加权系数的，因此对“优先规则”的理解十分重要。

○变量间的优先规则：

教学优先于科研；

科研优先于外语。

〇变量内取值的优先规则：

教学："达"优于"未"；

科研："有"优于"无"；

外语："会"优于"不"。

〇变量的取值和优先规则见表 15.1。

表 15.1　变量的取值和优先规则

变量名	取值	表示	优先规则
教学	工作量达标	"达"	"达"优于"未"
	工作量未达标	"未"	
科研	有指定的项目且通过了答辩、验收	"有"	"有"优于"无"
	无指定的项目	"无"	
外语	能四会	"会"	"会"优于"不"
	不能	"不"	

2. 变量的组合

(1)什么是变量的组合。

所谓两个变量的组合是指分属于两个变量的变量值的组合。以外语、教学两个变量为例，外语的变量值为"会""不"，教学的变量值为"达""未"。

外语与教学两变量的组合为：(表 15-2)

表 15.2　变量的组合

组合	外语	教学	组合
组合 1	"会"	"达"	("会"，"达")
组合 2	"不"	"达"	("不"，"达")
组合 3	"会"	"未"	("会"，"未")
组合 4	"不"	"未"	("不"，"未")

(2)组合间的优先规则。

根据变量和变量取值的优先规则，组合间的优先规则如下。

("会"，"达")优于("会"，"未")

("会"，"达")优于("不"，"达")

("会"，"未")优于("不"，"未")

("不"，"达")优于("会"，"未")

("不"，"达")优于("不"，"未")

3. 求加权系数

根据优先规则，通过比较、判别可以确定各申请者所具有的优先强度。优先强度可以通过比较各种变量组合，用处于优先的总次数的多少来表示，由此确定加权系数。

以教学、科研、外语三个变量为例，求加权系数。首先我们仅考虑两个变量，即将两个变量组合，并通过比较、判别确定各变量组合中的优先组合。

比较、判别过程如表 15.3 所示。表 15.3 的原点位于左上角，其竖轴、横轴分别为各种组合数据的样例。看 A 格，与之对应的竖轴、横轴在表格中的组合是“会”“达”，两者相同，记为“—”。看 B 格，与之对应的竖轴、横轴的组合为“不”“达”和“会”“未”，由于“不”“达”优先于“会”“未”，在小格中写入数字“1”，表示得分。看 C 格，与之对应的组合为“会”“未”和“不”“达”，由于“不”“达”优于“会”“未”，小格中应记数字“0”。如此，将比较、判别的结果填入每个方格中，由此，得到表 15.3。在此基础上计算各种组合的优先次数，且将次数作为得分。例如，对于外语变量，“会”的优先次数为 3+1，得分为 3+1=4。

表 15.3　外语、教学组合的比较与判别

项目	(“会”，“达”)	(“会”，“未”)	(“不”，“达”)	(“不”，“未”)	得分
(“会”，“达”)	A：—	1	1	1	3
(“会”，“未”)	0	—	C：0	1	1
(“不”，“达”)	0	B：1	—	1	2
(“不”，“未”)	0	0	0	—	0

根据表 15.3，可计算出每一个变量取值的得分，有：

“会”=3+1=4

“不”=2+0=2

“达”=3+2=5

“未”=1+0=1

以同样的方法，得到表 15.4 和表 15.5 的结果。

表 15.4　科研、外语组合的比较与判别

项目	(“有”，“会”)	(“有”，“不”)	(“无”，“会”)	(“无”，“不”)	分数
(“有”，“会”)	—	1	1	1	3
(“有”，“不”)	0	—	1	1	2
(“无”，“会”)	0	0	—	1	1
(“无”，“不”)	0	0	0	—	0

“有”=3+2=5

“无”＝1＋0＝1

“会”＝3＋1＝4

“不”＝2＋0＝2

表 15.5　教学、科研组合的比较与判别

项目	(“达”，“有”)	(“达”，“无”)	(“未”，“有”)	(“未”，“无”)	分数
(“达”，“有”)	—	1	1	1	3
(“达”，“无”)	0	—	1	1	2
(“未”，“有”)	0	0	—	1	1
(“未”，“无”)	0	0	0	—	0

达＝3＋2＝5

未＝1＋0＝1

有＝3＋1＝4

无＝2＋0＝2

由表 15.3、表 15.4 和表 15.5 可得出各个变量的取值，根据“优先规则”，在比较过程中得到的取值的分数如下。

“会”＝4　　“有”＝5　　“达”＝5

“不”＝2　　“无”＝1　　“未”＝1

“达”＝5　　“会”＝4　　“有”＝4

“未”＝1　　“不”＝2　　“无”＝2

对各个分数按不同的变量的取值进行统计，结果分别有：

“达”＝5＋5＝10

“未”＝1＋1＝2

“有”＝5＋4＝9

“无”＝1＋2＝3

“会”＝4＋4＝8

“不”＝2＋2＝4

这六个数字表示不同的变量的取值在比较、判别过程中的最终分数，它就是我们要求的加权系数。

利用求得的加权系数，对数据进行加权平均，将多维数据变成一维数列以便进行职称评审。

有甲、乙、丙、丁四位申请者其教学、科研、外语的得分见表 15.6，将这些得分与加权系数相乘，可得到加权平均数。

表 15.6　教学、科研、外语的得分

变量	教学		科研		外语		得分（加权平均）
变量值	“达”	“未”	“有”	“无”	“会”	“不”	
加权系数	10	2	9	3	8	4	
甲	1	0	1	0	0	1	23
乙	1	0	0	1	1	0	21
丙	1	0	1	0	1	0	27
丁	0	1	0	1	0	1	9

表 15.6 的结果表示，利用上述的处理过程，将原来的多维数据变换成一维数列，即丙、甲、乙、丁。

这种方法可广泛地用于各种评选、评优和选择活动，也有人使用它来确定电视台中节目的播放时序。

第二节　基于数值的数量化——数量化 I 类

一个单位为了求得自身的发展，需要寻求优秀的人才。在选拔人才时往往需要进行一定的选拔测试，它包括专业测试和面试。专业测试和面试的成绩应预示着被选拔人才今后工作的可能业绩。选拔成绩好的人员，预示着该成员具有好的能力，今后可能会具有好的业绩。为此，在选拔测试中，决定专业测试与面试各占多大的权重时，应以被选拔人员进入单位工作后的业绩为确定加权的标准。当这种权重确定后，我们根据该加权权重可对被选拔人员做出今后工作业绩的预测。

一、实例

设有五名从业人员，其选拔测试和工作后工作业绩的有关数据如表 15.7 所示。我们希望根据这些数据，能找到专业测试和面试的加权系数，并在此基础上能对所选拔人员今后的工作业绩进行预测。

表 15.7　用于确定加权系数的数据

从业人员	专业测试	面　试	工作业绩
甲	优	优	5
乙	优	优	3
丙	优	良	1
丁	良	优	4
戊	良	优	2

设专业测试成绩与面试成绩的加权系数分别为

专业测试成绩$\begin{cases}优为\ x_1\\良为\ x_2\end{cases}$　　面试成绩$\begin{cases}优为\ y_1\\良为\ y_2\end{cases}$

基于这样的设定，可求得工作后相关人员工作业绩的预测值 e。

设从业人员 i 的专业测试成绩的加权系数为 x_i，面试成绩的加权系数为 y_i，其工作业绩的预测值 e_i 为

$$e_i=x_i+y_i+c$$

甲、乙、丙、丁、戊 5 名从业人员的各种成绩、加权系数、预测值、实际业绩如表 15.8 所示。将表 15.7 的数据置入表 15.8 中。测试成绩为优，在表 15.8 对应的空格处填入“1”。测试成绩为良，则填入“0”。

表 15.8　求加权系数的有关数据

对象	专业测试		面试		预测值 e_i	实际业绩 d_i
类别	优	良	优	良		
加权系数	x_1	x_2	y_1	y_2		
甲	1	0	1	0	x_1+y_1+c	5
乙	1	0	1	0	x_1+y_1+c	3
丙	1	0	0	1	x_1+y_2+c	1
丁	0	1	1	0	x_2+y_1+c	4
戊	0	1	1	0	x_2+y_1+c	2

预测值中列入了常数项 c。它主要反映实际业绩的表现水平。例如，在测试中，有的使用 5 分制，有的使用 10 分制，如此等等，它决定了相关测试的得分水平不同，为了表现这种不同，特列入常数项 c。本例中，实际业绩 d_i 的平均值为 3，所以，设定：

$$c=3$$

若实际业绩的平均值为 0，如实际业绩记分为 2，1，0，−1，−2，其平均值为 0，则 c 为 0。

二、以最小二乘法求加权系数

基于上述设定，我们以最小二乘法确定加权系数 x_1，x_2，y_1，y_2，即以预测误差的平方值

$$\sum_{i=1}^{n}(d_i - e_i)^2$$

为最小的要求确定 x_1，x_2，y_1，y_2。

以 Y 表示预测误差的平方值，则有：

$$Y=\sum_{i=1}^{n}(d_i - e_i)^2 \tag{15-1}$$

式中，d_i 为从业人员 i 的工作实际业绩，e_i 为对从业人员 i 实际业绩的预测值。

现在，我们进行相关的计算。有：

$$\begin{aligned} Y &= \sum_{i=1}^{5}(d_i - e_i)^2 \\ &= (5-e_{甲})^2+(3-e_{乙})^2+(1-e_{丙})^2+(4-e_{丁})^2+(2-e_{戊})^2 \end{aligned} \tag{15-2}$$

式中

$$e_{甲}=e_{乙}=x_1+y_1+3$$

$$e_{丙}=x_1+y_2+3$$

$$e_{丁}=e_{戊}=x_2+y_1+3$$

将以上值代入式(15-2)中，整理后，有

$$Y=10-4y_1+4y_2+3x_1^2+2x_2^2+4y_1^2+y_2^2+4x_1y_1+2x_1y_2+4x_2y_1$$

求 Y 对 x_1，x_2，y_1，y_2 的偏微分：

$$\begin{cases} \dfrac{\partial Y}{\partial x_1}=6x_1+4y_1+2y_2 \\ \dfrac{\partial Y}{\partial x_2}=4x_2+4y_1 \\ \dfrac{\partial Y}{\partial y_1}=-4+8y_1+4x_1+4x_2 \\ \dfrac{\partial Y}{\partial y_2}=4+2y_2+2x_1 \end{cases} \tag{15-3}$$

令式(15-3)中的 4 个算式分别为零，整理后，有

$$\begin{cases} 3x_1+2y_1+y_2=0 \\ x_2+y_1=0 \\ x_1+x_2+2y_1=1 \\ x_1+y_2=-2 \end{cases} \tag{15-4}$$

求解方程组(15-4)，得

$$\begin{cases} x_1=0 \quad x_2=-1 \\ y_1=1 \quad y_2=-2 \end{cases} \tag{15-5}$$

由此求得预测式中的加权系数。

三、讨论

我们对上述内容进行进一步讨论。

1. 问题解决

基于求得的加权系数和预测值，可求得从业人员甲、乙、丙、丁、戊的预测业绩，且有：

$$e_{甲}=e_{乙}=x_1+y_1+3=0+1+3=4$$

$$e_{丙}=x_1+y_2+3=0-2+3=1$$

$$e_{丁}=e_{戊}=x_2+y_1+3=-1+1+3=3$$

预测结果表明，甲的预测值比实际业绩少 1 分，乙的预测值高于实际业绩 1 分。丙的预测值为 1，等于实际业绩。丙则是按照预测值进行工作的。我们称预测业绩与实际业绩之差为预测误差。

基于所求得的加权系数，可以对从业人员被录用后的工作业绩进行预测。设某从业人员其选拔测试的专业测试成绩为良，面试成绩为良，其工作业绩的预测值为

$$e=x_2+y_2+3=-1-2+3=0$$

2. 数量化Ⅰ类的意义

在本节中，我们以具体的实例，将选拔测试的专业测试成绩、面试成绩这样的二维能力，通过数量化的方法，用一维的分数来表示，并用其来对实际业绩进行预测。在数量化的过程中，我们是以 5，4，3，2，1 这样的外部数值为标准来求加权系数，实现数量化的。我们称这种数量化的方法为数量化Ⅰ类。

3. 应用实例

有报道称，日本有的机构曾利用这种方法分析电视节目的收视率。基于以往的情况，影响节目收视的项目(要素)主要有：播放的时间段、播放的内容、播放前后的节目等。每个要素内又分若干类别。通过数量化Ⅰ类的方法，可将由多个要素项目构成的多维空间的播放节目，变换为一维空间的节目播放收视率的预测值，由此实现对节目播放效果的预测。

第三节　基于分类的数量化——数量化Ⅱ类

数量化Ⅰ类是基于外部的数值进行数量化的。在上一节的实例中，外部的标准，是以表示现在业绩的得分这样的数值来给定的。这是数量化Ⅰ类的基本特点。与之相比，数量化Ⅱ类的外部标准不是诸如 1，2，3，4，5 这样的数值，而是类别。数量化Ⅱ类的基本特点是外部标准是以分类给出的。

我们还是以选拔从业人员为例。在数量化Ⅰ类的讨论中，数量化的外部标准是由参加工作后的业绩分数数值给定的。现在，我们将表示业绩的分数数值换成表示业绩合格、不合格的类别，并讨论以这种类别为外部基准的数量化的方法。我们称这样的数量化方法为数量化Ⅱ类。

设 6 名参加应试的从业人员为甲、乙、丙、丁、戊、巳，其应试的专业成绩、面试成绩和工作后的工作业绩如表 15.9 所示。6 名从业人员中，乙、丙的专业成绩为优，面试成绩为良。二人的工作业绩不一样，乙为合格，丙为不合格。丁、戊的成绩相同，专业成绩都为良，面试成绩都为优。丁的工作业绩为合格，戊的工作业绩为不合格。我们分析这里面隐含了怎样的信息。

表 15.9　求加权的有关数据

对象	专业成绩		面试成绩		工作业绩
类别	优	良	优	良	
加权系数	x_1	x_2	y_1	y_2	
甲	1	0	1	0	○
乙	1	0	0	1	○
丙	1	0	0	1	×
丁	0	1	1	0	○
戊	0	1	1	0	×
巳	0	1	0	1	×

（合格为“1”，不合格为“0”）

我们希望通过该组数据，找到加权系数 x_1，x_2，y_1，y_2，并基于这些加权系数找到可以用于预测今后工作业绩的预测值，该预测值能将合格、不合格两组从业人员明显区分开。

一、基本原理

为了说明加权系数对小组划分的作用，我们设定加权系数为

$$x_1=3 \quad x_2=0$$

$$y_1=2 \quad y_2=1$$

基于设定的加权系数和表 15.5，有

$$合格组\begin{cases}甲：3+2=5\\乙：3+1=4\\丁：0+2=2\end{cases}$$

$$不合格组\begin{cases}丙：3+1=4\\戊：0+2=2\\巳：0+1=1\end{cases}$$

6 名从业人员全员总体的平均值为 (5+4+2+4+2+1)/6=3；

合格组成员的平均值为(5+4+2)/3=11/3，且以$\overline{○}$表示；

不合格组成员的平均值为(4+2+1)/3=7/3，且以$\overline{×}$表示。

我们来讨论合格组与不合格组的区别。为了讨论这种区别，我们应计算合格组与不合格组的方差，以及全员六人分数的总体方差，并以这两个方差的比来表示合格组与不合格组的区分程度。

现计算方差：

$$\overline{○}和\overline{×}的方差=\frac{1}{2}\left[\left(\frac{11}{3}-\frac{9}{3}\right)^2+\left(\frac{7}{3}-\frac{9}{3}\right)^2\right]=\frac{4}{9}$$

$$总体的方差=\frac{1}{6}\left[(5-3)^2+(4-3)^2+\cdots+(1-3)^2\right]=2$$

由此可得

$$\frac{\overline{○}和\overline{×}方差}{总体方差}=\frac{2}{9}$$

我们称该数为相关比，相关比应介于 0 和 1 之间。该数越接近 1，则表示两个组越易于区分。在我们选定的加权系数的情况下，相关比较低，所形成的合格组与不合格组的区分不明显。这说明，所选定的加权系数不适宜。

通过上面的讨论，我们知道，为了清楚地区分合格组和不合格组，应保证相应的相关比为极大值。

二、利用相关比取极值求加权系数

基于利用相关比取极值求加权系数的思想，我们来确定加权系数。

基于表 15.5 的数据有

$$\begin{aligned}&\text{合格组}\begin{cases}\text{甲：}x_1+y_1\\ \text{乙：}x_1+y_2\\ \text{丁：}x_2+y_1\end{cases}\\ &\text{不合格组}\begin{cases}\text{丙：}x_1+y_2\\ \text{戊：}x_2+y_1\\ \text{巳：}x_2+y_2\end{cases}\end{aligned} \quad (15\text{-}6)$$

1. 求相关比

利用上面原理部分给出的方法，可求得：

总体的平均值 $m=(x_1+x_2+y_1+y_2)/2$ (15-7)

总体的方差 $=[(x_1+y_1-m)^2+\cdots+(x_2+y_2-m)^2]/6$

$=(3x_1^2+3x_2^2+3y_1^2+3y_2^2-6x_1x_2-2x_1y_1+2x_1y_2+2x_2y_1-2x_2y_2-6y_1y_2)/12$

（可用 $v/12$ 来表示） (15-8)

合格组平均值 $\overline{\bigcirc}=(2x_1+x_2+2y_1+y_2)/3$

不合格组平均值 $\overline{\times}=(x_1+2x_2+y_1+2y_2)/3$

$\overline{\bigcirc}$ 和 $\overline{\times}$ 方差 $=[(\overline{\bigcirc}-m)^2+(\overline{\times}-m)^2]/2$

$=(x_1^2+x_2^2+y_1^2+y_2^2-2x_1x_2+2x_1y_1-2x_1y_2-2x_2y_1+2x_2y_2-2y_1y_2)/36$。

（可用 $u/36$ 来表示） (15-9)

由此求得相关比 $p=\dfrac{\overline{\bigcirc}\text{与}\overline{\times}\text{方差}}{\text{总体方差}}=\dfrac{1}{3}\cdot\dfrac{u}{v}$

2. 求极值

对相关比求极值，即令

$$\frac{\partial p}{\partial x_1}=\frac{\partial p}{\partial x_2}=\frac{\partial p}{\partial y_1}=\frac{\partial p}{\partial y_2}=0$$

有

$$\begin{cases}(x_1-x_2+y_1-y_2)v-(3x_1-3x_2-y_1+y_2)u=0\\ (x_2-x_1-y_1+y_2)v-(3x_2-3x_1+y_1-y_2)u=0\\ (y_1+x_1-x_2-y_2)v-(3y_1-x_1+x_2-3y_2)u=0\\ (y_2-x_1+x_2-y_1)v-(3y_2-x_1-x_2-3y_1)u=0\end{cases} \quad (15\text{-}10)$$

3. 求解方程组

基于式(15-8)和式(15-9)，求解方程组式(15-10)。

可求得加权系数

$$x_1 - x_2 = y_1 - y_2 (且有\ x_1 \neq x_2,\ y_1 \neq y_2) \tag{15-11}$$

作为满足式(15-11)的一组加权系数，有

$$x_1 = 1 \quad x_2 = 0$$

$$y_1 = 1 \quad y_2 = 0$$

将加权系数代入式(15-6)中，得

合格组的分数＝[2，1，1]

不合格的分数＝[1，1，0]

基于该加权系数的相关比为$\frac{1}{3}$。

虽然该相关比不是太大，但相对于前面计算的$\frac{2}{9}$已有所提高。基于该加权系数，从业人员中，合格者的平均分为$\frac{4}{3}$，不合格者的平均分为$\frac{2}{3}$，两者间的差距显著。由此，实现了对从业人员的分类，达到了数量化的要求。这种数量化是基于类别这样的外部基准的数量化，我们称作数量化Ⅱ类。依据这种数量化的方法，可清楚地将合格组与不合格组的人员分离开。

第四节　基于相关性的数量化——数量化Ⅲ类

数量化Ⅰ、Ⅱ的基准都是外部给定的，所不同的是，Ⅰ类给定的是数值，Ⅱ类是给定的是类别。若没有外部基准，如何实现数量化，这是数量化Ⅲ类所要解决的问题。

一、基本原理

为了说明数量化Ⅲ类的基本原理，我们看表15.10中的数据。表15.10中给定了A，B，C，D，E五位女性分别对甲、乙、丙、丁四种花卉的喜好关系。表15.10中，某名女性对某种花卉若喜好，则在相应的节点位置处填入“1”，否则填入“0”，如此填满各个节点。现在的问题是希望按照A～E五名女性的特性，将花卉在一维的方向上排序。通过花卉的排序我们可以发现花卉的排序与女性特性间的相关关系，即花卉的排序与五名女性某种特性的排序紧密相关。

表 15.10　五名女性对花卉的喜好关系

女性	花			
	甲	乙	丙	丁
A	1	0	0	1
B	1	0	1	0
C	1	1	0	0
D	0	0	0	1
E	0	1	1	0

从表 15.10 我们看不出排序的规律性，找不到每位女性对花卉的喜欢规律，无法实现数量化，即无法实现花卉在一维轴上的排序。为了解决这一问题，我们可在表 15.10 的基础上，对行、列进行置换，由此可得到表 15.11。

表 15-11　行列置换

女性	花			
	丙	乙	甲	丁
D	0	0	0	1
A	0	0	1	1
C	0	1	1	0
B	1	0	1	0
E	1	1	0	0

通过表 15.11，我们可以看出，五位女性按 D，A，C，B，E 的顺序排列，花卉按丙、乙、甲、丁的顺序排列，这两种排列间具有较强的相关性，其相关系数为 0.79。

基于这种相关性，我们找到了五名女性对花卉的喜好顺序是：

丙，乙，甲，丁。

从而实现了对五名女性喜好花卉在一维轴上的排序，即实现了对花卉喜好的数量化操作。

当我们观察丙、乙、甲、丁这种排序时发现，这种排序是按花卉的浓艳程度来排的。

我们对五名女性的履历进行了分析，发现五名女性按

E，B，C，A，D

的排列顺序来排，这是按智商指数逐渐增高的顺序排列的。它表明，随着智商指数的升高，女性对花卉喜好的变化趋势是按照丙、乙、甲、丁这样的浓艳方向变化的，也就是说女性对花卉浓艳的喜好与女性的智商指数相关。可以认为，这种排序是基于女性智商指数的排序。

二、基本方法

上面我们通过了一个实例，说明了基于相关性实现数量化的方法。现在我们利用数学的方法，即通过相关系数取极值的方法实现数量化。

为了讨论的方便，我们给出仅有三行三列的数据(表 15.12)。

表 15.12　简单实例数据

项目	y_1	y_2	y_3
x_1	0	1	0
x_2	0	0	1
x_3	1	0	0

表 15.12 中，值为“1”的坐标是

$$(x_1, y_2), (x_2, y_3), (x_3, y_1)$$

设这些坐标为平面直角坐标系中的坐标，且

$$x_1=1 \quad x_2=2 \quad x_3=3$$

$$y_1=1 \quad y_2=2 \quad y_3=3$$

如前面介绍的那样，相关系数为

$$r=\frac{\sum_{i=1}^{3}(x_i-\overline{x})(y_i-\overline{y})}{\sqrt{\sum_{i=1}^{3}(x_i-\overline{x})^2 \cdot \sum_{i=1}^{3}(y_i-\overline{y})^2}} \tag{15-12}$$

令 r 取极值来确定 x_1，x_2，x_3 和 y_1，y_2，y_3 的组合，即寻找某一个 x_1，x_2，x_3 和 y_1，y_2，y_3 的组合，使得 r 取极值。

我们可以通过让表 15.7 中的行、列交换，使 r 取极值。

从相关系数 r 的表达式(15-12)可知，相关系数 r 与分母中的 x_i 和 y_i 的排列顺序无关，即与 x_i，y_i 的行、列交换无关，r 仅与分子取极值有关。

展开分子

$$\begin{aligned}&\sum_{i=1}^{3}(x_i-\overline{x})(y_i-\overline{y})\\&=(x_1-\overline{x})(y_1-\overline{y})+(x_2-\overline{x})(y_2-\overline{y})+(x_3-\overline{x})(y_3-\overline{y})\\&=(x_1y_1+x_2y_2+x_3y_3)-(x_1+x_2+x_3)\overline{y}-(y_1+y_2+y_3)\overline{x}+3\overline{xy}\end{aligned}$$

在分子中，行、列交换，即 x_i，y_i 的交换，对分子中的

$$(x_1+x_2+x_3)\overline{y}$$

$$(y_1+y_2+y_3)\overline{x}$$

$$\overline{x}\,\overline{y}$$

三项的数值不产生影响，与 x_i，y_i 的排列有关的只有

$$x_1y_1+x_2y_2+x_3y_3$$

显然，x_1，x_2，x_3，y_1，y_2，y_3 按表 15.7 的方式排列，x_i，y_i 间的相关性很小。

因为 $$x_1y_1=x_2y_2=x_3y_3=0$$

为了得到最大的相关，应将 y_1，y_2，y_3 三列做些置换：

将 y_2 列移至 y_1 列；

将 y_3 列移至 y_2 列；

将 y_1 列移至 y_3 列。

置换后的结果如表 15.13 所示。按照表 15.13 的行、列排序，x_i，y_i 间具有最大的相关系数，这种相关性由表 15.13 中的字符“1”构成的斜线来表示。

表 15.13　置换后的排列

项目	y_2	y_3	y_1
x_1	1	0	0
x_2	0	1	0
x_3	0	0	1

由此，我们实现了基于两变量间的相关性，通过变量位置的置换，实现数量化的操作。

在数量化的过程中，若不存在外部基准，可以基于两个变量间相关系数取极大值的要求，置换两变量间的顺序关系，并以此方法实现变量在一维数轴上的排序，由此实现数量化，我们称以这种方法实现的数量化为数量化Ⅲ类。

数量化Ⅲ类是某一变量 x，基于与之相关的另一变量 y 的特性进行排序的数量化方法。x 的排序与 y 的排序之间的相关系数应具有极大值。

第五节　基于自身比较的数量化——数量化Ⅳ类

前面，我们讨论了基于外部基准实现数量化的方法(数量化Ⅰ，Ⅱ)和基于两个变量间的相关性实现数量化的方法。现在，我们进一步讨论，在没有外部基准，也没有可利用的与其他变量的相关性的情况下，实现数量化的方法。在这种情况下，数量化

没有外部力量可借助，只能靠自身来完成。

一、实例

设有三名学生，他们是张江、李河、王洪。如图 15.2 所示，张江与李河两人脸型相似，都是方形(国字脸)，眉毛为八字形；王洪与张江、李河不同，脸型细长，瓜子脸，与张江、李河相比，脸型瘦。现在，我们希望按相似程度将三人排在一条线上，即让相似程度在一维数轴上表示，相似程度高的尽量排近一些，不相似的尽量排远一点。

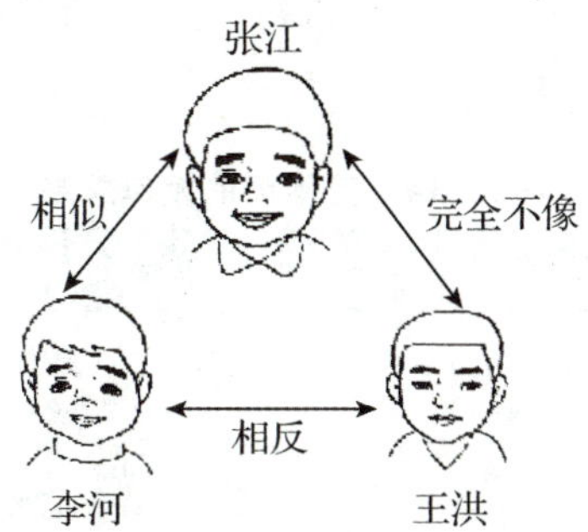

图 15.2　三名学生的相似关系

我们将三个人的头像在纸上不断推演，经过多次尝试，找到了

李河—张江—王洪

这样的排列方法。该方案中，张江、李河尽量靠近，王洪、李河尽量远离，它满足了数量化的要求。

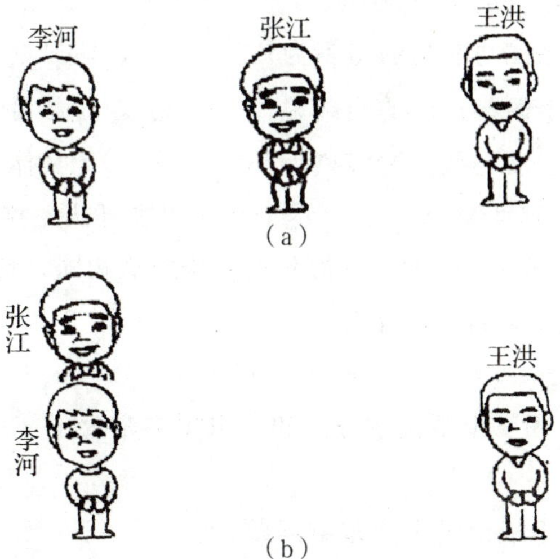

图 15.3　三人按相似程度在直线上的排序

直观上看，三人的位置可以如图 15.3(a)所示的那样，将三人等间距地放在一条直线上；也可以让张江、李河二人重叠[图 15.3(b)]。究竟应如何科学地配置，需要认真研究。

二、基于距离函数的求解方法

我们以数学的方法求解以上问题。

首先以数字表现三人的相似关系。张江、李河很相似，相关系数为“1”，二人的关系用“1”表示。张江与王洪完全不像，相关系数为“0”，二人的关系用“0”表示。李河、王洪二人相反，相关系数为“－1”，二人的关系以“－1”表示。张江、张河、王洪三人的相似关系可利用表 15.14 来表示。

表 15.14　变量间的相似关系

人员	张江	李河	王洪
张江		1	0
李河	1		－1
王洪	0	－1	

这里，我们设：

张江的坐标为 x_1，李河的坐标为 x_2，王洪的坐标为 x_3

因为要求三人在直线上排列，三人的坐标仅设一种坐标已足够。

这样，张江、李河、王洪间的距离为：

张江与李河的距离为 $|x_1-x_2|$，应尽量小；

李河与王洪的距离为 $|x_2-x_3|$，应尽量大；

王洪与张江的距离为 $|x_3-x_1|$，无具体要求。

$|x_1-x_2|$ 尽量小的程度与 $|x_2-x_3|$ 尽量大的程度可认为相近，因为张江与李河的相似程度的绝对值和李河与王洪的不相似程度的绝对值相同，都是“1”。

这里，我们引入距离函数 Y，且有

$$Y=(x_1-x_2)^2\times1+(x_2-x_3)^2\times(-1)+(x_3-x_1)^2\times0 \quad (15\text{-}13)$$

这表示距离函数 Y 为三个距离平方之和。取平方是为了使 (x_1-x_2) 与 (x_2-x_1) 具有同样的数值。

我们以对距离函数求极值的方法求解问题。

为了使距离函数 Y 取极值，式(15-13)中的第一项 (x_1-x_2) 应尽量小，它越小，Y

亦越小。式中的第二项(x_2-x_3)应尽量大，因为该项乘“-1”，所以(x_2-x_3)越大，Y越小。再来看第三项。因为该项乘“0”，所以(x_3-x_1)取任意值都对Y不产生影响。在求解问题时，我们是以令Y取最小值的方法来确定x_1，x_2，x_3的，即所确定的x_1，x_2，x_3的值应使Y具有最小值。

在根据距离函数求x_1，x_2，x_3时，除依据式(15-13)的距离函数的定义式外，还应增加一定的约束条件，它们是

$$x_1+x_2+x_3=0 \tag{15-14}$$

$$x_1{}^2+x_2{}^2+x_3{}^2=1 \tag{15-15}$$

约束条件$x_1+x_2+x_3=0$表示三人的坐标平均值为0。该约束条件可保证求解得到的x_i不至于偏离太远，它们应在原点附近。

约束条件$x_1{}^2+x_2{}^2+x_3{}^2=1$表示三人排列的相对位置不至偏离过大。

经整理后，式(15-13)可写为：

$$Y=(x_1-x_2)^2-(x_2-x_3)^2 \tag{15-16}$$

Y值应在约束条件

$$x_1+x_2+x_3=0$$

$$x_1{}^2+x_2{}^2+x_3{}^2=1$$

的约束下取最小值。

基于这样的处理要求，我们进行以下的计算。

利用式(15-14)、式(15-15)可求得以x_1表示x_2和x_3的函数式。将它代入式(15-16)中，可得到以x_1表示的距离函数Y的函数表达式。在此基础上求Y对x_1的微分，且令它为“0”，由此可求出x_1。将x_1代入由x_1表示的x_2，x_3的函数中，可求出x_2，x_3。

通过以上的计算，求得

$$\begin{cases} x_1=-\sqrt{\dfrac{2-\sqrt{3}}{6}}\approx-0.211 \\ x_2=-\sqrt{\dfrac{1}{3}}\approx-0.577 \\ x_3=\sqrt{\dfrac{2+\sqrt{3}}{6}}\approx0.789 \end{cases} \tag{15-17}$$

这样，依据张江、李河、王洪三人的相似程度，在一维轴上以数字表示的结果如图15.4所示，问题求解完成。

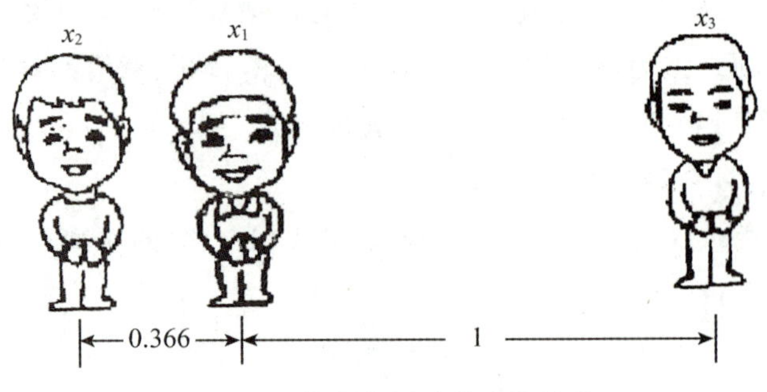

图 15.4　数量化Ⅳ类的求解结果

从图 15.4 可看出，张江与王洪的距离为 1，张江与李河的距离为 0.366。计算的结果满足了在一维数轴上，相似的应尽量靠近，不相似的应尽量远离的要求。

本例中实现数量化既没有借用外部的基准，也没有利用变量间的相关性，即数量化的过程中完全没有利用外部的条件，而只是通过自身的相互比较实现了数量化的要求，我们称这样的数量化方法为数量化Ⅳ类。这种方法可用于对一些类似的现象、事物进行分类。

数量化技术是一种正在不断发展的技术，它还可派生出一些其他的技术。数量化技术还有待我们在实践中去完善。

本章的讨论主要是为了说明数量化技术的思想和方法，所涉及的事例较为简单。对于一些实际的具体问题，为了进行数量化，往往需要进行复杂的计算。这些问题的求解，需要使用计算机，光靠手工计算是十分困难的。在对实际问题进行数量化处理时，使用计算机是进行类似处理的前提。

第六节　数量化与多元分析

我们接下来讨论数量化的方法与多元分析的关系。

一、对数量化的分析

如我们所熟悉的那样，一般的物理量——长度、质量、速度、亮度都可以用数值精确的表示，对应于此，人们的分析能力、喜好程度、幸福程度很难用数值来表示，其主要原因是，这些都是由许多因素以复杂的关系组成的。例如，影响幸福的因素有财力、健康、家庭和睦等多种因素，这些因素它们各自对幸福的贡献程度目前尚不清楚。例如，某一项因素可以用数值表示，但它所引发的幸福感的增减程度用数值却很难描述。

随着科学技术的发展，近年来，一些复杂的事物、事件、现象以数值表示的技术受到了人们的高度重视，有了很大的发展，这主要是：

• 为了追求人类社会的最佳化。人类社会可作为一个系统来处理。人类社会的最佳化即系统的最佳化。为了实现系统最佳化，要求将事件、现象用数值来表示。

• 对在复杂现象中抽出本质要素，并以数值表示的主要手段——统计学与计算机有了很大的发展，它为数值表示提供了理论与技术支持。

什么是数量化？简言之，数量化就是将事物、事件、现象等以数值来表示，并称有关的理论为数量化理论，有关的技术为数量化技术。

数量化的对象多是一些由多个要素构成的复杂系统。在数量化过程中，因子分析、主成分分析作为强有力的手段被广泛使用。数量化的本质就是将多维空间的事物、事件、现象变换成一维空间中的描述。例如，幸福可能是在幸福空间中的一个点，其财产轴上为 3，健康轴上为 5……自由轴上为 1。我们希望通过各种综合的方法，将多维幸福空间中的这一点变化成幸福度，并用幸福度直线上的一点来表示。这种变换方法，可以是主成分分析，也可以是判别分析等，基于这些分析，可以将多维幸福空间中的一个点投射到幸福度直线上，并求出其在该直线上的位置。

多元分析与数量化技术具有十分密切的关系。有人认为数量化技术中使用的数学方法是多元分析的一部分；也有人认为多元分析只不过是数量化的一种手段。可见，多元分析与数量化具有密不可分的关系。

数量化的方法可分为四类，它们分别是数量化Ⅰ类、Ⅱ类、Ⅲ类、Ⅳ类。现在，我们分析一下这些方法与多元分析的关系。

二、数量化Ⅰ类与回归分析

为了说明的便利，现给出以下数据(表 15.15)。表 15.15 给出了六名学生的入学学科测试成绩 x_i、面试成绩 y_i 和入学一年后的现在的实际学习能力 z_i。

表 15.15　相关数据

学生	学科测试成绩 x_i	面试成绩 y_i	实际学习能力 z_i
A	10	6	8
B	10	9	7
C	8	8	6

续表

学生	学科测试成绩 x_i	面试成绩 y_i	实际学习能力 z_i
D	7	6	6
E	8	9	5
F	7	5	5
E	6	6	5

基于表 15.15 的数据，利用多元回归的方法，可求出回归方程

$$z_i=0.785x_i-0.280y_i+1.68。$$

回归方程给出了 x_i，y_i 的加权系数(回归系数)，分别为 0.785、-0.280，即以 x_i，y_i 的值按此加权系数混合后的回归方程可求得 z_i 的预测值。与回归分析类似，对于表 15.3 给定的数据，数量化Ⅰ类也是通过求 x_i，y_i 的加权系数，求得 z_i 的预测值，并用之对实际学习能力进行预测。

数量化Ⅰ类与回归分析具有相同的目标和方法，不同的是在回归分析中，x_i，y_i 是定量数据，数量化Ⅰ类的 x_i，y_i 是定性数据。

可以认为，数量化Ⅰ类是基于虚拟变量的回归分析。数量化Ⅰ类与回归分析具有十分密切的关系。

三、数量化Ⅱ类与判别分析

利用数量化Ⅱ类的方法，基于表 15.9 的数据，以工作业绩合格与否这样的类别为基准，求加权系数 x_i，y_i，在此基础上，可预测从业人员的得分，并以该得分对从业人员的类别(合格与否)进行判别。

利用判别分析的方法，基于给定的数据(表 15.8)，通过求加权系数，并基于加权系数可对每位人员得分的数值进行预测。

可见，数量化Ⅱ类与判别分析在处理的对象、目标、过程和结果等诸方面都是十分相似的。

我们还可以将数量化Ⅲ类、数量化Ⅳ类与聚类分析进行比较，也发现它们之间具有很多相似的部分。

通过以上的讨论我们可以看到，多元分析与数量化技术，它们的思想、观点虽然有所不同，但在需要解决的问题、所要达到的目标，甚至一些具体方法等方面有许多部分是相似的。在自然科学的各种领域中，这种情况是经常可以见到的。

思考与练习

1. 试说明什么是数量化，以数量化的思想理解简单的数量化方法——三段式评价、五段式评价和加权的方法，并说明它们的特点。

2. 试说明数量化Ⅰ类、Ⅱ类、Ⅲ类、Ⅳ类的原理、方法和特点，并对它们进行比较。

3. 结合自己身边的实例，以数量化的方法对其进行数量化，并说明数量化的效果。

4. 试说明数量化与多元分析的关系，并以实例予以实证。

第十六章
生理信息与教学过程

教学过程中，学生对一定学科知识的学习，主要是一种内部的学习心理过程。研究这种心理过程及其表现，对教学过程的研究具有重要的意义。

人们的心理过程往往与某些生理现象联系在一起。各种生理现象给出的生理信息，可以帮助我们去认识、去研究学习过程中学生内部状态和精神上的变化。教学过程中，各种生理信息的检测和分析，对教学过程的理解和分析具有重要的意义。

本章首先对生理信息、教学研究和心理研究等进行了简单概述，随后，对 GSR 及其检测方法进行了介绍。最后，重点讨论了 GSR 在教学中的应用。

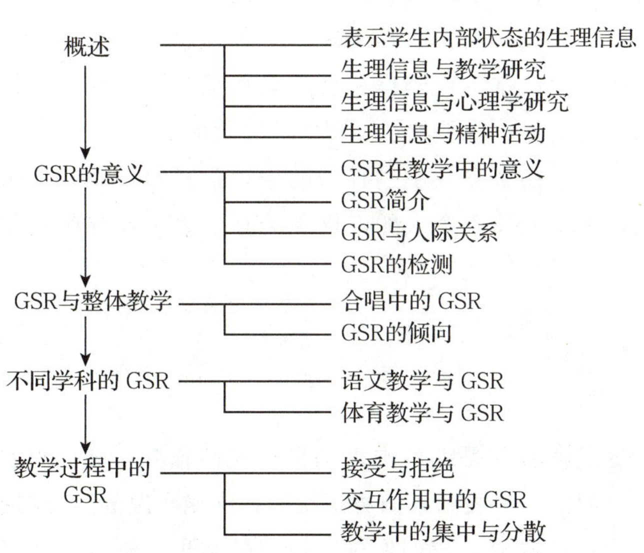

第一节　概述

为了讨论教学过程中的生理信息，首先，我们对生理信息做一个简单的说明。

一、表示学生内部状态的生理信息

为了更好地进行学习，人们往往需要考察学生的各种生理条件。例如，根据某些专业的要求，我们对学生的身体条件、健康条件提出一定的要求。某些课程的学习，如体育课，对学生的运动能力、耐力、体力都有一些特殊的要求。这些要求，多是关于学生身体状况和体能、体质方面的。

在更广泛的意义上，学校教育不仅要了解表示学生身体状况的生理指标，还要了解表示学生内部状况的生理指标，在各种知能学习中，这些生理指标是十分重要的。这些生理指标可较好地反映学习过程中学生内部的思维状态、心理状态和情感的变化。

在研究教学过程中的各种生理信息时，我们关心的不是这些生理信息是如何产生的，其产生的机理是什么，我们关心的是这些生理信息与学生内部心理上、精神上的变化有什么关系。或者说，这些生理信息及其变化是如何反映学生的学习状态、内部精神状态和思维状态的变化，以及教学过程中的变化的。

需要特别指出的是，在研究教学过程中的生理信息时，我们更关注的是生理信息的集团特性，即我们不仅要关心个人的，更要关心学生全体的生理信息变化及生理信息的统计特性。

二、生理信息与教学研究

通常意义上的生理信息多是一些与运动量有关的信息，如呼吸次数、肺活量、心跳次数、血压等。它们是一种表示人们身体状况、体能状况的生理信息。

在对生理信息进行检测时，我们发现，检测的结果往往与测量的条件、环境、时间、被测试者的状态有关。这表示，人们的生理信息往往与时间、状态和环境相关，并随之产生相应的变化。

需要注意的是，在很多情况下，生理信息的检测既与被测试者的精神状态和心理状态有关，也与被测试者的情感状态有关。也就是说，生理信息不仅反映了被测试者的身体状况，也反映了被测试者的精神状况、心理状况，以及被测试者与周围的环境的关系。通常意义下的生理信息检测是不考虑这些精神因素的。

在教学研究中，对生理信息进行检测，与其说是为了了解被测试者的身体状态，不如说是侧重于考察教学过程中学生的精神状态和心理状态。在教学研究中，进行生理信息的检测是希望通过检测出的生理信息及其变化情况，来了解学生的精神状态和心理状态的变化。

在各种生理信息中，GSR 占有重要的位置。GSR 作为表示人们精神状态、心理状态的生理信息，被人们广泛关注。对于 GSR 给出的信息，人们并不将它作为一种表示健康程度及需要对其进行诊断的指标来使用，而更侧重于将它与人们内部的精神状态和心理状态联系在一起。

在教学过程中，有关生理信息的检测和研究，人们关注最多的是 GSR。本章所讨论的生理信息与教学过程是以 GSR 为中心展开的。在讨论中，我们更关注教学过程中学习者内部的精神活动、情感活动和心理活动与 GSR 的关系，以及学生、教师间的相互作用与 GSR 的相互关系，并基于教学过程中的 GSR，对教学过程进行分析和研究。

在教学过程中，每位学生的生理信息不能仅认为是个人的信息，它也包含学生接受的外界和其他人的影响。从这个意义上讲，一个学生的生理信息，也包含整体的学习特性。教学研究中，我们应十分重视生理信息的整体特性。

三、生理信息与心理学研究

通过对生理信息的检测来研究人们的精神活动、心理活动是心理学研究的一个重要思想方法。基于 GSR 进行精神作用的研究具有很长的历史，在心理学的研究中占有重要的位置。特别是在 20 世纪初，心理学被分为精神分析和动物实验以前，利用各种生理检测进行精神作用的研究被人们寄予了很大的期望，并为许多心理学研究人员所接受。

由于巴甫洛夫条件反射实验的成功，通过动物实验对学习心理进行研究的方法受到人们广泛重视，它几乎成为研究人们高度精神作用的一种倾向。与生理的手段相比较，这种研究更重视人为的方法，其结果是，在有关精神作用的研究中，采用生理手段的研究方法几乎被人们忽视、遗忘。

生理活动与精神活动的关系，一直是心理学研究中的一个重要领域。由于对 GSR 的研究仅限于个人的 GSR，而它被认为是在刺激—反应之外的，不需要刺激的一种自发反应，所以人们并不认为它是一种有关精神分析的生理学研究。

然而，通过对集团 GSR 进行检测，人们发现 GSR 向精神活动内容的类推具有很好的可靠性，即通过对 GSR 进行检测，可以对人们的精神活动进行很好的分析和说明。

因此，在生理信息与教学过程的研究中，重要的是应该以整体学习为研究的对象。显然，整体的 GSR，也是以大量的个人生理信息的检测及处理为基础的。

四、生理信息与精神活动

通过生理信息对学生的精神状态、心理状态进行分析、研究是基于以下的命题展开的。

1. 身心合一

“身心合一”是一种哲学上的命题。它表示人们的生理活动与精神活动是相互对应的，精神上的变化、情感上的变化与生理上的变化同时出现，生理上的变化是精神上的变化的重要表现。基于这种认识，我们可以利用生理信息的变化来研究人们的精神活动。

2. 个人的生理变化受外部环境与所在整体的影响

心理学可分为社会(集团)心理学和生理心理学。心理学的测量是个人心理学研究的一个重要分支，每一个人的生理信息与这个人所属整体的“性格”有关。这表示，个人的心理也反映了所属整体的特性。

课堂教学是一个典型的整体现象，学生的个人生理变化受到了整体的强烈影响。因此，我们说的学生生理信息，不能仅仅认为是学生个人的信息。

第二节　GSR 的意义

在教学过程中，学生的认知结构将发生很大的变化，这是一个复杂的心理过程。如何认识这个精神上的、心理上的活动，对教学过程及其控制十分重要。GSR 为我们提供了一种客观地认识和记录这种心理过程的手段。

一、GSR 在教学中的意义

在教学过程中，学生的各种内部的精神活动，即心理活动，往往会在面部表情上有所表现。有经验的教师，可以通过学生的面部表情及其变化，估计、判断学生对知识的理解和接受状况。教师的这种估计、判断往往是主观的、非科学的，在很大的程度上是经验性的。

一位优秀的教师，对学生面部表情的变化的估计、判断较为客观，能较好地了解学生的情况，这可以带来教学的成功。一位年轻的教师，对学生面部表情变化的估计、判断往往有些片面，不能了解学生的实际情况，这会导致教学达不到预期的效果。

教师从学生的各种表情中获取的信息会因教师经验的不同而不同，这表明所获取的信息具有很大的主观性。如果能将教师的这种经验与一定的精神状态和心理状态连接在一起以某种生理学上的反应来表示，那么，这种生理学上的反应在教学研究中将产生重要的作用。

在教学过程中，教室里的教学环境、学习气氛对学生的学习会产生重要的影响。这种影响很难通过语言、文字来描述，只有教学现场中的教师和学生才能体会到。教学中的这种环境、气氛及其在教学中的作用如果能以某种形式来表示、呈现，无疑将对教学研究产生很大的影响。

心理信息在教学研究中的应用正是基于这种思想展开的。它试图将教学过程中学生内部精神上、心理上的变化(这种变化很难用语言表示，只能无意识地、本能地去感知)以某种客观的形式来描述，这种形式就是生理信息。

我们对 GSR 进行检测后，发现学生精神上、心理上的内部变化，教学过程中的环境、气氛都与 GSR 具有一定的关系。将 GSR 作为一种客观的依据，利用这种生理反应，不仅可以说明学生内部精神上、心理上的变化，同时也能说明教学环境、学习气氛对学生的影响。对 GSR 的检测，可以有效地理解、识别学生的学习状态和教学环境、学习氛围对学习的影响。

二、GSR 简介

GSR 是一种能表现人们精神上、心理上变化的生理反应。

人们的皮肤电阻与所加的电压有关，在施加数伏电压的情况下，一般人的皮肤电阻为 $10^4 \sim 10^5\,\Omega$ 这样的数量级。皮肤电阻可以利用万用表简单地在手掌上进行测量。

皮肤电阻的大小会因人而异，不同的人，其皮肤电阻的大小会不同。同一个人，在不同的时候、不同的情况下，皮肤电阻的大小也会不同。

在某些情况下，皮肤电阻会急骤地减小，我们称之为皮肤电反应，即 GSR。GSR 在教学研究中具有重要的意义。

三、GSR 与人际关系

实际的教学中，我们发现，GSR 具有很高的反应水平。这是因为教学过程与通常的生活状态有很大的不同，这种不同主要反映在教学过程中，学生的内部认知结构、认知心理会产生巨大变化。

教学活动是一种十分复杂、十分强烈的精神活动和心理活动过程。在这个过程中，教师与学生、学生与学生之间以一定的形式相互连接在一起。教学过程中，教师与学生、学生与学生，即人与人之间，将产生十分密切的联系，他们相互协作、相互依存。这种人与人之间的密切关系可以通过 GSR 来表示。

我们看一下幼儿园小朋友的 GSR。

幼儿园的小朋友在单独活动时，我们对他们的 GSR 进行测量，发现 GSR 的反应水平并不高，频度也较低。然而，当两三个小朋友在一起游戏时，我们发现这时 GSR 的水平较高，发生的频度也较高。这表示 GSR 与人际间的相互关系密切地联系在一起。

GSR 的强度与人们的情感、精神活动、心理活动具有密切的关系。GSR 与在一定环境中，人与人之间的相互作用具有密切的关系。我们可以将 GSR 作为一种表现人们的内部情感、内部精神活动和心理活动，以及表现人与人之间相互作用的生理指标，并将其用于对教学过程的分析和研究中。

对于教学过程中的 GSR，我们关心的是，GSR 与各门学科学习间的关系，以及与教学中一些重要环节的关系。这是我们研究教学过程中 GSR 的重点内容，也是本章讨论的重点内容。

四、GSR 的检测

为了研究 GSR，必须对 GSR 信号进行检测。GSR 信号是一种电阻的变化。从原理上讲，利用一般的万用表就可对它进行检测。考虑到 GSR 的整体性，用万用表对整体中每一个人的 GSR 信号进行检测，并以此对 GSR 进行研究，显然是不可取的。20 世纪初，心理学研究者就开始了对 GSR 检测系统的研究。GSR 的检测系统可以有两种不同的构成方法。

1. 电子式检测系统

该系统将检测到的每位学生的 GSR 信号以调频信号的形式予以发射。接收机接收到每位学生的 GSR 信号后，通过显示板、记录仪进行呈现与记录。人们可以根据呈现、记录的 GSR 信号进行分析和处理。

用于 40 名学生 GSR 研究的检测系统包括：

(1)学生 GSR 信号的检测和发送。

每位学生的手指上附有 GSR 信号的检测电极。检测电极测得的 GSR 信号被传送至 FM 发射机。每位学生的 GSR 信号通过不同的 FM 频道进行发射。

(2)GSR 信号的接收。

40 个 FM 频道的 FM 接收机分别接收 40 名学生发送的 GSR 信号，并将它们传送到显示、记录设备上。

(3)显示与记录。

FM 接收机接收的 40 名学生的 GSR 信号，分别通过显示设备与记录设备进行显示与记录。

用于显示的显示板，可以由 40 支发光管构成，每支发光管用以显示不同学生的 GSR。发光管的阈值电平可以调节。当学生的 GSR 达到一定的水平时，与之对应的发光管发光，表示该学生产生了 GSR，否则则表示没有产生 GSR。利用显示板上发光管的亮、暗，可以统计学生的 GSR 的集团特性。

GSR 也可通过记录仪记录，并用记录仪绘出个人或全班的 GSR 曲线。

(4)录像系统。

为了对 GSR 与学生的实际表情进行比较研究，在检测系统中可根据教学环境的实际情况，设置若干台摄像机，对学生的表情变化、情感变化进行记录，以便与 GSR 进行比较研究。

电子式检测系统使用了 40 个 FM 频道，每位学生分别以不同的 FM 频道传送自己的 GSR 信号，该系统体积较大，使用不方便。

2. 计算机检测系统

与电子式检测系统不同，计算机检测系统使用一个 AM 频道，最多可由 45 位学生使用。电极检测的每位学生的 GSR 信号通过 AM 发射机按顺序发送出去，45 位学生的 GSR 信号由一台 AM 接收机接收。对于接收到的 GSR 信号，只要能识别第一位学生的 GSR 信号，其他学生的 GSR 信号则均能正确地予以识别。

AM 接收机接收到的 45 名学生的 GSR 信号会被送入计算机内存盘。根据研究的需要，对于存盘的 GSR 信号，可做不同的处理，或呈现每位学生的 GSR 波形，或呈现全班的 GSR 波形，或做其他指定的处理。

与电子式检测系统相比，计算机检测系统不仅体积小，检测效率高，能以一个频道检测 45 位学生的 GSR 信号，而且，对于检测到的信号人们也可以十分方便地进行各种处理。

第三节　GSR 与整体教学

如前面讨论的那样，在研究生理信息与精神活动的关系时，我们特别强调在研究对象的整体性。这里，我们以合唱教学为例，讨论 GSR 与整体教学的关系。以合唱教学为例，并将它作为研究的对象是因为合唱教学是一个十分典型的整体教学，教学过程中，学生的活动和思维具有典型的整体性。

一、合唱中的 GSR

合唱教学中，学生以各个声部为单位构成一个教学整体。现在我们对这个整体的GSR进行研究。

合唱教学中，学生分为三个声部，我们对合唱教学中的 GSR 予以检测和记录。

首先我们看教学的开始阶段，即合唱教学的前三次合唱练习。合唱教学中，按每10秒检测一次，将检测的数据作成 GSR 曲线。曲线的纵轴为反应的人数，横轴为时间。GSR 曲线表示了合唱时，产生 GSR 的人数随时间的变化，即教学过程中，产生GSR 的人数随教学过程的展开而变化的曲线。在开始阶段，合唱教学的 GSR 曲线如图16.1 所示，图的下部分别为三个声部的 GSR 曲线。

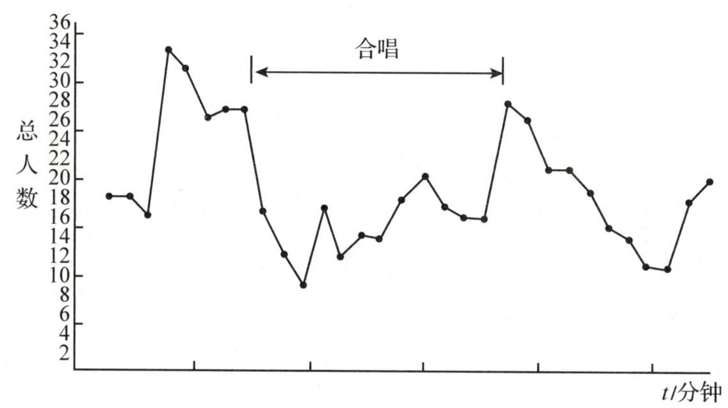

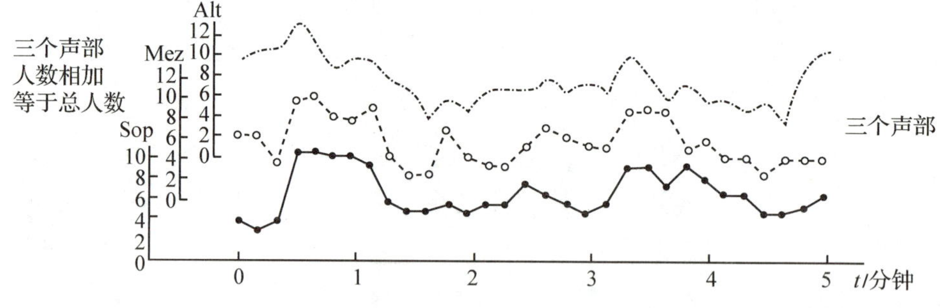

图 16.1　合唱教学开始阶段的 GSR 曲线

从图 16.1 可以看出，合唱的开始处，GSR 出现了一个峰值，随后，产生 GSR 的人数迅速减少。在合唱练习的结束处，产生 GSR 的人数又出现了一个峰值。

在教学的结束阶段，让学生合唱同一首曲子，对学生的 GSR 进行检测，并记录，将其结果作成 GSR 曲线，该曲线如图 16.2 所示。

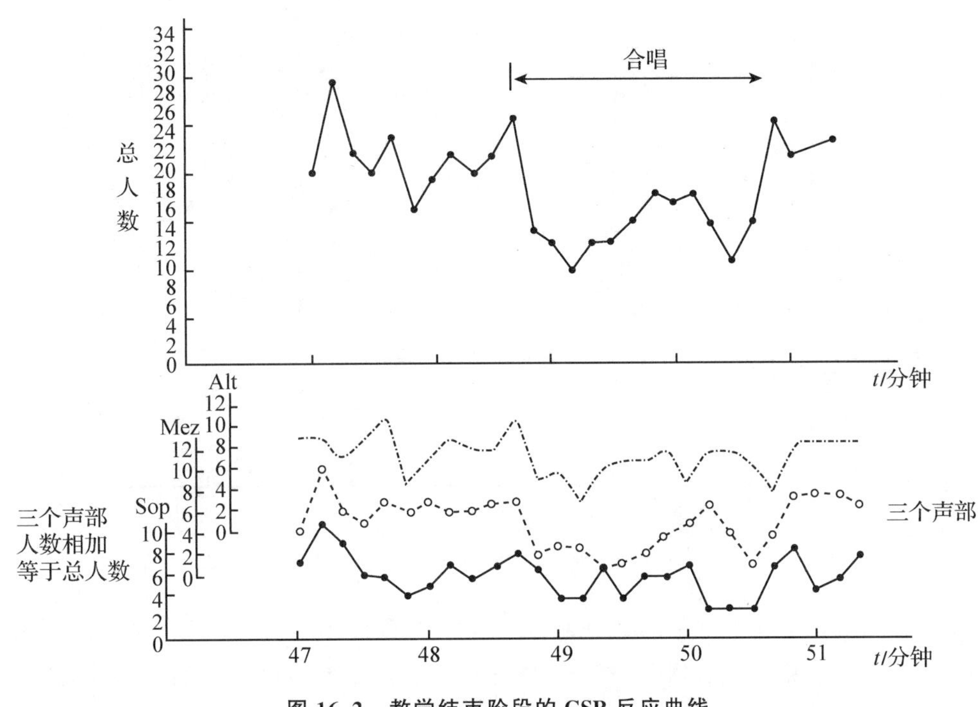

图 16.2　教学结束阶段的 GSR 反应曲线

从图 16.2 可以看出，教学结束时合唱的 GSR 曲线与开始时的 GSR 曲线具有相似的形状。合唱的开始处出现峰值。随后，产生反应的人数减少，合唱结束处又出现了一个峰值。所不同的是，结束阶段的峰值上升得缓慢一些。

这里，我们选择合唱教学来研究 GSR，是因为它会给我们的研究带来许多方便。合唱教学是一种典型的整体教学。在教学过程中，开始阶段、结束阶段均练唱同一首曲子，所需的练唱过程、时间是完全一致的，它为我们比较教学开始阶段、结束阶段的 GSR 带来了很大的方便。这是一种在时间上完全重合的比较。从这种比较可以看出 GSR 的变化趋势。

将图 16.1 和图 16.2 进行重合比较，生成图 16.3。从图 16.3 中可清楚地看出，两者能很好地重合，具有十分相似的反应模式。

合唱教学中，不论是教学开始阶段的合唱还是结束阶段的合唱，其 GSR 都具有峰—谷—峰这样的模式。两者在一首曲子合唱开始和结束处的峰值具有较好的重合性。在两个峰之间，各有若干个小峰。

进一步地比较这两条曲线，我们发现，与开始阶段的合唱相比，结束阶段的 GSR 曲线在合唱的开始处出现了两个峰值，它表示结束阶段的峰值向前移动，有一个错位。

对合唱中出现的峰值及其错位可做以下解释。不论是教学的开始阶段，还是教学的结束阶段，合唱一首歌曲开始处的峰值与学生在合唱开始时的全体起立的行为相对

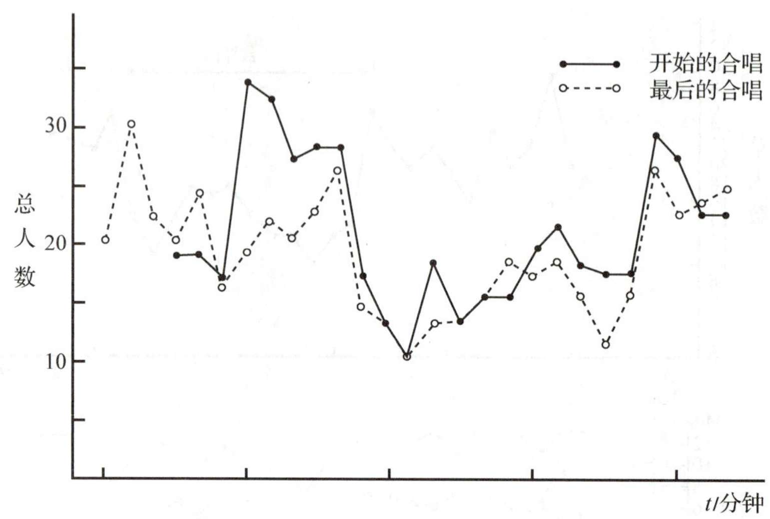

图 16.3　开始阶段与结束阶段的比较

应，即在合唱时，全体起立的行为使学生产生了 GSR。教学结束时，合唱开始处，由于钢琴伴奏出现了错误，这种错误——修正的结果，使得结束阶段的合唱开始处出现了两个峰值，且与开始阶段的合唱产生了一个错位。

从以上的分析可看出，两组 GSR 曲线均能有效地表现合唱教学中的情况。

二、GSR 的倾向

我们对合唱中的 GSR 进行反复的研究和检测后发现：

(1)合唱教学中的 GSR，不是全体起立，站起来唱歌时才产生，坐着唱歌也同样会产生，且具有相同的模式。

(2)在多声部合唱时，某些声部唱，另一些声部不唱，但二者具有相同的 GSR，即 GSR 不论学生是唱还是不唱，都会产生。

(3)合唱教学中，某些声部是中途进人合唱的。不论进人合唱的时间如何，每个声部均有相同的 GSR 模式。

从这样的反应结果说明：

(1)GSR 不是某种实际的、可观测的行为产生的生理反应，它是一种与精神的作用直接关联的生理反应，即使没有实际的行为，也会产生 GSR；

(2)GSR 受整体影响，受环境影响。反应的产生、反应的模式与整体所处的环境、气氛有关。它与整体中的个体行为没有直接的关系。

第四节 不同学科的 GSR

GSR 不仅存在于像合唱这样的整体教学中，同样也存在于其他学科的教学中，且根据学科教学的不同，具有不同的反应模式。

一、语文教学与 GSR

语文教学中，当教师在班上提出问题、解决问题时，全班 GSR 的增、减与合唱时的 GSP 的变化具有十分相似的模式。

现在我们考察语文教学中，指名朗读课文时学生的 GSR。有关指名朗读课文的 GSR 曲线如图 16.4 所示。

图 16.4 中，在曲线的上方，有许多标有编号的短横线。这些编号为指定的学生的编号，横线与曲线的某一部分对应，横线的长度为朗读的时间。GSR 曲线的横轴为时间，纵轴为产生 GSR 的人数，它是指除朗读学生以外，产生 GSR 的人数。

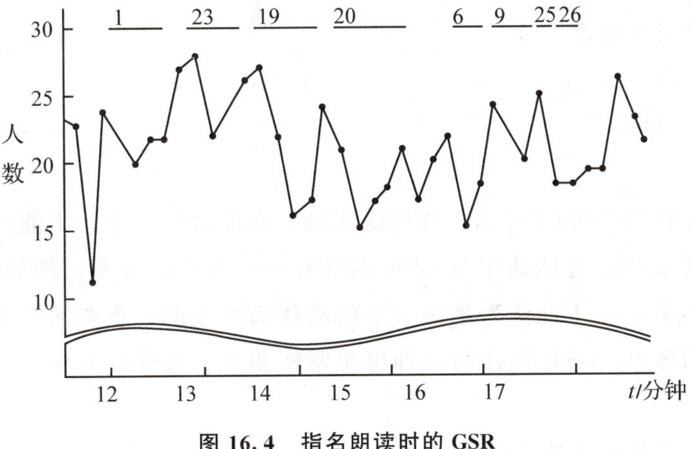

图 16.4 指名朗读时的 GSR

由 GSR 曲线可以看出，在指定的学生正在朗读的过程中，产生 GSR 的人数较少，但在朗读完毕时，产生 GSR 的人数增多。这从学生个人的反应波形记录可以得到证实（图 16.5）。在朗读的过程中，GSR 减弱，在朗读结束时，GSR 增强。

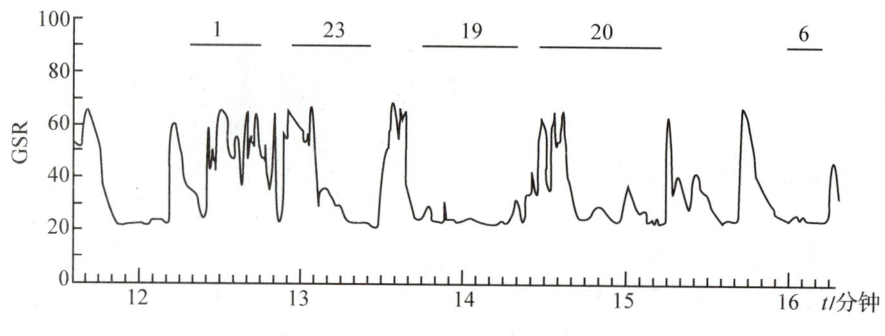

图 16.5　学生个人的 GSR 波形

对于图 16.4 给出的 GSR 曲线，可以从两个方面进行解释。

1. GSR 是一种不稳定的反应

当指定的学生朗读完毕时，其他学生普遍存在一种担心，担心下一个朗读的可能是自己。这种担心使得朗读完毕时，产生 GSR 的人数增加。

这是一种对 GSR 的解释。然而，从教学过程中对学生的实际观察情况看，还看不出学生的担心、不安和不稳定。这种解释对某些情况可能是合理的，但不具有普遍性。

2. GSR 是一种精神上的解放和放松

对 GSR 的一般性解释认为，它是一种精神上的解放和放松。

当指定的学生朗读时，大家都处于一种注意力高度集中的状态，都在认真地听其朗读。朗读结束后，大家的精神变得轻松了一些，紧张的状态得到了一定的缓解。显然，这种解释更具普遍性。

二、体育教学与 GSR

在考察体育教学中的 GSR 前，我们应明确，在体育教学中，不能认为只有出现身体动作时才出现 GSR，身体动作与 GSR 不具有一一对应的关系。例如，当手举起时，产生了 GSR。这种反应不能认为是因举手的动作而产生的。重要的是为什么举手，即产生举手动作的思想。GSR 往往与这种思想紧密相关。教学研究中，这一点是十分重要的。

现在我们来分析体操教学中的 GSR。

体操教学中往往有这样的情况。高度集中、高度紧张地完成了某一动作后，必然出现一种身体放松的状态。在从紧张状态转向放松状态时，在这种放松状态下会出现典型的 GSR。例如，当深呼吸后，出现体力上、精神上的放松状态时，当双手从前方举起后，突然放下，身体处于放松状态时，GSP 都出现了峰值(图 16.6)。

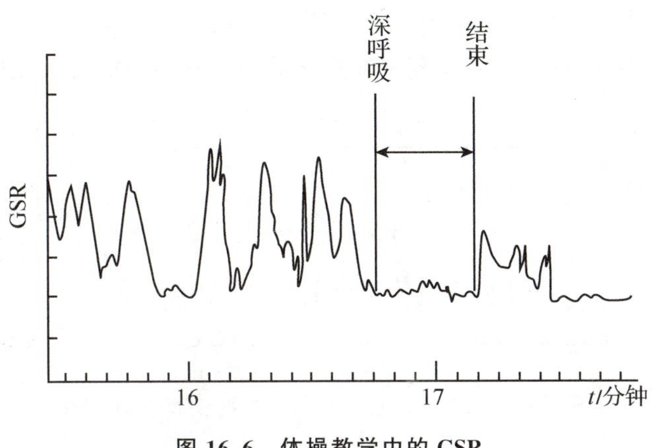

图 16.6　体操教学中的 GSR

我们可以这样认为，人们身体上的放松总是与精神上的放松同时产生的，从而可以将身体上的放松与精神上的放松融为一体。身体上的动作与精神上的东西总是紧密地连接在一起的，从这一点出发，体育不仅可锻炼人的身体，也可陶冶人的情操。体育对学生精神上、意志上的锻炼和培养是十分重要的。

在分析 GSR 时，有一点非常重要，即人们身体上、精神上的放松并不是单独存在的，放松总是与紧张、集中相伴而生的。紧张与放松是同时存在的。紧张、集中不可能持续、不断地出现，它必然与松弛、放松结合在一起，有张有弛才是辩证的统一。

第五节　教学过程中的 GSR

教学过程中，对于教师(或通过一定的媒体)提示的学科知识，学生应产生接受(或拒绝)反应，由此实现对一定学科知识的学习。为了实现有效地学习，教学过程中，学生应与系统中的各种要素(如教师、学生、教学内容等)相互作用。各种要素间的相互作用是实现学生有效学习的重要一环。接受与拒绝、作用与反作用等是教学过程中的重要现象。我们所说的教学过程中的 GSR，主要是指教学过程中的这些现象与 GSR 间的关系。

一、接受与拒绝

对于教师所提示的学科内容，对于其他学生给出的某种应答或讨论意见，每一位学生或处于接受状态，或处于拒绝状态。

以小学的数学教学为例，某一学生在其他学生回答问题时的 GSR 如图 16.7 所示。

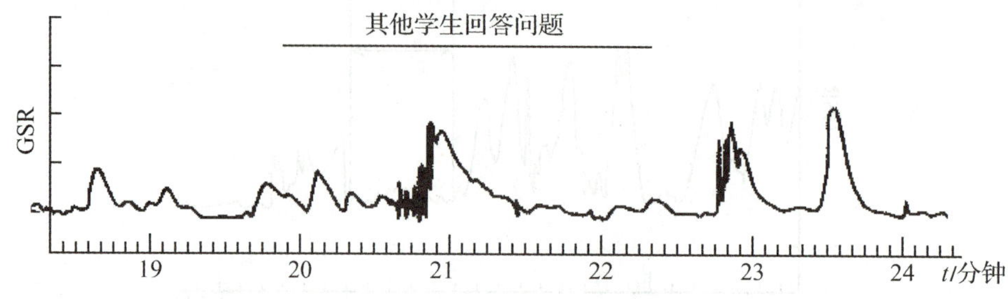

图 16.7　某一学生在其他学生回答问题时的 GSR

图 16.7 中，上方的横线表示其他学生回答问题或说明问题的时间。在这段时间内，不论其他学生回答问题的结果如何，学生自己需要积极思考。在这段时间内，学生非常明显地出现了 GSR。

在学生给出错误的答案后，教师将针对学生的应答给出正确的答案及说明，此时，记录学生的 GSR，该反应曲线如图 16.8 所示。由反应曲线可以看出，对于教师的说明，学生几乎不产生多少 GSR，仅出现一些较小的齿状“噪声”形的反应。

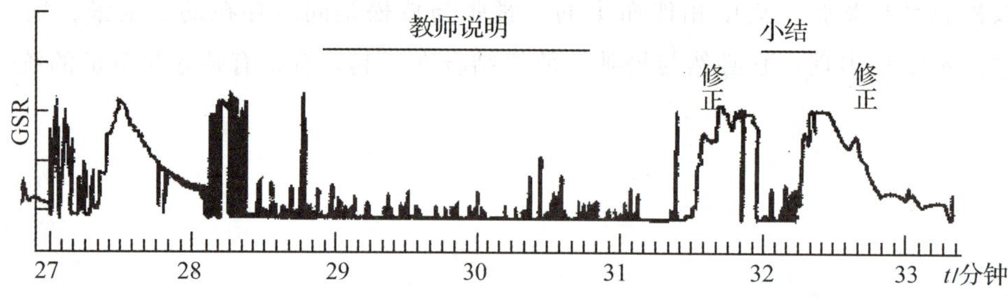

图 16.8　对于教师说明的 GSR

图 16.8 中“齿状”的反应表示学生对教师的说明，既有接受，也有拒绝。事实上，接受与拒绝是一种对立统一的概念。拒绝是一种积极的思维活动。与其说是对教师说明的拒绝，不如说是对教师说明的质疑、认识和判断，这是一种学生与知识相互作用的过程。从这个意义上讲，它应是一种积极的接受。

二、交互作用中的 GSR

教学中，特别是以语言为主要媒体来展开的教学过程中，为了进行交互作用的分析，我们需要预先对教学中的各种行为进行分类。通过将各种行为出现的频度、出现的顺序与标准的教学记录进行比较，可得到待分析的教学过程的特性。这样的分析方法叫作教学过程的相互作用分析。

我们对教学过程中进行交互作用的有关行为类别的 GSR 进行一些讨论。

下面分析语文教学中各种行为类别与 GSR 的关系。教学过程中的行为类别见表 16.1。不同的行为类别产生 GSR 的强度与频度是不同的。行为类别与 GSR 的关系表示了哪些行为类别易于产生 GSR，哪些行为类别不易产生 GSR。

表 16.1　交互作用分析的行为类别

教师行为	1. 制造动机
	2. 表扬
	3. 理念
	4. 提问
	5. 讲授
	6. 指示
	7. 批评
学生行为	8. 应答发言
	9. 自发发言
其他	10. 沉默

通过大量的 GSR 检测，我们发现，对教师而言，GSR 集中在第 4、5、6 类行为上，对学生而言，GSR 集中在第 8、9 类行为上。

对于这样的检测结果，我们做进一步考察。教师的 GSR 集中产生的行为类别，是那些最具个人意志的行为类别。同样，学生的 GSR 集中产生的行为类别，也是具有同样性质的，学生表现自己的意志的个人发言的行为类别。显然，这样的行为类别与精神活动具有密切的关系。

在讨论 GSR 与交互作用过程中的各种行为的关系时，应注意：

(1)学生是一个整体，是一个集合体。

在交互作用的讨论中，所论及的学生行为、学生的 GSR，针对的不是某一个学生，而是学生的整体。

例如，学生的发言，并不是指全班学生发言，而是指班上有人发言。某一位学生发言，将认为产生了行为 8 或行为 9。这样的行为对全班学生的 GSR 都会产生影响。因此，对那些发言的学生，认为产生了行为 8 或行为 9，对那些没有发言的学生，同样也被认为产生了行为 8 或行为 9。这里的学生发言被认为是学生整体的发言。在进行教学过程中的交互作用分析时，学生被认为是一个精神上的，具有一定人格的集合体。

(2)GSR 的灵敏度。

GSR 的灵敏度是指某些行为易于产生 GSR，某些行为不易于产生 GSR，即不同行为产生 GSR 的灵敏度是不同的。这种灵敏度也表示了行为类别与精神活动的关系。

不论是教师还是学生，他们的有些行为易于产生 GSR，而有些行为产生 GSR 的灵敏度较低。例如，行为 2 易于产生 GSR，行为 7 不易产生 GSR。这表明，对于表扬这样的行为，不论是教师还是学生，所产生的 GSR 都较强。对于批评，不论是教师还是学生，GSR 都较弱。

三、教学中的集中与分散

整体教学中，大部分学生都具有相同的 GSR 倾向，其中，也可能存在某些特殊情况。为了确认这些情况，需要对全班每一位学生的反应波形进行记录和分析。

我们重新来看前面讨论的合唱教学中的 GSR 研究，对全班每一位学生的 GSR 分别进行记录，并将合唱过程中学生的 GSR 与合唱结束后，教师讲评时学生的 GSR 进行比较。合唱过程中，学生的行为状态是一种集中的行为状态。合唱结束后，教师讲评时，学生的行为状态则是一种分别听取的分散行为状态。

学生个人的 GSR 曲线如图 16.9 所示。图 16.9 中给出了 3 名学生的 GSR。与集团的 GSR 曲线不同，此时的纵轴不是产生反应的人数，而是 GSR 的大小。

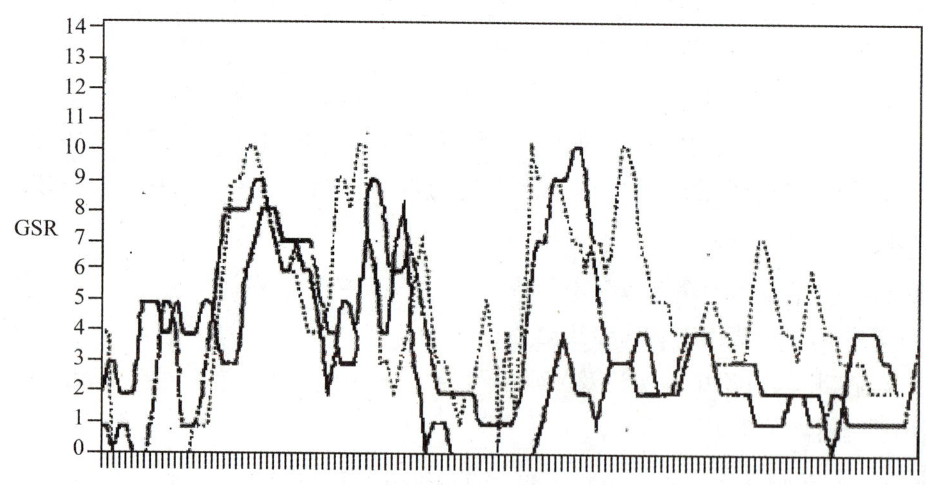

图 16.9　个人 GSR 曲线

在记录个人 GSR 的基础上，可求出全班 GSR 的平均值和标准偏差，由此可作出平均值—标准偏差的图。合唱时、合唱结束教师讲评时，这两种不同行为状态下 GSR 的平均值—标准偏差图如图 16.10 和图 16.11 所示。图 16.10 为合唱一分钟的记录数据。图 16.11 为讲评一分钟的记录数据。图 16.10、图 16.11 分别给出了不同行为状态下 GSR 的特点。

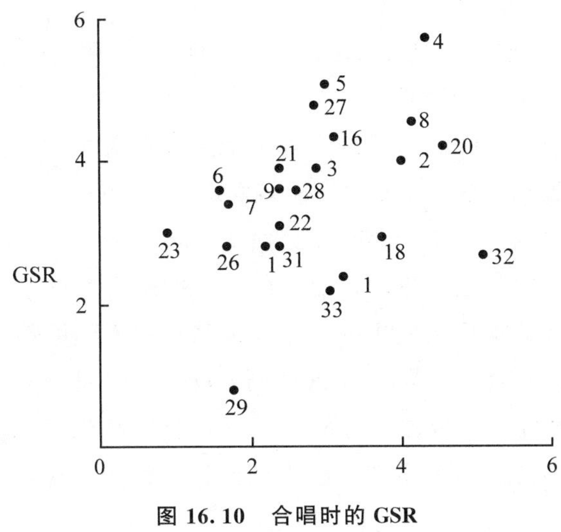

图 16.10　合唱时的 GSR

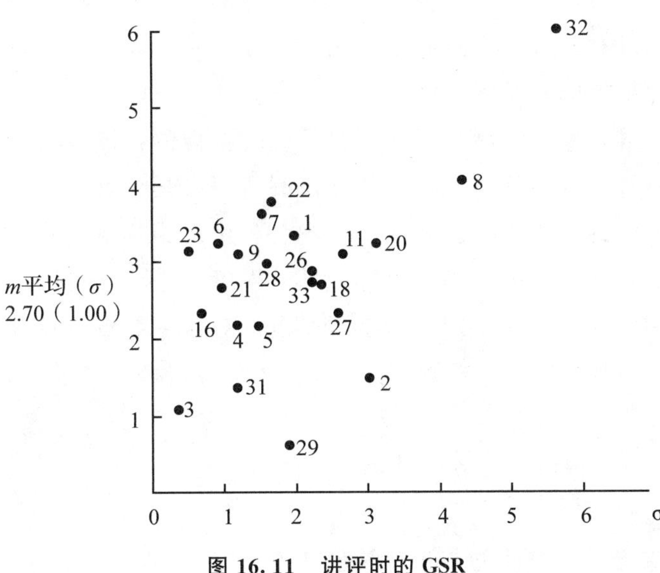

图 16.11　讲评时的 GSR

比较图 16.10 和图 16.11 可以看出，图 16.10 给出的 GSR 较为集中，而图 16.11 给出的 GSR 较为分散。图 16.10 表示学生的反应倾向十分相近，图 16.11 表示学生的反应倾向较为离散。

进一步分析，我们发现，集中合唱时，学生的反应水平较高，且每一位学生的反应水平较为集中(注意，图 16.10 中的 32 号，其反应居于中间水平)。教师讲评时，学生的反应水平降低，且分散也减少。

通过对图 16.10 和图 16.11 的比较、分析可以看出，GSR 的集中、分散表现了学生行为状态和思维形态上的集中与分散。通过学生 GSR 的集中、分散，可分析学生的行为和精神上的集中与分散。

本章我们讨论了 GSR 与学习的关系，并以 GSR 来研究教学过程。

教学过程是一种心理上和精神上的活动过程。伴随这个过程的展开，每一位学生在生理上也会产生相应的变化。对这种生理上变化的有关生理信息进行检测，可帮助我们有效地研究教学过程。这是本章讨论的出发点。

GSR 是随着人们心理上、精神上的变化而变化的一种生理指标。除 GSR 外，还有很多种与心理、精神相关的生理指标，如心律数。在很多情况下，人们总是将它作为一种表示身体健康状况的指标来使用的，而很少将它与人们的精神状态联系在一起进行考虑。研究表明，同时对心律数与 GSR 进行检测，二者具有相同的结果。

在生理信息教学应用的研究中，我们不应只限于检测 GSR，应对多种有关的生理信息进行检测，并对测得的多种生理信息进行比较，相互补充，由此可有望得到更好的研究结果。

在教学研究中，应选定怎样的生理指标进行检测？除了考察这种生理指标是否满足教学研究的要求外，还应考虑这种检测是否易于实现，易于操作。生理信息的检测与检测方法、检测器械的开发密切相关。

教学中各种生理指标的检测与医疗中各种生理指标的检测有着不同的特点。医疗过程中所进行的各种生理指标检测，对其被检测者而言是一种完全自觉的行为，这是对被检测者进行诊断的必需手段。教学过程中各种生理指标的检测，对学生而言，并不是一种必需的、自觉的行为，这为教学过程中生理指标的检测带来了一定的困难。这也是教学过程中生理指标检测的一个重要特点。对这一特点，在教学研究中必须予以足够的重视，它对检测方法、检测的信息及信息的分析都会产生一定的影响。

思考与练习

1. 为什么生理信息可用于教学研究？
2. 什么是 GSR？在研究教学过程中的 GSR 时，应特别注意什么问题？
3. 应如何解释教学过程中出现的 GSR？

参考文献

[1]石谷久，石川眞澄．社会システム工学．東京：朝倉書店，1992.

[2]赤木新介．システム工学．東京：共立出版，1992.

[3]佐藤隆博．教育情报工学入門．東京：コロナ社，1990.

[4]瀧保夫．通信方式．東京：コロナ杜，1973.

[5]佐藤隆博．S－P表の作成と解釋．東京：明治図書，1985.

[6]真貝寿明，徹底攻略．確率統計．東京：共立出版，2012.

[7]武藤真介．初等多変量解析．東京：朝倉書店，1992.

[8]大村平．多変量解析のはなし．東京：日科技連出版社，2006.

[9]棟近雅彦，野沢昌弘．JUSE－StatWorksによる多変量解析入門(第二版)．東京：日科技連，2007.

[10]栗原伸一，入門統計学—検定から多変量解析・実験計画法まで，東京：オーム社，2011.

[11]奥野忠一．多変量解析法，東京：日科技連，1972.

[12]草場郁郎．パソコン統計的手法(演習事例による基礎—活用)，東京：日科技連，1998.

[13]肥川野直，心理、教育统计学，東京：培风译馆，1987.

[14]中山厚穂，長沢伸也．Excelソルバー多変量解析，東京：日科技連，2010.

[15]上田太一郎，データマイニング．東京：共立出版，1984.

[16]大村平，実験と評価のはなし，東京：日科技連，2000.

[17]奥村太一．教育実践データの統計分析．東京：共立出版，2012.

[18]上田太一郎．デーマイニング実践集．東京：共立出版，1999.

[19]岡本敏雄．情報科教育のための指導法と展開例．東京：実教社，2002.

[20]内田治．数量化理論とテキストマイニング．東京：日科技連，2010.

[21]植野真臣，eラーニングにおけるデータマイニング(< 特集 > 学習オブジェクト・学習データの活用と集約)．日本教育工学会論文誌，2007．31(3)：271－283.

[22]安達一寿，ブレンディッドラーニングでの学習活動の類型化に関する分析．日本教育工学会論文誌，2007．31(1)：29－40.

[23]清水康敬等，教員のICT活用指導力の能力分類と回答者属性との関連．日本教育工学会論文誌，2008，32(1).

[24]見舘好隆等，大学生の学習意欲，大学生活の満足度を規定する要因について．日本教育工学会論文誌，2008，32(2).

[25]堀田龍也与木原俊行，我が国における学力向上を目指したICT活用の現状と課題(<特集>学力向上を目指したICT活用のデザイン・実践・効果)．日本教育工学会論文誌，2008，32(3).

[26]清水康敬等，教員のICT活用指導力の能力分類と回答者属性との関連．日本教育工学会論文誌，2008，32(1).

[27]後藤康志，学習者のメディアに対する理解や態度の因果モデルの検討(<特集>情報教育の成果と課題)．日本教育工学会論文誌，2006，30(3).

[28]藤井義久，青少年の情報リテラシーに関する評価尺度の開発：日本と北欧諸国の中学生を対象にして．日本教育工学会論文誌，2007，30(4).

[29]清水康敬，社会基盤としての学習オブジェクトの現状と展望(<特集>学習オブジェクト・学習データの活用と集約)．日本教育工学会論文誌，2007，31(3).

[30]清水康敬，情報教育の新たな展開．日本教育工学雑誌，1998，22(suppl).

[31]坂元昂，情報教育に関する文教政策の展開．日本教育工学雑誌，1998，22.

[32]高比良美詠子等，情報活用の実践力尺度の作成と信頼性および妥当性の検討．日本教育工学会論文誌，2001，24(4).

[33]魏顺平．学习分析技术：挖掘大数据时代下教育数据的价值[J]．现代教育技术，2013(2).

[34]李曼丽等．从认知科学到学习科学：过去、现状与未来[J]．清华大学教育研究，2018(4).

[35]李逢庆，钱万正．学习分析：大学教学信息化研究与实践的新领域[J]．现代教育技术，2012(7).

[36]张韫．大数据改变教育 写在大数据元年来临之际[J]．上海教育，2013(10).

[37]张韫．大数据带给教育的机遇与挑战(2)[EB/OL]．http://www.age06.com/age06.web/detail.aspx?infoguid=ec46cae7-e39b-4da1-ae0f-980fe4d68929，2013-05-15.

[38]陆璟．大数据及其在教育中的应用[J]．上海教育科研，2013(9).

[39]陈明．大数据分析[J]．计算机教育，2014(5).

[40]樊家琨．应用多元分析[M]．开封：河南大学出版社，1993.

[41]朱建平．应用多元统计分析[M]．北京：科学出版社，2006.

[42]傅德荣．计算机与教育[M]．武汉：华中师范大学出版社，1990.

[43]傅德荣．CAI课件设计的原理与方法[M]．北京：高等教育出版社，1994.

[44]傅德荣．计算机导论[M]．北京：中央广播电视大学出版社，2007.

[45]四川大学数学系高等数学、微分方程教研组．高等数学(数学物理方法)(物理专业用)[M]．北京：人民教育出版社，1979.

[46]管宇．实用多元统计分析[M]．杭州：浙江大学出版社，2011.

[47]于秀林，任雪松．多元统计分析(第二版)[M]．北京：中国统计出版社，2014.

[48][美]Mohammed J. Zaki，[巴西] Wagner Meira Jr. 数据挖掘与分析(概念与算法)[M]．吴诚堃，译，北京：人民邮电出版社，2017.

[49]张文彤，董伟．SPSS统计分析高级教程[M]．北京：高等教育出版社，2018.